2018 浙江工业发展报告

ZHEJIANG INDUSTRIAL DEVELOPMENT REPORT

张耕 主编

浙江省工业和信息化研究院 编

图书在版编目（CIP）数据

2018浙江工业发展报告 / 张耕主编. — 杭州 ：浙江大学出版社，2019. 1
ISBN 978-7-308-18978-1

Ⅰ. ①2… Ⅱ. ①张… Ⅲ. ①工业发展—研究报告—浙江—2018 Ⅳ. ①F427. 55

中国版本图书馆CIP数据核字(2019)第031584号

2018浙江工业发展报告

张　耕　主编

责任编辑　武晓华
责任校对　梁　兵
封面设计　李　莎
出　　版　浙江大学出版社
（杭州市天目山路148号　邮政编码310007）
（网址：http://www.zjupress.com）
排　　版　杭州嘉业印务有限公司
印　　刷　杭州嘉业印务有限公司
开　　本　889mm×1194mm　1/16
印　　张　22.25
插　　页　7
字　　数　630千
版 印 次　2019年1月第1版　2019年1月第1次印刷
书　　号　ISBN 978-7-308-18978-1
定　　价　120.00元

《2018 浙江工业发展报告》编委会名单

2018年10月16日，浙江省委书记车俊赴温州调研民营经济发展情况，并主持召开民营企业家座谈会。车俊充分肯定了民营经济和民营企业家在浙江省经济社会发展全局中的重要地位，勉励民营企业家要不畏困难、保持定力；同时强调，要进一步营造良好发展环境，进一步激发民营企业活力，加快推动浙江省民营经济高质量发展。

2018年9月12日至13日，浙江省省长袁家军赴绍兴调研，先后考察了袍江谊创产业园、柯桥区创意大厦、中纺大厦等小微企业园和集成电路特色小镇。袁家军强调，小微企业园是深化供给侧结构性改革的重要举措、推动高质量发展的重要抓手、加快市场主体转型升级的重要载体，要加快建设提升小微企业园，积极打造小微企业产业生态圈，不断夯实全省经济高质量发展的基础。

2018年3月9日，浙江省委常委、常务副省长冯飞赴海盐县调研重大项目投资推进和农村产权制度改革情况，先后实地考察了于城镇、海利普电子科技有限公司、浙江山水六旗国际度假区项目建设现场。冯飞强调，要更加紧密地结合平台建设，运用高端外资培育产业创新高点；更加精准地引进国际高端要素资源，加快集聚一批高质量项目，推动经济高质量发展。

2018年6月14日，浙江省副省长高兴夫出席supET“1+N”工业互联网平台体系建设启动仪式。高兴夫强调，建设工业互联网平台是浙江发展数字经济的核心工程，是推进制造强省与网络强省建设的关键支撑；supET“1+N”工业互联网平台体系建设正式启动，标志着浙江省在发展工业互联网方面迈出了重大步伐。

2018年6月13日，浙江省经信委党组书记、主任张耕赴嘉兴市调研指导传统产业改造提升和新经济发展，先后考察了巨石集团、乌镇互联网医院、乌镇互联网国际会展中心、中电科36所、未来研究院、柔性电子研究院、清华长三角研究院等。张耕指出，数字经济已成为浙江创新驱动强劲动能，要充分发挥平台作用和技术优势，加强人才培养，加大项目培育，助推产业经济高质量发展。

2018年10月22日，浙江省经信委副主任凌云赴浙江美大实业有限公司调研，参观了美大产品展厅和智能化生产车间，体验了公司创新的智能化厨房产品。凌云指出，要加大科技创新、产品创新和管理创新，面向未来市场，深入实施智能制造技术升级，引领行业发展潮流。

2018年4月26日，浙江省经信委副主任吴君青出席第三届中国工业大数据大会·钱塘峰会暨浙江省工业互联网推进大会，并代表省经信委与中国信息通信研究院签署了共同推进工业互联网发展的合作协议。吴君青表示，浙江将不断深化工业互联网普及应用，培育新技术、新产品、新业态、新模式，构建资源丰富、开放共享、创新活跃、高效协同的工业互联网生态体系。

2018年7月6日至8日，浙江省经信委副主任杜华红出席“互联网金融时代中小企业投融资政策高峰论坛暨2018全国专业技术人才知识更新工程高级研修班”。杜华红指出，要从“互联网金融与中小企业的适配性”出发，着力攻破互联网金融时代中小企业投融资难关。

2018年2月2日，浙江省经信委纪检监察组组长俞慧敏出席浙江省纪委十四届二次全会。俞慧敏指出，派驻干部要积极适应监察体制改革的需要，认真学习党章和中华人民共和国监察法，不断增强和提高发现问题处置问题的能力和水平，强化监督执纪问责，持续推进全面从严治党向纵深发展，重整行装再出发。

2018年6月27日上午，浙江省经信委副主任岳阳率浙江省代表团参加了第十届APEC中小企业技术交流暨展览会，APEC技展会是APEC框架下规模最大、规格最高、影响力最广的中小企业展会。岳阳指出，此次盛会充分展示了浙江省智能制造业、机械工业、输配电等行业的生产企业及产品，展现出浙江省中小企业在信息科技和新能源新材料制造方面的独特风采。

2018年4月16日至17日，浙江省经信委副主任诸葛建赴义乌市、绍兴市上虞区调研企业兼并重组工作。先后走访了华灿光电、新光控股、合兴包装、晶盛机电、双阳风机等企业。诸葛建强调，企业兼并重组是实现企业快速做强做大的重要手段，是实现经济转型和结构调整的助推器，也是推动浙江省经济高质量发展的重要抓手，希望两地在工作中要更加注重实效，探索出一套全省可借鉴可复制的经验做法。

2018年3月20日，浙江省经信委总工程师厉敏赴嘉兴调研乌镇互联网创新发展试验区推进工作，实地走访了浙江清华柔性电子技术研究院、浙江未来技术研究院、秀洲智慧物流园。厉敏指出，要把技术与市场需求相结合，走向产业化，要精确定位平台园区的发展，要在体制机制、政策、考核上有突破和创新，以政策的开放和市场的开放换取产业的发展。

2018年5月8日至9日，浙江省经信委副主任、省援疆指挥部副指挥长陈建忠赴新疆阿克苏拜城县、新和县督导调研地区重点建设项目和援疆项目建设情况。陈建忠指出，要加快项目建设进度，尽早发挥效益，把前方资源和后方优势相结合，探索建立扶贫脱贫的长效机制，多途径帮助贫困户脱贫增收。

2018年11月29日，浙江省省经信厅副厅长马锦跃出席2018中国义乌国际智能装备博览会。马锦跃指出，装博会要更加紧扣智能化主题，突出全新智能制造及系统解决方案，推动智能化在各行各业企业的应用；要加快发展智能制造新技术、新产业，探索创新智能制造新业态、新模式，打造浙江智能制造新高地。

聚焦聚力高质量发展
扎实推进“两个高水平”建设

——车俊书记在浙江省委经济工作会议上的讲话摘要
（代序）

浙江省委书记 车 俊

（2017 年 12 月 25 日）

中央经济工作会议强调推动高质量发展是当前和今后一个时期确定发展思路、制定经济政策、实施宏观调控的根本要求。从发展大势看，新时代开启高质量发展新征程。从浙江省情况看，已进入转向高质量发展的关键阶段，推动高质量发展是深入实施“八八战略”、推动“两个高水平”建设的必然要求。从实践要求看，必须深刻领会把握习近平总书记关于高质量发展重要论述的精神要义和丰富内涵，把思想统一到中央的决策部署上来，着力推动理念转换、动能转换、结构转换、效率转换和环境转换，从“有没有”转向“好不好”，在高质量发展上走在全国前列、成为排头兵。

浙江 2018 年经济工作总的要求是：全面贯彻党的十九大和中央经济工作会议精神，高举习近平新时代中国特色社会主义思想伟大旗帜，按照省第十四次党代会及二次全会部署，加强党对经济工作的领导，坚持稳中求进工作总基调，坚持新发展理念，紧扣社会主要矛盾变化，按照高质量发展的要求，统筹推进“五位一体”总体布局和协调推进“四个全面”战略布局，坚定不移沿着“八八战略”指引的路子走下去，大力弘扬红船精神，秉持浙江精神，突出“四个强省”工作导向，以供给侧结构性改革为主线，推动质量变革、效率变革、动力变革，全面抓好改革开放、增长转型、改善民生、整治环境、防范风险各项工作，促进经济持续健康发展和社会和谐稳定，为“两个高水平”建设奠定坚实基础。

要把高质量发展各项工作落到实处。最关键的是要深刻领会、努力践行习近平新时代中国特色社会主义思想，学懂弄通贯彻好习近平新时代中国特色社会主义经济思想。要坚定不移高举改革开放大旗，用实际行动和成效向改革开放 40 周年献礼；牢牢把握高质量发展这个根本要求，把握做好经济工作的“度”，处理好稳和进、破和立、实体和虚拟、即期和长远、发展和惠民的关系，大力推动产品、服务、企业、产业、城市、区域发展和人民生活质量全面提升。要以“最多跑一次”改革的全面突破撬动各领域各方面改革，营造最佳营商环境，激发各类市场主体活力，推动民营经济新飞跃；统筹实施质量提升大行动，把数字经济作为“一号工程”来抓，深化数字浙江建设，联动实施培育发展新动能和改造提升传统产业行动计划，分类实施凤凰行动、小巨人培育行动和小微企业提质行动，坚定不移推进“三去一降一补”，深入推进供给侧结构性改革；持续打好防范化解重大风险、低收入百姓增收、污染防治三大攻坚战；抓好统筹谋划、重点突破和机制完善，推动大湾区大花园大通道大都市区建设扎实起步、高质量发展；大力实施乡村振兴战略，打造美丽乡村和山海协作工程升级版，推进农业农村现代化；以“一带一路”为统领，构建全面开放新格局；量力而行、尽力而为，扎实办好“关键小事”，切实保障和改善民生。

要全面加强党的领导,营造高质量发展良好环境。各级党委要政治过硬,坚定维护和捍卫核心,扛起全面从严治党政治责任,不断提升党的建设质量;加强学习实践和谋划,大兴调查研究之风,以高素质专业化为方向提升能力水平;坚持说实话、谋实事、出实招、求实效,以钉钉子精神做实做细做好各项工作;要统筹兼顾,强化文化、法治和平安建设,不断开创发展新局面。

要坚定不移把数字经济作为“一号工程”来抓

——车俊书记在浙江省委常委会扩大会议上的讲话摘要（代序）

浙江省委书记　车　俊

（2018年4月23日）

全国网络安全和信息化工作会议是党的历史上第一次召开的网信工作会议，体现了以习近平同志为核心的党中央对网络安全和信息化工作的高度重视。习近平总书记的重要讲话，站在人类历史发展的高度，着眼于党和国家事业长治久安，用“五个明确”高度概括了网络强国战略思想，提出了一系列新思想新要求，是指导新时代网络安全和信息化发展的纲领性文献，是做好网信工作的根本遵循。我们要认真学习领会习近平网络强国战略思想重大意义、科学内涵、精神实质，切实把思想和行动统一到中央关于网信工作的战略部署上来。

我们要充分认识网信工作的重要地位，紧紧围绕中央关于做好网信工作的八个方面战略部署，紧密结合浙江实际，明确重点任务，突出问题导向，坚持改革创新，强化责任担当，努力推动网信工作走在前列。习近平总书记在讲话中先后提到了“数字浙江”、“最多跑一次”改革、世界互联网大会等与浙江网信工作有关的内容，这充分体现了总书记对浙江的关心厚爱，也充分说明党中央对浙江网信工作寄予厚望。

当前，要坚定不移把数字经济作为“一号工程”来抓，加快推进“企业上云”行动，统筹抓好国家信息经济示范区等重大创新载体，特别要狠抓核心技术研发，力争在重点领域、重大技术上取得突破。要深入推进“最多跑一次”改革，继续打破信息孤岛，加快推进政府数字化转型，不断提高宏观调控、市场监管、社会治理、公共服务的精准性和有效性。要全力以赴办好第五届世界互联网大会，力争“越办越好、越用越好”。

要牢固树立党管互联网的原则，切实强化党对网信工作的集中统一领导。要加强网信系统党的建设，全面落实网络安全工作责任制，以机构改革为契机进一步完善网信系统机构设置和人员配备，选好配强干部，确保浙江省网信工作始终沿着正确方向前进。

争当新时代全面深化改革排头兵

(代序)

浙江省委书记　车　俊

(2018年9月20日)

2018年是改革开放40周年,也是浙江省“八八战略”实施15周年。2018年7月8日,习近平总书记对浙江工作作出重要指示,提出“干在实处永无止境,走在前列要谋新篇,勇立潮头方显担当”的新期望。我们要深入学习贯彻习近平新时代中国特色社会主义思想和党的十九大精神,特别是深入学习贯彻习近平总书记重要指示精神,自觉践行习近平总书记寄予浙江的新期望,高举改革大旗、扛起改革担当、狠抓改革落实,奋力推进“八八战略”再深化、改革开放再出发,争当新时代全面深化改革排头兵。

一、坚决扛起推进“八八战略”再深化、改革开放再出发的政治使命

2003年7月,时任浙江省委书记习近平同志在深入调研、深邃思考的基础上,作出“八八战略”重大决策部署。其中第一条、第二条讲的都是改革和开放。党的十八大以来,以习近平同志为核心的党中央高举改革开放大旗,开启了我国全面深化改革的新征程。浙江省委认真贯彻习近平总书记全面深化改革重要思想,蹄疾步稳地深化改革、扩大开放,在重要领域和关键环节取得积极进展,特别是“四张清单一张网”、“最多跑一次”改革、国家监察体制改革试点、河长制、特色小镇等得到党中央充分肯定,G20杭州峰会效应不断放大,世界互联网大会在国际上的知名度和影响力越来越大,这些为浙江经济社会发展注入了强劲动力。

随着改革开放不断深入,我们越来越深刻地认识到,没有改革开放,就没有浙江的今天,更没有浙江的明天。我们必须坚定不移贯彻习近平总书记关于浙江工作重要指示精神,将改革开放进行到底。正是基于这样的认识,2017年6月,浙江省第十四次党代会提出要突出改革强省和开放强省的工作导向,强调要以“最多跑一次”改革为突破口撬动各领域各方面改革,以“一带一路”建设统领新一轮对外开放,谋划实施一批群众最期盼、发展最急需的重大改革举措和一批最体现浙江资源禀赋、最契合国家战略使命的重大开放举措。2018年年初,省委把“八八战略”再深化、改革开放再出发确定为全年工作的主题主线。1月,省委召开全省全面深化改革大会,出台《关于深化“最多跑一次”改革 推动重点领域改革的意见》。5月,省委召开全省对外开放大会,谋划更高层次的开放格局,出台《关于以“一带一路”建设为统领 构建全面开放新格局的意见》。7月,省委召开十四届三次全会,深入学习贯彻习近平总书记对浙江工作的重要指示精神,研究部署推进“八八战略”再深化、改革开放再出发的重大问题,发出了浙江争当新时代全面深化改革排头兵的集结号和动员令。

二、自觉践行习近平总书记寄予浙江的新期望,加快在重点领域和关键环节改革上实现新突破,努力再创浙江体制机制新优势

习近平总书记对浙江的新期望,体现了习近平总书记对浙江工作一以贯之的要求、越来越高的要求,为

浙江争当新时代全面深化改革排头兵指明了前进方向、提供了根本遵循。我们要把习近平总书记对浙江工作的新期望转化为攻坚克难、闯关夺隘的强大动力,保持战略定力、瞄准顽症痼疾、找准主攻方向,推动重要领域和关键环节改革加快突破、纵深推进,努力再创浙江体制机制新优势。

一要在健全高质量发展体制机制上走在前列。坚持以供给侧结构性改革为主线,全面实施数字经济"一号工程",大力改造提升传统产业,着力优化营商环境。深化"亩均论英雄"改革,创新政策资源要素供给机制。完善科技创新机制,大力支持浙江大学、西湖大学、之江实验室、浙江清华长三角研究院等重大创新平台建设,推进军民融合深度发展。全面实施人才新政,深入推进人才管理体制改革,完善人才评价发现、激励服务、收入分配机制,努力打造人才生态最优省。

二要在健全对外开放体制机制上走在前列。聚焦聚力中国(浙江)自由贸易试验区建设,打造有影响力的国际油品交易中心。深化跨境电子商务综合试验区建设和义乌国际贸易综合改革试验区建设,加快培育以技术、标准、品牌、质量、服务为核心的贸易竞争新优势。办好中国—中东欧国家投资贸易博览会,重点打造若干具有国际影响力的进口商品展销平台。优化产业基金引导、研发创新支持等方面的政策措施,高质量打造外资集聚地。创新对外投资方式,推进境外经贸合作区建设,加快培育一批具有全球影响力的本土跨国公司。健全完善海港、陆港、空港、信息港融合发展机制,打造世界级一流港口集群。健全长三角交流合作机制,在产业科创、区域市场、公共服务、环境保护等领域加快实现一体化。完善对口支援、帮扶、合作工作机制,助推对口地区打赢脱贫攻坚战。

三要在健全区域协调和城乡融合发展体制机制上走在前列。聚焦大湾区大花园大通道大都市区建设,构建浙江大湾区一体化发展机制,创新大花园统筹建设机制,健全开放、湾区、美丽三大通道省域联动发展机制,完善大都市区协调发展机制。深化国家新型城镇化综合试点,健全完善小城市培育试点和小城镇综合整治推进机制,促进大中小城市和小城镇协调发展。深入推进"千村示范、万村整治"工程和美丽乡村建设,深化农村土地制度和集体产权制度改革,推进农民合作经济体系建设,健全乡村治理体系,全面消除集体经济薄弱村,打赢低收入百姓增收攻坚战。探索科创合作新载体,打造山海协作工程升级版。

四要在健全文化繁荣兴盛体制机制上走在前列。落实意识形态工作责任制,建立健全网络综合治理体系,营造清朗的网络空间。深化"八八战略"学习和研究。完善文化产品创作生产扶持引导机制,健全现代文化产业体系和市场体系,高水平推进之江文化产业带和大运河文化带建设。加快公共文化服务体系建设,建立健全农村文化礼堂、城市文化公园等公共文化设施运行管理机制。

五要在健全社会治理和公共服务体制机制上走在前列。坚持和发展"枫桥经验",加快乡镇综治工作、市场监管、综合执法、便民服务"四个平台"建设,加强预防和化解社会矛盾机制建设,加快形成共建共治共享的社会治理格局。完善普惠共享的基本公共服务体系,健全"十方面民生实事"制度,着力解决群众反映强烈的就业、教育、医疗、养老等民生问题,不断增强全省群众的获得感幸福感安全感。

六要在健全生态文明建设体制机制上走在前列。推进"多规合一",强化环境准入负面清单约束,实行差别化的区域管理政策和负面清单管理。全面推行领导干部自然资源资产离任审计制度,对在任期内严重破坏生态的实施终身追责。完善绿色发展财力奖补机制,研究制定流域生态环境补偿制度,建立健全排污权有偿使用机制。全面推行生态环境损害赔偿制度,健全环保信用评价、信息强制性披露与处罚惩戒等制度。

七要在健全法治建设体制机制上走在前列。完善坚持党的领导的体制机制,健全地方党内法规制度体系,完善人大讨论决定重大事项制度,建立立法与改革决策衔接机制,完善政协民主监督机制,推动协商民主广泛、多层、制度化发展。坚决落实党中央确定的深化党和国家机构改革任务,优化机构设置和职能配置,加快建设法治政府、服务型政府。深化司法体制综合配套改革,强化司法责任制,切实防止冤假错案。大力发展基层民主,积极推广“后陈经验”“村民说事”“村级小微权力清单”等经验和做法。

八要在健全全面从严治党体制机制上走在前列。坚持把党的政治建设作为党的根本性建设,严明政治纪律和政治规矩,坚决维护习近平总书记的核心地位,坚决维护党中央权威和集中统一领导。坚持党管干部原则,加强好班长好班子好梯队建设,打好干部工作“管育爱”组合拳,建设忠诚干净担当的高素质干部队伍。推进党的基层组织设置和活动方式创新,坚持和规范“三会一课”、主题党日等制度,推动基层党组织全面进步、全面过硬。深入推进监察体制改革,推动全面从严治党向纵深发展,加快建设清廉浙江。

三、加强高素质专业化干部队伍建设,进一步激发全面深化改革的强大动能

当前和今后一个时期,浙江全面深化改革的目标任务、主攻方向、重大举措已经明确,可以说“四梁八柱”立起来了,已经进入密集施工期。推进各项改革落地见效,关键靠人,关键靠一支高素质专业化干部队伍。我们要坚持好干部标准,突出改革导向和实干导向,注重在改革一线考察识别干部、培养锤炼干部、选拔使用干部,引导广大党员干部增强改革担当、提高改革本领、干出改革实绩,争当改革的促进派和实干家。

一要深入推进“大学习大调研大抓落实”活动。2018 年年初,省委在全省部署开展了“大学习大调研大抓落实”活动。各级领导干部以上率下,广大党员干部积极参与,推动全省形成了支持改革、推动改革、深化改革的浓厚氛围。要把这项活动常态化、制度化开展下去,通过大学习进一步凝聚全面深化改革的思想共识,通过大调研进一步夯实全面深化改革的实践基础,通过大抓落实进一步打通全面深化改革的“最后一公里”,真正把这项活动打造成为提升党员干部素质能力的重要载体和抓手。

二要大力激励干部担当作为。全面深化改革推进到今天,比认识更重要的是决心,比方法更关键的是担当。要全面落实浙江省《关于进一步激励干部新时代新担当新作为 奋力推进“两个高水平”建设的实施意见》,完善市委书记例会、县委书记工作交流会、专题现场会等制度,形成激励改革创新的良好制度环境。要注重对干部推进改革实绩的评价,褒奖重用想改革、敢改革、善改革的干部,进一步树立鼓励改革、支持改革的用人导向。要按照“三个区分开来”的要求,把容错纠错机制嵌入重大改革发展部署,旗帜鲜明地为改革创新者加油鼓劲、撑腰壮胆。要让更多的年轻优秀干部到改革一线蹲苗磨炼、摸爬滚打,并大胆提拔使用经过长期扎实历练、改革实绩突出、群众公认度高的优秀年轻干部。

三要压紧压实改革责任。改革能不能向前推进,落实责任是关键。要完善省委定期研究部署重大改革方案制度、省领导年度联系重点突破改革项目制度,构建省、市、县三级联动的改革项目“指挥长”体系,层层压实责任、层层传导压力。要引导督促党员领导干部特别是一把手担起改革责任,当好改革的组织者和施工队长,既积极统筹各项改革任务、科学配置改革资源,又勇挑最重的担子、敢啃最硬的骨头,以钉钉子精神推动各项改革举措早落地、见实效。要用好改革督察“利器”,重视督察结果运用,褒奖改革实绩突出的干部,严肃处理改革推进不力的干部,最大限度调动和保护干部推进改革的积极性、主动性、创造性。

全面实施数字经济“一号工程”
争创国家数字经济示范省

——袁家军省长在浙江省数字经济发展大会上的讲话提纲
(代序)

浙江省人民政府省长　袁家军

(2018年7月24日)

实施数字经济“一号工程”,是省委、省政府作出的一项重大决策。我们召开数字经济发展推进会,主要目的是深入学习贯彻习近平新时代中国特色社会主义思想,认真贯彻落实习近平总书记7月8日重要指示精神,全面实施数字经济“一号工程”,争创国家数字经济示范省。

刚才,省经信委、杭州市政府、之江实验室和阿里巴巴集团、浙江陀曼智造公司都作了交流发言,讲得很到位、很深刻。还有一些单位和企业提供了书面交流材料。希望大家认真学习借鉴,结合实际抓好落实。下面,我讲三点意见。

一、数字经济是新时代的一场新经济革命

数字经济是世界潮流、时代机遇。首先,要准确把握数字经济的科学内涵。所谓数字经济,是指以数字化的知识和信息为关键生产要素、以现代信息网络为重要载体,通过大数据、人工智能等技术的广泛应用,并与各类经济活动深度融合,显著优化经济运行环境,提升经济运行质量和运行效率的新经济形态。要从三个方面认识数字经济的重大意义。

(一)实施数字经济“一号工程”,是深入践行习近平新时代中国特色社会主义思想特别是网络强国、数字中国战略思想的浙江行动

面对世界数字经济发展的大潮,习总书记以战略家的远见卓识,在深刻洞察世界产业和科技变革趋势的基础上,对建设网络强国、数字中国进行了科学擘画。2014年,习总书记在致首届世界互联网大会贺词中指出,“以信息技术为核心的新一轮科技革命正在孕育兴起,互联网日益成为创新驱动发展的先导力量”。2015年,习总书记在第二届世界互联网大会开幕式上提出,“纵观世界文明发展史,人类先后经历了农业革命、工业革命、信息革命”,“中国将大力实施网络强国战略、国家大数据战略、‘互联网+’行动计划”。2016年,习总书记在第三届世界互联网大会发表视频讲话时强调,“互联网是我们这个时代最具发展活力的领域”。2017年,习总书记在致第四届世界互联网大会的贺信指出,“中国数字经济发展将进入快车道”。2017年10月,他在十九大报告中提出,“要建设网络强国、数字中国、智慧社会,推动互联网、大数据、人工智能和实体经济深度融合,发展数字经济、共享经济,培育新增长点、形成新动能。”2017年12月,习总书记在主持中央政治局第二次集体学习时明确指出,“要构建以数据为关键要素的数字经济”,“加快建设数字中国”。2018年4月,

总书记在网信工作座谈会“4.21”讲话中进一步指出，要发展数字经济，加快推动数字产业化和产业数字化。总书记的重要讲话，深刻回答了数字经济发展的一系列重大理论和实践问题，为加快网络强国、数字中国建设指明了方向、提供了根本遵循。新时代下，浙江必须扛起建设网络强国、数字中国的使命，勇立数字经济发展潮头，使数字经济成为推动经济变革、质量变革、效率变革的加速器。

（二）实施数字经济“一号工程”，是浙江顺应数字经济时代潮流的重大战略选择

数字经济是世界经济的未来。2017年全球市值最高的10家公司中，7家为数字企业，分别为苹果、谷歌、微软、亚马逊、脸书，还有我国的阿里巴巴和腾讯。当前，主要发达国家及地区都在积极布局，力图抢占先机。从国际看，美国正在推动数字技术产业从移动互联网，向云计算和人工智能升级，数字经济规模已超10万亿美元，居全球首位，占GDP比重超过58%。德国实施“工业4.0”，在国家战略层面明确了制造转型和构建未来数字社会的思路。韩国出台《智能信息社会中长期综合对策》，布局量子计算、神经形态芯片等下一代数字技术。从国内看，广东是全国数字经济强省，拥有华为、腾讯等一大批龙头企业和创新型企业，目前已经制定《数字经济发展规划》，提出用5~8年时间，打造成为国家数字经济发展的先导区、数字丝绸之路的战略枢纽和全球数字经济创新中心。江苏提出，数字经济“十三五”末总量要达到5.8万亿元、2025年达到14.5万亿元。即使地处中西部的贵州，目前也有大数据企业8900多家，苹果、高通、微软等七家全球前十的互联网企业在贵州落户。为此，我们必须准确把握全球数字经济发展趋势，对标国家要求、国际标杆、国内先进，明确定位，找准浙江的主攻方向。

（三）实施数字经济“一号工程”，是浙江经济实现高质量发展、抢占未来发展制高点的必由之路

数字经济是创新经济、协调经济、绿色经济、开放经济、共享经济，是高质量发展组合拳的关键一招，是浙江省破解资源环境要素制约，摘掉低散乱“帽子”、加快构建现代经济体系的战略抓手。十多年来，浙江省委、省政府坚持不懈地抓数字经济发展，把浙江省打造成为数字经济发展的先发省份。一是决策早。早在2003年，习总书记在浙江工作期间，提出“八八战略”决策部署，其中一条就是“进一步发挥块状特色产业优势，加快先进制造业基地建设，走新型工业化道路”，强调“坚持以信息化带动工业化，推进‘数字浙江’建设”。二是推进快。2003年，浙江省就出台了《数字浙江建设规划纲要》，后来又出台了一系列政策文件。2014年，省委、省政府把信息经济作为支撑未来发展的七大万亿级大产业之首。同年，世界互联网大会永久落户嘉兴乌镇，目前已成功举办四届。2016年，浙江省获批创建全国首个国家信息经济示范省。G20杭州峰会发布“数字经济发展与合作倡议”后，浙江省把信息经济升级为数字经济。2017年，车俊书记在省委经济工作会议上提出，要把数字经济作为“一号工程”，大力实施大数据战略，深化数字浙江建设。三是基础好。2017年，全省数字经济增加值超2万亿元，占GDP比重39.9%。全省“两化”融合发展指数102.52，网络零售额13336亿元，均居全国第二。新四大发明中的网购、移动支付诞生在浙江省。四是优势多。阿里巴巴、海康威视、大华股份等一批龙头企业，成长为具有全球影响力的数字经济企业。“最多跑一次”改革和数字政府建设等重大举措，形成了数字经济发展的体制机制优势。同时，也要清醒地看到浙江省数字经济发展仍然面临核心技术创新能力不强、制造领域的融合应用深度不够、地区发展不平衡、数字基础设施支撑不足等问题。对此，必须加长板、补短板，抓住数字经济发展的时间窗口，不断提高数字经济综合实力，加快形成引领未来发展的新优势。

肯取势者可为人先，能谋势者必有所成，会用势者可成大事。面对数字经济发展的国际潮流，面对日趋激烈的竞争格局，我们必须顺势而为、乘势而上，切实增强机遇意识、忧患意识和责任意识，以等不起的紧迫感和坐不住的责任感，持续加力推进数字经济发展，再创浙江发展新辉煌。

二、大力实施数字经济“一号工程”，加快实现五年倍增目标

数字化时代，要实施数字新政。在省政府第一次全体会议上，我们明确要求加快实施数字经济“一号工程”，全面推进经济数字化转型，争创国家数字经济示范省。今后一段时期，我们要聚焦聚力高质量、竞争力、现代化，以“数字产业化、产业数字化”为主线，加快推进全国数字产业化发展引领区、产业数字化转型示范区、数字经济体制机制创新先导区和具有全球影响力的数字科技创新中心、新型贸易中心、新兴金融中心“三区三中心”建设。到2022年，数字经济综合实力稳居全国第一方阵，总量较2017年翻一番，力争达到4万亿元以上。

（一）着力突破关键核心技术，打造数字科技创新中心

核心自主技术是数字经济发展的“牛鼻子”。习总书记反复强调，“关键核心技术是要不来、买不来、讨不来的”，“互联网核心技术是我们最大的‘命门’，核心技术受制于人是我们最大的隐患”。3月份以来，美国挑起中美贸易战，对我国高技术产业实施战略遏制，直击中国产业“缺芯少魂”的痛点。我们要大力推进科技创新，力争在核心技术上取得重大突破，掌握数字经济发展主动权。

一要强化之江实验室引领作用。之江实验室是浙江省数字经济创新的主平台，自2017年9月6日成立以来，各项工作正在有条不紊推进。下一步，要瞄准创建国家实验室的定位，加快落实“一体、两核、多点”布局，发挥好浙江大学和阿里巴巴的核心作用，深化与科研院所、重点企业等“多点”科研力量协同创新，聚焦网络信息和人工智能领域，加快实现有序高效运转。今后5年，要力争建成2个以上大科学装置、10个以上国家级试验验证平台。

二要强化关键核心技术攻关。要以人工智能、物联网、云计算、大数据、网络安全、集成电路等领域为重点，集中财力，优先组织实施重大科学基础研究和科技攻关，加快突破一批核心关键技术，形成一批重大创新成果，开发一批重大战略新产品。今后5年，全省获得核心发明专利2.5万件以上，参与制（修）订国际、国家或行业标准100项以上。

三要强化高端人才支撑。突出“高精尖缺”导向，加大人才培养和引进力度。要大力支持浙江大学、杭州电子科大、西湖大学等加强数字经济相关学科建设，新建10家世界一流的科研院所，培养和集聚一批高端人才。要以院士创新基地等高层次人才创新平台为载体，全力引进数字经济领域战略科学家、科技领军人才、“两院”院士、“千人计划”、“万人计划”等科技领军人才。要全面实施人才新政，积极打造“产学研用金、才政介美云”十联动创业创新生态系统。今后5年，要全职引进或培养院士10人以上，引进数字经济领域100名国际顶尖人才，形成100个以上创新团队。

（二）着力培育数字产业集群，打造数字产业化发展引领区

数字产业是数字经济的核心。要紧盯国际数字产业发展前沿，加快提升数字经济核心产业规模和能级，培育形成一批世界级数字产业集群。

一要培育一批主导数字产业。2014年以来，浙江省数字经济核心产业增加值年均增长18.1%，2017年达到4853亿元，增长16.7%。2018年上半年增长16.4%，占GDP的比重达到9.1%。要把培育壮大主导产业作为重中之重，加快做强云计算、大数据、人工智能等新兴产业，加快壮大集成电路、新型显示、通信网络等基础产业，加紧布局区块链、虚拟现实、量子信息等前沿产业，加快发展智能联网汽车等融合型数字新产品，力争在数字安防、云计算大数据和电子商务等方面，形成3~5个世界级产业集群。今后5年，实现数字经济核心产业增加值年均增长15%以上。

二要培育一批骨干数字企业。发展数字产业必须发挥企业的市场主体作用。下一步，要继续加大领军企

业的培育支持力度,鼓励领军企业做大做强;要加大高成长企业的扶持力度,大力实施凤凰行动、雄鹰行动、雏鹰行动、鲲鹏行动,促进独角兽、准独角兽快速成长。同时,还要积极招引国内外知名数字企业来浙江发展。今后五年,要培育世界一流数字企业5家以上,新引进世界500强和全国行业百强企业20家以上,新增数字企业上市公司70家,新增独角兽企业30家。

三要培育一批数字产业平台。要把杭州湾大湾区作为数字产业的主战场,深入谋划智慧大湾区、城市大脑、"移动支付之省"等引领性、标志性工程,打造成为数字产业发展的核心区。要以特色小镇为抓手,借鉴杭州云栖小镇成功经验,加快建设一批具有综合影响力、辐射全省的数字产业特色小镇。2014年以来,云栖小镇以"云计算"产业为核心定位,集聚了一大批创业创新人才,2017年引进"涉云"企业475家,云栖大会更是吸引了6万人参会。要高水平办好世界互联网大会、世界地理信息大会等数字经济发展的国际平台,打造浙江省数字经济开放发展的新优势。

(三)着力推进产业数字化改造,打造产业数字化转型示范区

加快推进互联网、大数据、人工智能和实体经济深度融合,全面推动制造、服务、农业数字化转型,培育发展共享经济等新业态新模式,打响"浙江制造"和"浙江服务"品牌。每年要新增上云企业10万家。

一是推进浙江制造数字化转型。重点是以工业互联网、企业上云、智能化改造为抓手,加快推进"机器人+",推广数字化新技术新工艺应用,加强工程服务公司培育,着力建设一批"无人车间"和"无人工厂"。力争到2022年,建成1个国家级工业互联网平台和100个"无人工厂",在役工业机器人数量达15万台,培育200家以上工业信息工程服务公司,规上工业企业劳动生产率年均提高7%以上。据调研,浙江省目前已建成"无人车间"35个,准"无人车间"169个,而江苏智能车间已有536个。在智能制造推广方面,新昌依托陀曼公司,对中小企业采取智能化工程承包模式的做法,值得各地借鉴。

二是推进浙江服务数字化转型。要加快生产性服务业数字化,重点是推进研发设计、现代物流、检验检测服务、商务咨询、人力资源服务等数字化。要加快文化创意服务数字化,以之江文化产业带、横店影视产业城为依托,加快数字影视、数字动漫等集聚发展,打造数字文化产业高地。要加快民生服务数字化,推进智慧旅游、智慧健康、智慧养老、智慧教育等产业发展,培育信息消费新热点。比如,乌镇互联网医院提供在线医疗服务,目前已连接全国2700多家医院、7400多组专家团队,日均接诊量超过6万人次。

三是推进浙江农业数字化转型。要以粮食生产功能区和现代农业园区为重点,大力推广农业物联网应用,推进农田智能监测、养殖环境监测、设施园艺精细管理和精准控制,建设一批数字农业示范园。要建设农产品质量安全监管追溯系统,构建全省统一的农产品质量安全追溯平台,实现农产品可追溯、可监管。要构建农产品网络销售体系,完善农村冷链物流体系,推进农旅电商融合发展。到2022年,全省农产品网络销售额突破1200亿元,力争数字化农业在全省精品农业基地全覆盖。

(四)着力推进贸易数字化,打造新型贸易中心

电子商务是浙江省的金名片。2013~2017年,浙江省网络零售额分别增长88.5%、47.6%、49.9%、35.4%、29.4%,2018年上半年增长24.8%。下一步,要充分利用义乌这个"国际小商品之都"和阿里巴巴这个最大网上交易平台优势,拓展电子商务应用领域,推进跨境电商、新零售等创新发展,巩固电子商务强省优势,建设以数字贸易为标志的新型贸易中心。

一要创新电商服务模式。深化电子商务应用,引导专业商品市场发展电子商务,大力发展农村电商,巩固现有网络零售平台,鼓励电商平台、第三方支付等电商服务企业走出去发展。积极推广新零售,支持电商平台企业整合实体商业资源,推广无人超市、智能便利店、无人货架、自助售货机等新零售模式,提升服务档次,增强消费体验。今后5年,要培育2~3家千亿级电商平台,建设2个以上新零售标杆城市,培育50家新零售示

范企业。

二要打造电子世界贸易平台。支持阿里巴巴以市场化方式，推进电子世界贸易平台(eWTP)全球化布局，推动平台秘书处落户杭州，建设杭州电子世界贸易平台实验区，积极参与数字贸易规则与标准制定，打造全球电子商务核心功能区和“21世纪数字丝绸之路”战略门户。

三要拓展跨境电商。要深入推进中国(杭州、宁波、义乌)跨境电子商务综合试验区建设，加快数字“单一窗口”建设，提升跨境贸易便利化水平。今后5年，要构建2~3个具有国际影响力的进口商品展销平台，打造进口商品“世界超市”。

四要推进智慧物流建设。积极推进海港、陆港、空港、信息港“四港联动”，建设舟山江海联运数字服务平台，把杭州打造成为世界级物流枢纽节点城市。加快推广智能仓储，发展无人仓、无人机等新一代智能物流设施，建设联通国内外的智能物流骨干网。目前，传化集团正在探索建设数字化供应链服务平台，“传化网”已覆盖全国30个省市、347个城市，连接和服务30多万货主企业、200多万车辆、17.5万物流商，智能物流系统日运单峰值10万单。

(五)着力强化数字金融建设，打造新兴金融中心

要加快推进钱塘江金融港湾建设，加快推进数字技术在金融领域应用，推进移动支付全面覆盖和全球化布局，加快打造集金融科技、网络金融安全、网络金融产业、移动支付、民营银行、保险创新等于一体的新兴金融中心，推动“金融大省”向“金融强省”转变。

一要加快打造“移动支付之省”。在充分尊重现金支付的前提下，大力推广移动支付，创新指纹支付、刷脸支付、语音支付等各种新型支付模式，在商贸旅游、交通医疗、市政公用、政务服务等领域全面实现移动支付和无现金支付。今后五年，“移动支付之省”建设中心城市全部覆盖、县级城市基本覆盖。目前，杭州已成为全球最大的移动支付之城。全省各地都要学习杭州，加大推进力度。

二要有序发展新兴金融业态。加强数字技术在金融领域的融合创新，规范发展互联网金融、区块链金融、消费金融、供应链金融、智能投资研究、大数据征信与风控等新业态，加强金融风险监测预警系统建设，创新金融科技监管，支持杭州建设国际金融科技中心。蚂蚁金服自2014年10月成立以来，以大数据、云计算为基础，构建开放、共享的信用体系和金融服务平台，迅速成为金融科技巨头，支付处理能力超过了Visa和Master。目前估值近1500亿美元，成为非上市公司最大的独角兽。

三要创新发展传统金融业务。要根据浙江省中小企业发展需要，推进传统金融业务创新，大力发展绿色金融、普惠金融、创业投资、私募股权投资、并购金融，推进宁波保险创新综合试验区建设，扩大金融服务跨境合作，构建财富管理产业链，完善金融生态圈。

这里要强调的是，建设新兴金融中心，必须以风险防范为前提。近期，浙江省有40多家互联网金融平台“爆雷”，其中杭州就有33家。各地都要高度重视，加强风险的排查处置。省金融办要牵头，会同有关市制定防控风险的有效措施。

(六)着力加强制度供给，打造数字经济体制机制创新先导区

坚持以“最多跑一次”改革为牵引，以政府数字化转型为先导，深化体制机制改革，营造包容审慎的监管体系，完善数字经济发展的引导体系，打造数字经济发展最优环境。前些天，世界银行出版了《2018营商环境报告》，新西兰排在第1位，我国位居第78位。我们要对标对表，以构建全球最佳营商环境为目标，认真研究分析并提出改进措施。

一要加快推进政府数字化转型。要全面深化“最多跑一次”改革，着眼打造“掌上办事之省”“掌上办公之省”，加快创建数据共享模型、流程再造模型、信用体系模型，构建应用、技术、数据、网络四大平台，加快推进

经济调节数字化、市场监管数字化、公共服务数字化、社会治理和风险防控数字化、环境保护和治理数字化、政府运行数字化,推进政务数据整合与开放共享。

二要构建包容审慎监管机制。进一步简化行政审批事项,清理规范制约数字经济发展的行政许可、商事登记等事项,着力消除各种经营性壁垒。加强数字经济地方立法,加大知识产权保护力度,依法加强信息保护和安全保障,进一步健全维权机制。完善科学高效的监管工作体系,审慎出台市场准入政策,建立新业态新模式容错机制,为创新提供试错空间。

三要加强标准体系建设。加强数字经济领域基础共性标准、关键技术标准的研制及推广,加快智慧城市、智能制造、物联网、车联网、云计算、网络安全等细分领域的标准化工作,推进大数据采集、管理、共享、交易等标准规范的制定和实施。积极支持和鼓励企业参与国内和国际标准制定,不断提升标准话语权。

推进数字经济发展,离不开基础设施支持,离不开数字资源驱动,离不开网络安全保障。要深入实施宽带浙江、云上浙江、泛在浙江建设,推进5G等建设与应用,加快建成高速宽带、无缝覆盖、智能适配的新一代信息网络。要深入实施大数据发展战略,加快建成一批大数据中心,推动“数据”大脑建设和创新应用,建成数据资源强省。要把网络安全和数据安全作为重中之重来抓,加快建立健全数据安全和网络安全保障体系,全面提升安全保障能力。

三、狠抓各项工作落实,加快形成“滚雪球”效应

各地各部门要按照《数字经济五年倍增行动计划》和《国家数字经济示范省建设方案》的要求,倒排时间、明确任务、落实责任,不折不扣抓好落实,形成“说一件、干一件、成一件”的“滚雪球”效应。

(一)加强组织保障

坚持系统思维,建立健全数字经济发展的指标体系、工作体系、政策体系、评价体系。加强对全省数字经济发展的组织领导和综合协调,每年召开一次数字经济发展大会,部署年度重点工作。省经信委要发挥好牵头协调作用,省统计局要尽快完善数字经济的统计指标体系,各地各部门都要出台工作方案和实施细则。省政府把数字经济发展成效纳入目标考核和绩效评价。

(二)加强政策扶持

加大财政支持力度,建立专项财政激励措施,加强对重大平台、重大项目及试点示范支持。加大金融扶持,将数字经济纳入专项信贷优先支持范围,优先支持数字经济企业上市;设立省集成电路产业投资基金,用于支持集成电路领域重大项目。深化“亩均论英雄”改革,加强数字经济领域用地、用能、排放、创新等要素资源优化配置和重点保障。

(三)加强示范带动

“火车跑得快,全靠车头带”。杭州数字经济核心产业增加值占全省的近六成,在全省数字经济发展中具有举足轻重的作用。杭州要进一步强化责任担当,发挥好龙头带动作用,当好全省数字经济发展的“火车头”。其他市也都要扛起责任,根据自身基础,结合功能定位,找准发展数字经济的切入点。同时,要围绕数字经济重点领域,分行业、分领域开展试点示范,培育一批示范项目、示范企业、示范基地,以点带面推动全省数字经济发展。

同志们,蓝图已绘就,奋进正当时!我们要牢记总书记的殷殷嘱托和谆谆教诲,在加快数字经济发展上彰显担当,为网络强国、制造强国、数字中国建设贡献浙江智慧和力量,努力为全国大局作出新的更大贡献!

目 录

第一部分 综合篇

第二部分 产业篇

第三部分 专题篇

第四部分　地市篇

第五部分 政策篇

附 录

第一部分　综合篇

在浙江省深化推进“企业上云”专题工作会议上的讲话要点

浙江省人民政府副省长　高兴夫

（2018年4月26日）

同志们：

对“企业上云”工作，车俊书记、袁家军省长高度重视，多次作出批示，提出明确要求。最近，在省经信委上报的《十万企业上云行动的实施情况》上，车俊书记批示：“‘十万企业上云行动’效果明显，应予肯定，应继续推进并深化融合运用”；袁省长批示：“要分类、细化分析，使上云与提升企业整体竞争力有机结合”。今天，我们召开深化推进“企业上云”专题会，主要任务是认真学习贯彻习近平总书记关于网络强国的重要思想和在全国网信工作会议上的重要讲话精神，按照省委、省政府主要领导的批示要求和决策部署，总结交流2016年以来推动“企业上云”工作及取得的成效，分析存在的问题，部署实施“企业上云”三年行动计划。

刚才，省经信委汇报了2017年以来全省开展“十万企业上云行动”所做的工作及取得的成效，通报了优秀市、县（市、区）、云服务商、行业云应用示范平台和上云标杆企业，布置了深化推进“企业上云”三年行动计划。杭州市、东阳市政府及阿里云等企业作了很好的发言。希望各地认真抓好落实，积极学习借鉴，推动“企业上云”工作更上新水平。下面，我强调三点意见：

一、进一步提高认识，切实增强推动“企业上云”的紧迫感

第一，这是加快产业数字化的重要途径。习近平总书记在全国网信工作会议上强调，要推动产业数字化，利用互联网新技术新应用对传统产业进行全方位、全角度、全链条的改造，提高全要素生产率，释放数字对经济发展的放大、叠加、倍增作用。在浙江省经济总量中，传统产业占70%以上，省委、省政府高度重视传统制造业的改造提升，2017年在绍兴召开了全省高规格的大会，作出了全面部署，影响极其深远。2018年又把传统制造业改造提升行动计划作为今后五年富民强省十大行动计划之一，本周一下午已经省委常委会审议通过，即将由省政府下发实施。传统制造业改造提升的重要途径就是实施数字化转型，为企业插上腾飞的翅膀，“企业上云”是数字化转型，实现产业数字化的具体行动，2017年以来已有相当多的企业从中尝到了甜头，迈出了新的步伐。

第二，这是推动数字产业化的题中应有之义。习近平总书记强调，要发展数字经济，加快推动数字产业化，依靠信息技术创新驱动，不断催生新产业新业态新模式，用新动能推动新发展。李克强总理对浙江省发展数字经济也给予了殷切期望，在2018年两会参加浙江代表团审议时提出，希望浙江大力发展数字经济，培育经济增长新动能，走在高质量发展的前列。省委、省政府高度重视，省第十四次党代会、省委经济工作会议以及省政府工作报告均已明确，要把发展数字经济作为“一号工程”来抓，积极创建国家数字经济示范省，大力发展以数字经济为核心的新经济，加快构建现代化经济体系。“企业上云”将为数字产业化、发展新经济创造大量的市场需求，不仅会培育一大批云服务商、云平台、云工程服务公司，还会催生一大批新产业、新业态、新模式，增添经济发展新动能。

第三,这是实现企业高质量发展的创新动力。从手工到机械、从线下到线上、从网下到云上,每一次飞跃,对企业来说都是一次脱胎换骨的升华蜕变。2017 年以来,通过省、市、县三级联动,政、企、商三方协同,全省新增上云企业 12.99 万家,涌现出 12 家行业云应用示范平台、118 家上云标杆企业,"企业上云"势头强劲、氛围浓厚。但是总体来看,还是存在一些问题:一是行业之间企业上云发展不平衡,尚未形成各行业企业齐头并进上云的良好局面,已上云企业中,工业和信息化领域企业比重较高,农业、服务业、科技企业上云的推进力度还需加大;二是用云的尝试还远远不够,部分企业对上云的意义理解还不深刻,局限于企业信息化本身,忽视了对企业发展提质增效的推动作用,虽然客观上"响应"了政府的行动要求,但主观上既没有严谨细致地分析自身业务需求,也没有找准上云的切入点,造成为了上云而上云;三是部分企业对上云仍存在诸多顾虑,包括上云的成本问题、原有投入的再利用问题、对云服务商服务质量的担忧,对数据上云的安全顾虑等。这些问题,需要在实施"企业上云"三年行动计划中努力加以解决。

二、把握关键环节,实现"企业上云"再上新水平

刚才,省经信委已经布置了"企业上云"三年行动计划,明确了新的目标,提出要抓好十项任务,这很好。"企业上云",并不是简单地把企业某项业务搬到云端,而是要把数据采集、传输、分析、利用等在内的全链条打通,涉及机械设备数字化改造、网络的部署、数据处理平台的搭建、软硬件系统的集成以及云服务的提供等环节。重点要抓好以下关键环节:

第一,要突出抓好机械设备的数字化改造。这是数据采集的端口,是"互联网+""机器人+"的首道环节,是"企业上云"的基础、上云质量的可靠保证、实现企业高质量发展的根本前提。新昌陀曼公司已经给我们创造了很好的案例,就是在每组轴承机床上加装一个简易版的"盒子",称为微智造系统,价格不贵,每个也就三五千块钱。但是通过这个"盒子",机床运行状态数据、能耗数据、产品数据、故障报警数据等等都收集起来了,为数据的后续处理,打开了"天使之门"。同时,在这个环节,要注重培育专为中小企业数字化改造服务的工业信息工程服务公司,破解中小企业信息化基础薄弱、人才短缺,甚至实力不足等难题。

第二,要突出抓好上云的质量。2018 年我们的目标是再新增十万家"企业上云"。这个十万家,不是邮件、电话、会议服务等简单业务的上云,而是要实实在在的有质量的业务上云,比如智能制造系统、制造执行系统、资源管理系统、供应链管理系统等,真正利用云服务提高效率、提升质量,做到高水平上云、深层次用云。要针对目前部分企业"为上云而上云"、"多初级应用、少深度应用"、在生产经营层面做到业务系统上云的比例偏低、通过数据整合和业务重构提升企业价值链的案例较少、可大批量复制的深度应用解决方案不多等问题,抓紧修订完善《浙江省企业上云水平评估标准(试行)》,做好分类分析,引导企业把上云作为实施研发、生产、营销等流程再造的重要手段,作为节约成本、提高效率、增强核心竞争力的重要措施,使上云与提升企业整体竞争力有机结合。推动企业从资源上云逐步向管理上云、业务上云、数据上云升级,逐步实现云计算深度应用。鼓励企业打通全链条数据资源,优化数据集成上云,加强云上管理及智能分析,创造更多价值。要打造 300 个上云用云企业标杆,示范引领广大企业深度用云,形成一批整体云化典型案例,提升产业竞争力。有关行业组织要进一步优化云服务商产品及服务第三方评价机制,促进云服务商不断提升产品和服务质量。

第三,要突出抓好云产品云服务的开发和供给。"企业上云"以后,云平台能给企业提供什么样的服务,让企业获得实实在在的收益?这是我们的云服务商要考虑并解决的问题。各类云服务商要加强资源共享,优化云服务生态合作体系建设,加大研发投入,优化云产品、云服务、云解决方案的有效供给,丰富"企业上云"选择,并推动有条件的企业逐步实现整体云化;要以开放包容的心态,让广大中小开发者依托云服务平台开发、部署和应用工业 APP,为上云企业提供个性化的服务;要进一步加强云计算基础设施和服务能力建设,

规范“企业上云”服务和信息安全保护，努力解决企业对上云的顾虑，特别是要保障生产系统等核心业务上云后的连续稳定运行，逐步形成“企业上云”服务规范和信息安全保障规范；要进一步开放云市场，培育引进各类云服务商，完善云服务生态体系。

调研发现，部分优质企业特别是有境外分支机构的大型企业，前几年已经用了美国亚马逊的云，主要是企业认为亚马逊全球化云服务的技术和服务能力更强，企业在国内的总部和境外分支机构之间业务管理、数据传送效率更高，更契合企业的全球化发展战略。诚然，目前来说，亚马逊作为全球第一公有云服务商的优势是客观存在的。但是考虑到数据安全、数据境内外流通，以及中美贸易摩擦等全球贸易环境、金融环境的不确定因素，这部分企业已有顾虑，迫切希望我们的云服务商能尽快提升云计算产品全球输出能力、全球服务能力，让本地企业上本土的云，享受本土的优质服务。有的企业反映，现有很多生产装备都依赖于国外进口，而不少原厂商对装备的使用有严格管控措施，不允许使用方私自对装备进行联网，不允许上云，这会对企业上云用云造成影响。最近美国对中兴通讯的封杀令，再次警醒我们在深化推进“企业上云”的行动中，在云计算技术和服务、生产装备等相关领域，迫切需要加强自主创新、争取核心技术的突破。

第四，要突出抓好云平台的培育。“企业上云”与工业互联网发展，两者要融为一体来考虑、来推动，广东的提法就叫上云上平台。最近，省里正在研究制订加快“互联网 + 先进制造业”发展工业互联网的实施意见，并编制跨行业跨区域工业互联网（云）平台建设方案，总体思路是形成“1+N”的架构。“1”就是由阿里巴巴集团、浙江中控、之江实验室联合建设 1 个跨行业、跨区域、综合性、具有国际水准的工业互联网平台，为企业提供覆盖设计、研发、制造、物流等全产业链服务，为行业工业互联网（云）平台提供基础计算等云服务的支撑，实现与行业互联网平台的融通发展。“N”就是围绕石化、安防、汽车、物流、纺织服装等重点行业，结合浙江省块状经济特色优势，由龙头企业、智能制造示范企业、工业信息工程公司或互联网企业牵头，建设一批国内领先、面向特定地域或产业集群的行业工业互联网（云）平台，重点培育 20 家面向细分垂直行业的行业云应用示范平台，着力将具有行业属性的云产品、云服务标准化、模块化，利用云计算等信息技术为产业链企业整体赋能。各地政府要立足主要行业，制订行业互联网发展计划，积极支持云平台服务商、大型互联网企业、工业企业等分层次推进工业互联网（云）平台建设，鼓励有能力的大型企业独立建设或者与互联网企业联合开发建设工业互联网（云）平台，鼓励中小型企业积极参与融合应用，打造成“N”的一分子。

三、加强组织协调，全力完成 2018 年目标任务

第一，要统筹形成合力。实践证明，推动“企业上云”，需要省、市、县联动，政府、企业、云服务商协同。省信息化工作领导小组要加强对“企业上云”三年行动计划实施工作的组织领导，优化协同推进工作机制。省经信委要继续发挥牵头作用，加强统筹协调，抓好组织实施。省级其他行业主管部门要协同配合，加强对行业内企业上云的分类指导，精准推进工业、农业、服务业、商贸流通企业、科技企业上云用云。各市、县（市、区）要建立完善统筹协调机制，各部门各负其责、协同联动。要进一步优化政企合作、企企合作，调动云服务商的积极性，动员发动更多的企业，建立多方共赢的机制。

第二，要分解落实目标。《浙江省深化推进“企业上云”三年行动计划（2018~2020 年）》会前已经印发，目标是到 2020 年，全省上云企业达到 40 万家。省经信委要牵头按年度、按设区市进行细化分解。目前，全省共有企业 179 万家，其中工业企业 28.8 万家，包括 4 万家规上企业和近 25 万家规下企业，到 2017 年底，全省累计上云企业才 18 万家，潜力还很巨大。各地要抓紧制订本地区深化“企业上云”三年行动方案及行业互联网发展计划，排出时间表、路线图和责任单位，组织落实好各阶段工作，抓目标、抓进度、抓质量，确保按时保质完成任务。

第三，要政策精准聚焦。各地制定完善“企业上云”的激励措施，优化“企业出一点、云服务商贴一点、政府补一点”的联合激励机制。新昌县政府围绕企业智能化技术改造实施的财政技改贴息政策、浙商银行信贷政策、工业信息工程公司让利政策、省智能制造专家委员会智力支持政策协同发力的做法，值得各地学习借鉴。同时，电信、移动和联通三家通信运营商要进一步提升基础网络服务质量，深入实施提速降费工程，特别是要降低中小企业的专线租赁服务价格，降低“企业上云”成本。

第四，要加强宣传推广。各级政府、各云服务商要结合实际案例，把“企业上云”培训宣讲活动办得有声有色，营造良好的氛围。要及时总结推广行业云应用示范平台、标杆企业的典型经验，以案说法、现场教育，进一步提高企业上云用云的自觉性、积极性。要充分发挥各类行业协会的作用，积极组织举办行业云应用论坛等系列活动，做好“企业上云”政策措施、上云途径等宣贯辅导工作。要充分利用世界互联网大会、杭州云栖大会等重大活动，扩大全省“企业上云”的影响力。

同志们，“企业上云”是大势所趋；推动“企业上云”，我们责无旁贷。让我们聚焦聚力高质量、竞争力、现代化，以供给侧结构性改革为主线，全面实施“企业上云”行动计划，加快工业互联网发展，推进互联网、大数据、人工智能与实体经济深度融合，为全面构建以数字经济为核心、新经济为引领的现代化经济体系作出积极贡献。

破除发展数字经济认识上的四个误区

浙江省经济和信息化委员会主任 张 耕

(2018 年 6 月)

十九大报告提出,“要推动互联网、大数据、人工智能与实体经济深度融合”,“建设网络强国、数字中国、智慧社会”。

习近平总书记在 2017 年中共中央政治局集体学习时强调,“要构建以数据为关键要素的数字经济,加快发展数字经济,推动数字经济融合发展”。

浙江省委省政府将数字经济列为“一号工程”,提出大力发展以数字经济为核心的新经济,加快构建现代化经济体系,打造数字经济推动高质量发展的中国样本。

浙江是全国最早做出以信息化带动工业化、推进现代化战略的省份之一,也是当前数字经济发展最有活力、最具实力的省份之一。2017 年,浙江数字经济总量达到 1.96 万亿元,占 GDP 的比重为 37.8%,位居全国前列。

未来,浙江将坚定不移实施数字经济“一号工程”,把数字经济这张金名片擦得更亮。值得注意的是,当前,关于发展数字经济,还不同程度地存在认识误区。数字经济“一号工程”要落到实处,必须要坚决破除认识上的误区,凝心聚力、统筹谋划!

一、数字经济发展要力戒“企业小众化”

我国数字经济的发展战略基点是依托快速增长的用户数量,使得电子商务、共享经济、移动支付等数字应用企业发展较快,手机等应用型硬件企业发展迅速。

浙江作为中国数字经济发展的一个缩影,是全球电子商务中心、全国互联网金融发展高地。因此,常有人误以为浙江发展数字经济就是发展以阿里巴巴、网易杭州等为代表的互联网企业。

实际上,随着新一代信息技术的颠覆式创新与融合式发展,当前发展数字经济的重点已经转变为推动互联网、大数据、人工智能和实体经济深度融合,数字经济绝不是特指少数互联网领军企业,而是要大力推进全产业、全主体、全要素、全业务、全渠道的数字化转型。

然而,由于信息化投入的投资回报周期较长(平均需要 3~10 年)、转换成本高、试错成本大,中小型传统企业普遍缺乏数字化转型的动力。

浙江是民营经济大省,拥有数量众多的中小微企业,需要各级政府合力营造良好的数字经济发展环境。要进一步深化简政放权、减税降费等体制机制改革,切实降低企业数字化转型的成本负担;要面向重点领域加快布局工业互联网平台,为传统产业平台化、生态化发展提供新型应用基础设施;着力培育一大批成本低、服务好、产品过硬的数字化解决方案提供商。积极引导各个产业的各类企业逐步实现全业务流程的数字化,增强企业在数字经济时代的持久竞争力。

二、数字经济发展要力戒“主体高新化”

近年来，基于移动互联网、人工智能等领域的发展，为我国凭借大国大市场优势打破全球数字经济领域固有版图提供了历史性机遇。

在中国的数字经济版图中，浙江异军突起，涌现了阿里云、海康威视、大华、新华三等一批全球领先的数字经济领军企业。由此，许多人以为发展数字经济就是发展互联网、大数据、人工智能等新一代信息技术，是ICT产业的未来发展趋势。实际上，以新一代信息技术与传统产业广泛渗透融合形成的融合部分，才是数字经济的发展主体。

欧盟委员会称，“未来5年中，产品和服务的数字化将每年为欧洲增加超过1100亿欧元的收入”。2017年，浙江省数字经济融合部分规模达1.5万亿元，占GDP比重28.9%，而基础部分规模只有0.46万亿元，不及融合部分的三分之一。

当前，浙江传统产业已经涌现了一批优秀的数字化转型标杆企业，中国巨石、老板电器、正泰集团等企业成为行业智能制造标杆；万向、华立、中电海康、超威等企业搭建具有行业影响力的制造业“双创”平台，传化智能公路物流、娃哈哈机器人开辟了传统企业向数字经济领域拓展的典范。

接下来，要全力支持行业领军企业对整个行业数字化转型赋能，同时要鼓励广大企业积极探索平台化、生态化发展模式，改造传统创新链、供应链、产业链和价值链，形成示范带动作用。

需要注意的是，在从顶层推进行业数字化转型进程时，要考虑到各个行业中生产者和消费者的特征与需求，以适当的政策扶持和经济激励，因“业”制宜地助力行业数字经济发展。

三、数字经济发展要力戒“行业工业化”

随着制造强国战略的不断深化，两化深度融合、“中国制造2025”、工业互联网等一系列政策举措的不断推进，许多人错误地认为数字经济融合部分主要是信息技术与工业领域的深度融合。

实际上，数字经济融合部分涵盖一二三产业，且行业渗透率呈现出三产高于二产、二产高于一产的特征。浙江以电子商务、移动支付为代表融合型数字经济发展水平相对较高，但是“三农”领域的数字经济发展水平仍然不高，制造业智能化水平仍然有待提升，与国际先进水平相比均有较大差距。补上短板，我们要进一步释放政策红利，本着“鼓励创新、包容审慎”原则，科学制定、审慎出台新的准入和监管政策，用负面清单保护各类市场主体依法平等进入，鼓励一二三产业的融合型新兴业态加快成长。同时要不断完善信息消费大环境，构筑起广大人民群众想消费也敢消费的良好环境，不断拓展融合应用市场空间。积极推动通信、物流、支付、售后等全过程降成本，完善市场监管体系，为一二三产业全面数字化转型提供安全可靠的基础设施，以及鼓励创新、开放包容的发展环境。

四、数字经济发展要力戒“发展区域化”

从世界数字经济发展现状可以发现，数字经济与各国经济发展水平具有明显的正相关关系，美国、欧盟等发达国家普遍较早布局发展数字经济，墨西哥、印度等发展中国家的数字经济发展水平相对较低。同时在一国之内，区域之间、城乡之间的数字经济发展也存在着明显的不均衡现象。

当前，浙江省内的杭州、宁波、嘉兴、金华等地区的数字经济发展相对较快，杭州的数字经济全国领先，宁波的智能经济引领发展，成为全省数字经济发展的支撑基石，与其他地市的数字经济发展水平存在一定的差距。

在省委、省政府全力推进数字经济一号工程时，部分地市尚存在认识不足现象，认为发展数字经济主要是杭州、宁波等地的工作，缺乏发展积极性和工作主动性。

数字经济一号工程要落到实处，各地应根据产业、行业和企业发展的具体情况，聚焦效率型数字经济和融合型数字经济，制定出台推进数字经济发展的建设方案和实施细则，步步为营，扎实推进。

未来，浙江将充分发挥信息经济和"互联网+"先发优势，聚焦聚力高质量竞争力现代化，实施数字经济一号工程，以"数字产业化、产业数字化"为主线，把发展经济的着力点放在实体经济上，将提高供给质量作为主攻方向，形成实体经济、科技创新、现代金融、人力资源协同发展的现代产业体系，打造全国数字经济发展引领区、全国产业数字化转型示范区、全国体制机制创新先导区、全球新型贸易中心和全球新兴金融中心，为全省"两个高水平"建设提供强大支撑。

深化互联网、大数据、人工智能与实体经济融合 加快推进“1+N”工业互联网平台体系建设

浙江省经济和信息化委员会主任 张 耕

（2018 年 8 月 17 日）

党的十九大报告提出，要推动互联网、大数据、人工智能和实体经济深度融合。习近平总书记在十九届中共中央政治局第二次集体学习时强调，要深入实施工业互联网创新发展战略，继续做好信息化和工业化深度融合这篇大文章。这是新时期党中央、国务院关于两化深度融合战略部署的延续和深化，也标志着工业互联网作为新一代信息技术与制造业深度融合的产物，已经成为当前和今后一段时期两化融合发展的落脚点和着力点。2017 年 11 月，国务院印发《关于深化“互联网 + 先进制造业”发展工业互联网的指导意见》（以下简称《指导意见》），浙江省委、省政府高度重视，在工信部的大力支持下，第四届世界互联网大会期间，浙江省政府与工信部签署部省共同推进工业互联网发展合作协议，全力打造工业互联网平台。

一、工业互联网平台是新时期浙江推动两化融合向纵深发展的核心载体

浙江具有制造业和互联网双重优势，通过建设工业互联网平台，有利于整合产业要素与优质资源，打造数字化、网络化、智能化、协同化的开放平台与产业生态，推动浙江经济高质量发展。

（一）工业互联网平台是浙江打造数字经济的核心工程

当前，浙江将数字经济作为一号工程来抓，按照高质量、竞争力、现代化的要求，建设国家数字经济示范省，构建以数字经济为核心的现代化经济体系，推动产业数字化和数字产业化。加快推进工业互联网平台建设，可以通过较低的成本，实现人、机、物的互联互通，帮助中小企业快速完成数字化转型，实现跨区域、跨行业的资源链接和市场配置；通过集聚数以亿计的设备、系统、工艺参数、软件工具等资源，催生出众包众创、协同制造、智能服务等一系列新模式新业态；利用云计算、大数据、人工智能等新兴技术，实现海量数据的存储、挖掘、利用，进一步确立了数据作为核心资源的价值。

（二）工业互联网平台是浙江建设制造强省网络强省的关键支撑

在制造业与互联网深度融合的大背景下，制造强省与网络强省建设彼此相互交织、不可分割。浙江是制造大省，但还不是制造强省，传统产业占比高达 70%以上。浙江省委省政府高度重视传统制造业的改造提升，2017 年 9 月和 2018 年 8 月，浙江相继召开了传统产业改造提升推进大会，对传统制造业改造提升作了全面部署。工业互联网平台是工业全要素、全产业链、全价值链连接的枢纽和工业资源配置的核心，能够重构生产体系，引领组织变革，优化资源配置，打造新型的制造体系，推动浙江实现由制造大省向制造强省的转变。同时，对于网络强省建设来说，工业互联网平台为新型网络基础设施、5G 等下一代移动通信技术、网络安全等提供了重要应用场景。

二、浙江具备抢抓工业互联网平台发展机遇的独特优势

浙江制造业与互联网融合具有先发优势，具备加快发展工业互联网平台的良好基础。

(一)制造业基础扎实

截至2017年底,全省规上工业企业数居全国第三,工业增加值总量规模居全国第四,300多种产品产量居全国前十,50多种产品产量居全国第一。

(二)数字经济发达

浙江是全国唯一的国家信息经济示范区,2017年全省数字经济总量达1.96万亿,居全国第四,软件和信息技术服务业、电子信息制造业综合发展指数位居全国前列。

(三)融合应用广泛

全省两化深度融合国家示范区建设成效显著,发展指数连续两年保持全国第二。企业信息化从"机器换人""机器联网""智能制造"到"企业上云"持续推进,全省在役工业机器人达5.5万台,居全国第一,累计上云企业超过18万家,并从上云迈向上平台、用平台。

三、浙江推进"1+N"工业互联网平台体系建设的基本考虑和具体实践

为落实国务院《指导意见》精神和部省合作协议内容,浙江紧紧抓住工业互联网平台这个工业互联网建设和发展的关键核心,经过深入调研,在全国率先提出打造"1+N"工业互联网平台体系,即建设1个具有国际水准的跨行业跨领域的基础性工业互联网平台和若干个行业级、区域级、企业级工业互联网平台。

(一)强强联合、优势互补,打造1个具有国际水准的跨行业跨领域的基础性平台

浙江从谋划建设基础性工业互联网平台之初,就瞄准国内一流、全球领先的建设目标,充分发挥政府统筹协调作用,汇集阿里云、浙江中控、之江实验室等省内现有优势力量,依托阿里云在人工智能、大数据、云计算等领域的技术优势,浙江中控在工业领域数十年的深厚积累,以及之江实验室强大的基础技术支撑能力,推动IT(信息技术)/DT(数字技术)与OT(运营技术)深度融合,共同打造了面向国内外工业企业的跨行业跨领域、具有国际竞争力的"一站式"服务平台(supET平台)。

supET平台能够有效整合产品设计、生产工艺、设备运行、运营管理等数据资源,汇聚共享设计能力、生产能力、软件资源、知识模型等制造资源,开展面向不同场景的应用创新,提供设备健康维护、生产管理优化、协同设计制造、制造资源租用等各类应用,形成智能化发展的新兴业态和应用模式。典型应用案例包括运用大数据和人工智能技术,对企业生产流程进行建模分析,优化工艺参数和流程,提高良品率。如,某橡胶企业通过supET平台优化工艺参数,大幅降低密炼能耗,提升良品率5个百分点,每年节省数千万元成本;某光伏企业运用supET平台分析切片生产参数曲线,获取最优参数,提升切片良品率1个百分点,每年节省上亿元成本。目前,supET平台已经入选首批8家国家级跨行业跨领域工业互联网平台名单。下一步,将根据发展情况,适时吸纳省内外其他优势企业和科研机构参与supET平台建设,不断提升完善平台运营和服务能力。

(二)瞄准需求、发挥特色,培育一批行业级、区域级、企业级平台

浙江传统行业优势突出、块状经济发达、龙头企业带动辐射效应较大,针对这些特色,浙江省提出建设一批行业级、区域级、企业级平台的思路。一是从物流、轴承、袜业、毛衫、汽车零部件、化纤、光伏、石化等现有基础条件较好的细分行业入手,鼓励建设具有专有技术、专业知识、开发工具的行业级平台。二是鼓励依托小微企业园、特色小镇、产业集聚区等建设区域级平台,推动块状经济加快向具有国际竞争力的产业集群发展。三是支持大型制造企业围绕产业链数字化、网络化、智能化需求,搭建企业级平台,开放资源和能力,促进大中小企业融通发展。

目前,已遴选陀曼轴承、毛衫汇等首批5家行业级、区域级平台,与supET平台合作。其中,新昌县的陀

曼轴承工业互联网平台通过向轴承企业推广使用低成本、模块化的微智造系统,实现了轴承生产设备数据的自动采集、清洗、归集和应用,可以在线向用户提供设备远程控制、故障远程诊断和维护、设备异常分析等服务,解决了中小微企业资金少、信息化基础薄弱、专业人才不足等难题,成批量完成了轴承企业的数字化改造和平台化服务,被誉为"新昌模式"。目前,陀曼轴承工业互联网平台已服务新昌县100余家轴承企业,下一步,计划把新昌模式推广到慈溪、常山等轴承产业集聚区域,到2019年底服务超过1000家轴承企业。

(三)资源共享、分层服务,打造互利共赢的"1+N"平台体系

坚持企业主体、市场导向、政府有为的基本原则,打造"1+N"平台体系。

一是推动平台资源互通。supET平台作为多平台互联互通、资源汇聚共享的关键枢纽,为"N"级平台提供基础、共性、通用的服务。"N"级平台的资源通过supET平台提供的标准化工具,沉淀为符合supET平台技术标准要求的重要组件和可被调用的服务,实现数据互通和资源共享。

二是推动平台分层服务。supET平台为行业级、区域级平台提供基础架构、算法模型、数据处理、计算能力、安全存储、平台联通等服务,为龙头企业提供"专有云+大数据"服务。行业级平台构建行业领域知识库、工具库和模型库,利用微服务组件等为中小企业提供专业、精准适用的服务。区域级平台围绕本区域的共性需求提供精细管理服务。

三是推动平台互利共赢。supET平台以"N"级平台发展需求为导向,安排专业团队,落实优惠措施,优先提供技术支持、市场推广、平台支撑和人才培养等服务。"N"级平台向supET平台购买服务。两类平台共同开拓应用市场。2017年6月举办的supET"1+N"工业互联网平台体系建设启动仪式上,"1+N"工业互联网平台联盟正式成立,"1+N"工业互联网平台体系初步建立。

四、浙江推进"1+N"工业互联网平台建设发展下一步重点工作

未来2到3年,是平台规模化扩张的战略窗口期,浙江必须趁势而上、快马加鞭,抓住稍纵即逝的时间窗口,全力推进工业互联网平台建设。

(一)大力推动企业上平台用平台,提升平台应用水平

深入推进"机器换人",实施以机器人系统为核心的智能化技术改造,打造一批"数字化车间""智能工厂"。深入开展"企业上云"行动,推动企业业务系统向云端迁移,依托平台开展研发设计、生产制造、运营管理等业务及供需对接、集成供应链、产业电商、众包众筹等创新型应用;整合资源,构建协同制造体系,开展个性化定制,推动制造业服务化转型。采取"基础性平台让一点、行业级平台出一点、网络运营商降一点、各级政府补一点、上云企业交一点"的办法,降低企业上平台用平台的费用。通过企业上平台用平台,带动平台技术迭代和功能演进,实现大企业建平台和中小企业用平台双向迭代,互促共进。

(二)不断提升开放合作水平,构建平台富集生态

根据浙江省人民政府关于加快发展工业互联网,促进制造业高质量发展的意见精神,政府加强统筹协调,充分发挥产业联盟、行业协会整合产业链资源的优势,鼓励企业通过合作、收并购以及平台应用开放等方式聚集关键技术企业以及培育开发者,支持浙江工业互联网平台联盟、企业与国内外相关组织在架构、技术、标准、应用、人才等领域开展合作与交流,鼓励全球制造业企业加入浙江工业互联网平台建设,共同打造具有竞争力的平台产业生态。

(三)持续优化发展环境,夯实平台发展基础

加强对工业互联网发展的政策解读和舆论宣传,研究制定工业互联网平台建设和应用绩效评价体系,每

年发布一次浙江工业互联网发展报告，加强优秀方案和典型案例的研究推广。发挥各级政府和相关协会、民办非企业单位等社会组织作用，开展工业互联网专题培训、供需对接、创业创新等服务。利用世界互联网大会、中国产业互联网大会等活动，加强与国内外领先工业互联网平台的对接和交流。

（四）着力强化安全保障，提升平台防护能力

落实安全主体责任，督促工业互联网平台运营企业及应用企业落实安全要求，加大安全投入，完善技术手段，提升安全防护能力。开展工业互联网平台可信认定，健全工业互联网服务企业信用监督与失信行为联合惩戒制度，定期对省内工业互联网平台开展安全评估和抽查，并向社会发布工业互联网平台商和服务商白名单。提升安全技术防护能力，鼓励信息安全优势企业和检验检测机构参与建设国内领先的省级工业互联网安全服务平台。

2017年浙江省经信工作总结与2018年工作要点

浙江省经济和信息化委员会

(2018年1月22日)

2017年,浙江省经信系统深入学习贯彻习近平总书记系列重要讲话精神和治国理政新理念新思想新战略,坚持以"八八战略"为总纲,大力推进制造强省建设,经济和信息化发展成效显著。2018年是贯彻党的十九大精神的开局之年,全省经信工作要全面贯彻党的十九大精神,以新发展理念为统领,以高质量发展为根本要求,全力打好工业和信息化发展组合拳,着力构建以数字经济为核心、新经济为引领的现代化经济体系。

一、2017年的主要工作与成效

过去一年,在省委、省政府的正确领导下,全省经信系统积极进取、奋发有为,经济和信息化发展取得明显成效。一是工业经济稳中向好。全年规模以上工业增加值增长8.3%,比2016年提高2.1个百分点;工业投资增长6.1%。预计全年规上企业利润总额增长15%左右;主营业务收入利润率6.8%左右,比2016年提高约0.2个百分点;规上工业全员劳动生产率22万元/(人·年)左右,实际提高约8.1%。二是创新动力持续增强。预计全年规上工业科技活动经费增长22%左右,比2016年提高约7.6个百分点,占主营业务收入的比重1.6%左右,比2016年提高约0.1个百分点。全年新产品产值增长19.7%,新产品产值率35.4%。三是产业结构不断优化。全年规上装备制造业、高新技术产业和战略性新兴产业增加值分别增长12.8%、11.2%和12.2%,均快于规上工业增速;全年着手处置"僵尸企业"404家,淘汰落后产能涉及企业2690家,整治"低小散""脏乱差"问题企业(作坊)4.7万家。四是信息经济加快发展。预计全年信息经济核心产业同比增长15%左右,约占全省地区生产总值的9%,比2016年提高0.6个百分点左右;信息化发展指数和"两化"融合指数分别居全国第三和第二位。五是发展环境不断优化。全年全省共减轻企业各类成本和负担1250亿元,预计规上工业企业每百元主营业务收入的成本83.5元左右,比2016年下降约0.6元;重点企业精准服务和中小企业服务水平明显提升。

(一)着力稳增长,全省工业经济实现稳定增长

一是加快培育重点产业。大力培育信息经济、时尚、健康、环保、高端装备制造业等万亿产业,推动出台加快医药产业创新发展的政策意见,实施首台套产品"双百"工程,30家服装企业、11家医药企业分别入选2017全国行业百强,数量均居全国前列;1~11月,生产新能源汽车6.47万辆,同比增长29.1%;通信电子、专用设备、仪器仪表、汽车、医药、通用设备、电气机械行业增加值增速明显快于全省规上工业,对全省规上工业增长贡献合计59.2%。二是加快推进重点项目建设。扎实推进"百项万亿"重大制造业项目306项,总投资6318亿元,2017年完成投资879亿元;其中,卫星能源30万吨聚丙烯项目等40个项目建成投产或进入试生产阶段,预计可新增销售收入超1000亿元。积极争取国家投资政策支持,2017年共争取国家技术改造补助资金46886万元。2017年,全省工业投资9302亿元,同比增长6.1%。三是帮助企业拓展市场。推进制造企业网络营销,引导重点企业搭建基于互联网的行业公共服务平台。办好2017义乌装博会、浙台智能制造产

业合作推介会,共同举办第三届浙江国际健康产业博览会,积极组织企业参加各类重要展会。牵头举办“浙江好项目·创新创业大赛”,参赛创新创业项目1022个,吸引省内外1000多家投融资机构和中小企业服务机构参与。承办金砖国家工业部长、通信部长会议,促进与金砖国家的经济合作。2017年,规上工业国内销售产值和出口交货值分别同比增长14.6%和9.4%,有力支撑了工业增长。四是提振企业发展信心。积极营造实体经济发展良好氛围,深化20个工业强县(市、区)建设试点和10个生态工业县(市、区)试点,完成2016年度工业强县(市、区)综合评价,高质量建设14个信息经济类、10个时尚产业类、22个高端装备制造类、8个历史经典产业类特色小镇建设。加强预期引导,努力把企业家思想和行动统一到中央和省委对经济形势的分析判断和决策部署上来,及时将各级政府振兴实体经济的政策举措传送到企业;严格贯彻落实中央关于更好发挥企业家作用、依法保护产权等有关政策意见。预计全年规上企业利润总额同比增长15%左右;主营业务收入利润率6.8%左右,比2016年提高约0.2个百分点;规上工业全员劳动生产率22万元/(人·年),实际提高8.1%。

(二)着力谋转型,传统产业改造提升成效初显

一是推动政策出台实施。推动出台《浙江省全面改造提升传统制造业行动计划(2017~2020年)》,组织召开全省传统制造业改造提升工作推进大会,制定10个重点传统制造业分行业实施方案,指导和支持各地加快改造提升传统制造业。2017年,预计10个重点传统制造业增加值同比增长4.5%左右;利润总额、科技活动经费支出分别同比增长25.4%、16.6%,均快于2016年同期水平。二是全面开展试点示范。深化绍兴市传统产业改造提升省级试点,共同制定《绍兴市传统产业改造提升试点实施方案》,开展绍兴市柯桥区等21个县(市、区)传统制造业改造提升分行业省级试点。三是扎实开展技术改造。实施重点技术改造项目计划,项目合计3267项,总投资6436亿元。组织实施“四个百项”省级重点技改项目445项,总投资1617亿元。2017年,工业技术改造投资7021亿元,占工业投资的比重达75.5%。四是深入推进“去产能”。推动出台《关于加快处置“僵尸企业”的若干意见》,精准发力处置“僵尸企业”,全年通过处置“僵尸企业”盘活土地面积1.6万亩、厂房建筑面积753.2万平方米,处置资产总额194.9亿元。依法依规推动落后产能退出,着力整治“低小散”“脏乱差”企业(作坊),均超额完成年度目标任务。五是扎实推进绿色制造和服务型制造。开展绿色工厂、绿色设计产品、绿色园区和绿色供应链管理企业建设,2017年入围国家绿色工厂企业4家、国家绿色设计产品7个、国家绿色供应链管理示范企业1家。推动出台进一步提升工业设计发展水平的政策意见,成功举办第二届中国设计智造大奖,推进良渚梦栖中国工业设计小镇建设;2017年入围国家级工业设计中心7家,入围第一批国家工业遗产2家,入围国家级服务型制造示范企业(项目、平台)9家,入围数均居全国前列。

(三)着力强创新,企业自主创新能力明显增强

一是深化“中国制造2025”示范试点。在推进宁波“中国制造2025”试点示范城市建设基础上,推动湖州成功创建“中国制造2025”试点示范城市。全年入选国家智能制造新模式和绿色制造系统集成项目18项,数量居全国前列。在深化首批3个“中国制造2025”浙江行动县级试点示范的基础上,选定5个县(市、区)为第二批试点示范县(市、区)。二是切实提升技术创新能力。加快技术创新体系建设,创建省级制造业创新中心3个,推荐上报国家企业技术中心8家,认定省级企业技术中心89家,积极推进产业创新综合服务体建设。积极培育制造业单项冠军,全年入选国家制造业“单项冠军”企业和产品38家(项),数量居全国第二。加快工业新产品新技术开发应用,全年备案省级新产品(新技术)6490项,鉴定2747项。推动设立新能源汽车等一批产业联盟,推动首台(套)产品和浙江制造精品研发和推广应用。加快关键共性技术攻关,在数字安防、智能医疗装备、智能物流装备、大型空分设备等领域实现重大技术突破。三是扎实推进“机器人+”行动和智能制造行动。推动出台《浙江省“机器人+”行动计划》,深化工业机器人应用,全年新增工业机器人应用12095台。

启动第四批13个行业"机器换人"智能化改造分行业试点,累计培育省级"机器换人"工程服务公司80家。出台《浙江省智能制造行动计划(2018~2020年)》,组织实施国家智能制造综合标准化和新模式应用项目14个、国家智能制造试点示范11个、省级智能制造重点项目140个、省级智能制造示范区10个。四是着力发展军民融合产业。出台《加快推进全省军民融合产业发展的指导意见》,成功举办第四届全省军民融合产业推进大会。推进产业平台和重点企业建设,全年新增备案基地5家,新创建示范基地8家,新增"民参军"认证企业20余家,评选省级军民融合示范企业36家。军民"一体化"国防科技创新和生产体系进一步融合,荣获2017年度国家国防技术发明一等奖和科技进步特等奖各1项。

(四)着力促融合,信息经济引领格局基本形成

一是推进"两化"深度融合国家示范区建设。推动出台《关于深化制造业与互联网融合发展的实施意见》,新建省级"两化"深度融合国家示范区域20个,入选工信部制造业与互联网融合发展试点示范项目5项、制造业"双创"平台试点示范项目12项,培育省级制造业与互联网融合发展示范试点企业(基地)175家。深化"两化"融合管理体系和标准建设,新增国家"两化"融合管理体系贯标示范企业2家、试点企业46家。二是推进国家信息经济示范区建设。成立浙江省国家信息经济示范区建设工作领导小组,制定《浙江省国家信息经济示范区实施方案》,积极推进22个省级信息经济示范区和特色小镇建设。落实省政府与四大电信运营商、阿里、华为等战略合作协议,高质量完成互联网之光博览会等第四届世界互联网大会的专项工作。出台实施智能硬件产业发展三年行动计划、"互联网+"人工智能三年行动实施方案,开展集成电路、智能网联汽车、人工智能、智能硬件等领域技术创新综合试点。入选2017全国电子信息百强、软件百强和互联网百强企业家数分别达15家、12家、8家,数量均居全国前列。预计全年信息经济核心产业增加值增长15%左右,规上软件和信息技术服务业营业收入增长45%左右。三是推进"企业上云"。开展"十万企业上云"行动,实施各类"企业上云"、宣传培训、试点示范、产业生态体系建设、技术和产品创新、"云上浙江"创新创业等十大行动,全年新增上云企业12万家左右,全省云服务企业达到200家左右。四是强化信息基础设施和无线电管理保障。全面推进"云、网、端"信息基础设施建设,杭州国家级互联网骨干直联点建成开通,支持杭钢、阿里等数据中心布局建设,推进光网城市、移动网络建设,全省信息基础设施建设指数7.34,居全国第二位。截至目前,城市光纤已实现全面到楼,城市家庭具备100M~1000M保障能力,农村行政村已实现全部光纤到村并具备30M~100M保障能力。4G网络基本实现城乡全覆盖,5G试验网、NB-IOT物联网络建设加快推进。深化"i-zhejiang"无线局域网建设。推动出台《浙江省无线电管理条例》,统筹保障舟山波音737飞机完工和交付中心等各类重大工程项目频率使用需求,积极支持国家电网230MHz频段智能电网技术试点。

(五)着力育主体,大中小微企业发展全面加快

一是开展"三名"工程。开展第三批35家省级"三名"试点企业培育工作,三批省级"三名"试点企业共计104家;完善省市县三级培育机制,省市县"三名"培育试点企业达900家。开展第一批省级"三名"培育企业绩效评价。积极推动企业管理创新,全年培育省级管理创新试点47家、管理创新示范企业15家。二是推进"小升规"和股改上市。落实"小升规"目标工作责任制,建立2017年度4950家"小升规"重点培育企业库,积极推广实施小微企业服务券,在全国率先发布小微企业创新指数研究报告,预计全年将超额完成2000家"小升规"目标,近四年"小升规"工业企业对全省规上工业增加值增长的贡献率达29.3%。出台《关于推动工业和信息化企业股改上市的实施意见》,推动工业和信息化企业股改上市。三是加快培育"专精特新"和"隐形冠军"企业。建立"专精特新"和"隐形冠军"企业培育库,截至11月末,入库培育"专精特新"企业14621家、"隐形冠军"企业260家,评定2017年"隐形冠军"企业23家、创新型示范中小企业103家。四是加快建设小微企业园区。开展全省小微企业园区全面排查和问题整改,提高园区管理服务水平;支持各地科学布局、明确

标准、探索多元化模式开展小微企业园建设,推动小微企业入园集聚发展。全年新增小微企业园 154 家,超额完成年度目标;入选国家小型微型企业创业创新示范基地 5 家,三年累计入选 14 家,累计入选数居全国前列。五是加快推进政策性融资担保体系建设。积极理顺省担保集团公司管理体制。全省各地已落实政策性担保机构 70 家,实现基本覆盖。2017 年对符合条件的 57 家担保机构安排省级风险补偿资金 4270 万元,通过风险补偿撬动银行新增小企业贷款 274 亿元。在"小升规"企业培育库中优选一批企业开展信用评级,截至 11 月末,完成 1002 家企业信用评级,其中 82 家企业获 5.41 亿元授信,并获 5.24 亿元优惠利率贷款。

(六)着力优环境,工业发展体制机制不断完善

一是深化"放管服"改革。加快推进"最多跑一次"改革,梳理公布 22 项"最多跑一次"事项清单,除涉密事项外均已实现网上申报办理,更新发布《全省经信系统群众和企业到政府办事指导目录》;开展审批流程再造、事项比对规范。围绕"双随机一公开"抽查监管,建立完善抽查事项清单、执法检查人员名录库、抽查对象名录库"一单两库"。完善"五帮五助"服务企业工作机制,开展"百县千企大走访"活动,落实《浙江省企业权益保护规定》。完善中小企业公共服务平台,1~11 月平台新增注册企业 5.9 万家,累计 45 万余家;新增注册服务机构 1379 家,累计 8900 余家。二是推进"亩均论英雄"综合评价。建立省深化"亩均论英雄"改革工作领导小组,联合出台《关于全面深化企业综合评价工作的意见》,完成分市、县(市、区)、31 个制造业行业"亩产效益"综合评价,健全省市县三级联动和部门协同的工作机制,完成 36800 家规上工业企业和 51861 家用地 5 亩(含)以上规下工业企业综合评价,减免企业城镇土地使用税 27 亿元,征收企业差别化电价、水价、排污费合计 2.5 亿元,专项用于支持企业技术改造和创新发展。三是深化企业降成本减负担。推动出台并实施《关于深化企业减负担降成本改革的若干意见》,预计实施后每年可减轻企业成本和负担 300 亿元左右。全面推进涉企收费清单管理。落实国家软件产业税收优惠政策,2016 年度浙江省软件业享受税收优惠政策总额达 193 亿元。四是全面推进盐业体制改革。落实国务院和省委、省政府关于盐业体制改革的决策部署,积极推进盐业体制改革,有效保障了食盐供应安全和质量安全,实现年底前政企分离目标,在全国率先完成法规修订并启动盐业省属国企混合所有制改革,盐业行业效益全国领先。五是加强要素保障和综合协调。建立"中国制造 2025 浙江行动计划"专项信贷保障机制,确定省级重点支持企业 1200 余家。推进义乌和桐乡国家产融合作城市试点。切实抓好春运、夏季用电高峰等时段电力保障,重大活动、特殊时段经信领域维稳保障,工业应急保障、2017 年春运保障、工业安全管理保障等工作。

此外,我们还认真落实从严治党新要求,不断深化"两个责任"意识,坚定不移推进党风廉政建设和工作作风建设,打造一支经信铁军。一年来,我们强化党章党规党纪意识,着力把纪律和规矩挺在前面;强化主体责任,着力把管党治党责任落到实处;强化正风肃纪,着力把作风建设和党风廉政建设推向深入;强化依法行政,着力推进法治经信建设;强化干部队伍建设,着力营造风清气正的良好环境。

尽管一年来的工作成效明显,但与部分沿海兄弟省市乃至世界制造强国相比,与高质量发展的新要求相比,浙江省工业和信息化发展中存在的不平衡不充分问题依然突出。一是高新技术产业亟待壮大。现阶段浙江省传统产业在工业经济中仍占主体,高新技术产业不仅规模小,还大多处于全球价值链的中低端。二是技术创新能力亟待增强。浙江省拥有研发机构的规上工业企业比例明显偏低,高新技术企业数量明显少于广东、江苏等省份,科技型中小企业数量少于天津等省市。三是发展质量效益亟待提高。尽管近年来浙江省规上工业企业效益持续向好、劳动效率较快提高,但规上工业全员劳动生产率仍明显低于全国,工业增加值率低于江苏、广东等省份,工业企业主营业务收入利润率低于上海等省市。四是"两化"融合水平亟待深化。与美国工业互联网发展水平、德国工业 4.0 实施水平相比,浙江省"两化"融合仍然面临水平不高与支撑不足的双重制约,企业普遍处于机械化、半自动化生产阶段,数字化工厂屈指可数。

二、2018年经信工作要点

2018年是贯彻党的十九大精神的开局之年，是改革开放40周年，也是贯彻省第十四次党代会精神、决胜高水平全面建成小康社会、实施"十三五"规划承上启下的关键一年。2018年经济和信息化工作的总体思路是：全面贯彻党的十九大精神，以习近平新时代中国特色社会主义思想为指导，认真落实省十四次党代会决策部署，坚持稳中求进工作总基调，以新发展理念统领全省经信工作，以高质量发展为根本要求，以供给侧结构性改革为主线，以提高工业和信息化供给体系质量为主攻方向，紧紧围绕"79126"五年发展目标，全力打好工业和信息化发展组合拳，统筹推进质量变革、效率变革、动力变革，着力构建以数字经济为核心、新经济为引领的现代化经济体系，为全省"两个高水平"建设作出新的更大贡献。

2018年全省经信工作的主要目标是：全省规模以上工业增加值增长7%左右；规模以上工业全员劳动生产率提高7%以上；规模以上工业科技活动经费支出占主营业务收入的比重提高到1.7%；规模以上工业亩均增加值增长7%以上；规模以上工业单位增加值能耗下降3.5%；数字经济核心产业增加值增长12%；信息化发展指数和两化融合指数继续保持国内领先。

围绕中央经济工作会议和省委经济工作会议的战略部署和总体要求，2018年全省经信领域要坚决打好传统制造业改造提升、防范化解企业风险、工业污染防治等三大攻坚战，深入开展中国制造2025国家级示范区试点、"两化"深度融合国家示范区建设试点、国家信息经济示范区建设试点等三大试点，积极打造梯度化的企业创新体系、技术改造机制、企业培育机制等三大工作链，全力打造国际化的营商环境、市场化的竞争环境、优质化的服务环境等三大环境，加快打造一支政治过硬、精通业务、廉洁从政的经信铁军。着重要抓好以下工作：

（一）全面深化传统制造业改造提升

推动出台《加快传统产业改造提升行动计划(2018~2022年)》，强化综合施策，着力提升传统制造业竞争力，力争2018年重点传统制造业规上全员劳动生产率提高6%、科技活动经费支出增长10%。一是深化传统制造业改造提升试点示范。继续指导和推动绍兴市深化传统产业改造提升省级试点，完善省市县三级联动的试点工作机制。指导和支持绍兴市柯桥区等21个传统制造业改造提升分行业省级试点，结合新一批传统制造业改造提升，谋划开展第二批省级试点。二是大力开展小微企业园区建设。组织召开全省小微企业园区建设现场推进会，总结推广建设运营的创新模式和典型经验，加快规范和建设一批小微企业园区，建立小微企业园区备案登记、数据报送和绩效评价制度。力争全年新增小微企业园区200家，新建(改扩建)标准厂房1000万平方米以上。三是依法依规"去产能"。贯彻落实《关于加快处置"僵尸企业"的若干意见》，力争全年处置"僵尸企业"200家。加快淘汰落后产能和化解产能过剩，依法加快出清不符合国家、省产业政策的落后产能，研究制定浙江省产能严重过剩行业产能置换操作办法，力争全年淘汰落后产能涉及企业1000家以上。开展"低小散""脏乱差"企业(作坊)整治专项行动，力争全年整治10000家以上。四是积极创建全国传统制造业改造提升示范区。在"10+1"基础上谋划推进第二批传统制造业改造提升，分行业制定实施方案，深入推进传统制造业改造提升十大工程。深化工业强县(市、区)建设，深入开展10个生态工业发展省级试点，推动"腾笼换鸟"示范小镇建设。

（二）大力发展新产业新技术新模式

深入实施中国制造2025浙江行动，突出创新驱动发展，加快推进新兴产业发展、产业技术创新、制造模式创新、重点项目建设、军民深度融合，着力增强工业发展内生动力。一是聚焦突破新兴产业。围绕《中国制造2025浙江行动纲要》确定的11个重点产业及人工智能、柔性电子、量子通信、数字创意、增材制造等重量级未来产业领域,加大政策扶持力度,实施杭州市西湖区集成电路等9个行业重点产业培育计划,开展强基工程行动计划,着力突破一批新兴产业细分领域。研究制定加快建设先进制造业集群的政策意见,着力培育3~5个世界级先进制造业集群。二是大力推进产业技术创新。加快建设一批省级以上企业技术中心、3家左右制造业创新中心、10家以上产业创新服务综合体和一批产业技术联盟，争取国家级制造业创新中心有突破。完善工业新产品推广应用机制,继续实施首台套产品“双百”工程,突破一批关键技术装备和智能成套装备,力争全年规模以上高端装备制造业增加值增长8%。三是大力推行新型制造模式。抓好宁波以智能制造为特色、湖州以“绿色+智造”为特色的中国制造2025试点示范,深化中国制造2025浙江行动县级试点示范。开展绿色制造三年行动计划,力争培育50家绿色工厂、5家绿色园区,深化工业节能、清洁生产和工业节水。围绕供应链管理、产品全生命周期管理、总集成总承包和信息增值服务等领域,创建一批服务型制造示范企业和平台。持续推进工业电子商务试点示范。大力发展工业设计产业,推动工业设计与制造业深度融合。四是加快推进重点项目建设。落实省市县长项目工程,重点抓好总投资5亿元以上重大制造业项目。实施百项“机器换人”智能化改造示范项目、百项产品升级与工业强基示范项目、百项新兴产业示范项目、百项绿色制造示范项目。组织实施全球精准合作三年行动计划,谋划组建中国制造2025浙江行动产业基金,制定发布工业和信息化重大项目招商清单,力争全年谋划推出50项左右重点招引项目。五是加快发展军民融合产业。推动出台实施《关于加快推动军民融合产业发展的实施意见》。建立军民融合产业项目库、军民融合企业培育库,谋划创建一批新型特色军民融合产业基地、军民融合产业特色小镇、国家新型工业化产业示范基地(军民融合)、国家国防科技工业军民融合创新示范基地。编制《民参军技术和产品推荐目录》《军用技术转民用推广目录》。

（三）着力推动数字经济全面快速发展

把数字经济作为一号工程来抓,推动互联网、大数据、人工智能和实体经济的深度融合,力争2018年软件和信息技术服务业营业收入增长25%以上。一是大力发展数字经济。纵深推进国家信息经济示范区及其8个试点城市、乌镇互联网创新发展试验区建设,深化22个省级信息经济发展示范区建设,总结和推广适合数字经济创新发展的新体制新机制新模式。组织实施人工智能“铸脑”、集成电路“铸芯”、软件“铸魂”、智能硬件“铸端”等行动计划,大力发展集成电路、软件等解决“缺芯少魂”问题的产业,加快推进数字经济领域重大项目建设和优势企业培育,力争培育形成年产值超百亿元的数字经济企业18家左右。二是深化“互联网+”制造业。出台关于深化“互联网+先进制造业”、发展工业互联网的政策意见,开展工业互联网应用试点示范,着力培育1~2个国家级工业互联网平台和若干省级平台。深化“两化”深度融合国家示范区建设,力争新建10个左右省级“两化”深度融合国家示范区域、创建10个左右制造业“双创”平台(基地)、培育100家左右制造业与互联网融合示范试点企业、实现对100家重点企业工业控制安全监测。深化企业信息化“登高”计划、“两化”融合管理体系贯标、智慧城市建设。办好第五届世界互联网大会、第三届中国产业互联网大会。三是加快推行“智能化+”。组织实施智能制造三年行动计划,深化智能制造试点示范,建设10个省级智能制造试点示范区、100家智能制造示范工厂（车间)、100家个性化定制示范试点企业，大力推进智能制造项目建设。出台《关于进一步加快智能化技术改造的实施意见》《浙江省新一代人工智能产业发展行动计划(2018~2020年)》,开展“机器人+”制造试点示范,积极培育“机器换人”工程服务公司,加快推进工业机器人应用,力争全年新增工业机器人15000台。四是推进大数据产业发展与应用。制定实施“企业上云”三年行动计划,建设一批上云用云标杆企业,打造一批标准化行业云服务平台。加快发展大数据产业,争创国家大数据综合试验区,加快建设大数据省级重点企业研究院、浙江工业大数据创新中心,培育第四批大数据应用示范企业,建设一批省级工业大数据平台。研究制定《浙江省关于扩大和升级信息消费的实施意见》,推动信息消费升级。五是抓好信息基础设施建设和无线电管理。研究制定《浙江省信息基础设施建设三年行动计划》，统筹推进“云、网、端”信息基础设施建设，加快推进骨干网、接入网建设。继续做好无线电管理工作，统筹保障各行业无线电频率使用需求，做好重大工程项目、重大活动无线电安全保障。

（四）加快培育更具竞争力的企业主体

重点依托年销售收入超百亿元制造业企业、数字经济龙头企业及创新型中小企业，着力打造一批世界一流企业，壮大“隐形冠军”和“单项冠军”企业、股改企业和“小升规”企业队伍。一是培育世界一流企业。以年销售收入超百亿元制造业企业和骨干数字经济企业为重点，研究确定世界一流企业培育目标对象，加大政策扶持力度；支持大企业、上市公司开展并购重组及跨界、跨所有制融合发展，着力培育一批具有全球竞争力的企业集团。支持企业与国内外领先企业对标，推动企业经营管理理念、生产方式、组织形式等系统变革，推进管理信息化，培育和认定一批管理创新示范企业。二是打造一批“隐形冠军”和“单项冠军”企业。实施创新型中小微企业培育工程，引导中小微企业向专业化、精品化、特色化、创新型方向发展，打造一批细分行业的“隐形冠军”和“单项冠军”企业，力争全年培育“隐形冠军”企业 260 家。三是实施工业企业股改工程。围绕工业和数字经济领域，谋划拟定一批省级股改重点企业，建立企业股改上市中介服务评价机制，开展股改业务培训，全面推进企业股改工作，力争新增股改企业 1000 家。四是高质量推进“小升规”工作。深入实施“小升规”新三年行动计划，建立“小升规”重点企业培育库和“五位一体”培育监测工作队伍，加强分类指导和精准服务，继续开展“创业之星”和“成长之星”评选，力争新增“小升规”企业 2500 家。

（五）切实优化企业发展环境

继续深化企业综合评价、企业减负、经信领域“最多跑一次”改革，进一步激发企业活力，加强企业服务，全力打造国际化的营商环境、市场化的竞争环境、优质化的服务环境。一是深化“亩均论英雄”改革。召开全省深化“亩均论英雄”改革工作推进会，建立健全“亩产效益”综合评价机制，完成用地 5 亩以上工业企业和各市县 31 个制造业“亩产效益”综合评价，加快推进服务业重点行业、各类园区（集聚区、开发区）、制造类特色小镇综合评价。依法依规实施资源要素差别化价格政策，构建年度资源要素分配与市县“亩产效益”绩效挂钩的激励约束机制，设立投资强度和产出效益行业规范，加快推广标准地制度，加大对“亩产效益”综合评价第一档企业的正向激励力度。二是深化企业减负工作。全面落实国家简政减税降费政策，落实好国家软件产业优惠政策，深入实施省委省政府减负惠企政策，坚持省定涉企行政事业性收费“零收费”。建立惠企减负违反举报制度，完善减轻企业负担和降低企业成本的长效机制，确保浙江企业减负工作走在全国前列，进一步优化企业营商环境。三是深化经信领域“最多跑一次”改革。深化经信领域“最多跑一次”改革，不断完善全省经信系统群众和企业到政府办事指导目录、办事指南，加大办事事项网上办理力度，进一步简化审批流程、审批材料和审批方式。加强“双随机、一公开”监管，完善“一单两库”，强化事中事后监管，加强经信领域信用体系建设，推行失信联合惩戒机制。四是深化盐业体制改革。建立健全食盐质量、储备监督管理体系，进一步提高质量安全和供应安全保障水平，推进盐业企业改革和行业改造提升，确保盐业体制改革继续走在全国前列。五是继续深化企业服务。深入开展“五帮五助”服务企业活动，重点围绕工业大市、大县、大企业开展“一对一”精准对接服务活动，推进涉企服务“一张网”建设。深化“中国制造 2025 浙江行动计划”专项信贷保障机制，强化重点企业和“小升规”培育企业融资服务。推进政策性融资担保体系建设，出台全省政策性融资担保机构考核指导意见。贯彻落实新修订的《中小企业促进法》、《中共中央国务院关于营造企业家健康成长环境弘扬优秀企业家精神更好发挥企业家作用的意见》，着力营造有利于企业家创业创新的良好环境。

（六）加快提升经信管理能力和水平

全面加强队伍能力建设、行业管理能力建设、调查研究能力建设和党风廉政建设，加快打造一支政治过硬、精通业务、廉洁从政的经信铁军。一是着力增强经信队伍的政治能力和履职能力。坚持把党的政治建设摆在首位，牢固树立“四个意识”，始终坚定“四个自信”，着力增强经信干部队伍的政治能力。按照省政府赋予经济和信息化委员会的职责，坚持“大综合、大工业、大融合”的理念，切实履行好关于调节全省近期国民经济运行、推进工业和信息化发展的工作职能，完善管理体制，推动职能转变，推进依法行政，提高行政效率。二是着力提升行业管理水平。贯彻落实重点行业“十三五”发展规划，顺应行业间融合发展的新趋势，探索制定更有效、更管用的行业标准、产业政策和行业管理办法。重点围绕行业发展中出现的新趋势、新情况、新问题，做好行业运行形势分析，发布全省性产业指导信息，制定实施更高标准的行业准入政策。积极推进消费品工业“增品种、提品质、创品牌”战略。三是大力推进产业人才队伍建设。进一步发挥省经信委人才工作领导小组作用，整体谋划、统筹推进工业和信息化领域人才发展工作。围绕重点产业定期编制发布紧缺人才目录和特色人才地图。深入开展“浙商名家”“浙商薪火”“科技浙商”培育行动，全面实施企业经营管理人员素质提升工程、专业技术人员知识更新工程，大力弘扬工匠精神，积极组织高规格的技能比赛，逐步建立完善“三支队伍”人才库。四是全面加强调查研究。大兴调查研究之风，积极深入基层、深入企业开展调查研究，坚持问题导向、目标导向、效果导向，把调查研究贯穿于经济和信息化工作的全过程，把阶段性工作与全局性、战略性问题结合起来，突出重点任务、重点行业、重点区域开展调查研究，推动各项工作落到实处。五是强化经信系统党风廉政建设。严格贯彻落实全面从严治党、从严加强干部队伍建设要求，切实担负起全面从严治党主体责任，履行好“一岗双责”，使党风廉政建设与业务工作深度融合，抓好审计、巡视发现问题的彻底整改落实，把全省经信系统党风廉政建设落到实处。

第二部分　产业篇

2017 年浙江省机械工业发展报告

浙江省经信委机械行业管理办公室

2017 年,浙江省机械工业仍保持较好增长势头,总体运行质量好于全省面上工业,对全省经济的支撑作用明显。汽车工业保持高位运行,拉动机械工业继续领跑全省面上工业。

一、2017 年机械工业运行的主要特点

(一)生产保持较快增长

1~12 月全省机械行业完成工业增加值 4798 亿元,同比增长 11.4%(见图 1)。其中,专用设备、仪器仪表、汽车、通用设备、电气机械 5 个子行业累计增加值同比分别增长 16.9%、16%、15.7%、10.3%和 10.2%,其他 3 个子行业均呈个位数平稳增长。全省规上工业增加值中,机械工业占 33.2%,其中汽车制造业占 7.4%。全省规上工业增加值增量中,机械工业约占 44.1%,其中汽车制造业约占 12.9%,电气机械约占 10.4%,通用设备制造业约占 9.1%(见图 2)。

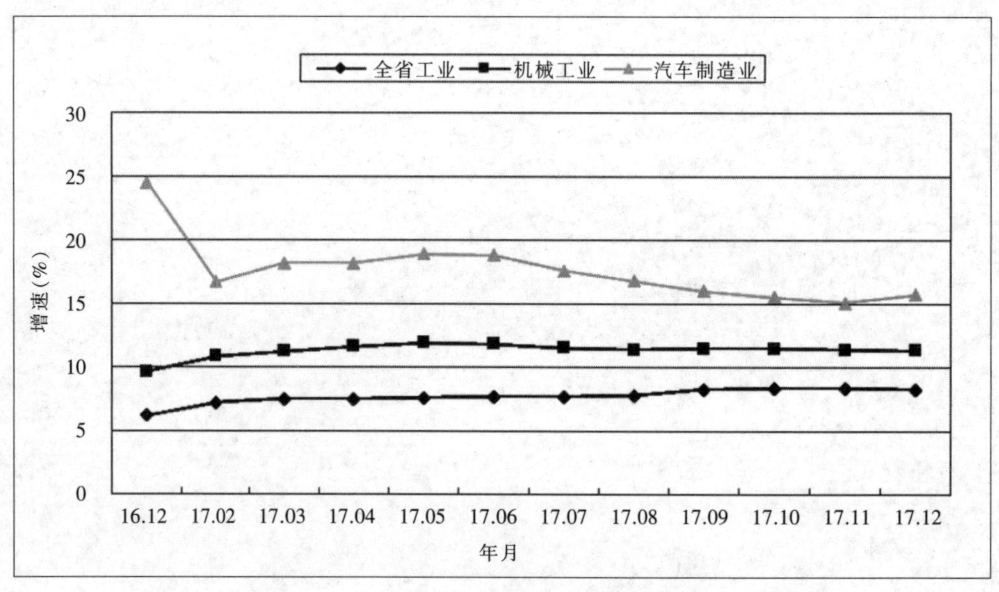

图 1 2016 年 12 月-2017 年 12 月全省规上工业增加值增速走势

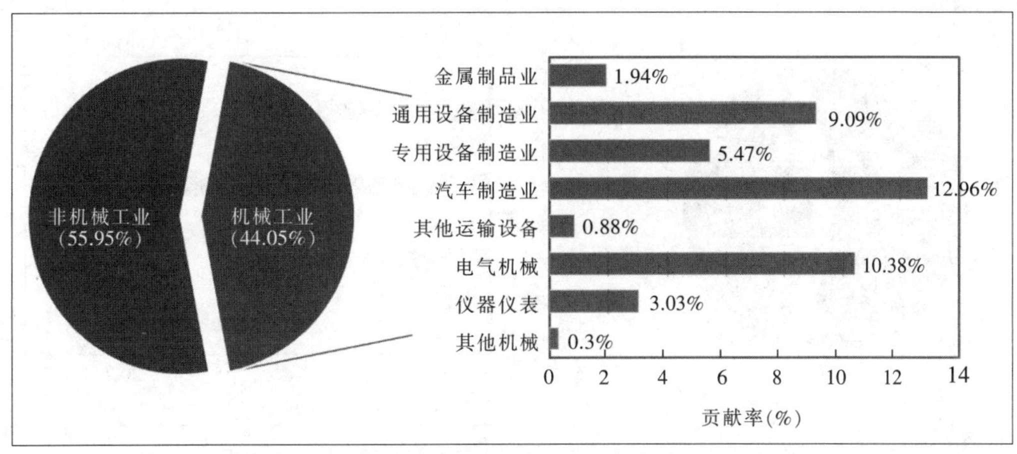

图 2 2017 年 1~12 月全省规上工业增加值贡献率

多数机械工业重点产品 2017 年实现增长。其中,汽车产量同比增长 20.7%,发动机同比增长 71.4%;金属切削机床同比增长 22.7%(数控机床 24.2%);农业机械同比增长 64.6%;电动机同比增长 13.3%,泵 19.7%,阀门 13.8%,滚动轴承 13%。

(二)企业效益稳定上行

2017 年全行业资产状况总体平稳。总资产、流动资产呈两位数增长,快于存货、负债增速。应收账款上升较快,但基本与全省工业整体数据同步。基本业务收入、基本业务成本、销售、管理费用等经营数据处于合理水平,且普遍优于全省工业面上数据。

2017 年,机械工业利润总额 1599 亿元,同比增长 20.1%,高出全省工业 3.4 个百分点(见图 3);其中汽车制造业利润总额增长 33.7%。全省规上工业利润增长额中,机械工业占 41.0%,汽车制造业占 19.3%,通用设备制造业占 9.6%、电气机械占 6.3%(见图 4)。

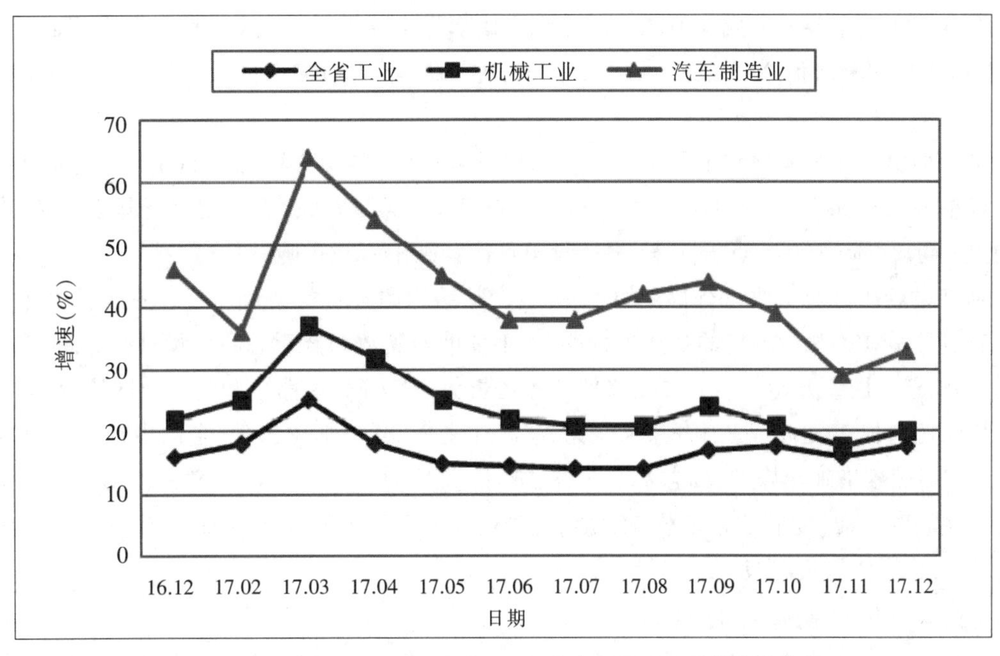

图 3 2016 年 12 月~2017 年 12 月全省规上工业利润增速走势

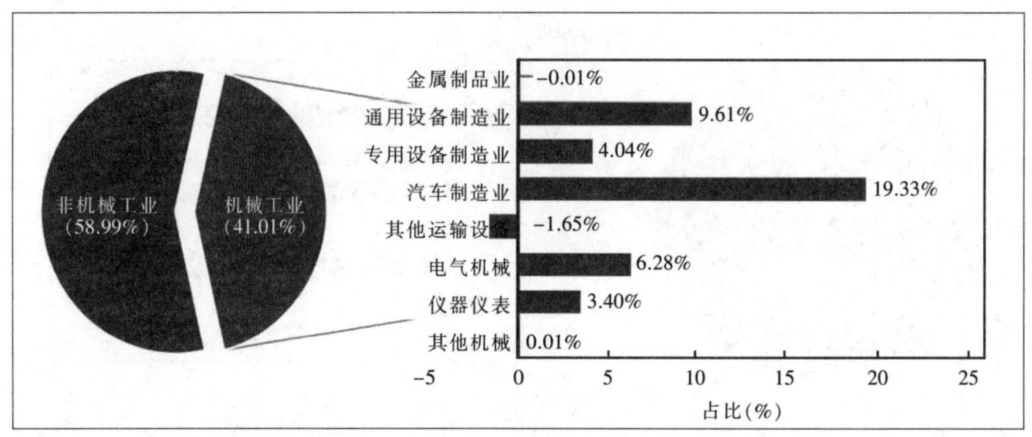

图4 2017年1~12月全省规上工业利润增长额占比情况

2017年全行业税金总额811亿元,同比增长16%,高出全省工业4.8个百分点,税金增量占全省规上工业税金增量的38.1%,拉动全省规上工业税金增长4.3个百分点。全行业12月份亏损企业2026家,亏损面13.1%,亏损企业数同比上升13.4%。

(三)投资小幅增长创新较为活跃

2017年机械行业累计完成工业技改投资2836亿元,占全省工业技改投资的40.4%,同比增长2.6%,高出全省工业技改投资增速0.9个百分点,全行业技改投资增长仍处低位。

2017年全行业科技活动经费支出521亿元,同比增长20.7%;新产品产值10694亿元,同比增长19%;高出行业总产值增速4.1个百分点;新产品率达46.9%,同比提高1.6个百分点。

二、重点子行业运行情况

(一)船舶行业低位徘徊

2017年浙江省规上企业共完成产值426.0亿元,同比下降19.8%。其中民用船舶制造完成产值262.1亿元,同比下降14.2%;配套产值27.3亿元,同比增长10.7%;修理产值103.7亿元,同比增长45.3%;亏损11.6亿元。

2017年浙江省共完工船舶427.1万载重吨,同比下降8%。其中出口完工364.4万载重吨,同比下降14.1%;新接订单308.6万载重吨,同比下降25.9%;手持订单944.2万载重吨,同比下降29.4%,共取消订单245.4万载重吨,同比下降36%。近五年来,手持订单首次跌破千万载重吨关口。

2017年浙江省船舶行业主要运行特点如下:一是产品结构调整有所加快。三大主流船型新承接修正总吨占64.4%,同比下降12%。新承接的特种工程船、海工辅助船艘数和修正总吨数量,同比分别增长3.33%和15.4%;豪华邮轮建造探索开始起步。二是修船业务增长势头良好。修船数和吨位数同比分别增长9.7%和20.3%,改装数同比增长26.1%。舟山万邦永跃完成"海洋之梦"豪华邮轮修理,舟山中远完成"海洋赞礼"和"天海新世纪号"两艘豪华邮轮修理,标志着浙江省已具备修理、改装大型豪华邮轮的能力。三是受到成本上升、贷款规模缩减、融资难、接单难等因素持续影响,船企开工不足压力进一步加大,当前部分重点企业稳定发展压力越来越大,形势将更严峻。

(二)汽车工业保持高位运行

汽车工业增加值在2016年7月份达到峰值,以后逐月回落,但2017年初企稳回升,同比保持15个百分点以上的增长。利润增速从2016年10月份的峰值67.1%,逐月回落至2017年11月的28.9%,12月企稳回升至33.7%。除工业增加值、利润等表现突出外,汽车工业其他运行指标也很出色。截至2017年底,总资产5546亿元,同比增加26%;出口交货值471亿元,同比增长11.9%;新产品率达58%;税金总额226亿元,同比增长27.7%,高出全省工业16.5个百分点,税金增量占规上工业税金增量的16.7%,拉动全省工业税金增长1.9个百分点。

三、2018年机械工业运行趋势展望及下步举措

(一)面临的挑战

1. 钢铁、煤炭、电力、石油、化工等行业普遍处于产业结构的深度调整期,能源装备需求短期内难以大幅增长。

2. 2017年以来原材料价格上涨幅度较大,浙江省机械工业企业普遍议价能力、压力传导能力不足,2018年利润空间将受到挤压。

3. 2017年机械工业的增长,主要由汽车和电工电器行业拉动,2017年1.6升以下排量乘用车优惠政策退坡,同时汽车工业增长基数较高,汽车行业保持快速增长难度很大。

(二)有利的因素

1.《中国制造2025》及浙江行动纲要的各项工作深入推进,“强基工程”“智能制造”等专项以及重大技术改造升级工程实施,对机械工业的发展和经济运行的带动作用将逐步显现。

2. 机械工业调结构促转型增效益的相关举措,在行业经济下行压力加剧、转型升级步入攻坚阶段实施,瞄准了机械工业发展中的短板和矛盾症结,指导性、针对性、操作性都很强,六大重点任务和五项保障措施,为机械工业发展提供了良好的政策环境。

(三)机械工业主要行业预测

汽车工业,2018年发展面临诸多挑战,如优惠政策变化、环保标准升级、道路拥堵加剧、地方保护扩大、出口市场下滑等制约汽车工业发展的不利因素,同时对比基数抬高等,保持快速增长的难度较大,预计增速在10%~20%之间。电工电器行业虽有部分在手订单,但不确定因素较多,预计增速也将略低于2017年。其他行业受利好政策影响和结构调整的推进,部分行业已出现企稳回升的苗头(如工程机械、机床等),预计增速会好于上一年度。

综上所述,2018年浙江省机械工业将会继续保持平稳增长,增长速度可能与2017年持平,但仍然会高于全省工业和制造业。下一步,将围绕落实《关于推进浙江省机械工业调结构促转型增效益的实施意见》,着力推进创新体系建设、产品升级换代、过剩产能化解、质量品牌建设、发展环境优化等重点工作。切实保护好汽车制造业的发展势头、充分发挥好汽车尤其是新能源汽车产业的龙头带动作用。同时,密切关注船舶等行业的运行状况,积极落实国家有关部委的行业振兴举措,推动浙江省船舶行业走向复苏。

2017 年浙江省汽车工业发展报告

浙江省经信委机械行业管理办公室

2017 年，浙江省汽车行业把握发展大势，坚持稳中求进，主动适应经济发展新常态，以市场为导向，以客户为中心，扎实做好各项工作，实现了良好发展。

一、行业运行基本情况

浙江省共有 53 家汽车生产企业（全国 2143 家），其中整车生产企业 15 家（全国 153 家），包括：吉利集团、广汽乘用车、东风裕隆、东风日产柴、青年汽车、众泰集团、绍兴金龙、宁波大众、飞碟汽车、杭州福特、比亚迪汽车、万向汽车、长江汽车，合众汽车、威马汽车，共 21 个生产基地，产品以轿车、SUV、客车为主。专用车生产企业共 38 家，产品覆盖专用客厢车、通用货车挂车等 6 大类。截至 2017 年，全省产能已达 200 万辆，未来规划产能 260 万辆。全省已有 15 家企业取得了新能源汽车生产资质。产品涉及纯电动轿车和客车、混合动力轿车和客车等多种型号，据不完全统计，截至 2017 年设计产能已达 40 万辆，未来产能 48 万辆。

1~12 月整车产销分别为 146.38 万辆和 145.30 万辆，比 2016 年同期增长 23.17%和 22.07%，分别高于全国增速 19.97 个百分点和 19.07 个百分点，且分别占全国汽车 1~12 月产销的 5.04%和 5.03%；实现销售收入 1521.99 亿元，比 2016 年同期增长 26.65%，利税合计 389.49 亿元，比 2016 年同期增长 28.61%，具体如图 1 所示。

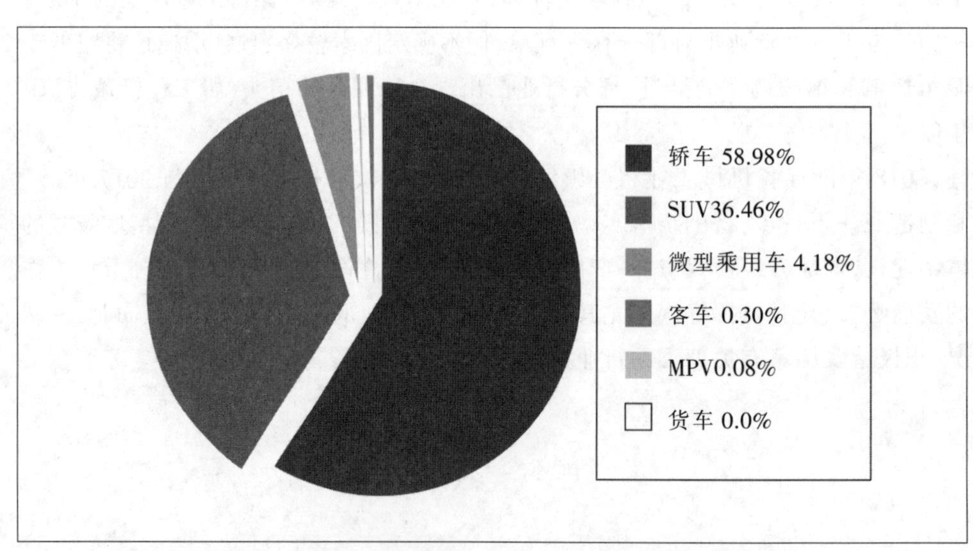

图 1 2017 年 1~12 月全省规上工业利润总额累计增长贡献率

其中，乘用车产销分别为 146 万辆和 144.87 万辆，比 2016 年同期增长 23.54%和 22.51%，分别高于全国增速 21.94 个百分点和 21.11 个百分点，分别占全国乘用车 1~12 月产销的 5.89%和 5.86%；实现销售收入共计1480.23亿元,比2016年同期增长28.27%,利税合计391.19亿元,比2016年同期增长27.23%,如表1所示。

表1 2017年1~12月乘用车细分品种产销情况

汽车品种		产量(万辆)	同比增长(%)	销量(万辆)	同比增长(%)
全国	乘用车	2480.7	1.60	2471.8	1.40
	基本型乘用车(轿车)	1193.8	-1.40	1184.8	-2.50
	运动型多用途乘用车(SUV)	1028.7	12.40	1025.3	13.30
浙江	乘用车	146	23.54	144.87	22.51
	基本型乘用车(轿车)	85.84	15.44	85.7	15.44
	运动型多用途乘用车(SUV)	54.47	35.21	52.98	31.74

轿车产销分别为85.84万辆和85.70万辆,比2016年同期均增长15.44%,分别高于全国增速的16.84个百分点和17.94个百分点,占全国轿车产销量的7.19%和7.23%。

SUV产销分别为54.47万辆和52.98万辆,产量比2016年同期增长35.21%,高于全国增速的22.81个百分点,销量比2016年同期增长31.74%,高于全国增速的18.44个百分点,分别占全国SUV产销量的5.30%和5.17%。

客车产销分别为3709辆和4287辆,产量比2016年同期减少43.60%,低于全国增速的39.8个百分点,销量比2016年同期减少37.42%,低于全国增速的34.42个百分点,分别占全国客车产销量0.71%和0.81%。

商用车产销分别为9683辆和9987辆,产销比2016年同期减少29.71%和30.29%,分别低于全国增速的43.51个百分点和44.29个百分点,且占全国商用车产销量的0.23%和0.24%。1~12月实现销售收入共计56.83亿元,比2016年同期减少8.85%。

纯电动汽车产销分别为7.36万辆和7.82万辆,产量比2016年同期增长30.49%,低于全国增速的23.31个百分点,销量比2016年同期增长31.95%,低于全国增速的21.35个百分点,且分别占全国纯电动车产销量的9.27%和10.06%。排名全国第三,如表2所示。(北京10.66万辆、陕西8.33万辆)

表2 2017年1~12月纯电动汽车分车型产销情况

1-12月纯电动汽车分车型产销统计		产量(辆)	销量(辆)	出口数量(辆)
1 乘用车	1.1 轿车	14733	14739	0
	1.5 微型乘用车	55987	60903	0
1 乘用车 汇总		70720	75642	0
2 客车	2.2 中型客车(10~19座)	1	13	0
	2.3 大型客车(≥20座)	2858	2532	32
2 客车 汇总		2859	2545	32
3 货车	3.5 专用作业车	19	19	0
3 货车 汇总		19	19	0
总计		73598	78209	32

二、浙江省整车生产主要特点

(一)自主品牌快速发展

吉利汽车:吉利汽车厚积薄发,近年相继推出博瑞、博越、帝豪GS、帝豪GL等全新3.0时代产品,已经形成了完善的产品矩阵,覆盖了包括B级轿车、A+级轿车、SUV、跨界SUV在内的主要细分市场,创造了业界瞩目的吉利速度与热度,品牌影响力得到了大幅提升。据最新百度指数汽车品牌排行显示,吉利自主品牌上升为第一名;在汽车之家热度榜上,吉利品牌也仅次于大众、丰田、本田,排名第4位。2017年省内基地产销量分别为72.05万辆和70.18万辆,同比分别增长39.47%和38.70%。全集团销量124.7万辆,同比增长63%,登上自主品牌销量冠军。

全新品牌LYNK&CO全球发布,该品牌是基于吉利汽车与沃尔沃汽车联合开发的全新中级车基础模块架构建立,可适用于多种车身形式和尺寸,兼容传统动力、纯电动和混合动力等不同的动力系统,具有世界级安全品质、全球领先的智能互联功能,实现了人、车、世界的无间连接。首款量产车CX11已在路桥工厂投产,将为吉利汽车带来持续性的全球竞争力。

众泰汽车:众泰汽车在"一机两翼"平台化竞争战略的引领下实现了产品力、品牌力、渠道力、销售力和服务力的全面提升,2017年全年汽车销售317036辆,连续两年销量突破30万辆;其中新能源汽车37877辆。省内生产的车型全年销售205137辆,其中SUV车型155195辆,轿车31523辆,新能源汽车18419辆。企业实现销售收入突破200亿元,永康本部纳税超12.21亿元。

11月份,福特汽车与众泰汽车签订合资协议,投资50亿元落户金华,双方在合资公司中各持50%股份。新合资公司将负责设计开发、生产并销售一系列合资公司自主品牌的经济型纯电动乘用车产品。

众泰汽车以"工匠精神"为底蕴专注创新,致力为广大消费者营造"健康快乐汽车生活",实现了在产品力和品牌力的全面提升。2017年授权发证专利141件,商标申请受理2项,中国汽车技术研究中心公布的最新一批车型C-NCAP(中国新车评价规程)碰撞试验结果中,大迈X5以56.4分的高分获得2015版C-NCAP五星安全评价,获得该批次自主SUV车型中的第一名。先后荣获CCTV年度车型奖、创新中国绿色先锋品牌、2016年度品牌营销奖、2016中国社会责任公益慈善奖等多项荣誉。

青年汽车:金华青年汽车制造有限公司积极调整产业发展布局,形成年产0.5万辆客车、3万辆卡车、10万辆轿车的生产能力,建立了相对完整的产业技术支撑平台与产业配套体系,公司成功开发了纯电动客车共26款基本车型,产品覆盖纯电动城市客车、燃料电池电动客车、燃料电池厢式运输车。

长江汽车:长江汽车投资51亿元,建设堪比"工业4.0"标准的电动汽车核心工厂,是截至2017年国内已经建成投产的规模最大、智能化程度最高的纯电动汽车生产基地。公司产品覆盖新能源客车、中巴车、乘用车,长江纯电动中巴"奕阁"作为博鳌亚洲论坛VIP、杭州G20杭州峰会、首届"世界工业设计大会"接待用车,为来自80余个国家的领导人提供安全便捷舒适的交通服务。

(二)合资企业发展不均

东风裕隆:2017年东风裕隆汽车有限公司产销分别为16617辆和18800辆,比2016年同期减少58.53%和53.60%,全年实现销售收入15.36亿元,利税4.87亿元。

杭州福特:2017年长安福特汽车有限公司杭州分公司产销分别为13.21万辆和13.23万辆,同比分别减少14.99%和16.13%,全年实现销售收入262.13亿元,利税99.65亿元。

宁波大众:2017年上汽大众汽车有限公司宁波分公司产销均为34.66万辆,同比增长20.58%,全年实现销售收入486.03亿元,利税150.12亿元。

(三)新建企业势头良好

广汽乘用车杭州有限公司、合众汽车嘉兴工厂、威马汽车温州总部已完成准入考核,2017年量产。知豆宁海总部工厂已基本完成建设,进入设备安装阶段,试制样车完成测试,实施准入考核。万向汽车正在筹建万亩汽车产业园。

三、节能与新能源汽车产业步入快速发展轨道

新能源汽车产业全面贯彻“创新、协调、绿色、开放、共享”五大发展理念,坚持自主创新与引进吸收并举,坚持走多元化发展道路,坚持技术储备和产业化同步推进,做大做强。

(一)产业链进一步完善

截至2017年,全省已初步形成了包括新能源汽车示范运营、充电设施制造与建设、整车制造、关键零部件制造、核心基础材料研发生产在内的较为完整的新能源汽车产业链。比如,以西湖数源、吉利曹操专车等为代表的运营企业,以省电网公司、万马股份为代表的充电桩建设运营企业,以吉利、众泰、长江等为代表的整车制造企业,以万向、微宏为代表的电池制造企业,以亚太、三花、卧龙电气等为代表的关键零部件制造企业,以浙江大东南、宁波墨西等为代表的核心基础材料企业。

(二)核心竞争力进一步提升

省政府围绕补强短板、做强产业链、部署创新链,先后在新能源汽车及关键零部件企业布局19家省级重点企业研究院,开展重大瓶颈技术攻关,取得一批新突破。吉利汽车研究院研发的帝豪EV纯电动轿车,已实现批量生产,市场反馈良好;青年汽车研究院已研制出一款新型氢能燃料电池卡车,可以加水在车上直接制氢驱动汽车;微宏动力成为全球实现商业化大规模生产“10分钟充满电”动力电池的三家企业之一。截至2017年,19家研究院建设投入累计超过20亿元,研究院人才数量超过3500人。

(三)重大项目进展顺利

规划建成世界知名、国内一流的浙江智能汽车测试场和创新中心项目已明确落户地址,项目方案设计、专家团队组建等工作已开展。新增义乌、宁波杭州湾两个新能源汽车小镇;万向集团与上汽集团在杭州合资生产新能源客车项目开始投产,部分车辆已在杭州上路营运;长江汽车新能源乘用车项目已建成,正式获得国家工信部公告目录;零部件领域,微宏动力多元复合锂电项目二期已动工建设。

(四)安全监管措施信息化步伐加快

截至2017年,浙江省西湖电子、康迪汽车、众泰汽车等开展新能源汽车生产、营运的企业,都已对新能源汽车行驶情况进行实时监控。各租赁、运营服务企业对本公司的销售和租赁新能源汽车建立了监管平台,加强新能源汽车的安全运营管理。杭州市正在创建全市范围内的新能源公交车、出租车、租赁车的统一监管平台,组织创建全市充电设施监控平台,进一步强化对充电设施的安全监管,实现资源共享。

2017年浙江省高端装备发展报告

浙江省经信委技术进步与装备处

一、2017年浙江省高端装备制造业及智能制造发展情况

高端装备是制造业的高端领域，体现了产业结构升级方向和高质量发展主题，一直以来是国际产业分工竞争的焦点，日益成为发达国家与新兴经济体共同发力角逐的主战场，也是我国建设制造强国，推动产业迈向产业链价值链中高端的必然选择。智能制造是基于新一代信息技术，贯穿设计、生产、管理、服务等制造活动各个环节，具有信息深度自感知、智慧优化自决策、精准控制自执行等功能的先进制造过程、系统与模式的总称。发展智能制造将为经济增长注入强有力的新动能，也将实现新兴产业培育发展与传统产业改造升级的有机结合，以智能制造为主攻方向精准施策精准发力，对于浙江省工业转型升级和国民经济可持续发展将产生重要推动作用。省委省政府高度重视高端装备产业和智能制造发展工作，近年来多措并举聚焦凝力，从规划引导、政策扶持、项目推进、企业培育、载体建设、机制保障等各个方面加快推进装备制造和智能制造发展，取得较好成效。装备制造业发展速度总体快于面上工业4~5个百分点，结构不断升级优化，一些重大技术重大项目重点企业也不断获得突破、落地和壮大。经过多年的培育发展，截至2017年，浙江装备制造业总体上已经形成了产业基础扎实、特色优势明显、集群化态势明显、政策支撑体系基本完备的发展格局。智能制造也在重点骨干企业示范引领下，呈现共识凝聚、模式创新、应用扩大、成效初显的良好态势。

(一)产业基础优势

2017年，浙江共有规模以上装备制造企业16495家，占全省规上工业企业数的41%左右；规上工业总产值26266亿元，同比增长19.9%，占规模以上工业总产值的37.6%；实现规上工业增加值5646亿元，同比增长12.8%，占规模以上工业增加值的39.1%；实现利润1914亿元，同比增长19.4%。规上装备制造业科技活动经费支出697亿元，增幅24.4%，占全部工业比重达到59.2%，新产品产值达到1.29万亿元，新产品产值率为49.3%。2017年，高端装备产业实现工业增加值1975亿元，同比增长8.1%，占装备制造业总量的35%，提高2%。

(二)产业特色优势

浙江省不断推进装备制造业向高端化、特色化发展，形成了一批民营企业活跃、产业特色明显、配套较为完备的装备制造基地，发展了一批具有国际竞争优势的高端产品、重点企业和优势行业。船舶制造、电子元器件、轴承、数控机床、纺织机械、包装机械、模具等装备产业在全国具有较强竞争力，数控机床、空分设备、工业汽轮机、电除尘设备、余热发电锅炉、DCS控制系统等已为国内重大工程配套或替代进口。同时，装备制造业加快与信息技术融合，促进了传统机械装备产品向数字化、智能化、绿色化、服务化和精准化发展，涌现出一批在行业中具有明显竞争优势的龙头企业和“专精特”装备小巨人。

(三)产业集群优势

浙江省装备制造业区域集中度较高,重点集中在杭-绍-甬区块和温-台区块;同时,生产组织方式也正逐渐从“专业化生产+块状经济”向“专业化分工制造+系统集成+产业集群”为主的现代生产协作体系演变,现已形成杭州装备制造、滨江电子信息装备、宁波装备制造、金华、台州和瑞安的汽车及零部件、乐清工业电气、黄岩模具、湖州物流装备、诸暨环保、绍兴纺机、温州包装机械、温岭泵业、永嘉阀门、新昌慈溪轴承等一批有代表性的装备制造产业集群,其中台州汽车、杭州湾新区汽车、乐清工业电气、长兴蓄电池、杭州装备制造业、新昌轴承、舟山船舶修造产业集群已成为“国家新型工业化产业示范基地”。

(四)政策支撑体系完备

近年来特别是国务院《中国制造 2025》发布实施以来,浙江省围绕建设制造强省的总目标,加快推进实施以“四换三名、两化融合、智能制造”为主要拳法招数的转型升级组合拳,先后制订出台了《中国制造 2025 浙江行动纲要》《浙江省高端装备制造业发展规划 (2014~2020)》《浙江省智能制造行动计划 (2018~2020)》《浙江省智能制造评价方法》等等规划文件,配套以一系列政策措施,大力发展高端装备制造业等“双高”型产业和智能制造等先进制造模式,推动了产业结构持续优化和先进生产力的发展,实现了工业转型升级和提质增效发展,2017 年全省工业增长平稳、结构优化、质效双升、好于全国、好于预期。

二、2017 年高端装备制造业及智能制造工作重点举措

2017 年,根据省委省政府关于加快培育发展新动能和高质量发展的部署要求,在小组办公室的统一协调推进下,整合资源,优化配置,创新机制,形成合力,共同推进高端装备和智能制造等新产业新动能的发展,为浙江省工业经济高质量可持续发展积能蓄力夯基垒石。主要做了以下工作:

(一)坚持目标导向抓筹划

根据省委第十四次党代会关于加快推进“智能化+”和创新体系建设的总体部署以及《政府工作报告》中明确的“高端装备等八大万亿产业确保 8%以上的增长”的目标要求,加强总体设计和统筹谋划。年初召开全省高端装备制造业(智能制造)协调推进小组会议,明确成员单位年度工作分工,形成部门合力、政策合力、资源合力推进装备制造与智能制造发展。印发《2017 年浙江省技术进步、智能制造和高端装备制造业发展工作要点》,在此基础上制定《2017 年浙江省高端装备制造业发展推进计划》《2017 年浙江省推进智能制造工作要点》,进一步细化重点工作内容。围绕中国制造 2025 中提出的制造业创新中心与智能制造两项重点工程,制定出台《浙江省制造业创新中心建设工程实施方案》《浙江省智能制造行动计划(2018~2020)》,进一步明确未来三年浙江省制造业创新中心建设和智能制造产业发展目标任务、重点领域和工作举措(如智能制造行动计划明确实施“智能制造关键技术装备研发推广、重点领域试点示范、标准体系引领、应用模式和机制创新、发展载体培育、融合推进、协同发展等七大工程”)。配合相关成员单位研究制订《浙江省综合交通规划(2017~2022 年)》《浙江省新一代人工智能发展规划(2017~2022 年)》《浙江省高端装备人才规划(2017~2022 年)》等政策文件,为装备制造和智能制造的市场拓展、技术支撑、人才保障等方面的协同互动发展进行政策设计和配套。

(二)坚持问题导向补短板

针对全省装备制造业和智能制造工作存在的关键核心技术装备受制于人、“四新”推广和集成应用缓慢、标准/软件/信息安全基础薄弱、部分领域存在民企准入制约、区域分化等问题,创新工作,积极探索,力求从机制、平台、模式等建构方面有创新有突破。

一是创新首台套推广工作制度。制定出台《关于加快建立首台套产品推广应用的意见》,坚持创新导向,按照“定向、精准、有力”的要求从健全招标投标制度、完善政府采购制度、加强财政金融支持、提高精准服务水平等四方面提出16条政策措施,扩大首台套产品覆盖范围、加强首台套政策支持力度。

二是制造业创新中心建设开局良好。坚持“提升存量、引领增量”的总体思路,围绕改造提升浙江省传统优势产业、促进浙江省具有潜力的新兴产业发展,布局建设省级制造业创新中心,在燃气涡轮机械、智能诊疗设备、石墨烯等制造行业或领域,分别由业内重点企业或高校院所牵头创建了首批3家制造业创新中心并获省政府认可授牌。同时开展相关产业领域布局,在工业大数据、柔性电子、微波毫米波射频集成电路、新能源汽车、机器人、新材料(氟硅、磁性、轻量化)、智能成型、高效电机等行业或领域的创新中心培育创建,分别与阿里、浙大、吉利、巨化、万丰、卧龙、新松等企业、院所开展对接。

三是建立完善企业和产业创新体系。制定实施制造业和建筑行业企业技术中心建设规范等两个地方标准;组织实施国家和省级技术中心推荐及认定工作,全省获认国家级企业技术中心6家,认定省级企业技术中心89家,完成国家技术创新示范企业复核和总结以及省技术创新示范企业的认定工作。坚持面向传统产业、产业集群和小微企业共性创新需求,会同科技厅、财政厅等部门制订出台产业创新服务综合体建设三年行动计划、建设导则和财政专项激励资金竞争性分配方案,联合确定首批17家传统产业集群优势明显或高新技术产业集聚态势良好市县创建综合体,13家成为重点培育创建县市,物色遴选第二批综合体创建目标,争取产业集群综合体全覆盖。加大企业新产品(新技术)研发力度,全年共备案省级工业新产品(新技术)6490项,增长21.7%、鉴定验收2747项,增长11.1%。

四是智能制造服务机制建设实现突破。根据省政府统一部署,创新智能制造专家服务机制,国内领先成立省智能制造专家委员会,由理论水平高、实践经验丰富、熟悉产业情况的毛光烈原副省长、谭建荣院士等领导和专家领衔组成专家服务小组,开展面向浙江省制造业智能化转型的专家服务指导。截至2017年,专家委员会已遴选98名专家组成12个专家组分别进驻了全省12个传统产业重点县市或高新区开展指导服务。同时强化部门联动,成立由推进小组各部门参加的省级部门指导服务组,主要负责推动当地落实省委、省政府工作部署,落实各级发展智能制造政策措施,协调解决重大问题,总结推广典型案例等工作,协同推进智能制造发展。制定完善智能制造评价办法,开展重点企业、区域智能制造评价工作,营造良好氛围,引导面上整体推进。

(三)坚持示范引领抓主体

发展装备制造业和智能制造是产业结构和技术结构高端化、高级化的历史必然,必须坚持企业主体、创新驱动、项目支撑、示范引领、点线面结合整体推进,必须更好地整合全社会资源,统筹兼顾各个关键环节,突破发展瓶颈,系统推进技术与装备开发、标准制定、新模式培育和集成应用,推动智能制造率先突破。

一是加快智能制造项目建设。征集并发布省级智能制造重点项目140个,其中智能制造新模式应用类项目131个、综合标准验证项目9个,项目总投资291亿元;组织国家智能制造综合标准验证以及新模式应用项目与智能制造试点示范项目推荐,全省共14个智能制造综合标准验证以及新模式应用项目进入国家工信部专项,名列全国第二,获国家财政专项资金首期1.456亿元支持;列入工信部国家智能制造试点示范项目11个,总量位列全国第一位。

二是实施首台套产品“双百”工程。新评选98项首台套产品,其中国内首台(套)产品2项,省内首台(套)产品96项。其中杭州杭氧股份有限公司“十万等级煤化工特大型空分设备”、杭州锅炉集团股份有限公司“130t/h高温超高压带再热系统全燃生物质锅炉”被评为国内首台(套)产品。开展省首台套保险补偿工作,共补贴 11 个项目，涉及保险设备金额超过 4 亿元，保费补贴 770 万元，其中明峰医疗器械有限公司“ScintCareCT16”投保超过 1 亿元,保费补贴 300 万元。

三是加快单项冠军培育。制造业单项冠军企业长期专注于特定细分产品市场，生产技术或工艺国际领先,单项产品市场占有率位居全球前列,培育发展单项冠军有利于优化制造业组织结构,突破关键重点领域,提升核心竞争能力。浙江省重视培育隐形冠军为基础的单项冠军企业,在工信部组织的二批示范培育企业或产品中,共有 38 家次企业或产品入围,总量居山东之后列全国第二,其中 30 家次属于高端装备制造业或高技术产业。同时,组织力量加强项目储备,建成单项冠军企业培育库,全省入库企业 150 余家。

四是加快产业发展载体平台建设。按照《浙江省特色小镇创建导则》的要求,围绕“生产、生活、生态”三生融合,开展第三批省级高端装备特色小镇创建工作,新增余姚智能光电小镇、德清通航智造、万丰航空、海宁阳光科技、台州无人机、乐清智能电气等 6 家第三批高端装备特色小镇,累计培育建设 23 家省级高端装备特色小镇。在工信部指导下,联合赛迪院、杭州市和萧山区政府承办 2017 中国增材制造大会暨展览会,将增材制造作为引领浙江未来发展的重量级产业来培育,坚持技术研发与服务应用并重,做大做强产业链。大会及展览规模超 2 万平方米,参展企业 306 家,参展参会观众代表 2.3 万多人次。

(四)坚持合力合成抓推进

发挥推进小组各成员单位的职能和作用,在政策引导、项目支持、机制创新、精准服务等方面各司其职,形成合力。2017 年推进小组出台了一系列政策文件从产业发展、结构调整、人才保障等层面开展了工作谋划。除了省经信委作为办公室所在部门出台的首台套、智能制造行动计划等政策文件外,其他成员单位或牵头或配合,也做了大量卓有成效工作。如围绕高端装备(智能制造)人才需求,制定出台《高水平建设人才强省行动纲要》,把智能制造领域人才作为发展重点,协调出台高端装备制造人才发展专项规划;围绕产业高质量发展要求,出台《浙江省质量提升三年行动计划(2017~2019 年)》,深入实施八大万亿产业质量提升工程,推动包括装备制造业在内的各行业开展质量提升;围绕大企业大集团培育,发布了《关于推进企业上市和并购重组工作的意见》,提出 19 条工作举措,支持浙江省包括高端装备和智能制造企业的企业上市和并购重组等。

三、存在主要问题

装备制造业方面:主要存在“三多三少”问题,即一般产品多,核心技术和专特产品少;低加工度低附加值产品多,高加工度高附加值产品少;单机、零配件产品多,重大、成套产品少。装备产品的使用和制造缺乏紧密结合,位于同一产业链上的企业缺乏有效合作,缺少一批具有系统设计、系统成套和工程总承包能力的供应商。装备制造领域的关键设计软件、数字化设计与仿真分析软件以及工业控制软件等核心工业软件水平较弱,高档工业控制软件仍然依赖进口等。

智能制造方面:主要是标准体系建设滞后(应用国内标准为主,国际标准应用和参与制定能力不强,标准缺失,行业发展不平衡,交叉重复等);工业软件对外依存度高(全国 90%需进口,核心技术如 ERP、MES、PLM、虚拟仿真、控制系统等软件对外依存度高);产业规模小市场占有率低(低小散弱,缺乏具有国际竞争能力的骨干企业,高档特种传感器、智能仪器仪表、高档数控系统、机器人等市场份额低下);试点示范范围有待进一步拓展(特别是对量大面广传统产业的覆盖仍需拓展);集成创新还有待于提升(系统整体解决方案供应商少且集成能力仍需提升);企业行业区域发展分化;高精尖人才匮乏等。

政策方面:装备制造业发展速度普遍高于工业增长和财政收入增长速度,企业实施智能制造的积极性也逐年高涨,行业覆盖面不断拓展,但对企业和项目的资金支持等政策力度没有同步放大,存量资金配置引导上也存在精准不够等问题。首台套政策也需要在时效性、符合性和力度等方面进一步加强。

四、下一步工作重点

2018 年，紧紧围绕浙江省“十三五”制造强省建设目标，深入实施《中国制造 2025 浙江行动纲要》《浙江省智能制造三年行动计划》《浙江省高端装备制造业“十三五”发展规划》《浙江省物联网产业发展行动计划》等文件工作部署，按照“创新引领、智能升级、高端支撑、机制保障”的总体思路，着力推进全省制造业技术进步与智能制造、加快高端装备产业发展与传统产业升级，力争省级工业新产品(新技术)备案鉴定数超 5000 项，创建新增省级制造业创新中心 8 家左右，争取国家级创新中心有所突破；高端装备产业增加值增速达到 8%以上，规上工业新产品产值率达到 30%以上。主要工作如下：

(一)强化创新引领、增强产业内生发展动力

1. 抓创新体系建设。一是以企业技术创新体系建设为重点，进一步完善国家、省、市三级与工业、建筑业、高技术服务业企业创新体系建设，全年培育 100 家左右省级企业技术中心、争创一批国家级企业技术中心；二是以产业创新体系建设为重点，面向传统制造业、产业集群和小微企业集中地区，加快建设一批市场导向、功能完善、功用发挥、内生发展的产业创新服务综合体。三是以制造业创新中心创建为突破口，对照《省级制造业创新中心升级为国家制造业创新中心条件》，梳理确定浙江省制造业创新中心建设重点领域及总体布局。积极推动现有省级创新中心升级，力争浙江省国家制造业创新中心建设实现突破。

2. 抓创新能力提升。以新产品(新技术、新装备、新模式)研发为抓手，增强企业创新拓市场能力。研究制订《浙江省工业新产品研发生产指导意见》，加大力度鼓励支持企业新产品(新技术、新装备、新模式)研发生产，全年完成省级工业新产品(新技术)备案鉴定 5000 项以上。下达一批省级重点技术创新专项和省级重点高新技术产品开发项目，建设一批企业技术中心能力提升项目。

3. 抓新兴技术应用。以物联网研发应用为抓手，推动制造业改造升级。优化完善浙江省物联网产业格局，因地制宜培育具有持续创新能力和完整配套能力的企业集群，加快构建数字安防、网络设备、传感器等物联网产业基地。集聚创新资源，创建全省物联网产业创新发展平台，重点就高端智能传感器等智能硬件的研发生产应用进行研究推广。鼓励优势企业联合创建物联网制造业创新中心，开展行业前沿关键技术攻关、转化和商用。坚持需求导向，探索新技术新模式，激发引导物联网应用需求，推动智能制造单元、生产线、车间和工厂建设，形成一批可复制示范应用案例。积极发挥行业协会等中介在推动行业发展中积极作用。

4. 抓“四新”推介服务。重点围绕浙江省传统产业及战略新兴产业，挖掘总结优秀新产品、新技术、新装备、新模式，优先对自主化程度高、市场化条件成熟的“四新”召开专题对接推广活动，培育一批“浙江制造精品”、扩大浙江产品的市场占有率。鼓励各地结合本地产业实际和转型升级需要，加快“四新”的推广推介，扩大新产品市场份额和效益。

(二)主攻智能制造，推动实体经济高质量发展

1. 抓好智能制造工作谋划实施。制定并推动实施《浙江省智能制造行动计划(2018—2020 年)》，明确未来三年浙江省智能制造发展目标、重点任务及工作举措。

2. 推进智能制造重点项目建设。一是抓好国家、省级智能制造项目建设及管理，组织推荐和建设实施一批 2018 年度国家级智能制造专项与试点示范项目，抓好 29 个国家智能制造专项项目、14 个试点示范项目的实施建设以及 25 个省级行业试点示范、140 个省级智能制造重点项目建设；做好一批 2015、2016 年国家项目验收工作，以试点示范为引领，推广相关项目模式和经验，整体推进提升智能制造水平。二是启动智能制造“十百千”工程建设。三是推广国家级智能制造试点示范项目模式和经验，以传统产业改造提升为重点，开展省级智能制造试点示范建设。推动建设 10 个省级智能制造试点示范区，100 家智能制造示范工厂（车

间),带动全行业智能制造新模式应用,提升全省智能制造发展水平。四是开展浙江省重点智能制造项目实施成效评价。为摸清浙江省智能制造推进情况,尤其是数字化车间/智能工厂的建设情况,及时总结可复制、可推广的经验,按照《浙江省智能制造评价方法(2017 试行版)》相关标准,对 2015~2017 年国家智能制造试点示范、综合标准化与新模式应用项目及省级智能制造试点示范项目建设进行评估,形成《浙江省重点智能制造项实施成效评估报告》,在此基础上,确定一批省级智能制造试点示范和标杆企业,"无人车间""无人工厂",加快智能制造成功经验和模式的复制推广,进一步推动浙江省智能制造发展。

3. 推进新一代人工智能产业发展。根据《浙江省新一代人工智能发展规划(2017~2022 年)》要求,加快推进数字经济一号工程建设,开展浙江省人工智能产业思路与对策调查研究,制定《浙江省新一代人工智能产业发展行动计划(2018~2020 年)》,加快人工智能与实体经济及优势产业融合发展,明确发展重点、路径、任务与对策,推动浙江省智能安防、智能家居、智能汽车、智能机器人等优势产业领域产品创新。

(三)发展高端装备,培育经济增长新动能

1. 谋划全年高端装备工作并分工落实。召开全省高端装备(智能制造)协调领导小组会议,印发 2018 年度高端准备(智能制造)发展推进计划,明确 2018 年全省高端装备(智能制造)重点工作内容,落实领导小组成员单位工作职责。

2. 实施高端装备"双百"突破工程。落实《关于加快首台套产品推广应用的若干意见》(浙政办发〔2017〕40 号)精神,完善首台(套)保险赔付补偿制度。抓紧修订《浙江省首台套产品认定管理办法》,完善省级装备首台(套)保险赔付补偿办法,扩大首台套保险补偿范围,做好国家首台套政策评估及保险补偿推荐工作,力争突破 100 项左右省级以上首台套装备、推广 100 项以上重点产品和技术,确保高端装备制造业增加值 8% 任务目标顺利完成。

3. 完善高端装备动态管理体系。优化调整浙江省高端装备统计体系,会同统计局发布 2018 年高端装备统计分类目录;开展《浙江省高端装备制造业发展规划(2014~2020 年)》中期评估,评估发展目标、重点领域、重点任务、保障措施等落实情况,提出浙江省高端推动规划实施的对策建议。在评估基础上明确浙江省高端装备的细分优势领域重点与亟须突破的核心装备技术以及重点培育的企业。

4. 培育装备制造业发展载体。开展省级高端装备制造业特色基地培育工作,推进高端装备制造业集聚发展、差异化发展,形成基地内较为完备的产业链。加强对现有高端装备制造业特色小镇培育创建的服务指导与考核,同时抓好 2018 年高端装备、人工智能、智能制造等重点领域的特色小镇培育建设。

2017年浙江省轻纺行业发展报告

浙江省经信委轻工纺织行业管理办公室

一、轻纺行业运行基本情况

2017年,浙江省轻工纺织行业总体运行态势良好。全省规模以上轻纺工业实现产值25887.7亿元、工业销售产值24974.6亿元,同比分别增长11.1%、10.5%,与2016年度相比,增幅达8.8、7.9个百分点。产销率达到96.5%。全省规模以上轻纺工业实现主营业务收入24234.4亿元、利润1489.4亿元,同比分别增长7.6%和7.4%;其中造纸、化纤和食品制造三个行业的利润增幅最大,分别为66.1%、44.9%和31.6%。全省规模以上轻纺工业实现出口交货值6183.4亿元,同比增长6.0%,比2016年提高5.4个百分点,其中化纤、造纸、家具制造业三个行业分别增长22.3%、20.1%和10.0%。通过加快新技术、新产品研发,2017年全省规模以上轻纺工业实现新产品产值8954.1亿元,同比增长19.1%,比2016年提高10.7个百分点,其中烟草、化纤、造纸三个行业增幅最大,分别为165.1%、37.5%和26.5%。

二、轻纺行业运行特点和趋势

(一)轻工行业运行基本情况

2017年轻工行业占全部工业行业的比重为22.88%,是工业经济增长的重要引擎。行业运行主要呈现以下几个特点:

1. 总体运行平稳。2017年,浙江省轻工行业呈现逐步上升的势头,实现工业总产值15963.4亿元,同比增长11.6%,其中造纸及纸制品业、家具制造业、烟草制品同比增速居前,分别增长22.3%、15.2%和13.0%。实现出口交货值4228.0亿元,同比增长8.2%;实现利润1008.9亿元,同比增长3.9%;实现工业销售产值15357.2亿元,同比增长10.7%。

2. 新产品开发加快。2017年,全省轻工行业实现新产品产值5503.5亿元,同比分别增长18.2%。很多企业把新产品开发作为开拓市场、中高端化发展、提升效益的重要途径,古越龙山黄酒绿色酿造关键技术与智能化装备的创制及应用项目获得2017年国家技术发明二等奖;绍兴黄酒集团的低度鲜爽薄荷黄酒,小Q气泡果酒、黄酒棒冰等新品以及乌毡帽酒业开发出多款清爽型黄酒,深受年轻消费者喜爱,通过线上线下同步销售,利润实现同比大幅增长。

3. 行业转型增速。通过实施《浙江省产业创新服务综合体建设行动计划》,加快打造更具活力的产业创新生态系统,嘉善木业家具、安吉椅艺、永康五金、义乌饰品、江山木门、黄岩模塑、龙泉汽车空调7家产业创新综合服务体入选第一批省级创建类名单;块状经济转型的动力和机制逐渐形成,富阳造纸以打造造纸行业总部基地为目标,已削减三分之一造纸产能,有效提升了环境容量和承载能力;加大落后和严重过剩产能淘汰力度,全面深化"低小散""脏乱差"整治提升,包括造纸、橡胶塑料制品等行业产能利用率达80%以上。

（二）纺织行业运行基本情况

2017 年纺织行业占全部工业行业的比重为 14.23%。浙江省以推进时尚产业发展为抓手，加快推进纺织行业转型发展。行业运行主要呈现以下几个特点：

1. 行业总体保持平稳增长。2017 年，全省纺织工业实现工业总产值 1.04 万亿元，同比增长 10.3%，占全省规上工业总量比重为 14.2%。实现利税总额 777.2 亿元、出口交货值 1955.3 亿元，分别占全省的 10.4%、16.2%。纺织工业总产值增长率在年初有较明显下跌之后，一直保持在 2%左右的稳定增长率，并在第四季度呈微弱的恢复趋势。

2. 销售保持稳定增长。2017 年，全省纺织工业实现销售产值 9617.3 亿元，同比增长 10.0%，与 2016 年同期相比，增幅提高 9.2 个百分点，占全省规上工业总量比重为 14.2%。纺织工业产销率为 96.7%，与 2016 年同期相比下降 0.26 个百分点，产品库存略有增多。

3. 出口呈现缓慢增长。2017 年，全省纺织工业实现出口交货值 1955.3 亿元，同比增加 1.5%，总体表现出缓慢增长态势。其中，化学纤维制造业增幅较大，达到 22.3%，纺织业增幅为 1.9%，服装服饰业下降 1.9%。

4. 效益增幅高于产销。2017 年，全省纺织工业实现利润 480.5 亿元，同比增长 11.2%。分行业看，纺织业在经历第一季度的快速下降之后，后三季度利润增长率一直稳定在 10%左右；化学纤维制造业保持着 50%以上的较高利润增长；服装服饰业在经历了探底回升后，利润已恢复至正增长通道。

5. 新产品开发加快。2017 年，全省纺织工业用于科技活动的经费支出总计 112.7 亿元，同比增长 19.87%，其中纺织业和化学纤维制造业科研投入同比分别增长 18.47%和 29.80%。全省纺织工业新产品产值 3450.7 亿元，同比增长 20.56%，其中化学纤维制造业增长最快，同比增长 37.49%。同时，新产品产值占纺织工业总产值的比重达 34.77%，同比增长 3.01 个百分点。

6. 行业转型加快。余杭家纺服装、绍兴柯桥现代纺织、诸暨大唐袜业入选产业创新综合服务体第一批省级创建类名单，海宁经编产业创新综合服务体入选培育类名单；开展纺织、服装、化纤行业对标提标行动，引导纺织工业向“国内一流、国际领先”标准看齐；一些龙头企业如浙江巴贝集团、桐昆集团也分别向工厂化养蚕、差别化纤维方向实施转型等；加大落后和严重过剩产能淘汰力度，全面深化“低小散”“脏乱差”整治提升，包括化纤、服装、纺织等行业产能利用率达 80%以上。

三、存在的问题与面临的挑战

浙江省轻工纺织行业发展基础较好，但仍然存在不少问题，主要表现在核心竞争力和创新能力仍然较弱，品种、品质、品牌与发达国家相比尚有较大差距。

1. 创新和设计能力较弱。浙江省轻工行业设备及技术传统，浙江省纺织行业以传统产业为主，长期依赖量的扩张，全省纺织行业 R&D 经费投入只占主营业务收入的 1.21%，低于全省工业平均值 0.54 个百分点。与国内先进省市和国际水平仍有较大差距。

2. 质量品牌有待提高。与国际知名品牌相比，浙江省轻工纺织企业的品种质量、品牌规模和影响力还存在着较大差距。总体上，产品还以贴牌加工为主，附加值偏低。

3. 外部市场环境不容乐观。美国、欧洲、日本等浙江省轻工纺织出口主要国家和地区市场需求趋慢，对浙江省出口比重较大的轻工纺织行业影响较大，出口交货值占全省规上工业比重已从年初的 18.2%降低至年末的 16.2%。

4. 产能总体过剩。浙江省轻工纺织行业普遍存在低端产能规模扩张太快，高端产能建设不足，常规化、同质化产品过度发展等问题，各行业产能利用率不高。

四、今后的发展思路与对策

下一步，将围绕制造强省建设目标，进一步优化产业结构，强化创新设计能力，培育壮大龙头企业，着力补强创新链、提升价值链，促进行业迈向中高端，重点做好以下四个方面的工作：

（一）增强行业创新设计能力

一是鼓励有条件的特色小镇、园区和企业加快培育创意设计产业，加强对创意设计人才的引进和培育，构筑一批示范性创意设计中心，提升企业创新设计能力。二是着力在服装、皮革、纺织面料、家纺、毛衫、袜业等行业打造在国内领先的示范性创意设计产业园区，以园区为平台，集聚创意设计资源，提升行业专业化设计水平。三是推进制造业创新中心、企业技术中心等创新载体建设，加强新产品、新技术开发以及科技成果资本化产业化；以时尚轻纺、智能终端消费品、医药、食品、专用装备等领域为重点创建国家级、省级企业研究院（设计院）。

（二）加快质量标准提升和品牌培育

一是大力培育轻纺制造业特色产品品牌，创建一批“浙江制造”品牌培育试点企业，打造一批有竞争力的“浙江制造”品牌，培育一批“浙江制造精品”。引导产业向高质量、高品质方向发展。二是加快推进国际对标，鼓励服装、丝绸等时尚消费品与国外知名品牌先进标准进行比对，完善浙江省轻纺行业标准化体系，制（修）订一批高水平的国际标准、国家标准和行业标准，制订一批“国际先进、国内一流”的“浙江制造”标准。三是积极引导轻纺制造优势企业加强国际合作、完善全球化产业链，加快培育若干国际竞争力较强的本土民营跨国公司。

（三）推进轻纺行业数字化水平

一是大力推进轻纺行业数字化。在关键领域组织开展一批数字化试点示范行动，建设一批数字化示范生产线、示范企业，实施一批突破性、带动性、示范性的技术改造项目。二是加快建设智能制造示范工厂。加快制造关键领域“智能工厂”建设应用，提高MES、ERP、PLM和机器设备网络的互联互通集成能力，形成联网协同、智能管控、大数据服务的制造模式，全面提升企业的资源配置优化、实时在线优化、生产管理精细化和智能决策科学化水平。三是推动大规模个性化定制示范试点。加快培育示范企业，创建示范基地（园区），建设在线设计及用户体验中心，推广个性化定制和柔性化生产。

（四）加大传统制造业改造提升力度

一是巩固深化第一批重点传统制造业改造提升。深化纺织、服装、皮革、化纤、造纸、农副食品加工等10个重点传统制造业改造提升，加大分业施策力度，认真总结推广典型模式、经验做法。继续深入推进13个传统制造业改造提升分行业省级试点，深化落实全域土地综合整治、产融合作试点等支持政策，树立一批典型样板。二是启动新一批重点传统制造业改造提升。启动家具及竹木制品、文体用品、家用电器等传统制造业改造提升，分行业抓好重点举措落实。开展分行业省级试点，加大财政、土地、能源、金融等政策支持，力争在创新升级、整合优化、强链补链和有序退出等方面加快突破。三是加快传统制造业企业股份制改造，支持有条件的企业围绕提升产业集中度、延伸产业链开展并购重组，整合先进技术、人才、品牌、渠道等核心资源做强做大。

2017年浙江省冶金工业发展报告

浙江省经信委建材冶金煤炭行业管理办公室

2017年，浙江省积极践行供给侧结构性改革，深入实施钢铁行业去产能，全面取缔“地条钢”，平稳处置“僵尸企业”，以有色金属加工业改造提升为重点，推进冶金工业转型升级，全省冶金工业运行总体稳定，企业效益明显改善。

一、行业运行主要特点

（一）去产能成效显著，主要产品产量回落

2017年浙江省认真贯彻落实国家去产能相关工作部署，淘汰落后产能，开展环保整治，全面取缔“地条钢”生产，实现过剩、低效产能的真退真降。全省共淘汰炼钢产能270万吨、电解铝产能15万吨、铜熔炼产能0.17万吨。查处“地条钢”生产企业10家，涉及中频炉装备53台，“地条钢”产能148.3万吨。炼钢企业从34家下降到19家，有44.12%炼钢企业退出了炼钢生产。“地条钢”、电解铝产能彻底退出。2017年全省铁、钢、钢材产量分别为855.54万吨、1090.68万吨和3148.24万吨，除铁产量同比微升0.9%外，钢和钢材同比分别下降了10.8%和6.6%。有色金属产量增速回落，全省十种有色金属产量40.75万吨，同比增长3.9%，增幅仅比2016年同期提高0.2个百分点。和鼎铜业二期项目——13.5万吨电解铜项目9月中旬出铜，全省铜产量达37.57万吨，同比增长10.4%。除此之外多数品种产量回落，黄金产量17.28吨，同比下降38.1%，白银产量1170.06吨，同比下降0.5%，铜、铝加工材产量分别为301.87万吨和240.37万吨，虽同比分别增长1.2%和5.8%，但增幅同比分别回落了6.8和3.9个百分点。

（二）去杠杆持续推进，资产负债率持续下降

围绕供给侧结构改革重点任务，冶金工业加大去杠杆力度，利用市场形势转好、行业效益改善的机遇，加大债务管理、重组重整、“僵尸企业”处置力度，不断降低资产负债率，切实化解经营风险。2017年6月友谊特钢破产重整成功，法律手段处置“僵尸企业”再增1例，全省钢铁行业自2016年以来已累计处置“僵尸企业”7家。2017年底浙江省冶金工业资产负债率59.52%，在2016年下降4.67个百分点的基础上，再降1.07个百分点。其中：钢铁行业总负债810.39亿元，同比下降3.0%，银行贷款余额252.69亿元，同比下降17.28%，资产负债率55.77%，比2016年底下降2.16个百分点，提前实现了“全国钢铁行业资产负债率下降至60%以下”的预期目标，企业资金风险得到有效释放。

（三）产品价格震荡走高，企业效益大幅改善

2017年冶金产品市场好转，产品价格明显高于2016年。12月底全国钢材综合价格指数同比上升22.51%，宁波热卷价格为4450元/吨，杭州市场螺纹钢平均价格4350元/吨，分别比2016年同期有500元和1150元左右的涨幅。有色金属现货市场铜、铝、锌、镍价格同比分别上涨22.95%、13.81%、21.18%和12.23%。浙江省冶金企业抓住市场转好机遇，不断推进降本增效，企业效益大幅改善。全年冶金工业实现营业收入

4506.93 亿元，同比上升 19.7%，实现利税 270.46 亿元，同比增长 40.49%，实现利润 178.68 亿元，同比增长 45.5%。其中钢铁工业实现营业收入 2063.83 亿元，同比增长 18.24%，实现利税、利润分别为 138.13 亿元和 91.69 亿元，分别增长 25.54%和 31.43%。有色金属工业实现营业收入、利税、利润分别为 2443.1 亿元、132.33 亿元和 86.99 亿元，同比分别增长 20.93%、56.09%和 60.33%。浙江省冶金工业主营收入利润率为 3.96%，同比提高 0.5 个百分点，其中钢铁工业、有色金属工业主营收入利润率分别为 4.44%和 3.56%，同比分别提高 0.39 和 0.6 个百分点。

(四)转型升级不断深化，发展质量稳步提高

科技创新得到进一步加强，2017 年冶金行业科技活动经费支出 42.92 亿元，同比增长 19.02%，冶金工业新产品产值同比增长 24.09%。第四代核电快堆燃料组件用包壳管、深海油气胶带缆用超级双相无缝盘管、高速列车制动系统用精密不锈钢无缝管、特高压锅炉管、耐高温浓硫酸高硅不锈钢管坯、超宽幅双相钢、新能源汽车用电池壳用钢、铜镍硅、铜锡镍新合金、锡镀层精密铜线等一批高技术含量、高附加值产品研制成功。发展更加集约化，全省冶金工业规上企业数量减少 50 家，户均产值 2.86 亿元，同比提高 3000 万元。钢铁工业利润水平前 5 位企业利润额占全省钢铁工业总利润的 43.73%；有色金属工业利润水平前 5 位企业利润额占全省有色金属工业总利润的 20%。宁钢、元立两大钢企粗钢产量占全省钢产量的 84.7%，同比提高 17.8 个百分点；金田、海亮两大铜加工企业铜材产量占全省 42.98%，同比提高 9.28 个百分点。绿色发展再上新台阶。宁钢启动了环境提升“新三年行动计划”，全年实施环保技改项目 9 项，总投资 6.96 亿元；宝新危险固废减量项目实现全年危险固废减量 2500 吨；元立致力于物料、产品、能源三大循环链建设，余热、余汽、余压发电装机容量达 30.2 万千瓦。2017 年全省钢铁行业总能耗下降 5.9%，长流程钢铁联合企业吨钢综合能耗 507.05 千克标煤/吨，同比下降 2.29 个百分点。粗铜冶炼综合能耗同比下降 15.41%，重点监测铜加工企业每吨铜加工材综合电耗同比下降 14.84 千瓦时。

二、存在的主要问题

(一)利润水平长期低于工业平均水平

2017 年，浙江省冶金工业效益取得较高增长，但企业效益仍处较低水平。规模以上企业主营业务收入利润率仍比全省工业平均低 2.85 个百分点。钢铁、有色金属工业企业主营业务收入利润率也分别比全国行业平均水平低 0.63 和 0.66 个百分点。冶金工业尚未形成足以覆盖资源、能源等先天不足的竞争优势。

(二)科技活动强度有待提高

2017 年冶金工业科技活动经费支出 42.92 亿元，占主营业务收入比例为 0.95%，比规上工业平均水平低 0.81 个百分点。其中有色金属工业科技活动经费支出占主营业务收入比例仅 0.73%。研发投入不足，导致产品更新不快，冶金工业规上企业新产品产值率 28.23%，低于全省平均水平 7.15 个百分点，产品全面迈向中高端困难重重。

(三)经营风险未充分释放

尽管冶金工业杠杆水平有所下降，但新的风险不断积聚。2017 年，全球大宗商品价格过快上涨，推高了冶金工业生产成本，冶金工业主营业务成本同比增长 19.56%，已接近追平主营业务销售收入增幅，并仍呈刚性上涨之势。原材料价格、能源价格处于高位增加了企业资金占用和产品跌价风险。去产能中部分企业转型困难，债务风险加剧。部分区域有色金属加工企业仍未摆脱“两链”风险影响。

（四）外部环境约束持续加强

部分企业环保历史欠账多，部分地区低小散问题仍存在，难以适应绿色发展要求。一些企业环保改造跟不上国家和地方不断提升的环保标准要求。大批企业环保投入加大，环保设施运营成本不断提高。许多冶金企业仍难适应全面实施“亩均论英雄”企业分类评价管理制度，面临巨大的转型升级压力。

三、2018年展望和重点工作

展望2018，世界经济复苏持续，我国经济迈向高质量增长过程中仍将保持中高速增长，工业生产及全社会固定资产投资维持一定增速，冶金产品市场需求总体稳定。但应该看到：2018年货币供应总量控制和债务、金融监管更加严格，对冶金工业生产和产品价格制约趋强；钢铁等行业去产能红利减弱。2018年全国钢铁去产能目标任务为3000万吨，已明显低于前两年，同时一批通过减量置换项目将逐步投产，产能压力有所反弹；房地产市场调控的不断深入，对冶金行业影响也不可轻视。加上原材料价格上涨，环保成本支出不断加大，行业效益能否持续走高，不确定因素仍大。预计冶金工业生产总体仍将维持平稳增长态势，但效益增幅将会回落。

2018年，浙江省冶金行业将根据国家和省政府推进供给侧结构改革的决策部署，着重做好：

（一）深入推进化解过剩产能

坚决控制钢铁新增产能，严格执行新版钢铁项目产能减量置换规定。继续严查“地条钢”产能，严防“地条钢”死灰复燃。全面落实利用综合标准依法依规推动行业落后产能加快退出，实现国家明令淘汰设备一律出清。加强行业准入管理，强化钢铁、铜冶炼、铝行业等行业规范执行情况检查，充分发挥行业规范的引领和约束作用。

（二）加快推进行业改造提升

组织实施有色金属加工业改造提升实施方案，推进诸暨、永康开展有色金属加工业改造提升省级试点。充分发挥产能减量置换手段，推动钢铁工业改造提升，引导布局不合理、装备不先进、产品无特色、经营无优势、缺乏竞争力的低效产能通过改造、重组实现升级优化。推动一批改造升级项目、智能化示范项目、产业发展平台及创新综合体落地实施。

（三）努力促进行业提质增效

冶金行业全面推行企业综合评价和分类评价管理，强化“亩均论英雄”考核，配套实施差别化资源要素配置政策，形成倒逼机制，推动冶金企业实施动能转换。加大研发、科技投入，加强创新驱动，强化质量、品种、品牌、成本意识，促进提质增效，实现高质量发展。

（四）全面提升绿色化发展水平

加强冶金企业清洁生产强制性审核和节能减排考核，实施钢铁行业废气清洁排放改造，推进实施有色金属行业（六大涉水行业）污染整治提升方案。鼓励利用冶金炉窑开展协同处置，发展循环经济，提升绿色发展水平。

2017年浙江省时尚产业发展报告

浙江省经信委轻工纺织行业管理办公室

2017年,浙江省经信委轻工纺织行业管理办公室会同省时尚产业发展工作协调小组成员单位认真贯彻落实省委省政府的决策部署,把大力发展时尚产业作为供给侧结构性改革的重要途径,创新工作思路,抓实工作举措,时尚产业呈加快发展态势,以传统优势制造业为基础,创新设计为引领和时尚品牌为标志的时尚产业链正在逐步形成。2017年,时尚产业总产出达到12305.9亿元,同比增长18.3%;时尚制造业总产出达到5562.3亿元,同比增长4.5%;时尚零售业总产出达到330.5亿元,同比增长21.2%;时尚创新创意服务业总产出达到6413.1亿元,同比增长33.5%。

一、2017年时尚产业工作总结

(一)抓整体部署,形成多部门合力推动良好格局

起草实施《2017年时尚(轻纺)和历史经典产业近期工作要点》,明确五大类项重点工作以及相关部门职责分工。抓好任务分解落实,推动各地结合实际制订出台配套政策,加强与各部门的横向联系和部门协同。会同省财政落实振兴实体经济财政专项激励政策,优先安排时尚产业技术改造项目。

(二)抓重点企业,提升时尚品牌竞争力

结合产业结构优化方向和产业实际特点,做好产业传承发展,并着力抓好重点企业、品牌的培育工作。重点培育106家时尚产业重点企业,188个重点品牌。截至2017年,已有30家服装企业入选2017全国行业百强,数量位稳居全国各省市第一。老板电器获得2017全国质量奖,成厨电行业唯一荣膺该荣誉的品牌。宁波方太厨具有限公司入选"2017中国企业创新能力100强"。温州森马服饰、杭州江南布衣公司的自主品牌正加紧海外市场的布局与扩张,森马服饰的巴拉巴拉童装品牌成为亚洲童装第一品牌。继续抓好"中国质造·浙江好产品"行动,推动实施"浙江名品进名店"工程。

(三)抓创意设计,提升时尚产业创新能力

落实省重点企业设计院试点,省级、市级工业设计中心、企业技术中心,依托企业主体,充分发挥重点企业在行业中龙头引领及辐射服务作用。继绍兴市柯桥区纺织工业创意设计基地、杭州余杭艺尚小镇之后,余杭家纺产业设计园、桐乡濮院针织产业园区创意设计平台与创客157创业创新园成功入选第二批工信部纺织服装创意设计试点园区(平台)。通过试点示范,典型引领,建设资源集聚能力强、专业服务水平高的纺织服装创意设计园区(平台),助力行业增品种、提品质、创品牌。推进浙江理工大学与余杭区政府联合筹办杭州国际时尚学院,赴英国、意大利开展了杭州国际时尚学院合作办学项目的对接活动。

(四)抓特色小镇建设,打造时尚产业发展平台

运用创新性思维,以建设特色产业、实现产城融合、破解城乡二元经济结构等方面形成新模式督促指导时尚产业特色小镇加快建设。组织时尚产业特色小镇与浙江大学、中国美术学院、浙江理工大学等高校对接

合作,促进高校技术、人才等高端要素向小镇集聚发展。诸暨袜艺小镇、湖州丝绸小镇、桐乡毛衫时尚小镇、余杭艺尚小镇为优秀小镇。

(五)抓传统制造业改造,大力发展先进制造模式

认真贯彻落实《浙江省人民政府关于印发浙江省全面改造提升传统制造业行动计划(2017~2020年)的通知》,制定纺织制、服装、皮革、造纸、农副食品6个行业造业改造提升实施方案,选取13个试点县市区,稳步推动改造提升。以大规模个性化定制为代表的智能制造新模式加快推进,在时尚服装服饰业、时尚家居和休闲用品业、时尚消费电子产业等重点领域启动了一批大规模个性化定制项目。继温州报喜鸟集团、宁波慈星集团大规模个性化定制项目和杭州老板电器厨用电器智能制造试点示范项目之后,浙江奥康鞋业高端皮鞋智能制造试点示范与梦天木门集团全屋家具大规模个性化定制试点示范列入国家工信部智能制造试点示范。报喜鸟集团通过实施"云翼互联项目",裁剪效率较传统的人工提高5倍以上,定制量实现年增长50%以上,2017年该业务占公司自有品牌销售收入的50%。

(六)抓重大活动,营造时尚产业发展氛围

举办浙江省消费品个性化定制推进会暨专题研讨会,组织开展了柯桥时装周、第13届中国国际袜业博览会、全省服装(皮革)行业改造提升暨个性化定制新产品(新技术)推介会、2017第18届中国国际丝绸博览会、浦江第9届水晶玻璃产业博览会和中国服装定制高峰论坛。推动成立浙江省时尚产业联合会。为时尚产业发展营造了良好的环境和氛围。

二、存在的问题

总体来讲,浙江省时尚产业发展仍处于起步阶段,还存在一些问题与制约瓶颈:

一是时尚产业自身发展仍面临设计研发能力、自主品牌影响力、时尚产业链上下游联动等瓶颈。

二是对时尚产业制造水平和时尚产业国际先进标准对标工作推进力度稍显不足,时尚品牌国际化意识薄弱。

三是时尚人才和教育机构匮乏,与国外人才创新水平差距较大。

三、下一步工作打算和建议

认真贯彻实施好省委省政府关于加快发展时尚产业的战略部署,以五大发展理念为引领,以供给侧改革为主线,实施消费品工业"三品"战略,着力提升产业创意设计能力,强化产业平台支撑,加快培育重点企业和品牌,组织实施重点项目,组织开展时尚活动,推进产业融合互动、业态创新,加快打造时尚产业产业链体系。2018年,力争实现时尚产业总产出增长8%左右。

(一)突出传统制造业改造提升,振兴时尚产业实体

一是抓改造提升方案实施。认真贯彻落实浙江省全面改造提升传统制造业行动计划,调研改造提升试点县市区方案实施状况,督促、指导改造提升方案实施,推动先行先试、做好示范。二是总结改造提升运行状况。召开六大行业试点单位座谈会,交流方案实施过程中的经验,总结第一批传统改造提升试点市县区在方案实施中遇到的问题、解决问题的经验,撰写调研报告。三是推进第二批改造提升试点示范申报。以第一批试点市县区为引领,开展第二批传统改造提升试点的市县区的申报、评选工作。

(二)突出"三品"战略实施,培育时尚名企、名品

一是推动新品种发布。支持线上线下品牌展示推介互动平台建设和浙江(杭州)经典名品馆建设,组织召开高端品牌推介活动及新品发布活动。二是抓品牌建设。建立评价体系,动态推进"浙江省时尚产业重点

企业”和“百家著名品牌培育库”的建设。打造全省统一的服装(时装)发布平台,支持首届世界时尚大会等时尚消费类展览展示活动。引导企业收购国外研发机构、品牌和营销网络,鼓励有条件的企业开展国际商标注册,推进品牌国际化,着力打造国际知名时尚品牌。三是推进品质提升。确定时尚产业八大领域,鼓励与国外知名品牌先进标准进行比对,关键指标验证,做好国家标准制定与维护。积极引导企业建立质量安全追溯体系,完善产品质量安全保障机制和监督保障机制。

(三)突出产业平台发展,提升时尚创新设计能力

一是完善特色时尚小镇建设。深化浙江省时尚和历史经典特色小镇的培育建设,重点引导小镇加强内涵式发展。二是促进创业示范园区升级。指导艺尚小镇、柯桥纺织工业创意设计基地等国家级纺织服装创意设计试点园区(平台)的建设,鼓励国家级纺织服装创意设计试点园区(平台)打造全省性企业品牌、产品、技术的权威发布平台。

(四)突出人才培养,适应时尚产业发展新常态

一是抓时尚人才培养。支持浙江大学、中国美术学院、浙江工业大学、浙江理工大学等与国外知名时尚设计类高校合作,大力开展人才培养。研究制定“消费品名师培育计划”工作方案,组织一批相关领域职业技能大赛,发掘“十大优秀设计人才”“十大黄酒品酒师”等。与企业、院校开展时尚设计大师的发现与推介活动,合作开展时尚设计人才的培训工作。二是健全工艺美术高级职称评选制度。推进商业美术设计(平面设计、环境艺术设计、展示设计、工业设计、服装服饰设计、广告设计、传媒艺术设计等)高级职称评选;开展教授级高级工艺美术师评选办法,拓展传统工艺美术发展平台。

(五)突出智能制造,推动时尚产业、行业新模式

一是加快推进时尚产业数字化。鼓励时尚企业运用工业互联网、云计算、大数据等新一代信息技术,提升生产装备智能化、生产管控产品营销一体化、产业链协调网络化水平商业模式。二是抓智能制造试点。推动智能制造试点示范,重点发展大规模个性化定制和远程运维服务模式,在服装、家电、家具等消费品行业培育大规模个性化定制和远程运维服务试点企业。

2017年浙江省医药工业发展报告

浙江省经信委医药石化行业管理办公室

2017年,浙江省医药工业总体运行情况呈稳中向好态势,结构调整扎实推进,龙头企业带动作用更加明显,企业技术创新、兼并重组、资本上市、国际化等方面发展步伐加快。

一、主要经济指标完成情况

(一)工业增加值增速位居全省前列

2017年,全省规模以上医药工业增加值同比增长14.9%,高于全国行业平均水平2.8个百分点,在全省各工业大类中位居第8位。从全年运行态势看,医药工业增加值增速呈逐季回升态势,增幅创2015年以来新高。其中,12月单月增幅为24.7%,在各工业大类中位居第2位,如图1所示。

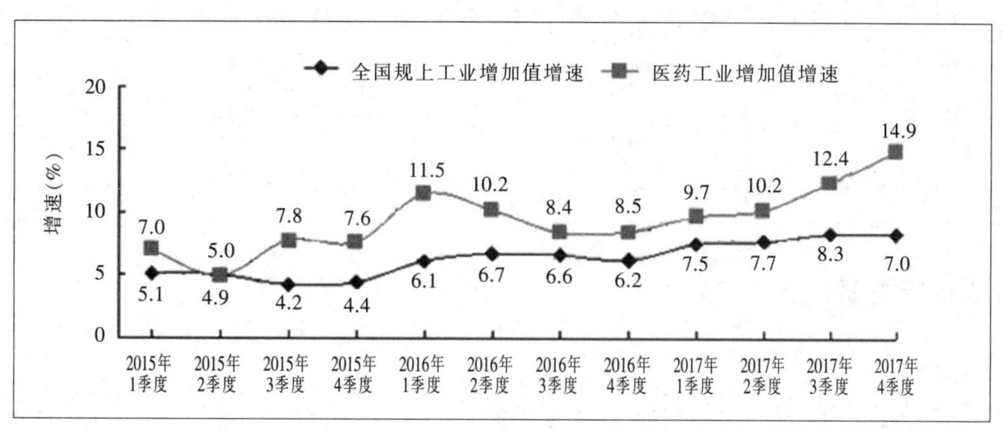

图1　2015年以来全省工业和医药工业增加值增幅

(二)产销指标较快增长

生产指标看,2017年全省规模以上医药工业总产值1428.7亿元,同比增长15.8%,高于全省工业平均水平1.2个百分点。销售指标看,2017年医药工业销售产值1311.0亿元,同比增长13.0%,高于2016年同期2.3个百分点。分地区看,杭州、绍兴等重点地区医药工业实现平稳增长,分别同比增长22.9%、13.2%。

(三)效益指标平稳增长

受2016年同期基数较高等因素影响,2017年全省医药工业效益指标增速稳中有降。全年实现主营业务收入1284.2亿元,同比增长11.1%;实现利润总额204.3亿元、利税总额287.8亿元,同比增长12.7%和9.8%。分行业看,医药工业利润总额、利税总额分别位居各工业大类的第8位和第10位。

(四)出口指标低位回升

2017 年,全省规模以上医药工业实现出口交货值 280.6 亿元,同比增长 15.8%,增幅分别高于全国行业平均水平和全省面上工业 5.9 和 6.4 个百分点,基本扭转前期出口持续疲软态势。据初步统计,2017 年,浙江省医药工业出口交货值总量占全国近六分之一。

(五)投资指标持续疲软

2017 年,总投资 125 亿元的海王集团湖州大健康产业项目、总投资 56 亿元的临海市华海制药科技产业园、总投资 20 亿元的华东医药二期等一批重大项目集中开工,但总体看浙江省 10 亿元以上医药项目储备较少。2017 年,全行业完成固定资产投资总额 197.0 亿元,增幅从 2016 年同期增长 2.2%转为同比下降 9.6%,低于全省面上工业 15.7 个百分点,自 2016 年下半年以来投资持续疲软态势仍在延续。

具体如表 1 所示。

表 1　2017 年医药工业主要指标

指标名称	绝对值(亿元)	同比增长(%)	全省规上工业同比增长(%)
工业总产值	1428.7	15.8	14.6
工业销售产值	1311.0	13.0	14.6
新产品产值	580.5	20.8	19.7
出口交货值	280.6	15.8	9.4
固定资产投资	197.0	-9.6	6.1
主营业务收入	1284.2	11.1	13.6
利润总额	204.3	12.7	16.6
利税总额	287.8	9.8	14.4

二、行业运行主要特点

(一)龙头企业贡献明显

2017 年,行业龙头企业延续良好增长势头,杭州华东医药集团等 11 家企业入选全国医药工业百强榜,是全国入围企业数最多的省份之一,多数企业排名稳中有升,浙江医药股份同时入选 2017 年中国医药研发产品线最佳工业企业 20 强。据统计,2017 年,全省医药工业总产值、主营业务收入、利润总额前 10 位医药企业完成指标,同比分别增长 25.3%、18.4%、27.1%,占全行业比重分别为 37.8%、38.0%、44.1%,较 2016 年同期提高 2.8、2.2 和 1.9 个百分点,骨干企业对产业发展的支撑作用不断增强。

(二)重点领域加快发展

生物药品、化学药品制剂、医疗器械和中药产业等重点领域企业发展态势良好。据初步统计,2017 年度上述细分行业主营业务收入分别同比增长 22.6%、14.6%、13.1%、12.5%,总量合计约占全省医药工业主营业务收入的 60%。如:高端医疗设备产业加快发展,浙江省两个项目入选高端医疗设备应用示范项目顺利通过国家中期验收;浙二医院为牵头医疗机构成功申报国家骨科手术机器人应用中心;明峰医疗(ScintCare CT 16)和迈德医疗(医用留置针智能装配成套设备)被认定为国内首台套。

（三）“凤凰行动”扎实推进

企业上市和兼并重组步伐进一步加快。如：贝达药业着力打造从诊断到药物治疗的全产业链条，先后斥资4.8亿元全面收购卡南吉公司，与杭州瑞普基因、北京天广实开展战略合作；仙琚制药1.1亿欧元收购意大利Newchem公司和Effechem公司，着力加快推进公司原料药业务国际化战略步伐。诚意药业、美诺华药业、寿仙谷药业、奥翔药业、圣达生物、天宇药业等一批成长性好的医药企业成功上市。

（四）特色园区集聚发展

杭州生物产业国家高新技术产业基地、临海医化园区、余杭生物医药高新园区、绍兴滨海现代医药高新园区等医药产业园区，以及磐安“江南药镇”、杭州经济技术开发区“东部医药港”等特色小镇加快发展。如：杭州经济技术开发区引进和培育生物医药企业300余家，辉瑞、默沙东、吉利亚等全球十大药企已有7家落户，年总产值规模达250亿元，年增速超过15%。临海市医化行业“腾笼换鸟”和医化园区现代医药制造模式转型试点成效明显，2017年顺利通过国家级循环化改造示范试点园区验收。

（五）国际化步伐进一步加快

浙江省行业骨干龙头企业，凭借自身在产品、技术、科研等方面的优势，着力加强与发达国家和地区的合作与贸易关系，进军国际高端市场。2017年，全国共有13家企业30个制剂获得美国ANDA（新药申请），其中华海药业有6个，占全国的20%。海正药业海泽麦布（HS-25）、光敏剂HPPH等品种已在欧美市场开展新药二期临床研究。

三、创新发展加快推进

（一）企业研发投入加大

2017年，全省医药工业实现新产品产值580.5亿元，同比增长20.8%，占行业工业总产值比重达40.6%。科技活动经费支出49.8亿元，同比增长26.3%，科技活动经费占主营业务收入比重为3.9%，分别较2016年同期提高17.1个和0.7个百分点。

（二）创新发展成果显现

浙江省医药企业认真贯彻落实省政府医药产业创新发展有关决策部署，坚持以技术创新引领产业发展，努力提升核心竞争力，省现代医药产业技术创新综合试点有序推进。如：2017年1月，海正药业的阿霉素工艺专利获“中国专利优秀奖”；4月，浙江医药新昌制药厂的苹果酸奈诺沙星及其胶囊剂成为我国实施药品上市许可持有人制度试点工作以来获批的首个创新药；8月，康德药业的丹龙口服液获得我国首个中药新药上市许可持有人文号。

（三）一致性评价成绩显著

2017年12月，国家食品药品监管总局发布符合仿制药质量和疗效一致性评价要求的药品申请品种目录。浙江省华海药业、海正辉瑞共7个品种12种规格通过首批仿制药质量和疗效一致性评价，占全国总数的70%。

2018年是“十三五”医药规划实施承前启后的一年，也是浙江省医药产业新旧动能转换的关键时期。中办、国办联合印发的《关于深化审评审批制度改革鼓励药品医疗器械创新的意见》等政策文件深入实施，环保标准提高和监督检查力度不断加强，必将进一步推动浙江省医药工业创新发展、绿色发展。随着人民群众生活水平提升、健康需求快速增长、人口老龄化趋势加剧、药品和诊疗方式升级换代、医保体系不断健全完善，预计2018年医药工业主要指标仍将保持平稳运行态势，企业兼并重组步伐也有望进一步加快。

2017 年浙江省石化工业发展报告

浙江省经信委医药石化行业管理办公室

2017 年,浙江省石油和化学工业运行态势持续向好,主要指标尤其是效益指标实现较快增长,总体情况明显好于预期,在产业结构调整、行业整治提升、园区建设等方面取得了积极成效。

一、行业运行总体情况

(一)总量规模创三年来新高

2017 年,全省规上石化工业实现总产值 10334 亿元、销售产值 10135 亿元,占规上工业比重为 14.8%和 14.9%,增幅分别为 19.1%和 19.7%,增幅高于全省平均水平 4.5 和 5.1 个百分点。总量指标自 2014 年以来重回万亿级规模。分行业看,石油加工业总产值、销售产值增长 23.2%、29.8%,在各工业大类中分别位居第 3 和第 2 位。

(二)效益指标贡献明显

2017 年,全省规上石化工业实现主营业务收入 10664 亿元,增长 23.1%,分别高于全省平均水平和 2016 年同期 9.5、18.9 个百分点。实现利润总额 811 亿元,增长 29.8%,利税总额 1326 亿元,增长 21.5%,拉动全省利润、利税增长 4.8 和 4.1 个百分点。分行业看,化学工业、石油加工业和橡塑制品业利润总额在各工业大类中分别位居第 2、9、11 位。分地区看,杭州、宁波、嘉兴、绍兴、衢州等重点石化地区发展情况向好,主营业务收入分别增长 19.0%、32.5%、25.6%、9.3%和 246.6%。其中,宁波市石化工业主营业务收入在全市各行业中增速最高,利税总额占全市工业利税的 33.1%;嘉兴市化工制造业成为全市主营业务收入首个超千亿的工业行业。

(三)投资指标平稳运行

2017 年,全省规上石化工业实现固定资产投资 1027 亿元,增长 5%,占全省工业投资比重 11.0%,保持平稳增长态势。舟山浙石化炼化项目、镇海炼化扩建项目、大榭石化四期等一批重大项目有序推进,大榭石化馏分油综合利用等项目顺利投产。

(四)出口指标较快增长

2017 年,全省规上石化工业累计完成出口交货值 1080 亿元,增长 12.4%,高于全省平均 3.0 个百分点。分季度看,出口交货值累计增速自一季度以来持续保持两位数增长。

二、行业运行主要特点

(一)龙头企业稳步发展

2017 年,中石化镇海炼化分公司继续保持国内炼化行业领先位置,全年完成产值 950 亿元,增长 26.4%,完成利税、利润 390 亿元和 153 亿元,增长 14.5%和 10.4%,各项经济指标均创历史新高。以巨化集团、龙盛集团等“三名”企业和大榭石化、逸盛石化、万华化学、中金石化、嘉兴石化为代表的行业骨干企业均实现高位增长。

(二)园区布局不断优化

宁波、嘉兴、上虞、舟山及衢州“三区两基地”建设稳步推进，重点园区发展态势良好。2017 年，主要化工园区产值占行业总产值近七成。如：宁波石化区、大榭等石化集聚区全面开展绿色生态园区建设，持续推进循环化改造，不断提升智能化、高端化水平，石化总产值分别增长 22.7%、53%，如表 1 所示。杭州湾上虞经济开发区加强“主导产业＋基金＋上市公司＋产业项目＋创新平台”的招商模式，1~10 月份签约落户项目 18 项，合同引资 133 亿元，其中投资超过 10 亿元以上项目 7 项。

表 1 2017 年石化集聚区发展情况

园区名称	规上工业总产值(亿元)	增幅(%)
宁波石化经济技术开发区	1642.4	22.7
北仑石化园区	684.1	23.8
宁波大榭开发区	553.4	53.0
杭州大江东产业集聚区	492.7	29.9
嘉兴港区	470.5	28.8
衢州绿色产业集聚区	143.4	92.6

(三)绿色智能发展水平稳步提升

杭州市有 10 家石化企业通过 2017 年度市工厂物联网和工业互联网试点企业评审，其中杭州中策橡胶通过示范企业评审。中国化工新材料(嘉兴)港区被列入首批两家中国智慧化工园区试点示范单位之一，2017 年，嘉兴港区智慧园区系统上线，并建立智慧安防、智慧环保、智慧能源、智慧物流、智慧地理信息五大智慧应用业务。绍兴市深入推进化工行业整治提升和淘汰落后产能工作，全面完成 190 家企业年度整治任务，实际关停退出 36 家，淘汰落后设备 4115 台套。

(四)价格指标呈 V 形走势

受 2016 年基数影响，2017 年初化工市场呈高开低走态势，2 月中旬开始走势逐步回头，后期受原油价格反弹，美国哈维飓风等因素影响，价格逐步企稳回升。尤其是 2017 年三季度以来，在国际原油基本面不断改善，市场需求增加、停产限产等因素的影响下，化工产品市场价格整体走势涨多跌少。12 月份，124 个大宗化工产品中，68 个产品上涨，占 54.8%，44 个产品下降，占 35.5%，丁酮、环氧丙烷、MDI 等行业涨幅较大。重点产品市场价格如表 2 所示。

表 2 重点产品市场价格

产 品	2017 年 12 月价格(元/吨)	涨跌幅(%)
丙烯	8330	5.4
丁二烯	9950	–49.5
甲醇	3570	14.1
乙二醇	7480	–7.7

续表

产 品	2017年12月价格(元/吨)	涨跌幅(%)
丁酮	12700	88.1
PX	7130	-1.1
PTA	5650	7.6
己内酰胺	16600	-3.8
环氧丙烷	13550	27.8
CCPI	5279	5.1
MDI	27450	27.1
PP	9250	1.6
丁苯橡胶1502	13300	-32.8

数据来源:《中国化工信息》杂志

三、化工和橡塑产业改造提升工作深入推进

宁波市北仑区、绍兴市上虞区、三门县、苍南县的化工、橡塑制品业等传统制造业改造提升省级试点工作有序推进。各地紧紧围绕高质量发展,注重正向激励,强化统筹推进,创新发展方式,加快动能转换,着力打好改造提升"组合拳",取得了一些新进展新成效。

(一)政策引导不断加强

各地围绕自身行业发展特点,以服务企业为主体、以发展行业为目标、以制度优化供给为抓手,推动传统产业优化升级。三门县制定出台《三门县六大百亿产业培育方案》《三门县百亿橡塑产业培育实施方案》等政策,加快"1+5+X"工业政策的制定与实施,推进传统产业加快改造升级步伐。北仑区制定《化工新材料产业培育三年行动实施方案(2018~2020年)》,明确9个计划引进的新材料项目。

(二)集聚发展不断深化

各地加快资源整合、项目组合、产业融合,高质量推进产业园区和小微企业园建设,盘活存量土地,提高集约利用水平。绍兴市上虞区积极推进化工企业入园发展,已累计关停退出化工企业96家,搬迁入园12家(其中九家在建),落实搬迁入园安置土地58.67公顷,园区外已腾退化工企业用地约46.67余公顷,待腾退用地80公顷,为优化产业布局结构、培育新兴产业打下基础。

(三)创新能力不断提升

苍南县与浙江清华长三角研究院杭州分院共建海西清创园,并筹建塑料制品业产业创新服务综合体。三门县大力建设橡胶产业创新服务平台,扎实推进"一园六中心"建设。宁波市北仑区依托中科院上海有机化学研究所宁波新材料创制中心等平台,加快引进相关领域海内外高层次人才、团队,与区内企业开展技术合作或创业发展。

总体看,2017年浙江省石化工业仍面临资源、环境等约束因素,但支撑行业稳中向好发展的基本面尚未改变,如表3所示。下游终端需求的复苏,也将对化工产品价格稳中走高提供支撑,2018年行业发展向好趋势仍将延续,但规模、效益增长速度趋向放缓。

表3 2017年浙江石化工业主要指标

指标名称	绝对值(亿元)	增长(%)	全省规上工业增长(%)
工业总产值	10333.6	19.1	14.6
工业销售产值	10134.7	19.7	14.6
新产品产值	3107.2	20.2	19.7
出口交货值	1079.7	12.4	9.4
固定资产投资	1027.0	5.0	6.1
主营业务收入	10664.4	23.1	13.6
利润总额	810.5	29.8	16.6
利税总额	1326.0	21.5	14.4

2017 年浙江省电子信息产业发展报告

浙江省经信委电子信息行业管理办公室

2017 年，浙江省认真贯彻省委省政府的决策部署，坚持创新发展，以推进国家信息经济示范区建设为主线，积极推进新产业、新技术、新服务、新模式创新发展，整体运行呈现发展质量提升、创新活力增强、动能转换加快的喜人态势，成为引领全省经济增长的新动能和新亮点。

一、行业运行总体态势：持续稳中向好、质量向优

2017 年，全省规模以上电子信息制造业增加值 1741.5 亿元、销售产值 8041.2 亿元、新产品产值 4824.6 亿元、技改投资 283.1 亿元，分别增长 14.1%、17.6%、21.6%和 12.5%，分别高出全省规上工业 5.8、3、1.9 和 10.8 个百分点；软件业务收入 4340.4 亿元，同比增长 20.6%，高于全国软件增速近 6.3 个百分点，成为引领全省经济增长的新动能和一大亮点。

（一）生产高位增长，增速领先全省工业

2017 年，全省电子信息行业生产呈高开稳走态势，保持 13%以上增速，9 月份以来连续 4 个月生产增速超过 14%，全年增速分别高出全省规上工业和 2016 年同期 5.8 和 0.5 个百分点，高出八大万亿产业中的高端装备、时尚、环保、健康和文化制造业 6.0、11.7、2.7、0.8 和 8.4 个百分点；占全省规上工业增加值比重 12.1%，比 2016 年同期提高 0.7 个百分点，对规上工业增长贡献率达到 19.4%，拉动规上工业增长 1.6 个百分点。智能化、网络化等高端产品优化升级加快，产销较快增长。2017 年，全省共生产高端路由器 467.9 万台、增长 70.9%，程控交换机 353.5 万台、增长 28.4%，智能电视 497.5 万台、增长 81.9%，智能手机 4916.4 万部、增长 5.5%；卫星导航定位接收机、移动通信基站、发光二极管、射频元器件和光纤等产量分别增长 87.5%、85.4%、69.0%、93.8%和 43.5%。

（二）出口逆势增长，内销支撑作用凸显

出口扭转下滑局面，呈现回暖向好态势。全省电子信息行业出口增速连续 3 个月高出全省工业，2017 年全省规上电子信息制造业完成出口交货值 1980.9 亿元，同比增长 12.2%，高于规上工业出口增速 2.8 个百分点，达到近年来最好水平。新一代信息技术产业成为当前出口增长的新亮点，智能手机、安防监控设备、光伏组件等成为主导出口产品，2017 年，全省高新技术产品出口 1260 亿元，增长 13.6%，高出面上工业出口 3.5 个百分点。内销快速增长，对拉动生产增长发挥重要的支撑作用，全年完成内销产值 6060.2 亿元，同比增长 19.5%，高出全省规上工业内销产值增速 3.8 个百分点；内销占比达 75.4%，对销售增长贡献率达到 82.1%，拉动行业增长 14.4 个百分点。消费升级态势明显，新兴网络消费增长较快，数字出版产品、智能终端等通讯产品的零售额增长均超过 20%。

（三）质量效益稳步增长，向好势头更加明显

2017 年，全省规上电子信息制造业实现利税总额 803.4 亿元、利润总额 566.4 亿元，分别同比增长

12.5%和10.6%，分别高出2016年同期4.6和1.7个百分点；其中，12月份利润增长58.3%。企业效益呈现稳步上升态势，主营业务收入利润率、杠杆水平和企业成本等指标均好于面上工业，全省电子信息行业的主营业务收入利润率从2012年的5.92%提高至2017年的7.16%；2017年电子行业的主营业务收入利润率比规上工业高0.35个百分点；每百元主营业务收入中成本为82.6元，比规上工业低1.1元；企业资产负债率为51.1%，比规上工业低3.7个百分点；电子制造业劳动生产率从2012年的12.2万元/人提高至2017年的20.5万元/人，比2016年增长9.6%，增速比规上工业高1.9个百分点。

（四）有效投资增长较快，内生动力更加强劲

信息经济“双百”工程积极推进，2017年全省电子信息行业完成工业投资382.5亿元、技改投资283.1亿元，分别增长12.9%和12.5%，高出规上工业6.8和10.8个百分点，成为工业投资新亮点。组织引导各地在集成电路、新一代通信网络、云计算大数据、人工智能等关键领域谋划实施一批重大项目，智能网联汽车创新中心落户萧山，全省有3家企业、9个街道和3个基地入选国家智慧健康养老应用试点示范项目（总数居全国第一）；积极推进企业申报01、02等国家重大科技专项，2017年获批项目15项，获中央财政资助资金超10亿元；多个集成电路产业重大项目顺利实施，带动整个产业快速增长，2017年，浙江省集成电路产业总产值、销售收入、利润和税金分别增长16.3%、14.6%、18.8%和133.4%，利润和上缴税金增势良好，高出全省电子行业8.2和116.2个百分点，创“十二五”以来最好的增长水平。

二、运行亮点：动能转换加快，示范引领凸显

（一）创新动能不断增强

2017年，全省电子信息产业创新发展势头良好，新品开发、研发投入等创新指标高于面上工业，成为浙江省工业创新的高产区。2017年全省规模以上电子信息制造业完成新产品产值4824.6亿元，同比增长21.6%，增速高出规上工业1.9个百分点，新品产值占全省规上工业比重近1/5；新产品产值率创近年来最高水平，已连续28个月超过50%，2017年达58%，高出规上工业22.6个百分点，居31个工业制造行业前列。列入国家“三新”统计的10种新产品，其中智能电视（81.8%）、光纤（43.5%）、太阳能电池（21.7%）和工业机器人（15.6%）等电子行业新产品快速增长。研发投入持续增强，2017年，电子信息行业科技活动经费支出300.7亿元，同比增长26.4%，科技经费支出占主营业务收入的比重达3.8%，高出规上工业企业2.3个百分点。企业为主体的创新体系加快建设，一批创新能力强的高新技术企业快速发展，推动产业向高端化发展，水晶光电、舜宇光电、海康威视、宁波激智等4家企业被认定为全国单项冠军示范企业，聚光科技被认定为国家技术创新示范企业，水晶光电、力邦合信智能、芯启源电子和合众新能源汽车等4家入选全省领军型创新（创业）团队。

（二）新产业引领增长

2017年，全省新一代信息技术产业完成增加值623.4亿元，同比增长21.5%，增幅高出全省战略性新兴产业9.3个百分点并居首位，占全省战略性新兴产业比重达16.3%、对全省贡献率达26.5%，拉动全省战略性新兴产业增长3.2个百分点。积极抢占未来产业发展制高点，已在人工智能、虚拟现实、云计算、大数据等重点领域形成先发优势，涌现出一批领先成果和典型案例。浙江省人工智能领域企业数量、融资规模总量均居全国第4位，平均单笔融资额连续两年全国第一；虚拟现实领域新开发的重点产品和应用服务项目70余项，拥有专利62件，在全国各省市中排名第6位；2017年，全省网络零售额达13336.7亿元，省内居民网络消费6777亿元，分别同比增长29.4%和29%；跨境网络零售出口438.1亿元，同比增长37.2%；全省规模以上快递服务企业完成业务收入668.2亿元、业务量79.32亿件，同比增长23.5%和32.5%，均居全国前两位；物联网、

云计算及大数据产业实现主营业务收入 1770.1 亿元、2599.8 亿元，分别增长 28.8%和 31.6%。

（三）平台载体示范应用显著

聚焦增强创新力，强力推动之江实验室、阿里达摩院、杭州城西科创大走廊、嘉兴科技城、浙南科技城等重大创新平台载体建设，一批创新能力突出、辐射带动力强的产城融合发展新基地加速形成，新建集成电路产业基地 6 个、新兴产业培育基地 2 个，推动芯火平台、射频产业联盟、虚拟现实产业联盟、智能硬件产业联盟等一批公共服务平台建设。杭州高新（滨江）区围绕自主创新、中国智造和网络安全，打造了网络信息技术产业的完整产业链，信息软件、电子商务、物联网、数字安防、文化创意产业全国领先，2017 年，全区信息技术产业实现收入 2489.6 亿元，同比增长 26.7%，其中电子商务、云计算及大数据、物联网等新兴产业分别增长 30.3%、29.4%和 25.7%，全区拥有上市企业 40 家、"新三板"挂牌企业 103 家，在全国 147 个国家级高新区（含苏州工业园）综合排名中位列第 3；嘉兴南湖区以谋划重大项目推进信息技术产业发展，打造互联网产业和科技创新平台，全年共推进重点项目 35 个，总投资 20.56 亿元，全区信息经济核心制造业实现工业产值 239.7 亿元，同比增长 32%，占全区规上业产值的 23.7%，总量位列嘉兴市 7 个县市区第二，增速位列第一。

（四）龙头企业、优势行业带动凸显

2017 年，全省电子信息制造业 30 强企业实现主营业务收入和利润总额 2691.2 亿元和 252.8 亿元，同比增长 18.8%和 13.2%，占全省规模以上电子信息制造业（3578 家）34%和 44.6%，销售利润率达到 9.4%，远高于全行业利润率 2.3 个百分点。软件 20 强企业实现软件业务收入 2480.9 亿元、利润总额 1223.2 亿元，同比增长 43.9%和 34.2%，占全省软件行业（1823 家）的 58.3%和 89.2%。2017 年超百亿元企业达 18 家（比 2016 年新增 3 家），其中超千亿元企业 1 家、超 200 亿元企业达 7 家；电子行业重点监测企业中收入超亿元的企业达 480 家（新增 30 家）、超 10 亿元的企业达 110 家；阿里巴巴、海康威视、杭州网易、新华三、大华股份 5 家企业实现利润 1189.4 亿元，同比增长 34.7%；形成了通信和计算机网络、软件和信息服务、通信电缆及光缆、电子信息机电和新型电子元器件及材料等 5 个超千亿元产业集群，分别完成主营业收入 1675.4 亿元、4252.2 亿元、1137.4 亿元、2438.1 亿元、1944.9 亿元；通信网络设备行业主营业务收入增长 30.5%，高出全行业平均水平 14.6 个百分点，对全行业生产增长贡献率达 36.5%，拉动收入增长 5.8%；软件产业增速在全国规模前十省市中居第二位，盈利水平保持全国领先，成为拉动全行业增长的主动力。

三、当前行业存在的主要问题

当前行业经济运行不确定性因素仍然较多，对一些制约瓶颈、关键重大问题要引起高度重视。

（一）效益增长缓慢

电子信息行业效益受光伏行业疲软、企业异常波动等因素影响呈现一定下滑态势，增速仍低于全省规上工业，同时区域发展不充分较为突出。2017 年，浙江省杭州、湖州、绍兴、台州 4 个地市总产值增长较快，高于全行业平均水平，分别增长 20.2%、26.2%、25.2%和 27.2%，衢州、舟山分别下降 1.0%和 6.3%，区域发展不平衡较为突出。

（二）新兴产业有待加快

近年来浙江省新一代通信网络、物联网、云计算及大数据、软件和信息技术服务及集成电路等新一代技术产业引领行业增长，但总量规模仍然偏小，对全行业增长的带动作用还不够。对新技术、新产业和新业态战略布局还有待加强，关键核心技术的攻关和研发还有待突破，尚未形成全国有影响力的大信息产业集聚中心。

四、2018 年行业发展趋势

2018 年，浙江省电子信息行业发展面临的国内外经济环境仍然复杂严峻，机遇与挑战并存，必须审时度势、科学谋划，精准施策、积极应对，确保电子信息产业保持稳步增长，继续引领全省经济高质量发展。

（一）从全球宏观环境看，经济周期性复苏迹象愈加明显

2017 年，全球经济开启了新一轮复苏，回升力度持续走强。国际货币基金组织认为，2017 年全球经济将延续 2016 年以来的高增长，2018 年全球经济增速上升至 3.7%。全球贸易增长势头趋好，WTO 认为 2018 年全球贸易增长将达到 3.2%；波罗的海干散货运价格指数自 2016 年 2 月触底以来，重回上升通道。2017 年 12 月全球 PMI 指数为 56.3%，连续 5 个月稳定在 55%以上较高水平，全球经济持续较快增长的态势短期内逆转的可能性较小。

（二）从国内经济形势看，2018 年步入稳中求进、高质量发展的新阶段

供给侧结构性改革的深入推进，消费升级和制造业转型升级将进一步打开产业发展空间。在稳健货币政策的持续作用下，我国经济运行的系统性风险将逐步消解，人民币汇率有望在双向波动中步入长期稳定轨道。区域协调发展战略使基本公共服务均等化和基础设施建设均衡化，将在不断提高人民生活水平中，进一步释放国内庞大的市场需求。总体而言，中国的发展还处在工业化和城镇化推进过程中，内需有空间，发展有韧性，创新有手段，中国经济长期看好的基本面不会改变。2018 年，在世界经济复苏明朗，全球贸易较快增长的良好外部环境下，中国经济将继续稳定向好。

（三）从行业发展趋势看，技术变革加快，为行业创造新的融合空间

基于移动互联网、云计算、大数据、人工智能、物联网的应用和创新日益活跃，催生出一系列新业态新模式。随着技术变革的不断加速，技术与模式创新加快，融合发展深化，也给浙江省电子信息行业带来了弯道超车的机遇。在市场优势的支撑下，浙江省在智能制造、新一代通信网络、云计算、大数据、人工智能、区块链等新兴领域已着手提前布局，部分领域的技术水平与应用实践已走在全国前列。随着国家及浙江省各地加快发展数字经济等文件的陆续出台、软件产业优惠政策的进一步落实、新形势下接续性政策措施的研究制定，产业政策红利将加速释放，对培育产业新的增长极，推进电子信息产业发展起到了积极的推动作用。

五、2018 年发展思路和工作重点

围绕大力实施数字经济“一号工程”，加快推进国家数字经济示范省建设，着力在推进体制创新、互联网创业创新、重大项目建设、新兴产业发展、优势企业培育等方面开拓创新，推进全省信息经济快速发展，力争 2018 年全省电子信息产业增长 12%左右，继续引领全省经济高质量发展。

2018 年重点做好以下几个方面的工作。

（一）抓工作顶层引导推进

制定《浙江省国家数字经济示范省建设方案》和《浙江数字经济五年倍增计划》，抓好部署落实，明确工作任务。

（二）抓平台载体谋划

全面推进国家数字经济示范省及 8 个试点城市、乌镇互联网创新发展试验区建设。积极推进数字经济重大项目建设、创新成果产业化和企业的集聚发展，积极推进集成电路等新兴产业基地和创新服务平台的建设，加快形成一批产业优势明显、龙头企业主导、产业配套完善、创新能力突出、辐射带动作用强的千亿级产业集群。

(三)抓创新支撑

支持行业骨干企业创建省级重点企业研究院,组织开展专用集成电路、智能网联汽车、智能硬件、虚拟现实及人工智能等领域的技术创新综合试点,着力突破关键核心技术,强化技术创新、产品开发和市场开拓,规模以上企业科技经费投入占销售收入的比例3.2%左右、新产品产值率50%以上。积极突破一批支撑传统产业智能化改造及"两化"深度融合的关键技术,积极运用信息技术改造提升传统产业,大力提高装备产业数字化、网络化、智能化水平,增强产品创新能力,提高产品附加值和综合竞争力。

(四)抓重大项目建设

建立重大项目联系制度,着力推进集成电路、物联网、5G车联网、云计算大数据、智慧健康养老产业等重大项目建设。围绕发展信息技术的重点领域,推动建设一批行业公共服务平台,推动杭州镓谷、芯火平台、智能硬件及虚拟现实产业联盟等一批公共服务平台建设,继续抓好5G车联网应用示范、智慧健康养老应用基地、窄带物联网应用示范和射频集成电路基地建设,助力相关新兴产业的创新发展。

(五)抓企业培育创优

大力培育行业优势企业,力争全国行业百强企业数量继续保持全国前列,超百亿、十亿元企业进一步增长,超百亿元企业18家左右,超10亿元企业达140家,积极培育在细分领域占据领先地位的"专、精、特、新"优势企业(即行业小巨人和隐形冠军),促进其快速成长。加强区域产业协作配套能力和分工体系建设,完善地区配套,提升产业规模和整体实力,积极培育行业超千亿元产业集群。

(六)抓交流合作

积极举办全省数字经济发展论坛、云计算大数据发展峰会、人工智能技术发展论坛等,组织参加第六届中国电子信息博览会等,加强与国内兄弟省市及美国、欧盟等国家政府、行业组织沟通与联络,学习借鉴发达地区先进经验,寻求与国内外区域和知名企业合作,积极鼓励和支持浙江省信息技术企业积极拓展国际、国内市场。落实浙江省与阿里巴巴、新华三、华为、腾讯、中电科技、四大运营商等知名企业的战略合作,着力推进一批重大项目合作建设,搭建好大企业"双创"平台,吸引并聚焦基于互联网的各类创新创业资源要素,推进信息经济的创新发展。

(七)抓监测评价

不断完善统计指标体系,健全统计工作机制,开展数字经济及信息产业动态监测,定期发布行业运行监测分析报告。继续开展全省数字经济综合评价和分类排序,发布《2018浙江省数字经济发展研究报告》。

(八)抓行业服务

抓好行业发展各类政策的贯彻落实,加强对企业的精准服务,认真做好光伏制造及锂电池等行业规范公告、集成电路优惠政策落实、智能硬件及虚拟现实等新兴产业培育和行业品牌质量标准等相关工作。

2017年浙江省墙体材料产业发展报告

浙江省发展新型墙体材料办公室

2017年,浙江省墙体材料产业认真贯彻落实《浙江省发展新型墙体材料条例》(以下简称《条例》)和《浙江省新型墙体材料"十三五"发展规划》,围绕全省经济中心工作、重点工作,充分发挥新墙材行业在循环经济中重点节点产业的功能,加快去产能,加速改造提升,持续推进城市城区"禁黏"、农村推广使用新型墙体材料、淘汰落后产能、废弃物资源化利用等重点工作,确保各项目标任务顺利完成,全省墙体材料产业稳中向好。

一、墙体材料产业经济运行基本情况

2017年,全省共生产新墙材286.6亿块标砖,新墙材生产比例85%,使用比例84%,与2016年基本持平。生产能耗下降1%;培育省级龙头企业19家,农村新墙材应用示范项目11个;关停淘汰197座落后烧结砖瓦窑,去产能66.85亿块标砖。全年因生产应用新墙材,综合利用各种废弃物约2350万吨,节能约15万吨标煤,减少二氧化碳废气排放约37.5万吨,二氧化硫废气排放约0.13万吨。

二、墙体材料产业经济运行主要特点和趋势

(一)去产能效果明显

2017年,全省共关停淘汰197座落后烧结砖瓦窑,去产能66.85亿块标砖。全省黏土砖产量20.6亿块标砖,同比下降了38%。截至12月底,在产新墙材企业共879家,较2016年同期925家减少了4.97%。其中,年产值超过1亿元的企业共5家,0.5亿~1亿元企业的共17家。新墙材行业总体产能566亿,较2016年同期590亿下降了3.9%。

(二)产业持续向好发展

2017年,全省新墙材行业实现总产值约100.3亿元,较2016年87.7亿元提高了14.42%,首次突破100亿元大关;全年销售277.2亿块标砖,同比提高7.39%。其中蒸压加气类全年总产量90.2亿块标砖(1318万立方米),同比提高7.95%;人均产值57.6万,较2016年上升了36.6%;产品平均单价243元/立方,较2016年上涨了15.5%。混凝土制品类全年总产量65.8亿块标砖,与2016年基本持平;人均产值33.9万,较2016年上升了15%;产品平均单价0.32元/块标砖,较2016年上涨了3.6%。板材类全年总产量28.1亿块标砖,同比提高了4.62%;人均产值58.5万,较2016年上升了20.8%;产品平均单价23.8元/平方,较2016年上涨了19.44%。非黏土烧结类(经认定)全年总产量96.1亿块标砖,同比提高了3.66%;人均产值37.9万,较2016年上升了35%;产品平均单价0.33元/块标砖,较2016年上涨了5.8%。

(三)生产效率普遍提高

2017年,通过装备提升和技术改造,四大类产品生产效率均有不同程度提高。其中蒸压加气类平均产能

13446 万块标转,同比上升 1%;行业从业人员共计 5553 人,较 2016 年下降了 9.1%;人均产量 162.5 万块标砖,较 2016 年上升了 18.8%。混凝土制品类平均产能 4264 万块标转,同比上升 1.1%;行业人员共计 6096 人,较 2016 年下降了 10%;人均产量 107.9 万块标砖,较 2016 年上升了 11.2%。板材类平均产能 8967 万块标转,同比上升 5.7%;行业人员共计 2291 人,较 2016 年上升 3.3%;人均产量 122.8 万块标砖,较 2016 年上升了 1.2%。非黏土烧结类(经认定)平均产能 7279 万块标砖,与 2016 年基本持平;行业人员共计 8253 人,较 2016 年下降 19.1%;人均产量 116.4 万块标砖,较 2016 年上升了 28%。

(四)传统企业加快改造

2017 年,烧结砖企业有 70%实现"机器换人",部分还在进行自动化和智能化升级。其中经认定非黏土烧结类至年底,在产企业 193 家,较 2016 年 199 家减少 6 家,全年总产量 96.1 亿块标砖,同比提高了 3.66%,产量 1 亿块标砖以上 10 家。各地学习借鉴桐庐县混凝土砖企业整合改造的经验,结合当地的实际情况加快推进行业改造提升,至年底在产混凝土砖企业 501 家,较 2016 年 532 家减少 31 家。在传统企业数量减少的情况下,产能和产量等指标不降反升,体现了改造提升的成效。

(五)建筑部品化产业取得新进展

2017 年,浙江省已投入生产的具有一定规模的建筑部品化构件生产企业共有 3 家,其中,远大住工(杭州)有限公司年产量达到 8.2 万立方,浙江中天建筑产业化有限公司产量 2 万立方,绍兴宝业集团产量为 7186 立方,以上企业合计实现产值约 3 亿元。其余企业如中民筑友、余杭华临等,2018 年正式投产。

(六)淤泥资源化利用成效初显

2017 年 5 月,省经信委批复同意将湖州市列为全省淤泥新墙材资源化利用试点市,将湖州荣润建材有限公司和宁波振和新型墙体材料有限公司列为省级新墙材淤泥资源化利用试点企业。截至 2017 年,项目已基本完成,正在总结经验以形成可复制可推广的成果。据统计,两家试点企业年利用河道淤泥 42.4 万吨,不仅弥补了原料紧张短缺的问题,还解决了当地清淤带来的淤泥堆积处理难的问题,取得了可供借鉴的经验做法,走在了全国的前列,成效明显。

(七)建筑垃圾资源化利用能力不断提升

2017 年,全省新墙材企业处理建筑废弃物能力达到 1500 万吨以上,为浙江省"拆违"工作提供了有力保障。在此基础上继续深化,在全国率先推动装修垃圾的资源化利用,解决了装修垃圾的处理利用难题。桐乡市同德墙体建材有限公司年处理建筑垃圾 15 万吨、装修垃圾 10 万吨,能够完全处理桐乡市城乡建设的装修垃圾。同时着力推动再生产品应用示范,产品在包括 G20 场馆、一些高档小区都得到很好的应用。杭州富丽华建材和桐乡同德墙体建材列入了工信部和住建部符合行业规范条件准入企业(首批)。

(八)农村推新工作不断深化

根据浙经信资源〔2016〕125 号文件精神,2016 年,通过 13 个省级农村自建房新墙材示范项目的推进,一些乡镇实现了农民自建房 100%使用新墙材的新局面。2017 年继续培育 11 个省级农村自建房新墙材应用示范项目,涉及农户 1529 户,总建筑面积 46.64 公顷。发挥省级财政资金的杠杆作用,下达省级发展新型墙体材料专项转移支付资金 2000 万元,主要用于扶持省级新墙材龙头企业和农村自建房应用示范项目。在宣传月活动中也深耕农村精心策划,提高了农村地区对新型墙体材料的认知程度。

(九)政策助力企业发展

积极响应省委、省政府提出了"最多跑一次"的改革要求,在全省墙改系统推进并实现了新墙材产品认定工作网上办理全覆盖,得到上级部门的肯定。为更好地提升服务水平和工作效率,省新墙办还组织了墙办系统业务培训,重点对“最多跑一次”相关政策要求进行了解读与宣讲,对新墙材产品认定上网软件操作进行培训,促进各地交流经验做法。截至 2017 年 12 月底,省本级已经在网上办结新墙材认定 85 件,满意度为 100%。全省坚决贯彻落实国家取消墙改基金的政策要求,积极做好停止征收墙改基金的各项工作。省新墙办召开专题会议安排部署加快墙改基金的清理返退,督促各地按时做好历年预缴墙改基金的清算。为加强服务意识,省办还专门成立清理小组,重点对 2009 年底前的 428 个项目进行清退,通过《杭州日报》公告、邮政发函、电话催办等方式,催促项目单位在规定期限内前来办理清退结算手续,完成 2009 年底前全部预缴墙改基金(本级)清理返退工作。

(十)加强监管维护市场秩序

推广区域执法合作机制。在 2016 年建立“3+1”区域间协作工作机制的基础上,杭州、湖州、绍兴和嘉兴等地也积极沟通建立信息共享机制,统一执法标准和要求,从生产和应用两方面着手,严格落实《关于加强全省墙改行政执法工作的通知》,严格监督本地企业按标准生产,严格管理本地规范使用新墙材。2017 年,全省开展了各类行政执法 6693 余人次,共抽查了黏土砖生产企业 364 家,在建工程项目 3083 个,对违规生产和使用实心黏土砖的企业和建设项目,下达《责令整改通知书》119 份,并依法对 12 家企业进行了行政处罚,对 2 个项目进行了立案处理,共计罚款 59.03 万元。

(十一)加强课题研究与标准制订

开展《浙江省新型墙体材料行业构建诚信体系研究》,摸清了浙江省墙材行业诚信建设现状,找到了浙江省墙材行业诚信建设的短板和存在问题,针对当前浙江省墙材行业面临的形势与要求提出了建立行业诚信体系的总体框架和可行性方案。开展《绿色墙材生产企业评价指标体系研究》,通过对墙体材料生产企业的调研,为引领行业向绿色制造,智能制造方向发展,对产品生产全过程中能源与资源消耗、产品性能、环境、安全、企业管理、工艺技术等多方面进行评价,建立评价指标体系。开展建筑垃圾和装饰装修垃圾资源化利用课题深化研究,编制并出台了《建筑垃圾资源化利用应用技术导则》和组织修编“蒸压加气混凝土应用技术规程”。编制烧结墙材节能指标软件并列入了建筑节能设计计算和审查的 PKPM 软件库。

三、墙体材料产业发展面临的挑战与存在的问题

当前,国际形势依然错综复杂,世界经济正在缓慢复苏,但进程曲折,存在许多不确定因素,挑战与机遇并存。中国特色社会主义进入了新时代,我国经济发展也进入了新时代。浙江省经济工作的总基调仍然是稳中求进,坚持新发展理念,按照高质量发展的要求,以供给侧结构性改革为主线,推动质量变革、效率变革、动力变革,全面抓好改革开放、增长转型、改善民生、整治环境、防范风险各项工作,促进经济持续健康发展和社会和谐稳定,为“两个高水平”建设奠定坚实基础。

针对这些要求,我们应该看到墙材行业面临的诸多挑战。一是离高质量发展的要求还有不小距离。墙体材料工业的总体技术水平、装备水平还不高。企业规模偏小,总体还是劳动密集型产业,产品水平和质量要求还不能满足现代化市场需求。二是离绿色化发展还有较大差距。企业在节能、排放方面还有不少问题,尤其是还存在相当数量的轮窑生产工艺,这对于环保、节能、节材等方面都是一个大问题。面对环保要求日趋提高,相当部分的墙材企业能否适应这种趋势,就需要不断提高工艺技术水平。三是离行业管理要求还有一定差距。队伍建设的水平还不高,能力不足的问题还不同程度的存在,制约了行业的高质量发展,需要进一步提升能力,加强学习和改进作风。

四、推进墙体材料产业发展思路与政策措施

2018 年,墙体材料产业将坚持以“十三五”发展规划为引领,以“两禁止、一淘汰、三提升”为工作主线,加强墙体材料产业改造提升,加快培育新动能产业,着力开展农村推新和各类固体废弃物资源化利用,推进新型墙体材料绿色发展。全省新墙材生产比例达到 85%,使用比例 85%;新墙材生产能耗下降 1%;关停黏土砖瓦窑 50 座;培育若干个省级绿色制造示范企业,培育省级农村新墙材应用示范项目 10 个以上;培育新动能产业,争取有 5 家以上符合国家新材料目录的新墙材企业。主要做好以下 6 个方面的工作:

(一)推进墙材产业优化升级

按照传统产业改造提升的要求,一是提升行业发展质量。制定浙江省新墙材行业改造提升实施意见,研究建立投资准入负面清单制度,进一步明确行业发展质量要求,提高准入门槛,通过广泛推广应用自动化新技术、新工艺、新装备,推进“两化融合”,加速行业“机器换人”,引导企业从原料制备、产品制造、包装入库到运输,实现全过程自动化生产、信息化控制。二是培新扶强,促进新动能转换。大力支持企业整合兼并重组,逐步提高生产集中度,优化生产要素和资源要素配置,着力引入外来资本进入新型墙体材料行业,培育新动能产业(战略性新兴产业),争取有 5 家以上符合国家新材料目录的新墙材企业。三是推进产品结构调整。围绕绿色建筑、装配式建筑和海绵城市等建设所需,激发企业创新活力,加强与有关大专院校和科研院所技术合作,开发满足建筑市场的新产品。重点引导有条件的企业(蒸压混凝土制品生产企业),通过技术改造增强产品的精准度,提高板材产品的比例。四是加大淘汰落后工作力度。全面落实“十三五”发展规划提出在 2020 年前淘汰全部轮窑生产工艺的要求,制定全省《2018~2020 年淘汰烧结轮窑企业计划》,积极推进混凝土砖行业整治提升工作,淘汰“散乱污”的混凝土砖企业(作坊)。开展城市城区“禁实禁粘”回头看专项查,巩固发展新型墙体材料的成果。

(二)推进新型墙材绿色转型

一是引导和开展行业内绿色企业创建。根据国家《绿色产品评价标准》和浙江省即将推出的绿色新墙材制造企业评价标准和办法,推动绿色新墙材企业和产品创建工作,引导新墙材企业向绿色转型。二是深化固体废弃物资源化利用工作。总结淤污泥和建筑废弃物资源化利用试点示范经验,出台浙江省新墙材行业固体废弃物资源化利用指导意见,提高新墙材行业协同处置淤污泥、建筑垃圾等废弃物的能力和效率,减少对天然资源的消耗,将新墙材行业逐步向无害化资源化消纳固体废弃物,构建循环经济产业链的绿色功能产业转型,发展绿色建筑、装配式建筑和海绵城市等建设所需新产品。

(三)推进质量安全提升

提升新墙材生产智能化和本质安全水平,逐步建立个性化定制的产品配送系统,供给结构进一步优化,品种质量全面适应建筑工业化和城乡建筑及基础设施发展的新要求。一是牢固树立质量第一的强烈意识。坚持优质发展、以质取胜,督促企业落实质量主体责任,完善质量管理体系和管理制度,严格执行生产工艺规范和产品质量标准,深入推行企业检验室建设,切实提高质量和产品合格率。二是探索建立可追溯的产品质量管理制度。支持企业发布质量自我声明承诺,发挥诚信示范引领作用。

(四)推进农村新墙材应用

结合美丽乡村建设、绿色农房建造、特色小(城)镇建设、农民住宅防灾减灾节能改造等工程,发展美丽乡村、传统建筑、园林园艺等建设所需新产品,继续抓好农村自建房使用新墙材示范项目的推进工作,逐步建立健全农村建筑市场新型墙材推广应用合力机制;引导开展新墙材下乡服务,2018 年,继续培育省级农村自建

房新型墙材应用示范项目10个以上。

(五)推进节能减排治污综合整治

严格执行《砖瓦工业大气污染物排放标准》及新型墙材单位产品综合能耗限额标准,重点推广应用窑炉烟气脱硫、脱硝、除尘等综合治理技术和装备。开展原燃料密闭或防风、抑尘、降尘等清洁生产技术改造,严格控制并强化治理原燃料破碎、干燥焙烧、制备成型等工段无组织排放烟(粉)尘。全面推行清洁生产,开展清洁生产审核,从源头减少污染排放,培育若干省级绿色制造示范企业。

(六)推进宣传执法工作

结合浙江省经济工作中心和墙改工作重点,借助各种传统和新兴媒体大力传播以"用新型墙材,享绿色生活"为主题的墙改正能量,为发展新墙材工作营造良好氛围。根据最新修改的《条例》,联合省财政厅制定原有墙改基金预缴款的清理返退制度,规范返退程序,加快清理返退进度。继续推动部门协调和区域协作,形成联合执法和统一执法的良好局面,着力打击黏土实心砖的生产和使用。逐步建立和推行诚信体系建设,研究建立红黑名单制度,强化社会监督。

2017年浙江省软件和信息服务业发展报告

浙江省经信委软件和信息服务业处

一、运行基本情况

2017年,浙江省软件和信息技术服务业继续保持稳健增长态势,全年实现软件业务收入4340.4亿元,同比增长20.6%,实现利税2014.3亿元,同比增长32.6%;其中利润总额1665.5亿元,同比增长43.1%,销售利润率为38.4%。盈利能力继续保持全国领先,完成软件出口34.4亿美元。除软件出口量外,主要指标均快于全国平均水平,增速在全国前十省市中位居前列,规模、结构、效益等保持协调发展,产业综合竞争力不断增强,经济效益居全国前列,为浙江省培育发展新动能提供重要支撑。

二、主要特点

(一)产业规模平稳增长

2017年,浙江省软件和信息技术服务业运行情况良好,实现软件业务收入4340.4亿元,同比增长20.6%,增速较2016年上升2.1个百分点,产业规模全国排名第五,增速在全国规模前十省市中位居前列,综合竞争实力明显提升。从软件业务类型来看,软件产品收入、信息技术服务收入分别实现1216.3亿元、2862.0亿元,同比增长11.9%、30.7%;因部分企业内部业务调整,嵌入式系统软件收入实现262.1亿元,同比下滑19.1%。杭州市作为全省软件产业主要集聚区,2017年,软件产业规模为3618.5亿元,同比增长20.8%,占全省产业规模比重达83.4%。

(二)信息技术服务引领增长

随着信息技术与各行业领域的渗透融合,电子商务、智慧物流、智慧健康、数字内容等新业态、新模式蓬勃发展,催生了分享经济、平台经济等新经济形态,促进了软件和信息技术服务的快速增长。2017年,浙江省实现信息技术服务收入2862.0亿元,同比增长30.7%,高出全行业增速10.1个百分点,软件服务收入占比继续提升,达65.9%,对全省软件业务收入的贡献率达到90.9%,拉动全行业增长18.7个百分点。信息服务和应用创新活跃,互联网服务增势迅猛,软件信息技术服务的强劲增长,进一步激发信息消费的需求和活力,带动全省信息消费规模快速扩大,成为经济发展新动能。

(三)效益质量协同发展

企业效益、发展质量和收入规模协同发展,盈利水平和带动性持续提升,2017年,浙江省软件产业实现利税2014.3亿元,同比增长32.6%;其中利润总额1665.5亿元,同比增长43.1%,销售利润率为38.4%,盈利能力继续保持全国领先。龙头企业效益良好,支撑浙江省软件产业整体盈利水平,主要是以阿里巴巴集团、网易为代表的互联网企业和以海康威视、大华股份为代表的安防企业对行业贡献突出,拉动全行业盈利水平。

(四)产业结构呈现多元化

从产业结构看,除了嘉兴、绍兴、台州,其余地市均以信息技术服务收入为主,排名靠前的杭州、宁波、金华的信息技术服务收入占比分别达 63.3%、51.4%、58.0%;嘉兴、台州以嵌入式系统软件收入为主,占比分别达 42.5%、92.7%,其中台州的信息技术服务收入占比仅为 0.4%,台州软件产业仍以传统软件为主,新一代信息技术在传统产业转型升级中发挥的作用尚未取得明显成效,产业结构有待进一步调整优化。绍兴产业结构以软件产品收入为主,占比达 48.4%。以云计算、大数据、电子商务平台服务等为主的信息技术服务已然成为软件产业发展的重点方向,软件产业服务化转型取得较好进展。

(五)软件出口略有下滑

2017 年,浙江省共完成软件出口 34.4 亿美元,同比下滑 1.9%,为近年来首次下滑。受国内消费市场的不断扩张与全球经济下行压力的双重影响,浙江省部分企业在保持整体收入快速增长的同时,出口额出现了明显下滑,这也反映出浙江省软件企业的国际化水平仍有较大提升空间。

(六)龙头企业成为引领增长的主动力

2017 年,浙江省软件 20 强企业实现软件业务收入 2236.9 亿元,同比增长 19.3%,实现利润总额 1294.2 亿元,同比增长 34.1%。20 强企业软件业务收入和利润总额占全省软件行业(1669 家)的 51.5%和 77.7%,即 1.2%的企业贡献了 51.5%的软件业务收入,创造了 77.7%的利润,龙头企业的带动作用十分明显。电子商务、通信网络、云计算、大数据、数字安防等产业发展迅速,阿里巴巴集团、网易、华三、海康威视、大华等骨干企业发展良好,对行业增长贡献依然突出。

(七)特色领域发展优势突出

根据软件和信息技术服务业企业开展业务情况分类看,浙江省重点软件企业主要应用或服务领域集中在通信、安全、金融、电子商务、工业控制、娱乐、医疗等。以阿里云为代表的云计算领域,以海康威视、大华为代表的安防领域,以阿里巴巴集团为代表的电子商务领域,以信雅达、恒生为代表的互联网金融领域,以网易为代表的游戏娱乐产业发展势头良好,软件业务收入大都有不同程度的增长。部分通信和工业控制领域企业软件业务略有下降。云计算、大数据、互联网、人工智能等新技术的不断发展和融合,倒逼传统软件企业加快转型升级步伐,以适应新一轮的产业变革。

(八)产业集聚不断加强

从浙江省 11 个地市产业数据来看,除丽水、台州、衢州、舟山外,产业收入都达到十亿元以上。杭州作为全省软件产业主要集聚区,软件产业规模为 3618.5 亿元,同比增长 20.8%,占全省产业规模比重达 83.4%。排名第二的是宁波,实现软件业务收入 540.6 亿元,同比增长 16.2%,占全省产业规模比重达 12.5%。金华、嘉兴位列第三、第四,分别实现软件业务收入 60.3 亿元、45.9 亿元,同比增长 14.7%、34.0%。温州产业规模达 29.2 亿元,同比增长 82.4%,排名第五。绍兴、湖州产业规模相近,均在十亿元以上梯队,分别实现软件业务收入 13.3 亿元、12.6 亿元,同比增长 48.3%、146.2%。与产业分布相同,全省软件产业从业人员主要集中在杭州,占全省 72.9%,其次宁波占 10.4%。11 个地市从业人员均有不同程度增长。从平均工资来看,杭州最高,1~12 月平均工资达 24.4 万元,较 2016 年同期增长 31.5%。其余地市 1~12 月平均工资基本均在 10 万元以下。

三、发展存在的问题和面临挑战

(一)关键领域的核心技术有待突破

集成电路、基础软件等关键技术与核心产品仍然欠缺,基础研究与源头创新能力较为薄弱。工业控制领域的高端软件依然依靠进口,省内企业自主研发的工业软件主要服务于自用,行业共享有待提高。

(二)软件产业布局尚待完善

区域发展不平衡和企业发展两极分化的现象依然存在。地市产业规模差距较大,杭州、宁波两市占据浙江省软件产业规模的95.8%,衢州、舟山等地产业基础薄弱,对经济整体的发展带来一定影响。重点软件企业盈利能力总体向好,20家重点企业利润总额占全省总量的77.7%,而部分中小软件企业受制于研发能力不足、人才缺乏等瓶颈处于亏损经营状态。

(三)人才建设亟待加强

人才结构矛盾突出,高层次、跨界复合型、领军型人才依然缺乏。而对于中小地市,人才难引难留的问题尤为突出,人才往杭州、宁波大城市集聚的现象明显,小城市生活成本低的优势在招引人才过程中无法体现,不少企业用工难,留人难已成为首要问题。

四、今后的发展思路与对策

2018年是全面贯彻党的十九大精神和浙江省第十四次党代会决策部署的开局之年,是推动高质量发展的起步之年,是改革开放四十周年,也是实施"十三五"规划承上启下的关键一年。浙江省软件和信息技术服务业将围绕培育发展软件和信息服务业成为引领性万亿产业的远景目标,贯彻落实《浙江省人民政府办公厅关于进一步加快软件和信息服务业发展的实施意见》(以下简称《实施意见》),以创新和融合发展为主线,聚焦软件能力提升,着力突破核心技术,加强应用技术研究,积极培育新业态新模式,优化全省产业布局,持续深化融合应用,充分发挥软件产业在全省数字经济发展中的赋值、赋能、赋智作用,促进新兴产业培育和传统产业转型升级,推进数字经济发展。

2018年浙江省软件产业发展预期目标是:软件和信息技术服务收入突破5000亿元,同比增长18%,软件产业发展综合指数、创新指数和经济效益继续走在全国前列。

(一)加强产业工作指导

把发展软件和信息服务业作为浙江省推进经济高质量发展、实施数字经济"一号工程"的重要抓手,全面贯彻落实《实施意见》,统筹建立协同工作机制,细化分解目标任务,组织开展全省政策宣传贯彻巡讲,指导各地市制定相关配套措施。

(二)建设杭州国际级软件名城

落实部省市三方《协同开展杭州国际级软件名城创建工作合作协议》,制定软件名城创建实施方案,建立部省市协作工作机制,加快杭州软件国际化进程,加大软件"名企、名品、名人、名园、名展"(五名)工程建设力度,聚焦电子商务、移动支付、云计算、数字安防等领域,培育一批具有国际影响力的软件和信息服务企业。

(三)实施软件企业研发能力提升行动

依托龙头软件企业和互联网企业,构建灵活、开放、协同的软件开发云和产业创新体系,面向中小微软件企业提供开发工具、开发环境和测试工具等软件开发云服务。加强产业联盟建设,强化产业链上下游的协同创新攻关和成果推广。发挥开源社区对创新的支撑作用,构建有利于创新的开放式、协作式、国际化开源生态。支持企业开展软件成熟度模型集成(CMMI)和信息技术服务标准等认证,提高研发能力与水平。

(四)加快核心技术攻关和产品研发

瞄准产业发展制高点,支持基础软件技术和产品研发。加快工业互联网、人工智能、云计算、大数据、虚拟现实、区块链等前沿领域技术研究和产品创新。推动嵌入式软件开发平台、嵌入式操作系统和嵌入式应用软件发展,开发一批软硬件融合的智能产品、一批面向经济社会各领域的智能解决方案。鼓励企业申请发明专利或商标、软件著作权。

(五)实施工业技术软件化行动

围绕中国制造2025、“互联网+”先进制造,实施工业技术软件化行动。加快工业操作系统、工业实时数据库和工业PaaS的开发与应用。加快软件对传统产业的植入,大力推进嵌入式软件应用,助力传统产业改造提升。充分发挥工业企业的主体作用,利用软件技术将大量工业技术原理、行业知识、基础工艺、模型工具等规则化、软件化、模块化,封装为可重复使用的组件,为行业提供共享服务。基于工业知识和数字化模型开发一批工业APP。加速工业软件在时尚产业柔性化生产个性化定制的推广应用。

(六)推动信息技术服务创新发展

顺应软件产品“服务化”的软件技术发展趋势,鼓励基于互联网的平台型产业和分享经济的发展,加快培育新业态和新模式,形成信息消费新热点。支持建立面向个人在线购物、移动支付、社交网络、数字内容、信息存储、学习娱乐、广电影视等的云服务平台。发展大数据、智能应用、虚拟现实、移动APP等新型在线运营服务。培育面向企业数字化营销、资源分享、物流网络等领域的技术服务平台和解决方案。发展基于新一代信息技术的高端外包服务。

(七)加强招商引资和对外交流

指导各地制定软件和信息服务龙头企业培育和招商引资政策,培育一批国际影响力大、竞争力强、带动性大的龙头骨干企业和品牌企业,引进一批技术先进、商业模式成熟、市场前景广阔的企业,打造一批专业化程度高、创新能力突出、发展潜力大的细分领域优势企业。高水平谋划第五届世界互联网大会,办好互联网之光博览会、“双创热土”项目对接活动和新产品新技术发布活动,吸引更多国内外优秀项目、企业、团队、资本在浙江省落地。

(八)完善统计监测体系

根据2018年省政府绩效考核目标,制定各市软件和信息服务业考核目标,强化工作督查。发布年度浙江省软件和信息服务业发展统计公报,开展软件和信息技术服务业综合发展指数研究。规范统计监测工作,进一步完善软件和信息服务业统计分类指标体系。

第三部分　专题篇

2017 年浙江省传统制造业改造提升工作情况

浙江省经信委产业发展协调处

2017 年，浙江省上下认真贯彻落实全省传统制造业改造提升工作推进大会精神和《浙江省人民政府关于印发浙江省全面改造提升传统制造业行动计划(2017~2020 年)的通知》(浙政发〔2017〕23 号，以下简称《通知》)，创新思路，完善举措，重抓落实，深入打好工业和信息化发展组合拳，全力推进传统制造业改造提升工作，取得积极成效。

一、全省总体情况

(一)稳中向好质效齐升

增长速度企稳，2017 年 10 个重点传统制造业规上工业增加值同比增长 4.5%，比 2016 年提高 1.4 个百分点，扭转了 2016 年逐季下行态势；工业技改投资增速转负为正，同比增长 2.5%，增速分别比一季度、半年度提高 2.8 个、4.9 个百分点，也高于规上工业 0.8 个百分点。质量效益提升，10 个重点传统制造业规上工业企业主营业务收入利税率同比提高 0.4 个百分点；利润总额同比增长 23.2%，同比提高 7.8 个百分点，高于规上工业 6.6 个百分点，对全省规上工业利润增长的贡献率达 51.5%。创新动力增强，10 个重点传统制造业科技活动经费支出、新产品产值同比分别增长 18.8%、19.5%，新产品产值率 30.3%，比 2016 年提高 0.8 个百分点。重点传统制造业改造提升，特别是深化"腾笼换鸟"，有力推动新产业新业态新模式加快发展和产业结构优化升级，具体如表 1 所示。

表 1　2017 年度 10 个重点传统制造业与全省规上工业主要指标情况对比

指　　标	全省规上工业	10 个重点传统制造业
工业总产值增速(%)	14.5	14.5
工业增加值增速(%)	8.3	4.5
出口交货值增速(%)	9.4	6.2
工业技改投资增速(%)	1.7	2.5
劳动生产率(万元/人·年)	21.6	20.4
利润总额增速(%)	16.6	23.2
利润率(%)	6.8	6.2
利税总额增速(%)	16.6	19.3
利税率(%)	11.2	10.1

续表

指　　标	全省规上工业	10个重点传统制造业
科技活动经费支出总额增速(%)	22.3	18.8
科技活动经费支出总额与主营业务收入的比例(%)	1.8	1.2
新产品产值增速(%)	19.7	19.5
新产品产值率(%)	35.4	30.3
企业亏损面(%)	13.9	14.2

(二)重点任务加快推进

按照省委、省政府有关决策部署和《通知》要求,各地、各有关部门加强协调联动,加大工作力度,积极推动重点任务落实落地,如表2所示。

表2　2017年度传统制造业改造提升重点任务有关目标进展情况

序号	分项指标		进展情况	备注
1	大力推进企业技术创新	省级产业创新服务综合体数量	11家	遴选确定绍兴柯桥现代纺织等6家创建类和宁波精细化工等5家培育类产业创新服务综合体
		新增省级及以上企业技术中心数量	61家	
		鉴定省级工业新产品(新技术)	1700余项	
		备案鉴定高新技术企业数量	1328家	
		新认定科技型中小企业数量	2687家	
2	实施“机器人+”行动计划	实施重点技术改造项目数量	1080个	
		新增工业机器人数量	5000多台	
3	加快“互联网+”“大数据+”应用	上云企业数量	6万多家	全省工业和信息化领域
		培育服务型制造示范试点企业数量	41家	
		培育个性化定制示范试点企业数量	90多家	
		制造业与互联网融合发展示范试点企业数量	150多家	
4	实施“标准化+”行动	培育“浙江制造”品牌企业数量	275家	
		制订“浙江制造”标准数量	190项	
5	培育优质企业	省市县“三名”试点企业数量	382家	
		培育“隐形冠军”数量	152家	其中省“隐形冠军”企业12家、“隐形冠军”培育企业140家
		已入库“专精特新”培育企业数量	3931家	
		培育“小升规”企业数量	1000多家	
		培育制造业单项冠军企业和单项冠军产品数量	28项	

续表

序号	分项指标		进展情况	备 注
6	推动企业上市和并购重组	新增上市公司数量	27 家	
		上市公司并购重组交易数量	84 单	
		上市公司并购重组交易金额	336 亿元	
7	拓展提升产业链	实施关联装备制造业重点项目数量	140 多个	全省工业和信息化领域
		认定首台套产品数量	98 项	全省工业和信息化领域
		智能制造试点示范数量	国家级智能制造专项项目 14 个、智能制造试点示范 11 个	全省工业和信息化领域
		入选国家级工业设计中心数量	5 家	
		省级特色工业设计基地设计服务收入增速	12.6%	全省工业和信息化领域
8	提升产业平台能级	制造业领域创建类省级特色小镇数量	54 个	全省工业和信息化领域
		新增小微企业园区数量	154 家	全省工业和信息化领域
		新改扩建标准厂房面积	1510 万平方米	全省工业和信息化领域
9	整治“低小散”“脏乱差”企业(作坊)	淘汰整治“低小散”“脏乱差”问题企业(作坊)数量	4.7 万家	全省工业和信息化领域
		淘汰落后产能涉及企业数量	2690 家	全省工业和信息化领域

(三)政策合力不断增强

省级各有关部门结合职责,加强精准施策,产业、科技、财政、土地、能源、环保等政策组合效应明显增强。全面推进“亩产效益”综合评价,优化资源要素配置。省级财政实施振兴实体经济(传统产业改造)专项激励政策,累计安排 20 多亿元资金用于传统产业优化升级;累计给予新认定首台套产品奖励资金、保险补贴近 6000 万元。人行杭州中心支行、浙江银监局着力提升银行业服务实体经济质效,对 1290 多家优质制造企业予以专项信贷支持,到 2017 年末全省制造业贷款余额 2.1 万亿元,占全部贷款余额的 23.1%,分别居全国第一、第二位。税务部门落实各项税收优惠政策,加大研发、上市等方面税收抵扣、减免,2017 年以来全省地税系统(不含宁波)企业研发开发费加计扣除金额 120 多亿元,在资源集约利用和环保等方面税收优惠 1 亿多元。教育、国土、商务、人社等部门结合职责,加强精准施策和要素保障,积极推动传统制造业转型升级发展。

二、各设区市传统制造业发展主要指标情况

(一)工业总产值

2017 年,全省 10 个重点传统制造业工业总产值同比增长 14.5%,衢州、宁波、湖州、嘉兴 4 个设区市增速高于全省平均水平,其中衢州市增速最快,为 23.4%,高出全省 8.9 个百分点,如表 3 所示。

表 3　11 个设区市 10 个重点传统制造业工业总产值增长情况

设区市	工业总产值增速(%)
衢州市	23.4
宁波市	19.8

续表

设区市	工业总产值增速(%)
湖州市	19.3
嘉兴市	17.4
台州市	14.5
绍兴市	12.1
舟山市	11.7
温州市	10.6
杭州市	9.5
丽水市	8.6
金华市	8.2
全　省	14.5

(二)工业增加值

2017 年,全省 10 个重点传统制造业规上工业增加值同比增长 4.5%,衢州、嘉兴、湖州、丽水、绍兴、宁波、舟山 7 个设区市增速高于全省平均水平,其中衢州市增速排名第一,为 8.6%,高出全省 4.1 个百分点,如表 4 所示。

表 4　11 个设区市 10 个重点传统制造业规上工业增加值情况

设区市	工业增加值(亿元)	工业增加值增速(%)
衢州市	189.8	8.6
嘉兴市	856.4	6.9
湖州市	384.2	6.4
丽水市	108.2	5.9
绍兴市	822.1	5.6
宁波市	1081.5	5.1
舟山市	63.2	4.7
温州市	399.6	4.5
金华市	337.4	4.3
台州市	211.9	3.5
杭州市	969.8	-0.2
全　省	5421	4.5

(三)出口交货值

2017 年,全省 10 个重点传统制造业出口交货值同比增长 6.2%,衢州、丽水、嘉兴、湖州、舟山、台州、绍兴、宁波 8 个设区市增速高于全省平均水平,其中衢州市增速最快,为 24.0%,高出全省 17.8 个百分点,如表 5 所示。

表5　11个设区市10个重点传统制造业出口交货值情况

设区市	出口交货值(亿元)	出口交货值增速(%)
衢州市	84.7	24.0
丽水市	21.9	12.6
嘉兴市	772.0	11.6
湖州市	216.1	10.1
舟山市	92.0	9.7
台州市	252.8	8.4
绍兴市	651.7	6.8
宁波市	776.8	6.4
温州市	329.6	2.0
杭州市	674.3	0.5
金华市	328.4	–0.7
全　省	4200	6.2

(四)技术改造投资

2017年,全省10个重点传统制造业技术改造投资额同比增长2.5%,舟山、台州、衢州、温州、嘉兴、绍兴、丽水7个设区市增速高于全省平均水平,其中舟山市增速最快,为37.8%,高出全省35.3个百分点,如表6所示。

表6　11个设区市10个重点传统制造业技术改造投资情况

设区市	技术改造投资额(亿元)	技术改造投资增速(%)
舟山市	71	37.8
台州市	203	13.1
衢州市	124	11.8
温州市	195	10.3
嘉兴市	474	9.1
绍兴市	575	5.7
丽水市	41	4.5
湖州市	203	1.6
杭州市	208	–6.4
金华市	174	–10.3
宁波市	234	–18.8
全　省	2501	2.5

（五）劳动生产率

2017 年，全省 10 个重点传统制造业劳动生产率 20.4 万元/人·年，同比增长 7.4%。其中，衢州、宁波、舟山、湖州、杭州、绍兴 6 个设区市劳动生产率高于全省平均水平，衢州、温州、丽水、金华、舟山、嘉兴、湖州、宁波、绍兴 9 个设区市劳动生产率增速快于全省，如表 7 所示。

表 7　11 个设区市 10 个重点传统制造业劳动生产率情况

设区市	劳动生产率(万元/人·年)	劳动生产率增速(%)
衢州市	28.7	12.3
温州市	13.4	11.3
丽水市	19.1	11.0
金华市	15.6	9.6
舟山市	25.4	9.1
嘉兴市	19.3	8.4
湖州市	24.6	8.1
宁波市	26.5	7.6
绍兴市	21.0	7.6
台州市	13.6	3.3
杭州市	22.1	2.6
全　省	20.4	7.4

（六）新产品产值

2017 年，全省 10 个重点传统制造业新产品产值同比增长 19.5%，新产品产值率 30.3%。其中，衢州、温州、湖州、绍兴 4 个设区市新产品产值增速快于全省，丽水、嘉兴、绍兴、湖州 4 个设区市新产品产值率高于全省平均水平，如表 8 所示。

表 8　11 个设区市 10 个重点传统制造业新产品产值情况

设区市	新产品产值增速(%)	新产品产值率(%)
衢州市	35.1	26.5
温州市	34.9	25.6
湖州市	28.0	32.6
绍兴市	25.6	39.8
嘉兴市	18.2	40.7
宁波市	17.8	21.4
台州市	15.3	28.5
丽水市	11.6	42.6

续表

设区市	新产品产值增速(%)	新产品产值率(%)
杭州市	10.5	25.4
金华市	8.3	30.3
舟山市	6.2	2.9
全 省	19.5	30.3

(七)科技活动经费支出

2017年,全省10个重点传统制造业科技活动经费支出同比增长18.8%,科技活动经费支出与主营业务收入之比1.20%。其中,湖州、温州、衢州、宁波、台州、嘉兴6个设区市增速高于全省平均水平,嘉兴、温州、金华、衢州4个设区市科技活动经费支出与主营业务收入之比高于全省,如表9所示。

表9　11个设区市10个重点传统制造业科技活动经费支出情况

设区市	科技活动经费支出增速(%)	科技活动经费支出与主营业务收入之比(%)
湖州市	42.5	1.20
温州市	31.1	1.63
衢州市	30.0	1.33
宁波市	23.0	0.84
台州市	20.6	1.13
嘉兴市	19.4	2.00
丽水市	17.0	0.88
绍兴市	16.8	1.00
杭州市	6.9	0.99
舟山市	6.6	0.39
金华市	2.4	1.39
全 省	18.8	1.20

(八)主营业务收入利润

2017年，全省10个重点传统制造业主营业务收入利润总额同比增长23.2%，主营业务收入利润率6.2%。其中,衢州、宁波、湖州、嘉兴4个设区市利润增速快于全省,衢州、宁波、湖州、嘉兴、台州5个设区市,利润率高于全省平均水平,如表10所示。

表10　11个设区市10个重点传统制造业主营业务收入利润情况

设区市	利润总额(亿元)	利润总额增速(%)	利润率(%)
衢州市	69.6	96.1	8.2

续表

设区市	利润总额(亿元)	利润总额增速(%)	利润率(%)
宁波市	487.1	39.5	7.9
湖州市	134.4	30.2	6.7
嘉兴市	289.8	27.0	6.3
台州市	65.7	9.8	6.3
绍兴市	287.2	16.4	6.0
丽水市	30.7	–3.8	5.7
杭州市	266.9	12.8	5.1
温州市	79.6	2.4	4.5
金华市	56.4	–2.2	3.9
舟山市	10.3	–34.4	2.4
全　省	1777.6	23.2	6.2

(九)主营业务收入利税率

2017 年,全省 10 个重点传统制造业主营业务收入利税率 10.1%,宁波、衢州、台州 3 个设区市高于全省平均水平,其中宁波市最高,为 14.1%,高出全省 4.0 个百分点,如表 11 所示。

表 11　11 个设区市 10 个重点传统制造业主营业务收入利税率情况

设区市	主营业务收入利税率(%)
宁波市	14.1
衢州市	11.5
台州市	10.3
湖州市	10.1
嘉兴市	9.8
绍兴市	8.9
杭州市	8.7
丽水市	8.5
温州市	8.0
金华市	7.2
舟山市	3.9
全　省	10.1

(十)资产负债率

2017 年,全省 10 个重点传统制造业资产负债率 55.3%,丽水、衢州、嘉兴、温州、湖州、台州、绍兴 7 个设区市低于全省平均水平,其中丽水市最低,为 42.0%,比全省低 13.3 个百分点,如表 12 所示。

表 12　11 个设区市 10 个重点传统制造业资产负债率情况

设区市	资产负债率(%)
舟山市	75.8
金华市	63.3
杭州市	57.9
宁波市	56.4
绍兴市	55.0
台州市	53.7
湖州市	53.2
温州市	52.7
嘉兴市	51.6
衢州市	50.4
丽水市	42.0
全　省	55.3

(十一)上市公司和兼并重组

2017 年,全省 10 个重点传统制造业领域新增上市公司 27 家,上市公司实施并购重组交易 84 单,涉及交易金额 336 亿元。其中,绍兴、嘉兴新增上市公司各 5 家,位居全省第一;金华、嘉兴、杭州上市公司并购重组交易数量分列全省第 1 位、第 2 位、第 3 位;绍兴、杭州、台州上市公司并购重组涉及交易金额分列全省第 1 位、第 2 位、第 3 位,如表 13 所示。

表 13　11 个设区市 10 个重点传统制造业上市公司和兼并重组情况

地　区	新增上市公司数量(家)	上市公司并购重组	
		交易数量(单)	涉及交易金额(亿元)
绍兴市	5	10	125.51
嘉兴市	5	16	24.08
宁波市	4	6	14.65
杭州市	3	14	53.00
台州市	3	6	42.78
金华市	2	21	34.54
湖州市	2	5	15.33

续表

地　区	新增上市公司数量(家)	上市公司并购重组	
		交易数量(单)	涉及交易金额(亿元)
温州市	1	2	1.02
衢州市	1	1	0.69
丽水市	1	3	24.64
舟山市	0	0	0.00
全　省	27	84	336.24

2017 年浙江省工业技术改造工作情况

浙江省经信委产业投资处

近年来,浙江省按照供给侧结构性改革要求,将推进工业技术改造作为促进高质量发展的重要手段和加快转型升级的重要途径,以提质增效为中心,积极优化工业投资结构,着力提高工业投资质量,工业技术改造总体保持了较快的增速,有力促进了浙江省转型发展,工业经济高质量发展取得积极成效。

一、2013~2017 年工业技术改造运行情况

2013 年浙江完成工业投资 7028 亿元,技术改造投资 4661 亿元,到 2017 年,工业投资达 9302 亿元,技术改造投资达 7021 亿元。有如下特点:一是工业投资和技术改造总体取得了较快的增长。2013~2017 年,浙江省工业投资年均增长 9.8%,技术改造投资年均增长 14.3%。二是工业投资和技术改造增速处于下行趋势。2013~2015 年,工业投资和技术改造都保持了两位数的增速,尤其是技术改造,增速甚至超过 20%,但 2016 年以后增速下了一个台阶,回落到个位数。三是技术改造在工业投资的主体地位越发凸显。2013~2017 年,技术改造增长快于工业投资,平均增速超过工业投资 4.5 个百分点,占工业投资的比重从 66.3%提升到 75.5%,提高了 9.5 个百分点,技术改造投资已超过工业投资的四分之三。四是民间投资是拉动工业投资和技术改造的主要力量。2013~2017 年,工业民间投资年均增长 10.4%,技术改造民间投资年均增长 15.5%,贡献了工业投资和技术改造增量的主要部分,如图 1 所示。

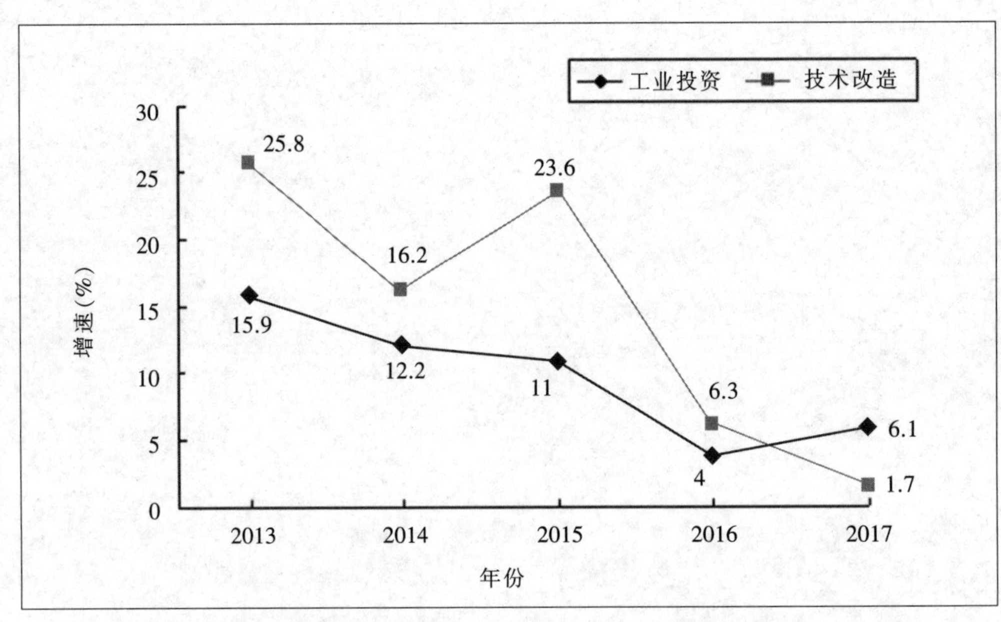

图 1 2013~2017 年浙江省工业投资与技术改造增速情况

预计2018~2020年，在工业投资促进高质量发展这一方向的引导下，浙江省工业投资和技术改造将延续近两年的增长态势，在稳定区间保持平稳运行。

二、浙江推进工业技术改造的主要举措

（一）强化工业投资引导

一是省政府出台《关于进一步推进工业有效投资的若干意见》（浙政发〔2012〕34号）、《关于促进企业技术改造的实施意见》（浙政发〔2013〕30号）、《关于进一步推进企业技术改造工作的意见》（浙政发〔2015〕77号）等文件，加强对全省制造业投资工作的引导。二是制定出台《浙江省工业投资导向意见》，每年制定印发浙江省工业投资和技术改造工作要点，分解下达年度目标，明确重点工作任务，积极凝聚工作共识；三是强化考核引导，从2013年开始，浙江省每年对各地市开展工业投资和"机器换人"技术改造考核评价，匹配工业用地指标和财政奖励资金，通过考核加强对各地投资工作的引导。

（二）加强财政金融政策支持

一是2013~2017年，每年对工业投资和"机器换人"技术改造考核评价优秀县落实3000万财政资金和3000亩土地指标奖励。另外2013~2016年，对技术改造增速达到相应指标要求，位居前列的10个工业大县给予各1000万元财政奖励政策。二是2013~2017年，每年从工业和信息化财政专项中安排2亿元左右资金，采用竞争法或者因素法分解到各地，由地方经信部门落实到技术改造重点工作领域。其中每年安排5000万元用于"机器换人"智能化改造分行业试点，安排3000万元左右用于机器人购置奖励，安排1.2亿元左右用于省级"四个百项"重点技术改造示范项目补助，引导地方政府加强技术改造工作力度。三是实施振兴实体经济（传统产业改造）财政专项激励政策。从2017年开始，省财政每年安排18亿元，对杭州市萧山区等18个县（市、区）每年安排1亿元，连续支持三年，由各地统筹用于包括振兴实体经济发展（传统产业改造），将技术改造列为激励政策考核的重要内容。四是加强产业基金对工业投资和技术改造的支持，2015年省政府设立规模200亿元的省转型升级产业基金，采用市场化运作模式，发挥政府基金杠杆作用，撬动社会资本加大产业投资和技术改造，推进浙江产业转型升级。

（三）狠抓重点项目建设

一是狠抓重点技术改造项目的推进实施。省级每年组织实施智能化"机器换人"、新兴产业、产品升级和工业强基、绿色制造等"四个百项"重点技术改造示范项目，市县同步推进实施一批重点项目。2013~2016年组织实施"双千工程"（1000项重点技改项目，1000亿投资），近两年加大工作力度，组织实施3000项重点技术改造项目计划。同时按照"谋划一批、开工一批、建设一批"的要求，按季在线跟踪项目实施进度，加强对重点项目的精准服务。二是狠抓重大制造业项目组织实施。组织实施十三五"百项万亿"重大制造业项目计划，每年制定年度实施计划，其中2017年实施重大项目306项，总投资6318亿元。三是每年根据工作实际情况，组织开展技术改造决战四季度活动（2014年、2016年）、"百日攻坚"活动（2015年）等活动，集中推进项目的实施，定期对各地市工业投资和技术改造完成情况进行通报。四是积极争取国家重点项目和示范项目。2017年6个项目列入国家工业强基工程示范，5个项目列入技术改造专项中央预算内投资项目支持，16个项目列入工业企业技术改造升级导向计划项目。

（四）大力推进"机器换人"智能化改造

一是持之以恒推进"机器换人"智能化改造。从2012年浙江省委省政府做出全面推进"机器换人"决策部署以来，产业投资处按照三个最大限度的工作思路和"分类指导、典型示范、资金扶持、机制保障"的工作机

制，瞄准智能制造方向，省市县三级联动，分层分类逐级推荐，大力实施“机器换人”智能化改造。二是省政府印发《浙江省“机器人+”行动计划》（浙政发〔2017〕26号），省经信委出台《关于进一步加快推进工业机器人应用的实施意见》等文件，以推进工业机器人应用为抓手，促进机器人产业发展，加快企业智能化技术改造。三是抓好“机器换人”分行业推进工作，每年开展一批“机器换人”智能化改造分行业试点，总计开展了45个行业的“机器换人”试点，每年实施100项“机器换人”智能化改造示范项目，省、市、县三级每年组织召开100场“机器换人”现场会，编制印发浙江省“机器换人”智能化改造典型案例。四是加强省级“机器换人”工程服务公司培育建设，建立健全省级“机器换人”工程服务公司产生机制，畅通企业自荐、协会推荐、地方经信部门推荐等多种申报渠道，培育认定了5批共80家省级“机器换人”工程服务公司，组建了22个“机器换人”专家服务指导组，帮助企业开展智能化技术改造。五是在前阶段“机器换人”工作基础上，谋划推进下一阶段推进智能化技术改造的工作，截至2017年，已起草完成《关于实施智能化技术改造行动的若干意见（代拟稿）》，下步将由省政府办公厅印发。

（五）全面推进传统制造业改造提升

一是省政府印发《浙江省全面改造提升传统制造业行动计划（2017~2020年）》（浙政发〔2017〕23号），《浙江省加快传统制造业改造提升行动计划（2018~2022年）》（浙政发〔2018〕21号），并召开全省传统制造业改造提升工作推进大会，省委省政府主要领导亲自出席并讲话。二是重点围绕纺织、服装等十大传统制造业开展改造提升工作，分行业制定重点传统制造业改造提升实施方案，每个行业选定1~2个县（市、区），开展分行业省级试点工作，在绍兴市开展传统制造业改造提升省级综合试点。三是围绕十大重点传统制造业分行业省级试点建设一批产业创新综合体，实现产业创新服务综合体“全覆盖”，推进一批重点技术改造项目，培育一批“互联网+”“机器人+”“标准化+”等试点示范，组织开发推广一批新产品。有序退出一批低端落后产能，建立一套“亩均论英雄”倒逼激励机制。

（六）着力优化投资环境

一是按照省委省政府大力推进“最多跑一次”改革要求，加快推进企业投资项目“最多跑一次”改革，出台了《关于加快推进“最多跑一次”改革的实施意见》（浙经信法规〔2017〕61号），对企业投资项目核准，外商投资项目核准，工程建设项目招标范围、招标方式、招标组织形式核准，国家鼓励发展的内外资项目确认等事项实施一窗受理，实现事项办理“最多跑一次”。二是以“零土地”技术改造项目审批方式改革为基础，大力推进企业投资项目承诺制改革，受到企业普遍欢迎，激发了企业投资活力。三是开展“亩均论英雄”改革，实施企业分类综合评价，根据评价结果，相应实施差别化电价、水价、排污费等措施。2017年，全省完成36800家规上工业企业“亩产效益”综合评价，以及50617家用地0.33公顷（含）以上规下工业企业综合评价。通过执行资源要素差别化配置政策全省减免企业城镇土地使用税16.3亿元，征收企业差别化电价、水价、排污费合计2.1亿元，全部用于支持企业技术改造和创新发展。

三、浙江省技术改造工作取得的成效

（一）高质量发展态势逐步形成

从2015年以来，浙江制造质量效益持续改善，国际竞争力进一步增强。2017年，全省规上工业增加值达到14440亿元，同比增长8.3%，高出全国平均水平0.9个百分点，扭转了2011年以来工业增速始终低于江苏（7.5%）、山东（6.9%）、广东（7.2%）等工业大省的态势；规模以上工业企业利润总额达到4570亿元，同比增长16.6%；工业品出口交货值增速从2015年的下降3.7%，回升到同比增长9.4%；工业增加值率从2015年的

19.7%,提高到2017年的20.7%;全员劳动生产率达到21.6万元/(人·年)。

(二)工业投资结构明显优化

2013~2017年,全省技术改造投资年均增长14.3%。2017年,技术改造投资占工业投资比重达75.5%,成为工业投资的主导力量。实施"机器换人"智能化改造引导和促使企业更多地通过内涵式的改造实现提质增效,优化了投资结构。2013~2017年,技术改造投资中,内涵式改造为重点的改建类投资年均增长58.3%,以产能扩张为主的扩建类投资年均仅增长0.1%。

(三)劳动生产效率显著提高

2013~2017年,全省规模以上工业人均劳动生产率累计提高51.2%,2017年达到21.6万元/人。通过大力推进"机器换人"智能化改造,促进企业优化生产流程,缩短生产周期,大幅提高生产的自动化、数字化、智能化水平,提高了企业的生产效率。另一方面,企业技术改造改变了传统的生产管理模式,用信息化手段,科学调配生产要素,合理安排生产计划,提高设备利用率,实现了精益管理,管理效率大幅提升。例如:浙江春风动力股份有限公司通过"机器换人"智能化改造,实现了工人、机器、物料的数字化管理和智能化控制,人均效率提升30%,设备利用效率提升25%,库存周转提升50%。杭州西奥电梯有限公司努力打造智慧工厂,加强精益管理,优质品率提高到99.9%,生产效率提高50%,产品销售年复合增长率超过60%。

(四)企业盈利能力明显增强

2015年在全国工业利润负增长的情况下,浙江规上工业企业率先实现利润增长5%。2016年全省规上工业利润增长16.2%,比全国平均水平高7.7个百分点,2017年规上工业利润同比增长16.6%,连续22个月保持两位数增长。通过推进"机器换人"智能化改造,企业在减少劳动用工、节约原材料和能源消耗、优化库存管理的同时,产品质量稳定性、一致性不断提高,降成本优品质效果十分明显。例如:宁波均胜电子股份有限公司"机器换人"项目投产后,生产效率提高21%,运营成本降低23%,新产品研制周期缩短35%,不良品率降低22%,能源利用率提高13%。

(五)就业结构矛盾得到缓解

浙江省制造业长期面临普通劳动用工供给不足和大中专毕业生就业困难的结构矛盾,用工荒问题已经严重制约了浙江省工业经济的持续发展。通过技术改造,2013~2017年,全省万元工业增加值用工人数分别下降9%、8.6%、7.5%、7.4%、7.2%,相当于五年累计弥补普通劳动用工需求缺口300万人。同时随着高端智能装备的应用和智能化改造工程技术服务业的快速发展,也创造了一大批新的就业岗位,有效解决了大量大中专院校毕业生的就业。例如,浙江力太科技有限公司是一家专注于工厂物联网和智能制造的省级"机器换人"工程服务公司,2013年底公司员工只有20余人,到2017年底扩展到了500人规模。

(六)智能制造基础更加坚实

近几年,浙江坚定不移推进以"机器换人"智能化改造为主要内容的技术改造,有力促进了浙江制造业自动化、数字化水平的提升,夯实了浙江迈向智能制造的基础。2013~2017年,浙江工业机器人保有量由不足5000台,快速增长到5.5万台,应用总量全国领先。2016年,主要制造行业重点企业装备数控化率、机联网率分别达到53.1%、31.7%,处于全国领先水平。作为今后推广智能制造的市场主力军,智能化技术改造工程服务力量也得到蓬勃发展。

(七)新兴产业加快发展

2017年,全省规上高新技术产业、装备制造业和战略性新兴产业增加值分别增长11.2%、12.8%、12.2%,高于规上工业增速2.9、4.5和3.9个百分点。全省高新技术产业、装备制造业增加值占规上工业比重达到

42.3%和 39.1%,近 2 年累计分别提高 5.1 和 2.3 个百分点。规上装备制造业增加值 5646 亿元,大大超越传统优势的轻纺产业,成为浙江工业的龙头产业。工业设计产业蓬勃发展,全省已有工业设计企业 3693 家,国家级工业设计中心 3 家,省级重点企业设计院 9 家,省级特色工业设计示范基地 16 家,近四年实现设计服务收入 251 亿元,设计成果转化产值突破 1.5 万亿元。

四、当前技术改造工作面临的突出问题

(一)技术能力和创新能力不足制约了企业开展技术改造

当前,加快产业转型升级,加强环境保护,追求高质量发展已成为全社会和各地政府的共识,在市场普遍相对过剩环境下,企业自主创新能力弱、产品创新档次低、技术水平低下的传统投资项目不仅难以获得资本市场的青睐。很多企业有开展技术改造的愿望,但是自身创新能力有限、技术能力不足,使得企业开展技术改造存在一定的风险,而且由于产品创新能力不强,技术改造后收回成本的风险很大。2017 年,全省施工技术改造项目总数 20294 项,同比减少 3.9%,而新开工项目 15447 项,同比减少 8.8%。

(二)融资难制约了企业技术改造能力

融资难一直是制约企业开展技改的一大问题,浙江民企投资的资金来源主要是依靠自筹。从资金来源看,2017 年,企业自筹资金 7738 亿元,占工业项目投资资金来源的 87.7%。总体上看,民营企业受企业规模、实力等方面原因制约,在获取银行贷款或政府产业基金投入方面依然处于弱势。虽然可以通过 IPO 等直接融资渠道,但每年能进入的数量毕竟有限,量大面广的中小企业开展技术改造依然面临融资难的问题。

(三)要素价格上涨提高了企业运营成本

近两年原材料价格成本大幅上涨,2017 年,全省平均工业生产者购进价格上涨 9.8%,而工业生产者出厂价格仅上涨 4.8%,工业企业购销价格增速相差 5 个百分点。据测算,原材料成本占企业综合成本近 70%,原材料成本的上涨提高了企业的运营成本。企业土地购置费用也在大幅增加,2017 年,全省工业土地购置费用同比增长 58.7%,在工业用地总体紧缺情况下,土地购置费增长主要原因是工业用地价格的大幅上涨。此外企业在用能、融资等方面也面临较高的成本,企业综合运营成本居高不下一定程度影响了企业开展技术改造投资的积极性。

(四)减负降本离企业家预期还有距离

近年来,浙江省大力推进企业减负降本工作,连续出台减负降本政策文件,是全国减负降本力度最大的省份,2017 年,可减轻企业负担 1300 亿元以上,但减负额度仅占企业综合成本 2%左右。2017 年,全省规上企业每百元主营业务收入成本为 83.7 元,其中私营企业每百元主营业务收入成本为 86 元,私营企业成本远高于规上企业平均成本,减轻企业负担仍需进一步加大力度。

五、推动新一轮技术改造的基本思路

随着人工智能、大数据时代的来临,技术进步的速度远远超过了当前企业开展技术改造的步伐,企业技术改造面临新的时代机遇和挑战。下一阶段,企业技术改造必将是以智能制造为主攻方向,从自动化进一步向数字化、网络化、智能化迈进。

从 2018 年开始,浙江将在前几年技术改造工作的基础上,大力推进智能化技术改造,截至 2017 年,产业投资处已制订了关于实施智能化技术改造行动的若干意见。总体思路是:牢固树立新发展理念,以推动高质量发展为根本要求,以供给侧结构性改革为主线,以创新驱动发展为核心,以智能制造为主攻方向,推动"有效市场"和"有为政府"有机统一,加快工业机器人、互联网、大数据、人工智能在制造业的融合应用,引导和推

动企业实施更大规模、更高层次的技术改造,着力提高企业自动化、数字化、网络化、智能化水平,推动制造业数字化转型,加快发展数字经济,夯实高质量发展的基础,为加快建设制造强省提供重要支撑。

一是实施“十百千万”智能化改造工程。万:即实施万企智能化改造诊断全覆盖计划。千:即实施千项智能化改造项目。百:即实施百项智能制造新模式应用示范。十:即实施分行业智能化改造和产品升级改造。二是实施关键共性技术突破重大专项。主要内容是加快传感技术开发与应用,加快突破在线智能检测技术,加快推进工业互联网的发展应用,积极实施工业强基工程,促进装备智能化改造,加快重点工业软件开发与应用。三是强化智能化改造保障措施。加强智能化改造技术服务体系建设,培育智能化改造工程服务主体,建立智能化技术改造评价标准体系,加大财政和金融支持力度,进一步优化投资环境。

2017 年浙江省智能制造工作情况

浙江省经信委技术进步与装备处

当前,新一代信息技术快速发展并与制造技术深度融合,正在引发制造业制造模式、流程、手段和生态系统等重大变革。智能制造是当今时代先进制造过程、系统与模式的总称。加快发展智能制造,是应对全球新一轮科技和产业变革,推进新旧动能更替,加快转型升级,实现制造业提质增效和可持续发展的必然选择。

一、近年来浙江省智能制造工作推进情况

近年来,浙江省以智能制造为主攻方向,以"互联网 + 制造业"为新手段,深入推进"两化"融合,智能制造发展呈现增长快、效益好、动力强的态势,成为引领全省经济增长的新动能。浙江省在推进智能制造发展中,注重政策引导、试点示范、金融创新、服务优先、基础支撑等方面的有机结合,形成"五个注重"的推进体系,取得了积极成效。截至 2017 年,浙江省重点制造行业典型企业装备数控化率、机联网率分别达到 53.1%、31.7%,处于全国领先地位;全省在役工业机器人 4.2 万台,占全国总量比重 12%左右,居全国第一位;两化融合发展指数已跃居全国第 2 位,智能制造水平不断提升。

(一)注重政策引导

"中国制造 2025"及《中国制造 2025 浙江行动纲要》(以下简称《纲要》),均把智能制造作为制造强国和强省建设的重中之重。为切实践行好《纲要》部署,省经信委制定印发了《浙江省加快推进智能制造发展行动方案(2015~2017 年)》《浙江省机器人产业发展规划》等文件,明确了浙江省智能制造、机器人等重点产业发展目标和任务。2017 年,还研究制定了《浙江省智能制造行动计划(2018~2020 年)》,进一步明确未来三年浙江省智能制造产业发展目标任务、重点领域和工作举措。

(二)注重试点示范

组织实施国家智能制造试点示范项目。2015~2017 年,浙江省组织实施了一批"国家智能制造新模式项目",浙江中控、卧龙电气、巨石集团、舜宇集团、浙江瑞明、浙江天能、杭州老板电器、微宏动力等企业的 29 个项目入选国家智能制造新模式及综合标准化项目,累计获得国家扶持资金 5 亿元,在全国位居前列。组织实施国家智能制造试点示范项目 17 项,尤其是 2017 年度入选 11 项,位居全国第一。积极开展省级智能制造试点示范。2016~2017 年,共确定 16 个省级智能制造示范区(平台)、16 项省级智能制造新模式试点示范和 17 项智能制造协同创新试点示范项目,累计安排省级资金 1.4 亿元。2017 年,组织实施省级智能制造重点项目 140 个,项目总投资 291 亿元,不断推动区域和行业智能制造水平的提升。

(三)注重金融创新

2016 年,省经信委与浙商银行签署了《推进智能制造战略合作协议》,开启了"融资、融物、融服务"一体化的智能制造金融服务试点工作,从推进智能制造的供需两端入手,建立政府、银行、融资租赁(担保)、保险等机构共同参与的机制,为企业提供个性化的智能制造服务。2017 年,浙商银行已累计为省内智能制造实施

企业提供融资144亿元,服务客户数超过260家。

(四)注重服务优先

在全国层面首创智能制造指导服务工作机制,成立浙江省智能制造专家委员会和省推进智能制造指导服务组,聚焦浙江省传统优势产业集聚的重点县(市、区),开展指导服务工作。省智能制造专家委员会由省人大常委会副主任毛光烈担任主任,截至2017年,已组成70多人的专家团队,对慈溪、瑞安、乐清、新昌等12个县(市、区)开展"面对面、个性化"的指导,并在实践的基础上总结了《浙江推进智能制造八法》,对推进浙江省智能制造工作具有很强针对性、指导性。同时加快完善智能制造推进服务体系。重点培育智能制造服务商近百家,分行业成立智能制造应用推进指导组,分地区、分步骤实施智能制造推进工作,为制造业提供专业、优质、高效的智能制造改造实施服务。

(五)注重基础支撑

完善智能制造标准体系。成立浙江省智能制造标准联盟,制定和印发《中国制造2025浙江行动纲要智能制造标准化建设三年行动计划(2016~2018年)》。研究制定浙江省智能制造评价方法。针对智能制造横跨行业数量多、涉及企业广、缺乏统一评价标准这一问题,省经信委会同浙江大学围绕流程型制造、离散型制造、大规模个性化定制、网络协同、远程运维等五种智能制造模式中的关键因素,制定了《浙江省智能制造评价方法(2017年试行版)》。

二、下阶段推进浙江省智能制造发展的重点任务

通过几年的努力,浙江省智能制造推进工作取得了一定的成功,但仍存在核心关键技术受制于人,产业基础支撑薄弱,创新体系不健全,智能制造领域高端人才匮乏等问题,需要进一步谋划下一步工作重点。下一步,要加快实施智能制造"七大工程",突破智能制造关键领域技术装备短板,建设智能制造试点示范,加快重点领域智能制造转型升级,完善智能制造标准,创新智能制造商业模式,推进智能制造融合、协同发展,塑造浙江制造竞争新优势,为制造强省建设和经济稳定可持续发展奠定扎实基础。

(一)智能制造关键技术装备研发及推广工程

一是突破智能制造核心技术与软件。重点突破新型传感技术、先进控制与优化技术、功能安全技术、识别技术等关键共性技术。加快研发智能制造支撑软件。重点突破计算机辅助类(CAX)软件、数值分析与可视化仿真软件等设计、工艺仿真软件,制造执行系统(MES)、企业资源管理软件(ERP)、供应链管理软件(SCM)、仓库管理系统(WMS)、计算机辅助工艺系统(CAPP)、产品全生命周期管理系统(PLM)等管理软件。

二是加快培育智能硬件产品。推进实施《浙江省智能硬件产业发展三年行动计划(2017~2019年)》,围绕着社会生产、生活对智能硬件的多元化需求,着力强化技术攻关,突破低功耗轻量级系统设计、低功耗广域智能物联、人工智能、虚拟现实、高性能运动与姿态控制等关键技术环节,增强智能硬件产品的创新、研发能力,提升高端智能穿戴、智能车载、智慧健康养老、智慧家庭和工业级智能硬件产品的有效供给,加强产品的设计创新,提高产品质量和品牌附加值,强化服务模式和商业模式创新。

三是培育智能关键部件及装备。优化智能传感器与分散式控制系统(DCS)、可编程逻辑控制器(PLC)、数据采集系统(SCADA)、高性能高可靠嵌入式移动终端等关键部件研发,实现智能传感与控制装备、智能监测与装配装备、智能物流与仓储装备等关键装备的升级换代。支持系统解决方案供应商联合装备制造商、软件开发商,推进关键技术装备、工业软件、工业互联网的集成应用,实现智能化成套装备(生产线)首台套突破。

(二)重点领域智能制造转型工程

一是推进智能制造试点示范。在基础条件好、创新能力强、智能制造水平高的行业中选择骨干企业,分类、分步实施一批具有突破性、带动性、示范性的智能制造新模式应用试点示范项目,培育一批智能制造标杆企业,优先推荐试点示范项目为国家级智能制造试点示范专项项目。着眼于智能制造产业高端化发展,打造若干高端企业集聚、产业链条健全、服务功能完善的智能制造产业集群,争创若干个国家级智能制造示范区。

二是加快传统制造业智能化改造。推进实施《浙江省全面改造提升传统制造业行动计划(2017~2020年)》,重点围绕纺织、服装、皮革、化工、化纤、造纸等10个传统制造业,加快智能制造单元、智能生产线、数字化车间、智能工厂建设,提高传统制造业设计、制造、工艺、管理水平,推动生产方式向柔性化、智能化、精细化转变。进一步推进离散型、流程型、网络协同型、个性化定制型和远程运维服务型等智能制造模式在重点传统优势制造业中的应用,积累经验,逐步扩大到其他传统制造业领域。

三是推进中小企业智能制造水平提升。贯彻落实工信部《关于推动实施中小企业智能制造的指导意见》,在重点行业开展中小企业智能制造推进工程。推动行业龙头企业将先进制造模式、系统等向产业链上下游延伸渗透,促进中小企业数字化、网络化转型。鼓励大中小企业智能制造领域合作创新,共同推进生产模式和组织方式创新变革。实施"互联网+"协同制造专项计划,重点发展基于互联网的个性化定制、众包设计、网络化制造等新型制造模式。聚焦中小企业云应用,依托产业集群和龙头企业,建设一批专业或行业性智能制造云平台。

(三)智能制造标准体系引领工程

一是推进智能制造标准体系建设。推进实施《浙江省智能制造标准化建设三年行动计划(2016~2018年)》,筹建智能制造领域省级专业标准化技术委员会,力争承担全国专业标准化技术委员会(分技术委员会)秘书处工作。鼓励企业开展产品全生命周期的对标工作,积极采用智能制造国内外先进标准,按更高标准对生产工艺流程进行智能化再造。加强智能制造标准制定领域的国际交流与合作,加快形成一批体现浙江技术优势和产业特色,有利于智能制造新模式广泛应用的国内、国际先进标准。

二是推动两化融合标准体系建设。促进信息化和工业化融合管理体系建设,鼓励企业依据GB/T 23000-2017《信息化和工业化融合管理体系 基础和术语》和GB/T 23001-2017《信息化和工业化融合管理体系要求》等国家标准系统地建立、实施、保持和改进两化融合过程管理机制。遴选一批企业和服务机构列入省级两化融合管理体系贯标试点。组织贯标服务机构深入企业,对照国家两化融合管理体系标准,帮助企业开展基础建设、单项应用、综合集成、协同创新等工作,支持基础条件较好的企业积极申报国家贯标试点。

三是推进智能制造综合标准化试验验证。围绕《中国制造2025浙江行动纲要》确定的重点领域,以行业龙头骨干企业为主体,建设一批智能制造综合标准化试验验证项目。鼓励系统解决方案供应商联合用户企业、高校、科研院所针对互联互通和多维度协同等瓶颈,开展基础共性标准、关键技术标准、行业应用标准研究,搭建标准化试验验证平台(系统),开展全过程试验检验。支持企业开展国家智能制造综合标准化项目申报,在设计、生产、管理、服务等制造活动的各个环节,开展先行先试,进一步补充完善国家智能制造标准体系。

(四)智能制造发展载体培育工程

一是加快推进制造业创新中心建设。建好首批燃气涡轮机械、数字化诊疗装备、石墨烯等三家省级制造业创新中心,宣传推广成功经验。结合新兴产业核心关键技术攻关和传统产业改造共性技术开发攻关,加大在人工智能、集成电路、数字安防、增材制造、生物医药、新能源汽车、新材料、印染纺织、精细化工等领域省级制造业创新中心遴选培育力度,力争国家级制造业创新中心的突破。以大力推进杭州城西科创大走廊、国家自主创新示范区、中心城市科技城等科创大平台建设为契机,鼓励支持杭州、宁波等有条件的地区,培育建设若干市级制造业创新中心。

二是加快推进智能制造系统集成商培育。支持装备制造企业以智能化升级为突破口,从提供设备向提供设计、承接工程、设施维护和管理运营等智能制造一体化服务转变。发展一批提供方案设计、设备采购、装备开发、安装维护、检测认证的智能制造专业服务机构,鼓励工程设计院、工业信息服务与服务公司、自动化成套公司、大型控制系统供应商发展成为具备整体解决方案提供能力的智能制造系统集成方案供应商,重点培育一批年产值超过5000万元的国家级智能制造系统解决方案供应商。

三是组建智能制造系统解决方案供应商联盟。统筹浙江省智能制造领域中具有代表性、影响力的系统解决方案服务商、行业重点用户和高等院校、科研院所等,推进成立浙江省智能制造系统解决方案服务商联盟,增强浙江省智能制造系统集成与服务能力。加大面向行业的智能制造系统共性解决方案推广力度,探索建立智能制造系统解决方案供应商推荐机制,引导促进解决方案供应商良性发展。

(五)智能制造应用模式和机制创新工程

一是推广智能制造融资租赁应用机制。鼓励金融机构开发面向智能制造的金融创新业务,大力推动制造企业与金融机构的深度合作,助推浙江省制造企业建设智能制造项目。鼓励金融租赁公司充分发挥金融租赁业务融资与融物相结合的特性,积极探索金融租赁发展道路,为客户提供多元化金融服务,支持浙江省制造企业开展与智能制造相关的设备投资与技术改造。支持系统解决方案供应商联合融资租赁公司为用户企业提供智能制造系统解决方案、项目融资、工程建设等一揽子服务,支持用户通过融资租赁的方式缓解智能制造应用的资金压力。

二是推广智能制造生产能力共享应用机制。在数控机床、服装生产装备、增材制造装备等领域,支持系统解决方案供应商或装备制造商搭建生产能力共享平台,以租赁方式向用户企业提供生产设备,实现设备产能和生产订单的供需对接。支持供需双方企业通过生产能力共享平台实现产品的个性化定制和大批量生产,通过建立灵活的智能制造网络,最大化地提高生产效率,节约生产资源。结合浙江块状经济的智能制造特色优势,加快推进面向行业的云制造平台建设,最大限度地实现本地生产能力的优化。

三是建立智能制造领域"双创"平台。培育一批支持智能制造的"双创"基地,依托制造业行业龙头企业,发展创新工场、开源社区等新型众创空间,支持多种形式的"双创"示范基地建设。加快工业设计、设备共享、信息化应用等中小微企业创新公共服务平台建设,促进智能制造功能部件企业与整机企业对接,智能装备企业、系统集成企业与用户企业对接,智能制造企业与大学、科研院所、认证认可及人才培训公共服务平台对接。

(六)智能制造融合推进工程

一是推进工业互联网与智能制造融合。重点面向浙江省制造业传统优势产业,打破"信息孤岛",促进集成共享,实现产业上下游、跨领域的广泛互联互通。开展"工业互联网+智能制造"融合示范试点,通过系统构建网络、平台、安全三大功能体系,打造人、机、物全面互联的新型网络基础设施,形成智能化发展的新兴业态和应用模式。重点建设好一批国家制造业"双创"平台示范试点项目,每年发布一批省级制造业与互联网融合示范试点企业,形成标杆示范效应。

二是推进大数据与智能制造融合。鼓励企业创建大数据采集、分析及应用平台,围绕产品全生命周期,加快推动企业内部数据与用户行为数据的融合,形成以数据即服务(DaaS)为特征的新兴业态和应用模式。

通过企业内外部数据资源共享促进研发资源集成共享和协同创新，开展研发设计模式创新，为企业实现个性化定制打下良好的基础。

三是推进人工智能与智能制造融合。推进实施《浙江省新一代人工智能发展规划(2017~2022年)》，加快人工智能与实体经济及优势产业融合发展，推动浙江省智能安防、智能家居、智能汽车、智能机器人等优势产业领域产品创新，提高生产生活的智能化服务水平。以工业4.0为方向，面向浙江省传统产业、关联行业、块状经济区域或特定企业群体，启动“智能一代”制造技术应用推广专项，加快工业人工智能即服务平台应用技术、生产装备智能物联技术、生产制造新模式等技术研究和应用，探索基于机器感知和认知的智能制造执行系统，实现生产设备网络化、生产数据可视化、生产过程透明化、生产现场无人化。

(七)智能制造协同发展工程

一是推进国际交流合作。借力“一带一路”倡议的实施，在智能制造标准制定等方面开展国际交流与合作。依托乌镇互联网大会和中国智能制造大会等平台，支持浙江省企业与国内外企业及行业组织间开展智能制造技术交流与合作。鼓励跨国公司、国外机构等在浙设立智能制造研发机构，建设智能制造示范工厂。鼓励省内企业参与国际并购、参股国外先进的研发制造企业，吸收智能制造领域的先进技术与经验。

二是深化军民融合推动智能制造。贯彻落实国家和省委省政府军民融合发展战略和工作部署，优化利用军方领域科技资源，突破关键核心技术，实现重大智能装备的集成创新。加强军民融合产业基地建设，设立军民融合产业示范区，重点发展军民两用的智能制造技术。促进智能制造成果在军地系统双向转移，加速军民科技成果转化，促进智能装备技术推广应用。

三是建立跨区域开放合作机制。加强区域间智能制造创新资源、设计能力、生产能力和服务能力的集成和对接，实现区域优势资源互补和资源优化配置，有序推进区域智能制造水平提升。根据浙江省各市、县、区智能制造和产业发展基础，大力推进水平较好的地区率先实现优势产业智能转型，并发挥示范引领作用；积极促进欠发达地区结合实际，加快制造业自动化、数字化改造，逐步向智能化方向发展。

七大工程的实施要坚持统筹布局、协调推进，坚持企业主体、协同创新，坚持问题导向、重点突破，坚持分层指导、分类施策。力争到2020年，全省智能制造发展基础和支撑能力明显增强，智能制造模式得到广泛推广应用，制造业智能制造水平显著提升，人工智能在智能制造领域的应用推广取得进展，创建浙江省成为全国智能制造示范区。

三、推进浙江省智能制造发展的保障措施

(一)加强统筹协调

充分发挥全省高端装备(智能制造)协调推进小组作用，统筹协调解决智能制造发展中的难题，每年年初制定方案，明确目标责任、年中考评督查、年末考核评价；各地要落实主体责任、健全工作机制，结合本地实际、明确智能制造工作重点，研究制定工作方案与配套政策。

(二)加强指导服务

进一步发挥浙江省智能制造专家委员会和省推进智能制造指导服务组作用，聚焦浙江省传统优势产业集聚的重点县(市、区)，开展指导服务工作。加强智能制造专家委员会指导工作，继续向重点县(市、区)派专家服务组，加大对当地企业的面对面指导服务，帮助企业探索智能制造新模式，推动企业加快智能转型。同时，强化部门联动服务，协同推进智能制造发展。由省推进智能制造指导服务组由省高端装备制造业(智能制造)协调推进小组各成员单位分别牵头，对重点县(市、区)开展对口指导服务。负责推动当地落实省委、省政府的工作部署及各级发展智能制造的政策措施，协调解决有关重大问题，总结推广典型案例等工作。通过强

化部门和上下联动，打好“组合拳”，协同推进浙江省智能制造发展。

(三)加强政策扶持

积极争取国家智能制造国家专项资金支持，同时进一步加强对省工业和信息化发展专项资金的统筹，加大对智能制造的支持力度。贯彻落实国家有关支持首(台)套重大技术装备示范项目的政策措施，完善首台套产品扶持和保险补偿机制，建立首台套产品应用奖励机制，各市、县(市)在省政府给予的增值税地方留存部分当年增收额5%的财政奖励中加大对首台套产品的奖励力度，对列入《浙江省首台套产品推广应用指导目录》的产品购买首台套产品保险时，由省财政承担保险费用的80%；鼓励首台套企业开发嵌入式软件，对嵌入式软件按照增值税即征即退政策执行；切实抓好惠企减负政策落实，用好固定资产加速折旧政策。

(四)加强产融结合

加大信贷支持力度，引导金融机构对技术先进、优势明显、带动和支撑作用强的智能制造项目优先给予信贷。鼓励银行、融资租赁、融资担保、小额贷款、保险等机构创新金融服务，为智能装备企业和制造业智能化改造拓宽融资渠道。探索设立浙江省智能制造产业基金，引导和支持社会资金进入智能制造创业投资领域。建立和完善产融信息共享机制，通过制定重点企业和重点项目融资信息对接清单，引导金融机构精准支持，加大对智能制造工程、制造业创新中心建设工程、高端装备创新工程等领域的支持力度；对智能制造领域内“轻资产”类项目或企业，要创新信贷产品，拓宽合格抵质押品范围，做好金融服务。

(五)加强人才引培

补齐智能制造装备人才缺口，依托省“千人计划”“万人计划”“领军型创新创业团队引进培育计划”，加强智能制造系统集成、工业软件、工业互联网、嵌入式工业控制芯片与传感器、自主可控智能装备开发等关键领域的人才引进与培养。结合国家制造业“双创”平台建设专项，鼓励高端装备领军企业开展企业级“双创”要素汇聚平台建设，吸引一批装备制造业与互联网深度融合的紧缺人才，加快推动工业技术软件化、网络化、平台化。积极培养未来卓越工程师，深化与浙江工程师学院的合作，建设具有一流水平的工程创新与训练中心，加强与国际顶尖工程师学院交流合作，着力培养适应浙江省未来智能制造发展需求的应用型、复合型、创新型工程科技人才。

2017年浙江省工业设计推进情况

浙江省经信委服务业处

一、2017年工业设计工作推进情况

在省政府和工信部的关心和支持下，在省级相关部门和各地政府部门的共同努力下，认真贯彻落实2016年马凯副总理在首届世界工业设计大会以及部分省市工业设计工作座谈会上的讲话精神，积极履行部省《关于共同推进浙江省工业设计发展的战略合作协议》，浙江省工业设计工作在出台保障政策、加强组织推动、推进设计小镇建设、提升设计创新能力、促进成果转移转化等方面取得了一定的成效。现将浙江省2017年工业设计推进情况总结如下：

（一）出台了《浙江省人民政府办公厅关于进一步提升工业设计发展水平的意见》

根据省政府领导的批示精神，在经过大量调查研究的基础上，代拟了《浙江省人民政府办公厅关于进一步提升工业设计发展水平的意见》（以下简称《意见》），以省政府办公厅名义正式下发。《意见》明确了浙江省今后推进工业设计发展的总体要求、重点服务领域、主要任务、保障措施。《意见》指出进一步提升工业设计发展水平要秉持"五个坚持"原则，提出到2020年，争创国家工业设计研究院，创建3个以上工业设计特色小镇，培育50家知名的工业设计公司和20个左右省级特色工业设计基地，建设10家国家级工业设计中心，50家省级重点企业设计院和250家以上省级工业设计中心。力争全省工业设计服务收入超过150亿元，设计成果转化产值超过1万亿元，新增设计授权专利超过4万件以上的发展目标。

（二）召开了全省推进工业设计发展工作现场会

为进一步推动浙江省工业设计发展水平，省政府在湖州召开全省推进工业设计发展工作现场会。会议主要学习贯彻马凯副总理在首届世界工业设计大会以及部分省市工业设计工作座谈会上的讲话精神，总结交流近年浙江省发展工业设计的做法与经验，研究部署下一步的工作任务。冯飞副省长出席会议并作了重要讲话，明确提出要认识工业设计发展规律，把握大趋势和新要求，聚焦"五大提升"：

一是业态提升，从外观设计向系统复杂设计升级；二是模式提升，着力创新设计成果转换模式；三是国际化水平的提升，鼓励企业"走出去"参与国际竞争；四是发展环境的提升，精准营造工业设计发展环境；五是人才的提升。冯副省长要求，推动工业设计发展，重点做好五方面工作：一是抓主体培育，着力提升产业发展水平；二是抓产业生态，着力完善设计创新体系；三是抓平台建设，着力促进设计成果转化；四是抓机制保障，着力提高人才队伍素质；五是抓市场开拓，着力深化国际交流合作。

（三）精心打造中国设计智造大奖

以打造国际一流的工业设计大奖为目标，第二届中国设计智造大奖共收到全球39个国家和地区的参赛作品2720件，较2016年增长8%，全球覆盖率增加30%。来自7个国家的优秀作品入围22强，涵盖前沿科技、产业装备、生活智慧、文化创新等领域，浙江省的"小黑侠——自拍无人机"获得本届中国设计智造大奖最

高奖——金智奖。省委副书记、省长袁家军出席颁奖典礼并为金智奖获得者颁奖。第三届大奖将以“民生、产业、未来”为导向,重点关注区域经济、制造企业发展过程中的特定需求及创新转化,特别采取了“1+X”新模式,即除了“智造奖”本身,新增“设计义乌”、“设计先临”两个专项奖,旨在深化设计与制造的融合,让企业分享中国设计智造大奖设计成果的红利。

(四)稳步推进工业设计小镇建设

全力以赴将梦栖小镇打造成为全国乃至全世界设计产业发展的标杆,梦栖小镇已累计完成投资42.17亿元,集聚设计产业项目352个,引进设计人才2200余名。一是加快设计开放大学建设。梦栖小镇已与浙江大学、江苏大学等7所高校签订入驻良渚梦栖小镇协议,联合培养300余名工业设计研究生。中国美院的第三个校区落户良渚,占地约483亩,计划招生4000名。二是积极筹建国家工业设计研究院。牵头拟订了《组建国家工业设计研究院的建议方案》,召开专题座谈会,听取各方意见,进一步修改完善并开始着手组织实施。三是达成意大利金圆规亚洲计划合作框架协议。成功举办2017国际金圆规奖颁奖典礼。据合作框架协议,梦栖小镇将成立中意设计研究院、运营金圆规奖大中华区执委会、打造金圆规展览馆、建设中意工业设计谷。四是拓展“工业设计+”的内涵。引进相关基金投资公司5家,积极筹建政府引导基金—良渚产业基金。加快场馆改扩建、周边环境、道路交通、宾馆酒店等基础设施和功能配套,推进邱家坞大师村、粮仓粮库存量改造。五是积极筹备第二届世界工业设计大会。以“设计·生态”为主题的第二届世界工业设计大会,将于2018年上半年召开,届时将举办主题峰会、TIA国际十佳设计大奖颁奖典礼、设计产业合作多边会谈、设计创新成果发布及展示、重大项目签约仪式、设计开放大学及设计创新中心(i-city)落成仪式等多项活动。

(五)加强工业设计创新能力建设

浙江省7家企业入选2017年度国家级工业设计中心,入选数量居全国首位。新认定67家省级工业设计中心,确定乐清市工业设计基地为省级特色工业设计示范基地。截至2017年底,浙江省拥有11家国家级工业设计中心,17家省级特色工业设计示范基地和207家省级工业设计中心。17家省级特色工业设计示范基地集聚工业设计企业884家,专职从事工业设计人员11523人,实现设计服务收入26亿元,同比增长13%,新增专利授权4499项。浙江省工业设计力量囊括第十三届光华龙腾奖三项大奖,设计人才在“中国设计业十大杰出青年”奖项中占了三席。认真组织2017年度工业设计职业资格考试。截至2017年底,浙江省已拥有69名高级工业设计师、589名工业设计师和助理工业设计师。举办了浙江省工业设计创新人才高研班,并组织省内优秀设计师参加了工信部企业经营管理领军人才高研班。

(六)促进工业设计成果转移转化

一是实施“浙江省传统产业设计再造计划”,通过省工业设计协会联合相关高校、梦栖工业设计小镇、全省17个省级特色工业设计示范基地、省重点企业设计院、50家优秀工业设计企业,在黄岩、杭州、永康、衢州、嘉兴等地,与当地传统优势制造企业进行对接,帮助制造企业“增品种、提品质、创品牌”,实现传统产业的转型升级。

二是与省科技厅签署了《关于共同推进工业设计与技术创新融合发展的合作协议》,共同推进工业设计成果网上交易平台。依托浙江网上技术市场,在全国率先开展工业设计成果竞价(拍卖)活动,2017年4月和12月,分别有17项和35项工业设计成果成功亮相浙江科技大市场科技成果竞价(拍卖)会,成交价达到553万元和1697万元,溢价率分别达33.9%和44%。

三是积极动员、组织企业参加首届中国工业设计展。组织11家国家级工业设计中心,6家省级特色工业设计示范基地和梦栖小镇以及64家省内设计领军企业参加了展示和交流。浙江展区面积1656平方米,仅次于上海。浙江省经信委荣获"首届中国工业设计展览会优秀组织奖"。

四是全省上下先后举办了2017宁波工业设计周、嘉兴工业设计月、义乌工业设计展、永康五金工业设计展、温州和金华工业设计大赛等活动,进一步提升了工业设计的社会影响力。

二、2018年工作思路

下阶段,我们将认真贯彻党的十九大精神,以"八八战略"为总纲,以传统产业改造提升为主题,突出创新、协调、绿色、开放和共享的发展理念,按照省政府《中国制造2025浙江行动纲要》(浙政发〔2015〕51号)和《意见》(浙政办发〔2017〕105号)的要求,努力提升浙江省工业设计发展水平,推动浙江省制造业高质量发展。

(一)认真贯彻实施《意见》

围绕制造强省建设目标,以供给侧结构性改革为主线,发挥企业的市场主体作用,增强工业设计创新能力,提升发展水平,优化发展环境,促进工业设计与制造业深度融合,为制造业高端化、智能化、绿色化、服务化、国际化发展提供有力支撑。坚持工业设计与传统产业相结合;坚持工业设计与新材料、新技术等相结合;坚持工业设计与互联网相结合;坚持工业设计与服务型制造相结合;坚持工业设计与文化相结合。聚焦工业设计重点服务领域,着力推动传统产业升级增效,推动新兴产业孕育兴起,推动服务型制造发展。

(二)打造工业设计三张金名片

积极支持办好第三届中国设计智造大奖,扩大大奖和浙江制造在国内外的影响力,力争通过三五年的积累和努力,真正将中国设计智造大奖办成国际知名的工业设计大奖,成为浙江乃至中国又一金名片。努力打造工业设计特色小镇——梦栖小镇,与浙江大学、江南大学等院校合作,建设工业设计"开放性大学",支持中国美院第三个校区落户小镇。引进相关基金投资公司,积极筹建政府引导基金——良渚产业基金,努力打造工业设计产业生态链。配合中国工业设计协会积极办好第二届世界工业设计大会,将世界工业设计大会办的更有特色,水平更高、成效更明显。

(三)促进设计成果转移转化

进一步深化工业设计成果竞价(拍卖)工作,定期举行春拍和秋拍竞价(拍卖)活动,扩大工业设计成果的覆盖面,邀请浙江大学、中国美术学院等省内高校的设计团队参加竞拍会。选取设计资源丰富、设计需求大的工业设计基地作为试点,举办工业设计成果竞价(拍卖)会分会场。推进工业设计网上交易平台建设,推进网上科技大市场"设计浙江"栏目开通。持续推进浙江省"传统产业设计再造计划",举办工业设计成果对接会、路演推介,实现省内工业设计企业和当地传统制造企业的精准、有效对接。进一步加强和扩展设计智造大奖的设计成果转化工作,促进优秀设计成果在浙江落地生根。

(四)健全工业设计人才培育体系

深入推进工业设计职业资格评价制度改革,进一步改进和完善浙江省工业设计职业资格评价方式,探索推动将获得中国设计智造大奖作为取得相应工业设计职业资格的重要依据,加大工业设计人才培养、引进力度,深入推进浙江省工业设计人才队伍持续快速发展。继续举办浙江省工业设计创新人才高研班,组织专职设计人员参加工信部和国外的高级人才培训班。强化专业设计人才培养,加快建设校内外设计实验和实训基地,组织开展大学生工业设计竞赛,着力培养具有创新视野的设计人才。

(五)强化工业设计创新载体建设

推动设计产业向高端化发展,勇立智造业发展的潮头,以设计的力量加快推动制造业转型升级。深化工业设计创新载体建设,着力提升省级特色工业设计示范基地的平台服务能力,围绕当地块状经济转型升级,进一步明确定位,创新服务方式,实现精准对接。鼓励浙江省的国家级、省级工业设计中心,省级重点企业设计院,开展重点领域关键性技术研发,发挥示范引领作用,提升浙江省工业设计的创新能级。引导有条件的制造企业设立独立核算的工业设计中心或设计院,鼓励企业构建“设计+研发+用户体验”的创新设计体系,建立产学研用相结合的创新模式。

2017 年浙江省“小升规”企业运行情况

浙江省经信委中小企业发展规划指导处

自 2013 年浙江省全面启动“小升规”工作以来，全省上下深入贯彻落实《浙江省人民政府办公厅关于促进规模以下小微企业转型升级为规模以上企业的实施意见》(浙政办发〔2013〕118 号)，历经试点、实践和发展完善，“小升规”工作逐步形成一套完整的机制，“小升规”工作已成为保障全省工业经济平稳健康运行、探索推动高质量发展的“看得见、摸得着”的重要抓手，为浙江省统筹推进稳增长、促改革、调结构、惠民生、防风险等各项工作作出积极贡献。

一、“小升规”成为贯彻落实产业政策的主要载体

(一)促进企业升级稳增长

从 2013~2017 年，五年来全省累计培育“小升规”企业 20775 家，每年“小升规”企业均占当年全部进规企业的 90%左右。截至 2017 年，全省规上工业企业统计目录库中“小升规”企业 16134 家，占全部规上企业的 40.3%，有力地保障了规模以上工业企业总数的稳定。2018 年 1~6 月，“小升规”企业合计完成工业总产值 5449.59 亿元，比 2016 年同期增长 21.4%，增幅高于全部规上工业 8.7 个百分点；实现出口交货值 813.66 亿元，同比增长 25.0%，增幅高于全部规上工业 21.2 个百分点。“小升规” 企业工业增加值 1123.33 亿元，比 2016 年同期增长 16.0%，拉动全省经济增长 2.4 百分点。

(二)推进产业优化调结构

“小升规”工作从粗放式的推进到创建《浙江省“小升规”培育报表制度》规范化的培育、从注重升规数量到关注培育质量、从随机选择到程序化筛选，逐步深化为浙江省结构调整的推进器。制度化明确以《中国制造 2025 浙江行动纲要》提出的 11 个领域为重点筛选确定培育企业。2017 年度培育的 4781 家“小升规”企业中，属于 11 个重点发展产业的企业有 3435 家，占当年升规企业总数的 71.9%。五年来累计培育的 20775 家“小升规”企业中，截至 2017 年，在统计目录库的装备制造类企业 7169 家，有效地推动了全省规上工业企业的结构优化升级。装备制造业从“小升规”工作启动时的 14294 家增加到 2017 年的 16893 家，占比从 39.2%提升到 42.2%；总产值占比从原来的 33.7%提升到 2017 年的 39.0%；而高耗能行业的企业数和工业总产值占比则分别从 29.3%和 37.3%下降到 26.6%和 33.8%。

(三)保障就业增收惠民生

“小升规”企业累计吸纳就业 148.79 万人，成为规上工业中创造就业机会的主导力量、新增居民可支配收入的主渠道。2018 年 1~6 月，“小升规” 企业新增用工 9.33 万人，而同期全部规上工业新增用工人数仅 7.74 万人，“小升规”企业对全省工业用工贡献率超过 100%；应付职工薪酬 417.81 亿元，比 2016 年周期增加 66.89 亿元，增幅高于全部规上工业 6.2 个百分点。“小升规”企业实现主营业务收入 5291.85 亿元，同比增长 21.9%，比全部规上工业主营业务收入增幅高 8.8 个百分点；实现利润总额 202.61 亿元，同比增长 28.8%，增

幅比全部规上工业高15.6个百分点;"小升规"企业的主营业务收入和利润总额对全省规上工业增长的贡献率分别达到25.6%和19.0%。

二、"小升规"工作中存在的问题

(一)主观认识有待进一步提升

"小升规"工作是规范企业管理,帮扶企业提升竞争力、提高劳动生产效率的有效途径;也是地方政府稳增长、推进社会经济高质量发展的主要抓手。但当前社会上还存在两大认识上的误区:一是部分企业主担心企业升规后报表增多,人员支出费用可能增加,安全和环保等社会责任可能加重等,未能看到企业升规后规范管理带来的长远的经济和社会效益,升规的积极性和主动性不够。二是部分机关干部认为"小升规"工作搞了五年,全省规上工业仍只有4万家左右,无非就是原有企业玩的"升规、退规、再升规、退规"的游戏而已。殊不知,企业升规退规一方面有着复杂繁琐的程序,不能随便升规退规;另一方面,近五年升规企业仍在规上企业统计库的有16134家,占全部规上企业的40.3%,也就是说40%以上的规上企业已迭代更新,很大一部分部分高污染、高耗能、高排放以及不符合产业导向等规上企业淘汰出局,也反映了产业结构持续调整优化。

(二)服务机制有待进一步完善

一是对象选择压力大。由于基础资料的不健全,每年需大面积的筛选纳税企业,同时需要投入大量的人力走访核对相关信息确定培育对象,工作负担重;二是服务能力水平不高。企业升规后责任提升,但指导服务工作难以及时跟进,只是"扶上了马,还没能够好好的送一程"。三是地方层层加压任务,导致培育企业鱼龙混杂,有的地方为了完成任务把一些质量较差甚至不符合产业政策导向的小微企业培育成"小升规"企业。

(三)工作基础有待进一步夯实

"小升规"培育工作已逐步常态化,建立了全省统一的"浙江省小升规培育企业报表制度",组建了省市县乡四级培育监测管理服务队伍,初步形成了定期统计监测和指导服务机制。但是还难以满足发展的需要。一是基础不稳固,队伍人员变动频繁,缺乏监督机制,服务工作不平衡。二是统计监测指标显得有些单薄,相关信息不完善,难以提供高质量的信息指导服务。三是缺乏常态化扶持手段和扶持力度不足。

三、深化"小升规"工作建议

(一)加大扶持力度,推进小微企业转型升级

企业进退规则虽然由优胜劣汰适者生存的市场经济规律"无形"之手所支配,但也是政府"有形"之手推进产业结构优化调整的重要抓手。建议进一步加大支持力度,以建立高质量发展体系为目标,引导小微企业从家族式治理向现代法人治理结构转变,建立产权清晰、权责明确、政企分开、管理科学现代企业制度,提升企业家素质,帮助企业家了解和掌握新知识、新技能,尽快适应新常态。有针对性地发展新经济、新业态和新模式,倒逼落后和过剩产能淘汰;推动存量小微企业加快转型发展,上规升级,重点推进创新型、科技型和新兴产业的小微企业优化升级。

(二)夯实工作基础,健全"小升规"培育机制

全面构建省市县乡四级培育监测管理服务队伍,建立完善的工作机制和考核办法。研究建立满足多方面工作需要的《浙江省"促进小微企业转型升级"培育报表制度》,形成了定期统计监测和指导服务机制。为企业的发展提供高质量的信息指导服务。

(三)结合“一号工程”,推进“小升规”企业数字化转型

鼓励和支持小微企业利用现代信息技术、现代制造技术加快创新发展和数字化转型以高品质的产品和服务来满足市场需求。引导“小升规”及培育企业开展个性化定制、柔性化生产,培育精益求精的工匠精神,增品种、提品质、创品牌,扩大有效供给,提高供给结构对需求变化的适应性和灵活性,提高全要素生产率,促进经济社会持续健康发展。

2017年浙江省工业企业股改上市情况

浙江省经信委中小企业融资担保处

中共十九大报告提出要“深化金融体制改革，增强金融服务实体经济能力，提高直接融资比重，促进多层次资本市场健康发展”。省第十四次党代会提出，“突出改革强省，增创体制机制新优势。浙江发展首要的优势在体制机制，关键的举措在深化改革”。截至2017年，浙江省推进体制机制创新在两个层面进行：一是省委省政府着力推动“最多跑一次”改革，行政管理体制改革取得了重大突破，得到广大企业和群众的普遍赞誉；二是省政府出台推进企业上市和并购重组“凤凰行动”计划，推动企业股份制改革，利用资本市场促进浙江省经济转型升级。为深入分析股份制改革对浙江省工业发展的影响和作用，掌握当前浙江省工业企业股改上市的总体情况，更好地推动全省工业和信息化领域企业股改上市，省经信委调研组对全省范围工业和信息化领域820家企业的股改上市需求进行了摸底调查，专程赴台州市、温岭、临海等地进行了实地调研，听取当地政府部门和企业的意见。深入分析当前浙江省工业企业股改上市总体情况、存在的困难与问题，提出了推动浙江省工业企业股改上市的对策与建议。

一、当前浙江省工业企业股改上市总体情况

20世纪90年代以来，浙江省深入开展国有企业股份制改革和民营企业股份合作制改革，极大地激发了工业企业的经营动力和创新活力，推动了全省工业经济的持续增长。工业企业中的股份有限公司已经成为上市公司的预备队、工业增长的领头羊和浙江经济转型升级的生力军。

(一)股份制企业数量稳步增加

2011年以来，随着国内资本市场发展和现代企业制度建设的推动，浙江省规模以上工业股份制企业数量稳步增加，占规模以上企业的比重不断提高。2017年6月末，全省规模以上工业股份制企业1055户，占规模以上工业企业的2.62%，比2016年同期增加了198户，如表1所示。从浙江省股份制企业数量与拟A股IPO企业数量变化的相关性可以发现，浙江省工业企业股份制改革的主要目的是实现资本市场上市。

表1　近年来浙江省规模以上工业股份制企业数量变化

指　标	2011年6月末	2012年6月末	2013年6月末	2014年6月末	2015年6月末	2016年6月末	2017年6月末
股份制企业数量(户)	475	527	599	621	684	857	1055
占规模以上企业比重(%)	0.66	1.52	1.64	1.63	1.72	2.15	2.62
年度全国拟A股IPO企业数量(户)	281	154	暂停	125	219	248	246

(二)股份制企业对工业经济的支撑作用逐步增强

2011年以来，随着股份制企业数量的增加，对全省工业的支撑作用逐步增强。2017年上半年，股份制企

业实现工业增加值758.02亿元,同比增长7.8%,占全省工业增加值的10.1%;实现利润363.36亿元,增长16.6%,占全省工业企业利润的16.7%。股份制企业创新投入大,2017年上半年科技活动经费支出84.7亿元,占全省17.5%,有力地推动了全省工业技术进步。盈利能力明显强于全省平均水平,2017年6月末,股份制企业主营收入利润率为11%,比全省平均水平高出4.7个百分点,如表2所示。

表2 近年来全省股份制企业主要指标占规模以上工业的比重

(单位:%)

指标	2011年6月末	2012年6月末	2013年6月末	2014年6月末	2015年6月末	2016年6月末	2017年6月末
主营业务收入	9.49	9.19	9.7	8.8	9.01	9.11	9.63
利税总额	13.7	11.63	13.36	12.63	15.09	15.30	16.55
科技活动经费支出	17.18	17.28	17.33	15.78	16.22	16.93	17.45

(三)工业企业是上市公司的重要支撑力量

截至2017年6月20日,全省境内A股上市企业共372家,其中工业企业291家,占78.2%;软件和信息服务企业17家,占4.6%。从上市板块看,沪深A股主板125家、中小企业板120家、创业板63家。列入上市辅导的企业148家,其中工业和信息化企业122家,占82.4%。IPO报会审核企业共86家,其中工业和信息化领域企业70家,占81.4%。从申报板块看,44家申请主板、4家申请中小板、22家申请创业板。

(四)规模以下股份制企业构成上柜企业的主体

由于"新三板"挂牌门槛相对较低、手续方便,近年来浙江省企业挂牌积极性较高。截至2017年6月末,全省"新三板"累计挂牌企业1010家,占全国的8.87%,列广东、北京和江苏之后居第4位。其中,做市转让97家、协议转让913家。根据挂牌公司行业分类,工业和软件信息服务业为浙江省"新三板"挂牌企业的主要行业,共811家挂牌企业,占比80.3%。截至2017年浙江省"新三板"在审企业75家,其中工业和信息化领域企业49家。

二、浙江省工业企业股改上市存在的主要问题

虽然近年来浙江省股份制企业数量稳步增长,对工业经济的支撑作用逐步增强,但与浙江省转型升级的需求相比、与先进省相比,仍存在较大差距。据课题组对全省774家有股改上市需求企业的调查,企业股改上市的意愿总体上还不强,股改上市面临着较大的历史遗留问题,企业进行规范的成本较高。

(一)工业股份制企业数量总体上偏少

虽然浙江省股份制改革和上市公司数量位居全国前列,但与先进省相比,仍有较大差距。2011~2015年,广东省规模以上股份制工业企业数量从18179户增加到26200户,占规模以上企业的比重从47.5%提高到62.2%,占规模以上工业总产值的比重从37%提高到了53.8%;而浙江省股份制工业企业到2017年6月末才1055户,产值占比为9.94%。工业企业股份制改革为广东上市公司奠定了坚实的基础。到2017年6月末,广东共有A股上市公司547家,比浙江省多171家,居全国第一。2016年末,广东A股上市公司总市值8.62万亿,相当于GDP的108.5%;浙江A股上市公司总市值4.12万亿,相当于GDP的88.5%。截至2016年5月末,广东在香港上市企业累计210家,数量全国最多,而浙江省为50家。

(二)工业企业股改上市意愿总体不强

与广东省工业企业中股份制企业所占比重较高形成明显对比,浙江省工业企业结构以私营企业为主、传统行业为主,且总体规模较小,股改上市步伐相对偏慢。从调研的情况看,当前浙江省工业企业股改上市的积

极性不高,企业主思想观念还存在一定偏差。相当部分企业对股改上市的相关情况了解不多,以为股改上市门槛很高、周期很长,对一般企业是遥不可及的事,加上很多企业认为股份制改革的规范成本较高,现代企业制度的建立,特别是上市后企业经营监督更严格,因此存在一定的观望、等待态度,心存顾虑,积极性不高,处于被动状态。企业股东间意见不一,也构成了企业股改上市的障碍。

(三)企业历史遗留问题相对较多

企业的股份制改造,是企业在政府部门的支持和指导下,中介机构帮助理顺股权结构、明晰资产权属、规范生产经营的过程。从 2017 年情况看,管理规范、权责明确的优秀企业基本已经完成上市,而有股改上市需求的工业企业中普遍存在纳税、用地、用工等许多历史遗留问题,企业很难依靠自身予以解决,需要各级政府加大力度,协调和帮助企业规范内外部各项管理,轻装上阵。

(四)上市公司募集资金闲置

推动企业股改上市的目的是要促进经济转型升级,但也有部分企业上市后热衷于资本运作。据浙江证监局统计,2016 年上半年,全省共有 153 家上市公司合计开展委托理财 1881 次,合计金额 1106.7 亿元,同比增长 55.79%;34 家上市公司涉及 233 笔委托贷款,合计金额 216.05 亿元。2017 年 2 月末,浙江省上市公司持有理财产品为 545.82 亿元,部分企业上市后不专注于主业,而热衷于委托理财和委托贷款进行资本运营获取高额收益,变相提高了其他企业的融资成本,也不利于经济的转型升级。

三、工业企业股改上市需求调查分析

课题组 2017 年 6 月份组织调查,全省共有 820 家工业和信息化企业有股改和上市需求,其中工业企业 774 家、软件信息服务企业 46 家。软件信息服务企业一般成立时间较短,没有历史包袱和困难,股改上市障碍较小,因此重点对工业企业的股改上市(含上柜,下同)需求情况进行分析和总结。

(一)拟股改上市企业的主要特点

据对调查数据汇总分析,当前拟股改或上市的工业企业有以下主要特点:

一是以中小企业为主。中小企业占全部调查企业的 80.9%,其中,拟股改企业中小企业占 87.2%、拟上市中小企业占 74.9%。规模以下企业 62 家,占 8%,如表 3 所示。

表 3 调查企业的规模分布

(单位:户)

2016 年营业收入(万元)	拟股改企业	拟上市企业	小计
2000 以下	31	31	62
2000-5000	58	42	100
5000-10000	85	57	142
10000-20000	78	67	145
20000-40000	75	102	177
40000-100000	38	70	108
100000 以上	10	30	40
合计	375	399	774

二是股改和上市的目标多元。拟股改的375家企业中,有180家企业股改的主要目的是为了规范企业内部管理,占总数的48%;其余52%的企业股改目的是为上市做准备。399家拟上市企业中,229家企业目标是在沪深A股上市,占57.4%;拟赴"新三板"挂牌企业98家,占24.7%;香港和境外上市9家,占2.3%;股权交易中心挂牌9家,占2.3%;目标不明确的54家,占13.5%,如表4所示。

表4 拟上市企业目标市场构成

(单位:户)

拟上市地	户数	上市阶段	户数
沪深主板	143	股改阶段	196
中小板	29	上市前辅导阶段	97
创业板	57	筹备和发行申报阶段	83
新三板	98	发行和上市阶段	20
浙江股交中心	7	中止审查	3
宁波股交中心	2		
香港主板	5		
境外上市	4		
待定	54		
合计	399	合计	399

三是拟上市企业总体盈利较强。拟股改上市企业2016年营业收入2119亿元,比2015年度增长10%,占全省规模以上工业企业营业收入总额的3.24%;实现利润229亿元,比2015年度增长48.4%,占全省规模以上工业企业利润总额的5.3%;主营业务收入利润率为10.8%,比全省同期平均水平高出4.2个百分点。其中,2016年拟上市企业实现利润169.09亿元,比2015年度增长69.6%,比同期全省工业平均利润增幅高出53.3个百分点,显示出拟上市工业强劲的盈利增长能力;拟股改企业实现利润较2015年增长9.7%,低于全省平均水平6.6个百分点,仍需通过制度创新和技术创新进一步增强盈利能力。

四是行业分布相对集中。调查的拟股改或上市的工业企业中,装备制造企业共有368家,占47.5%,比重最大;电子信息企业76家,占9.8%;化工企业45家,占5.8%;其余企业行业分布较为分散,有橡胶塑料、生物医药、纺织、服装、木材加工、家具、非金属矿制品、农产品加工、食品加工等,涉及多个行业。

(二)企业反映的具体困难和问题

经问卷调查和实地调研,拟股改上市企业反映的困难和问题主要涉及政府各相关部门。据某拟上市企业测算,启动股改到报发审委审核,企业大大小小共有近千个需要规范的各类问题,其中80%的问题需要政府部门协调解决。反映比较集中的问题有以下几类:

一是股改引起的税收问题。随着IPO审核日趋严格,股份制企业是否按时代扣代缴股改产生的个人所得税也开始成为证监会发审委的询问点之一。股改上市过程中的税负增加问题是拟股改和上市企业反映最为突出的问题。股改上市需要清晰股权,企业和股东需求补交大额的税款,这直接影响企业主的股改积极性。我国对于股份有限公司与有限责任公司的税收政策不同,企业因股份制改造会增加许多税负。如因规范需要会产生剥离或重组的资产(包括土地、房产、车船等),在资产转让前后不变更实际控制人或控股股东的,其资产转让过户时会产生税负;因会计调整增加利润从而增加企业所得税负担;量化到个人的资产、因资产评估增值和原企业历年积累的资本公积归属个人部分以及用未分配利润和盈余公积转增股本产生个人所得税等。企业完成股改会产生一大笔补缴税费和中介机构费用,改制成本较高。

二是各类权证的办理。这是企业反映比较集中的问题,共有52家企业反映由于规划调整和误差、厂区拆迁、容积率过高、测绘差异、部分违建,造成土地证和房产证办理有困难,需要政府部门帮助协调。如衢州某企业通过司法拍卖方式取得厂房建筑,由于原厂房建筑未办理房产证,加上相关房产资料保管不全,补办进展缓慢。由于权证办理困难影响企业资产确权,直接影响股改进程。调查中有个别企业反映因土地权证问题暂停搁置了股改工作。

三是企业历史沿革确权问题。部分历史较长的老企业尤其是国有改制企业的股改,国有股权退出过程中相关确权文件不完善,因年代相隔久远,相关经办责任人更换等客观原因,解决的难度较大;不合格股东的清理、股东股份确权,涉及外资股东、"假外资"的处理等复杂的问题,直接影响企业启动股改。

四是募投项目用地问题。募投项目的市场推测及盈利预期能反映出企业的中长期发展规划,体现了企业在未来的成长潜力和投资价值,募投项目也是证监会审核的重点之一。有40家企业反映,由于生产经营快速扩张,工业用地紧张影响了募投项目落地,降低募投项目的可行性。如浙江先锋科技股份公司全资子公司伟锋药业一期建设项目计划2018年中投入正常生产,园区同意为伟锋药业配套建设的实验楼、质检楼供应13.33~20公顷土地,但当地政府一直没有挂拍,严重影响了项目的正常投产。

五是企业资金方面的问题。部分拟股改和上市企业面临为母公司和关联企业的贷款担保、有关资产抵押贷款难以置换等困难。有33家企业反映,由于股改造成企业资金紧张。补交税款较多,拟上市企业补交税款少则上千万元,多则达亿元;中介费用较高,调查的拟上市企业中,中介服务费用最多的达3000万元,少的也要200万元。有的企业反映,由于股改后企业规范内部管理,用工和生产成本大幅增加,资金面临压力。如浙江钜士安防科技股份有限公司反映,上市过程中税收、成本费用比2016年增长50%,造成现金流紧张。也有企业反映募投项目投资较大,需要配套的银行贷款支持。

六是其他方面的问题。一是需要政府的证明材料多。拟上市企业反映,申报IPO需要提供三年报告期内,工商、税务、国土、海关、社保、住房公积金、劳动用工、环保、安监、消防、质量技术等行政主管部门出具的无重大违法证明,涉及部门众多,有的甚至需要每个季度出具,企业压力很大。二是面临人才短缺的压力。企业股改后,尤其是需要上市上柜的企业,作为公众公司需要信息披露,而合格的财务总监和董秘相对短缺。三是企业管理不适应股改要求。部分企业内部管理基础薄弱,与上市公司的要求差距较大;有的企业由于中高层员工的素质不高,坚持内部规范运作难度较大;有的企业因股改规范要求对历年财务报表进行调整,调整后的数据与上报税务部门的数据出入较大;有的企业曾因安全生产、环保等不规范受到轻微处罚。

四、推动工业企业股改上市的对策建议

省委省政府高度重视企业股改上市工作,省政府专门制定并组织实施全省企业上市和并购重组"凤凰行动"计划,提出了到2020年实现上市企业数量倍增目标。加快推动全省工业企业股改上市,既是贯彻落实党的十九大会议精神和省政府"凤凰行动"计划的具体要求,也是推动工业转型升级的内在需要。针对企业反映的突出问题,建议各级政府要加大工作力度,对拟上市企业要实施精准辅导,着力加快浙江省工业企业股份制改革步伐,为提高股改上市企业数量提供坚实基础。

(一)组织实施工业企业股改工程

对全省规模以上工业企业进行全面摸排梳理,积极动员符合产业发展方向、主营业务突出、示范带动性强、成长性较好的企业股改上市,分层次、分类别、分梯队建立股改、上柜企业名单,着力推动企业股份制改革和浙江股交中心、"新三板"挂牌。对信息、环保、时尚、高端装备制造业等优势企业且符合上市条件的,建立省级股改上市重点企业名单,由省级部门重点协调推进。

(二)着力破解企业历史难题

各级政府要加强对工业企业股改上市工作的领导,建立协调机制,主动帮助企业协调解决股改上市过程中的历史遗留问题。对涉及股本划转、权证办理、税收政策等共性难题,在符合国家法律法规的前提下,省级有关部门要大力支持。如税务部门要在官方网址汇总公布股改上市的相关税收政策,跟进对拟股改上市企业的税收优惠政策说明,最大程度降低企业股改上市的税收风险。对涉及土地、规划、环保等问题,采取"一事一议"的方法妥善处理。对列入省级股改上市名单的重点企业,要建立地方领导联系制度,落实专人跟踪服务。

(三)搭建服务平台

各地政府要搭建企业股改上市公共服务平台,发挥券商、律师事务所、会计师事务所、资产评估事务所的专业优势,帮助解决企业股改上市的难题。建立中介服务评价机制,引导中介机构提供优质服务。发挥证券交易所、股权交易中心、中介机构的作用,组织开展多形式、多层次的培训,提高企业高管实务操作能力和政府工作人员的业务指导能力,加快改制上市步伐。

(四)加大金融支持

积极引导金融机构优先支持已有明确股改上市时间表且有合理资金需求的拟股改上市企业,切实帮助企业解决资金需要。各地政策性担保机构要把拟股改上市企业作为支持重点,帮助企业化解担保链。鼓励有条件的拟股改上市企业发行企业债券、短期融资券和中期票据融资。积极引导各类产业基金参与工业企业股改,优化企业股权结构,完善公司法人治理,推动企业加速股改上市。

(五)切实降低企业股改成本

对企业股改以未分配利润、盈余公积和除股票溢价发行外的其他资本公积转增注册资本金产生的地方税收收入贡献部分,建议地方财政当年奖励给相应的贡献人;同一控制人下进行合并、分立、股权转让等重组,涉及土地、房产等资产变更、过户所产生的地方税收收入贡献部分,建议地方财政当年全额奖励给企业。在企业完成股改当年起三年内,按其当年实际交纳的增值税和企业所得税超出2016年度的地方税收收入贡献部分,建议地方财政全额奖励给企业。各级财政专项资金要加大对工业企业股改的支持,对列入省、市、县三级重点名单的企业,建议完成股改的(不上市挂牌),每户按中介合同费用及企业付款凭证给予50%的补助,最高不超过30万元。

(六)着力优化环境

发改、经信、国土、规划、环境保护、城乡住建、工商(市场监管)、安监、消防、税务等相关部门要按照"最多跑一次"改革要求,对企业股改上市过程中涉及的各类审批事项要开辟"专设窗口",简化程序、减少环节、特事特办。要积极探索"一窗受理、集成办理"并联审批流程,及时为企业办理相关手续和证明,加快办理速度。对列入省级股改上市重点名单的企业,各级税务、环保、消防等部门要给予最大支持,帮助企业尽早完成股改上市。

2017年浙江省资源节约和综合利用情况报告

浙江省经信委资源节约与综合利用处

2017年，浙江省紧紧围绕年初确定的工作目标，积极推进绿色制造、清洁生产、资源综合利用、工业节能节水等工作，取得了明显成效。

一、积极推行绿色制造

一是组织开展国家绿色制造体系建设示范名单申报创建工作。根据《关于开展绿色制造体系建设的通知》(工信厅节函〔2016〕586号)要求，积极组织国家绿色工厂、绿色设计产品、绿色园区和绿色供应链管理示范企业申报工作，2017年浙江省列入首批国家绿色工厂企业20家，国家绿色设计产品19个，国家级绿色园区2个，国家绿色供应链管理示范企业1家，国家工业节能与绿色发展评价中心2家。

二是组织申报国家绿色制造系统集成项目。万向钱潮股份有限公司智能轻量模块化产品绿色设计平台建设与系统集成项目等6个绿色制造系统集成项目获得工信部立项，中央财政首批预拨资金4470万元。

三是组织开展绿色制造专题培训。2017年3月份、10月份先后举办了推进绿色制造专题培训，解读国家绿色制造有关政策，就企业绿色转型中存在的问题进行解答，并指导服务做好国家项目的申报工作。

四是开展绿色制造系统集成项目监督检查。制定实施《关于加强和规范绿色制造系统集成项目管理工作的通知》(浙经信资源便函〔2017〕157号)，加强2016~2017年浙江省列入国家的11个项目规范化管理，及时开展对列入国家示范的11个项目实施进度以及资金使用情况监督检查，确保项目如期完成和中央财政资金的规范使用。

二、全面推行清洁生产和工业节水

一是会同省环保厅公布了2017年652家自愿清洁生产审核企业和436家强制性清洁生产审核名单，继续推进园区清洁生产审核示范试点工作。并根据《浙江省创建绿色企业(清洁生产先进企业)办法(试行)》，对各地申报的2016年度绿色企业进行了现场审查，确定78家企业为“2016年度浙江省绿色企业”。

二是积极配合工信部开展重点用水企业水效领跑者引领行动。落实工信部《工业绿色发展规划(2016~2020年)》《关于印发重点用水企业水效领跑者引领行动实施细则的通知》等国家节水工作的要求，浙江省有2家企业列入工信部2017年重点用水企业水效领跑者名单(全国共11家)。

三是牵头组织，与省建设厅、水利厅、节水办合作开展省级节水型企业创建工作，下发了《关于开展节水型企业建设工作的通知》(浙经信资源〔2017〕31号)，组织力量推广水平衡测试工作，各地市共上报358家省级节水型企业。此外，还配合省建设厅开展节水型单位创建工作。

三、强化推进工业节能

一是积极支持企业开展节能技术改造，按照财政转移支付改革要求，切块下达了2017年浙江省工业和信息化财政专项资金(节能部分);同时,积极配合开展对部分地区节能资金使用情况的审计、督查,提高资金使用效益。

二是按照工信部要求,积极组织浙江省企业申报2017年度工业节能技术装备和能效之星,全省共有浙江金龙电机股份有限公司等5家企业产品获得国家"能效之星"产品称号。

三是持续做好节能新技术、新产品、新机制的推广应用,组织开展合同能源管理、节能产品惠民工程、电机能效提升等工作,推广一批高效节能锅炉。

四是按照工信部要求,省经信委组织浙江省能源监察总队等多家能源监察机构,开展2017年国家重大工业节能专项监察任务,顺利完成工信部下达浙江省194家企业节能专项监察。

四、深入推动资源综合利用工作

一是做好再生资源利用工作。2017年完成了再生资源企业向工信部申报准入行业工作,做好了现场审查和推荐。完成了对列入工信部轮胎翻新、废轮胎综合利用、废钢铁加工、废塑料综合利用、再生铝等行业规范条件准入的13家再生资源企业的现场检查,检查企业规范条件保持、生产经营状况、税收政策执行等方面情况。

二是开展进口固废加工利用行业转型发展调研。为落实高兴夫副省长的批示,赴富阳、台州、宁波、嘉兴等地进行了专题调研,于2017年10月12日在杭州组织省市县相关部门和企业召开了固废进口政策调整对浙江省影响与对策座谈会,向省政府提出了政策意见和建议,获得高兴夫副省长的批示肯定。

五、全力做好迎接中央环保督察工作

一是成立迎接中央环境保护督察工作领导小组,明确委内处室分工,收集、梳理和汇总涉及省经信委资源节约与综合利用处的环保工作的一系列文件资料,起草省经信委中央环保督察问询报告,认真做好中央环境保护督察迎检准备工作。

二是多次召开委内中央环境保护督察专题会议,研究拟订中央环境保护督察省经信委工作处室分工,快速部署和落实中央环境保护督察有关要求。

三是建立健全工作体系。建立全省经信系统环保督察应急联系QQ群,及时传达共享中央环保督察相关信息和要求,指导各地经信部门做好中央环境保护督察工作。

四是积极做好问询及整改工作,积极准备中央环境保护督察问询。此外,以这次中央环保督察为契机,推动出台传统产业提升改造等涉及环保工作的工作新举措和行动方案。

2017年浙江省无线电管理情况

浙江省经信委无线电管理局

一、2017年工作总结

2017年，浙江省无线电管理系统在省经信委党组的统一领导下，根据工信部无管局的年度工作安排，以《中华人民共和国无线电管理条例(修订)》(以下简称国家《条例》)宣贯和《浙江省无线电管理条例》(以下简称省《条例》)立法工作为重点，依法行政，认真履职，在频谱资源配置、台站设备监管、电波秩序维护、无线电安全保障等方面取得了可喜成绩，较好完成了年度各项工作任务。

(一)加强无线电管理法治建设

一是深入宣传贯彻国家《条例》。紧紧围绕深入贯彻和广泛宣传两条主线，扎实推进国家《条例》宣贯工作。成立领导小组，制定实施方案，组织开展全方位、多层次的专题学习和培训活动，通过现场活动、报纸杂志、网站、短信、微信、公益广告等宣传方式，不断扩大国家《条例》的社会影响。完善国家《条例》配套制度，及时修订发布了边界清晰、权责一致的行政权力、责任清单，根据浙江省行政执法工作实际，修订行政处罚裁量基准、适用听证的较大数额罚款标准和《浙江省无线电管理行政许可业务手册》，制订《浙江省无线电干扰投诉和查处工作办法》。主动与交通、海洋渔业、商务、海关等部门衔接，明确权责关系，完成工作交接。

二是推动省《条例》出台。配合省人大法工委做好省《条例》立法调研、草案修改、意见征集工作，积极推动立法进程。省《条例》于2017年9月30日通过浙江省第十二届人大常委会第四十四次会议审议，于2018年1月1日起实施。省《条例》共26条，涵盖了无线电管理职责、频率管理、台站管理、设备销售管理、技术设施建设和保护、干扰查处、法律责任等内容。省《条例》明确了有关部门和县级政府的职责，细化了频率、台站、识别码、设备管理制度，根据浙江省无线电管理实际，在技术设施建设和保护，台站日常管理主体责任，重大活动临时设台审批，干扰查处的责任义务等方面，制定了具有地方特色的管理制度。

三是不断提升依法行政水平。积极贯彻落实省委、省政府“最多跑一次”改革决策部署，将无线电行政许可率先纳入第一批清单。根据国家《条例》精神和“最多跑一次”理念，修订业务手册，编制办事指南，完善网上办事系统功能，实现了行政许可、行政征收在“浙江政务服务网”上全流程办理，达到了群众和企业办事“最多跑一次”目标。在全国无线电管理系统中率先试行电子执照发放，探索行政许可办事“零上门”服务机制。组织开展行政许可、行政处罚案卷评查，进一步规范了执法的主体、程序、期限、依据、审查和文书。全省共办理行政许可1188件，指配频率478个(对)，审批台站16751个，核发识别码225个，办理行政处罚案件2起，征收无线电频占费400余万元，未出现相对人投诉或申请复议、提起诉讼情况。

(二)科学合理配置无线电频谱资源

一是积极服务经济社会发展。积极支持国网浙江电力公司开展230MHz频段载波聚合技术试验，为舟山“波音737飞机完工和交付中心”协调频率使用事宜，指配“杭州—绍兴”城际铁路、绍兴地铁、省海港集团

1.8GHz无线接入频率，对省移动，省电力，台州海洋渔业局，宁波、金华等市地铁，杭州萧山、东阳横店等机场，"金华—义乌—东阳""杭州—海宁"等城际铁路的用频需求进行调研并提供业务咨询。根据工信部无管局的统一部署，完成国家电网海盐智能电网试点项目阶段性验收，日本卫星地球站浙江境内频率协调，以及越南、挪威等6国政要访华临时用频指配等任务，就浙江省1.4GHz频段规划和使用需求征求相关部门、用户单位的意见。

二是深入开展频谱使用评估专项活动。制订工作方案和实施细则，组织业务培训，探索建立常态化工作机制。通过固定监测和移动路测相结合的方式开展现场评估测试，做好数据采集分析，自主完成了全省广播电视等频段的频谱使用评估工作，及时向工信部报送评估报告。完成《无线电频谱使用评估成果应用》课题研究，深化频谱评估成果应用。

（三）做好无线电台站和设备管理工作

一是推进无线电台站规范化管理。规范无线电台站设置、使用审批，明确设备应当取得无线电发射设备型号核准证的要求，突出核准证有效期的审核。根据国家《条例》规定的管理权限，与交通等部门完成了船舶制式电台的管理交接。开展全省广播电视台站清查，要求未能提供广电部门频率批文的设台单位限期整改。核对无线电台站数据信息，对执照已过期的台站下达《注销行政许可决定书》。支持省业余无线电协会开展业余无线电台操作能力验证。督促运营商整改800MHz频段使用中存在的问题。

二是创新开展"双随机"监管工作。在继续实施用户年检自查的基础上，首次开展全省无线电管理行政许可"双随机"抽查监管。认真筹划方案，做好抽查对象、执法人员"两库"建立和随机抽取工作，组织104名执法人员对131家被许可单位（个人）进行实地核查，及时做好核查结果网上公开。

三是做好设备销售备案准备工作。加大宣传力度，提升生产商、销售商及社会公众对销售备案制度的重要性认识。调研兄弟省份在销售备案方面的先进经验和有效举措，加强对销售备案有关问题的研究。以省《条例》立法为契机，在相关条款中明确了备案对象、时限、内容及真实性要求，并制订了相应的罚则，确保销售备案制度在浙江省有效落实。

（四）维护电波秩序和频率使用安全

一是做好重大活动无线电保障工作。圆满完成第四届世界互联网大会保障任务。加快永久会址分布式监测网建设，形成"一中心三站六车三点"的保障设施总体布局。大会期间共受理61家单位的申请，指配频率111个（对），核发电台执照标签2416张。组织开展"伪基站""黑广播"巡测，场馆电磁环境测试和重要频段保护性监测，及时排查不明信号。大会召开期间，无线电业务规范有序，各类设备正常使用，核心区域未发生干扰事件。此外，还完成党的十九大、春节、"两会"等重要时段无线电保障任务及配合做好厦门"金砖会晤"无线电保障工作。

二是严厉打击非法无线电台站。配合公安部门开展打击治理电信网络新型违法犯罪专项行动，协助有关部门查处"伪基站"案件1起、"黑广播"案件26起。加大不明信号排查和无线电干扰查处力度，主动查明不明信号135个，受理并查处各类无线电干扰95起。组织完成公务员录用、高校招生、研究生入学等16次重大考试无线电保障，保障考点245个，防范和打击非法利用无线电技术考试作弊行为。

三是加大重要业务频率保护力度。根据国家统一部署，联合民航、广电部门开展保护航空专用频率专项活动。召集上海铁路局及省内铁路用频单位召开保护铁路专用频率工作协调会。开展温州永强机场电磁环境保护区划定工作。根据国家《条例》，完善浙江省保护航空、铁路频率长效工作机制，严格实施高铁沿线随列车巡测和民用机场电磁环境监测制度。加强重要业务和重点区域的日常保护性巡测，及时发现并排除干扰隐患。

(五)加强资金管理和项目建设

一是规范转移支付专项资金使用管理。做好当年资金分配、次年资金申请、结余资金调剂使用及相关统计工作。组织开展2016年全省专项资金支出绩效自评,配合工信部无管局做好专项资金财务检查工作。开展《浙江省无线电频占费使用情况评估方法》课题研究,为出台全省专项资金绩效评价指标体系提供决策参考。

二是加快推进技术设施项目建设。制定发布《浙江省无线电管理技术设施建设实施意见(2018~2020年)》,有序推进"十三五"规划技术设施项目库实施。与省铁塔公司签订战略合作协议,探索建立租用站址的技术设施建设新模式。组织开展全省技术装备普查,摸清装备底数,掌握使用现状。2017年全省新建固定站8个,移动站2个,购置仪器仪表近10台,完成了世界互联网大会永久会址分布式监测网、一体化云平台信息安全系统、频谱态势仿真应用系统等项目建设,全省无线电监测网的覆盖范围、机动能力和智能化水平得到进一步提升。

(六)积极推动军民融合式发展

完善军地协调机制,做好军地间的重要用频、设台协调和干扰协调。围绕重大活动保障、干扰查处和能力建设,积极与东部战区频管部门开展业务交流。应东部战区频管部门商请,组织开展某军用频率无线电干扰专项排查。各市无管局发挥技术优势,为驻浙部队排查无线电干扰2起,提供阵地电磁环境监测服务1次,维护了军频使用安全,助力战场频谱管控。加强省预备役电磁频谱管理大队建设,严格实施预备役频谱监测月报制度,将月报与频谱管控、干扰查处等工作相结合,进一步提升队伍遂行军事任务的能力。依托大队各机动监测队(站)成立应急抢险救灾分队,做好相关演练训练。

(七)加强无线电管理宣传和培训工作力度

一是广泛开展普法宣传。以国家《条例》颁布实施和省《条例》出台为契机,以普法宣传为重点,组织开展内容丰富、形式多样的宣传活动。先后在各市主要广场和党政机关、学校、社区开展现场活动;利用户外电子屏、楼宇广告牌、公交车车身等资源展现宣传内容;结合2.13世界无线电日宣传,通过电信运营商向省内用户发送宣传短信700万余条;在省经信委网站和"浙江经信"微信公众号上发布宣传报道,内容得到广泛转发;制作3分钟公益宣传片,在浙江卫视经济生活频道和各市电视台播出;通过行业媒体刊登了一批宣贯文章。全省共开展对外宣传70余次,受众超过830万人次。

二是加强人才队伍建设和培训演练工作。配合省经信委人事处做好3名派出机构主要负责人、8名地市监测站负责人的配备,完成了5名派出机构主要负责人的异地交流任职,进一步健全了干部选拔任用机制,盘活了全省干部队伍资源。举办全省无线电管理行政许可、处罚、强制,频谱使用评估,监测技术,重大活动保障等业务培训,提升了工作人员的政策水平、专业技能和业务素质。开展全省无线电应急处置演练,采取"不作预告,模拟实战"的方式,对非法信号发现定位、现场处置、案件办理进行全流程演练,检验了应急预案和响应机制,提升了队伍障重大活动的实战能力。

二、2018年工作思路

2018年浙江省无线电管理工作思路是:深入贯彻落实党的十九大精神,以习近平新时代中国特色社会主义思想为指引,认真落实省十四次党代会决策部署,按照习近平总书记提出的"秉持浙江精神,坚持干在实处、走在前列、勇立潮头"要求,坚持稳中求进工作总基调,坚持新发展理念,以高质量发展为根本要求,围绕频谱资源管理核心职能,突出抓好国家《条例》和省《条例》贯彻执行,依法行政,认真履职,开拓创新,推动管理工作迈上新台阶,为浙江省"两个高水平"建设作出应有的贡献。

(一)履行频谱资源管理核心职能

推进频谱使用评估工作常态化运行,开展深化成果应用方面的探索和尝试。结合浙江省实际需求和应用特点,研究制订全省1.4GHz宽带数字集群频率规划,支持衢州等市政府专网建设。

(二)做好国家和省《条例》宣传工作

贯彻落实《无线电频率使用许可管理办法》等国家《条例》配套制度。依据省《条例》修订完善行政权力、责任清单和行政处罚裁量基准,出台配套管理规定。广泛开展国家《条例》和省《条例》宣传活动。

(三)深化依法行政和"最多跑一次"改革

规范行政审批流程,优化网上办事系统功能,推广电子签章和在线支付应用,实现办理无线电管理行政许可和行政征收"零上门"。制定《浙江省无线电管理行政许可监督检查工作规范》,开展"双随机"抽查监管工作,加强行政许可的事中事后监管。

(四)加强无线电台站和设备管理

指导大型设台单位建立健全台站管理制度,落实设台用户自检和用频情况报告制度。制定无线电发射设备销售备案管理办法,会同有关部门建立设备生产、销售监督检查机制。

(五)严厉打击非法设台行为

加强频谱监测、不明信号排查和干扰查处工作,严厉打击"黑广播""伪基站"等非法设台,查处非法利用无线电技术考试作弊行为。加大培训力度,提升队伍执法办案的整体水平,依法实施行政处罚。

(六)加大重要无线电业务保护力度

完善航空、铁路专用频率保护长效工作机制,落实日常保护性巡测制度,及时发现并排除干扰隐患。做好民用机场电磁环境保护区划定和高铁GSM-R系统清频工作。

(七)开展重大活动无线电保障工作

做好国际泳联世界短池游泳锦标赛、第五届世界互联网大会、第十六届省运会无线电安全保障,启动杭州亚运会保障前期准备工作。制定全省无线电突发事件应急预案,适时组织应急处置检验性演练。

(八)规范技术设施建设和资金管理

开展"十三五"规划中期评估。加强专项资金监管,对近三年资金开展专项审计,会同省财政制定资金支出绩效评价体系。完善技术设施运行维护制度,做好监测设施测试验证工作,推动固定站布局和保护要求纳入城乡规划。

2017 年浙江省企业技术改造项目招标情况

浙江省机电设备招标局

按照往年的统计口径,2017 年,浙江省企业技术改造项目中标金额约为 22.37 亿元,招标项目个数 141 个,平均节资率约为 19.6%,取得了较好的经济和社会效益。

一、浙江省企业技术改造项目招标情况

2017 年,浙江省企业技术改造项目招标金额相比 2016 年减少 2.31 亿元,下降 9.4%。从项目统计数据可以看出,2017 年,企业技术改造项目招标投标呈现以下几个趋势。

(一)使用财政资金项目增多

法律法规强制性规定使用各级财政预算资金和各种政府性专项资金的企业技术改造项目数量有所上升。以使用国家资金的国家工业强基项目为例,浙江水晶光电科技股份有限公司、中电海康集团有限公司、浙江永太新材料有限公司等国家工业强基项目中标单位能够采用委托招标或自行招标的方式开展项目的投资和建设。

(二)国企招标重视程度高

国有企业越来越重视项目的招标工作。以巨化集团公司为代表的一批国有企业均建立了相对完善的内部招标采购管理制度,根据国家规定制定细化企业的采购范围、标准、方式,能够主动向属地主管部门报备项目招标内容、方式、组织形式,接受属地管理部门的监督。

(三)招标形式出现新趋势

委托招标和自行招标相结合成为企业技术改造项目招标投标的新趋势。互联网产业的发展带来信息的公开、透明以及企业采购经验的积累,企业自行招标成为技术改造项目招标的新形式。针对部分技术简单、常规通用的项目,企业往往采用自行招标的方式。部分技术工艺复杂、存在品牌及价格差异的项目,企业则更愿意委托专业的招标代理机构对项目的招标采购过程进行把关,最终遴选出性价比较高的设备产品。

(四)招标代理竞争白热化

企业技术改造项目招标代理业务竞争日趋激烈。随着招标投标活动的日益制度化和规范化,代理机构大量涌现,跨省承揽招标代理业务的现象也越发普遍,招标代理市场竞争逐渐呈现白热化。以 2017 年浙江省国防固定资产投资项目为例,经省经信委进行招标事项核准的 11 个必招项目中,有 7 个项目委托了北京的招标代理公司进行项目的招标采购。省内企业技术改造项目招标代理公司业务发展遇到严峻挑战,亟须提升服务范围和深度。

二、招标投标监管工作开展情况

2017 年,继续贯彻落实“放管服”改革精神,依照法定工作职责开展好招标投标监督管理工作,全面优化

招标投标服务。

(一)严格事中事后监督管理

根据招投标监管流程,重点抓好招标备案文件、招标公告、开评标现场监督工作。及时认定、制止、纠正企业技术改造项目招标投标活动中的违法行为,对在监管中发现的问题及时进行督促整改,调查和处理招标投标相关投诉。2017年,参与招标现场监督27次,现场停止招标投标活动2次,处理招标投标质疑3起,较好地维护了招投标市场秩序。

(二)优化招标投标信息服务

充分依托省机电设备招标局门户网站提供招标投标信息服务。提供技术改造项目招标投标相关法规、政策、办法的政策宣传和咨询。完善技术改造项目招标投标信息发布功能,统一和规范技术改造项目招标投标信息发布。2017年,累计为企业提供招标投标信息服务事项91项。继续发挥技术改造项目招标评标专家库功能,为企业技术改造项目建设、招标投标活动以及重大制造业项目验收提供智力支持。

(三)推动重大制造业项目精准服务

发挥专业优势,继续配合省经信委抓好重大项目建设。重点开展5亿元以上重点项目精准服务,完善项目直接联系服务机制,提供全方位保障、多层次服务,推动项目尽早投产达产。2017年,走访服务项目30余次,有效推动了大项目的建设,同时有效充实招标投标供应商库。

三、促进企业技术改造项目招标投标发展对策思路

(一)宣贯落实国家最新招标投标政策办法

《中央投资项目招标管理暂行办法(征求意见稿)》(以下简称《办法》)已在国家发改委门户网站公开征求意见,《办法》明确了各级相关部门依法对中央投资项目招标活动实施监督管理,同时明确了使用中央投资200万元人民币以上且该资金占总投资额10%以上的中央投资项目,必须依法招标。《关于促进工业机电设备招标高质量发展的若干意见(征求意见稿)》(以下简称《意见》)也已经征求工信部司局、各省、自治区、直辖市、计划单列市和新疆生产建设兵团工信主管部门,以及全国招标中心系统单位的意见。《意见》明确了各省、自治区、直辖市、计划单列市工业和信息化主管部门按照部门职责负责本地区工业机电设备招标投标监督管理工作,《意见》对保障招标人充分行使自主权利、科学选择招标方式和评标办法等招标投标规则也提出了新的思路。

两个文件的征求意见稿,细化了必须招标项目规模标准,进一步明确招标监管主体,对招标事项的核准也提出了具体的操作办法。待文件正式发布后,我们将认真做好宣传、贯彻和落实,继续加强企业技术改造项目招标投标监督管理,规范使用国家资金的企业技术改造项目招标投标行为,打造公开公平公正的市场竞争秩序。

(二)推动招标代理行业转型发展

鼓励代理机构提升工业机电设备招标代理服务的技术咨询水平,积极拓展市场咨询、人员培训、合同管理等增值业务。发展招标采购全流程服务模式,推动代理机构不断提升综合业务能力,加快向服务集成、特色突出的新型招标采购服务企业转型。

(三)加强企业自行招标的指导和服务

鼓励具备条件的企业开展自行招标,结合委重大制造业项目精准服务工作,指导和帮助有自行招标意愿的大型企业集团开展自行招标,统一采购(招标)标准、规范采购(招标)程序,帮助企业规范采购流程、提高采

购质量、降低采购成本,提升企业管理水平。

(四)营造企业技术改造招标投标良好环境

继续加大对企业技术改造项目招标投标的宣传推广力度,梳理甄选一批管理科学、采购规范的先进企业,总结典型经验和先进做法,通过政务网站等载体,提高企业对招标投标活动的科学认知,使广大企业深入了解招标投标、自觉运用招标投标、熟练开展招标投标。

2017年浙江省产品质量状况分析报告

浙江省质量技术监督局

2017年,浙江省质监部门牢牢把握提高发展质量与效益这个中心,以"三强一制造"为抓手的质量工作新理念、新方法、新路径基本建立,质量基础设施进一步夯实,质量总体水平稳中有进,浙江省质量竞争力明显提升,初步形成了具有浙江特色的质量变革新格局,率先进入质量时代。

一、总体状况

(一)产品质量水平稳步提升

2017年,全省质监部门共监督抽查11583批次产品,抽查批次合格率达到95.8%,比2016年提上0.1个百分点。从行业看,7大行业中,纺织、轻工、机械行业产品质量较2016年有所提高,化工、冶金、建材、电子有不同程度的下降;从地区看,11个市中有6个市较2016年提升,其中升幅较大的是舟山和宁波,批次合格率分别为93.8%和95.4%, 分别比2016年提高了7.6和1.2个百分点。强制性认证产品抽查批次合格率为95.9%,比2016年提高0.6个百分点,工业生产许可证产品抽查批次合格率为97.1%,同比上升了0.2个百分点。

(二)品字标"浙江制造"企业领跑全省制造业

截至2017年底,全省有114家企业共210个产品通过品字标"浙江制造"认证,已获认证企业在自主创新、品牌价值和盈利能力等方面具有明显的示范带动作用。一是"浙江制造"获证企业的品牌价值更突出,114家企业的平均每家品牌价值为36亿元,浙江名牌企业则为8.6亿元。二是盈利能力更显著,114家企业利润总额占销售收入的比重为10.9%,比浙江名牌企业高1.8个百分点,比规上企业高4.1个百分点。三是"浙江制造"认证企业更注重技术研发投入,114家获证企业R&D投入占销售收入比重为4.0%,比浙江名牌企业高1.0个百分点,比规上企业高1.5个百分点。四是获证企业自主知识产权走在前列,企业平均拥有授权发明专利43.1项,比浙江名牌企业高29.3项。

(三)名牌产品经济贡献显著

2017年,全省工业名牌企业1683家企业研发投入总计730.2亿元,占销售收入的3.0%,新产品产值达11330.6亿元。省级工业名牌产品实现销售额14412.7亿元,占全省规上工业企业销售收入的21.5%。名牌产品企业实现利润2253.9亿元,完成税金1398.3亿元,分别占规模以上工业的49.3%和47.9%,名牌产品企业对全省规模以上工业增长的贡献率为34.2%,拉动规模以上工业增长2.8个百分点。名牌产品对经济发展效果较为显著。

(四)高标准引领高质量发展

一是加快"浙江制造"标准提档。制定发布"浙江制造"标准255项,60%的标准聚焦于装备制造业和消费品产业。二是促进传统产业改造提升。在121个块状产业制定并推广221个团体标准,采标企业达5.4万家,带动技改项目近3000项、技改资金投入近120亿元。三是提升市场标准活力。设立浙江省标准创新贡献奖,充分激发市场标准创新活力,累计制修订国际标准120项、地方标准672项,规模以上企业主导产品采标率达到66.1%。全力建设国际、国家级标准化技术委员会,全省拥有2个国际标准化组织分技术委员会、46个国家级标技委或分技术委员会、59个省级专业标技委。培育和发展团体标准,团体标准制定数量约占全国五分之一。企业标准自我声明公开数量全国第一,发布首批37家企业标准"领跑者"名单。

(五)精准服务助力"双零"活动开展

一是提升企业质量发展内生动力。鼓励具备条件的企业参与"中国质量奖"评选,并邀请专家给予指导帮扶,其中获提名奖7家,其中3家进入现场评审。以各级政府质量奖为导向,引导企业实施先进质量管理方法,2017年新增导入卓越绩效模式企业1181家,累计达到8657家。二是强化培训提升企业质量管理水平。组织开展"浙江制造"品牌训练营活动,为中小微企业提供质量诊断、6S质量管理方法等培训,340家企业接受训练营活动,共计培训2500人次。结合各地产业聚集情况,针对中小企业开展各类型质量管理方法推广培训,全省有5000家企业接受培训。针对建筑业、服务业管理薄弱的现状,开办服务业、建筑业中小企业540家质量管理培训班,提升企业质量管理水平。三是深化推进服务企业助力众创帮扶工作。开展检测服务开放周活动,全省质监技术机构共开放实验室151个,1741家企业利用开放实验室开展试验4285批次,开展技术讲座、培训、交流会199次,帮助企业制修订标准85个,开展技术咨询次数1038次,帮扶企业3629家,开展质量科普知识宣传受众7066人次。一年来,全省质监技术机构累计组织实验室开放服务18.9万批次,开展标准创新和质量提升活动1030个,科研成果转化应用402个,对口帮扶对外贸易企业1.51万家,共为社会和企业直接减负3.57亿元。

(六)质量安全有效控制

针对网络和实体两个市场探索市场反溯机制建设,通过对流通领域实施买样,作为发现产品质量问题的线索,追溯到生产领域,从而提高监督抽查的精准度和安全监督的效率,浙江省首创的市场反溯机制已被写入国务院关于《贯彻实施质量发展纲要行动计划中》,上升到了国家层面的新制度。2017年,全省质监系统共出动执法人员124624人次,查处案件5962件,比2016年增长36.6%,其中大要案2590件,占全部案件43.5%,比2016年增长59%;移送公安机关案件24起,比2016年增长84.6%。104家企业对173批次的缺陷消费品实施召回,涉及缺陷产品数量238.7万件,召回总量名列全国第二。2017年,全省各地共组织45044家特种设备企业自查,发现并整改安全隐患15907项;共出动检查人员约7.5万人次,检查单位约3.5万家,排查发现一般隐患21484万项,已完成整改20583项,发现严重隐患1695项,已完成整改1633项;共发出监察指令书5608份,立案查处667起,行政处罚金额1610.28万元。全省共发生特种设备事故8起,死亡7人,万台特种设备死亡率0.06%,全省特种设备安全总体形势持续保持稳定。

二、存在问题

(一)质量基础设施建设仍有待提高

虽然浙江省质量基础设施建设对全省经济社会发展的支撑保障作用日益增强,但尚不能完全适应浙江经济社会发展需要。主要表现在质量基础设施作为产业升级、自主创新和区域经济发展基础要素配备的覆盖面不够广,纳入重大平台、载体、举措的程度不够深。质量基础公共服务平台布局不够完善,企业自主创新和质量提升中的大量质量技术需求难以就地就近得到满足,广大中小微企业检测难依然存在。高新技术领域计量标准覆盖率偏低，新兴产业关键检验检测能力和技术标准存在缺失。

(二)中小企业质量管理水平仍待提升

据对浙江省中小企业质量状况调查，一是企业标准水平没有明显提升。10%的公司未制定本企业相关的产品标准，28.2%企业未在本企业标准信息服务平台上声明公开执行的产品或服务标准，35.6%企业不同标准存在交叉、重复、矛盾。二是中小企业质量管理仍有待提高，小企业质量管理信息化水平明显低于大企业，14.0%的企业公司计量器具管理和操作人员未经过专业技术培训，25.3%的企业未建立覆盖全公司的质量责任制度，34.5%的企业未通过开展质量教育、质量激励等多种形式的活动强化员工的质量意识。三是中小企业国际化水平亟待提高。41.7%的企业不了解 WTO/TBT-SPS 的协议要求，27.2%的企业因技术规格不符影响公司产品出口，8.7%的企业出口产品被国外召回或退运。

(三)出口商品不合格率和假冒伪劣案件有所上升

2017 年，浙江检验检疫局共抽查电动平衡车、LED 灯具、玩具、服装等目录外重点产品 179 批，检出不合格 66 批，不合格率为 36.9%，较 2016 年提高 4.1 个百分点，主要为电气安全性能、阻燃防爆性能，小部件安全性、有毒有害物质限量等不合格。危险化学品质量安全问题也不容乐观，2017 年检出出口危险化学品不合格 150 批，重量 4780.9 吨，金额 6104 万美元，同比分别增长 32.7%、29.2%、14.5%。2017 年浙江检验检疫局共查处进出口商品假冒伪劣案件 35 起，案件数量与 2016 年同期相比增长 63.6%，涉及假冒品牌、假冒产地、不如实申报、以次充好、虚假标注公司名称、擅自使用认证标志等。

三、对策建议

在推动高质量发展的背景下，要围绕“两个高水平”建设，继续把“三强一制造”作为主抓手，坚持以“高标准引领、高质量支撑、高品质服务”推动“两个高水平”建设，积极构建新时代质量工作体系。

(一)全力打响“品字标浙江制造”品牌

健全省政府质量奖，“品字标浙江制造”“浙江服务”“浙江建造”“浙江农产”，浙江名牌、著名商标、出口名牌三级品牌梯度培育体系，建立品牌培育、发展与保护机制。进一步将“浙江制造”制度体系复制推广到“浙江服务”“浙江建造”“浙江农产”等领域，最终将品字标打造为浙江产品、服务、工程等的统一标志。积极推动出台进一步扶持“品字标浙江制造”品牌建设政策意见，在优先参与省政府质量奖评选、政府采购、财政税收、品字标认证保险奖补，以及品牌宣传等方面给予“品字标浙江制造”企业更多支持。充分发挥“品字标浙江制造”系列产业投资基金的作用，为各类型“品字标浙江制造”认证和培育企业提供全方位扶持。推动建立品牌价值测评及发布平台，开展品牌价值评价，引导企业加强品牌资产管理、品牌运营，实现增品种、提品质、创品牌。加大“品字标浙江制造”品牌宣传推广力度，在打造全球、全国、区域品牌上精准发力，最终将“品字标浙江制造”打造成为“中国制造”的标杆和浙江经济的金字招牌。

(二)继续强化质量基础建设

一是补齐技术能力短板。对接全省国家战略实施、产业转型升级、生态文明建设、之江实验室建设等重大需求，新建一批高端社会公用计量标准、高准确度分析测试设施装置，形成一批亟须的检验检测能力和关键技术标准。对质量基础科技创新的支持，设立重大研发专项，着力突破一批重大关键核心技术。二是加强公共平台建设。将质量基础服务纳入产业创新综合服务的重要内容，在浙江省产业创新服务综合体建设中同步规划建设质量基础公共服务平台。围绕产业集聚区、特色小镇建设、区域经济发展需求，持续提升和新建一批国家和省级质检中心、产业计量测试中心，形成对中小微企业发展和“双创”的有力支撑。

(三)加大出口领域打假力度

建立质监、工商、知识产权、海关和检验检疫多部门联合的打假工作机制,加强数据共享和信息互通,深化打假合作,建立健全打击出口假冒伪劣商品违法行为的协作处理、案件协查、数据共享等协作机制,建设出口假冒伪劣商品海外打假维权监测网、打击侵权假冒浙江工作网,逐步建成浙江口岸出口商品质量安全监测网络。

2017年浙江省安全生产情况分析报告

浙江省安全生产监督管理局

2017年，浙江省委、省政府高度重视安全生产工作，将安全生产视为党和政府对人民高度负责的重大责任，摆在全省经济社会发展全局的重要位置。全省上下深入贯彻落实习近平总书记关于安全生产的系列重要指示批示精神，坚持以人民为中心的发展思想，牢固树立安全红线意识，以“有效防范较大社会影响事故、坚决遏制重特大事故”为目标，以贯彻落实中央关于推进安全生产领域改革发展工作部署为主线，坚持标本兼治、综合治理、系统建设，进一步完善安全生产责任体系、隐患排查治理体系和预防控制体系，推动了安全生产形势持续稳定向好。

2017年1~12月，全省共发生各类生产安全事故3383起、死亡2715人，受伤1435人，同比分别下降26.3%、19.2%和34.5%。其中，较大生产安全事故15起、死亡51人，同比减少4起、22人；重大生产安全事故1起、死亡18人，同比增加1起、18人。在国务院安委会对省级政府开展的安全生产考核中，浙江省连续第二年被考核评定为优秀。

一、认真贯彻落实《中共中央国务院关于推进安全生产领域改革发展的意见》，全力推进安全生产领域改革发展

一是深入推进浙江省安全生产领域改革发展。9月15日，省委、省政府出台《关于深入推进安全生产领域改革发展的实施意见》(以下简称《实施意见》)。《实施意见》的指导思想为深入贯彻习近平总书记系列重要讲话精神和党中央治国理政新理念新思想新战略，切实增强“四个意识”，紧紧围绕统筹推进“五位一体”总体布局和协调推进“四个全面”战略布局，始终坚持以人民为中心的发展思想，按照习近平总书记对浙江提出的“秉持浙江精神，干在实处、走在前列、勇立潮头”的新要求和省第十四次党代会的部署，坚定不移沿着“八八战略”指引的路子走下去，坚守发展决不能以牺牲安全为代价这条不可逾越的红线，坚持安全发展、改革创新、依法监管、源头防范、系统治理，紧紧抓住防范遏制重特大事故这条主线不放松，以更严密的责任体系、更严格的监管执法、更有效的风险管控和隐患治理措施、更系统的社会共治体系和更有力的基础保障，全面深化安全生产领域改革发展，全面提升安全生产保障能力，全面降低事故起数、死亡人数和单位生产经营活动死亡率，实现全省安全生产形势根本性好转，努力为建设“六个浙江”和实现“两个高水平”奋斗目标奠定更加坚实的安全基础。《实施意见》提出了到2020年的主要目标，即安全监管体制机制基本健全，法规制度基本完善，较大社会影响事故得到有效防范，重特大事故得到坚决遏制，各类生产安全事故起数、死亡人数、亿元地区生产总值生产安全事故死亡率分别比2015年下降50%以上、50%以上、65%以上，安全生产水平与“两个高水平”发展目标相适应。到2030年，实现安全生产治理体系和治理能力现代化，确保安全发展的产业结构与布局科学合理、产业层次明显提升，全民安全文明素质全面提升，安全生产和职业健康工作达到中等发达国家水平。

二是安全生产领域办事“最多跑一次”改革取得成效。2017 年,省安监局根据省委省政府“最多跑一次”改革要求和省直机关工委《关于推进‘最多跑一次’改革强服务强效能”作风建设专项行动方案》部署,采取坚决措施贯彻落实,将安全生产领域办事“最多跑一次”改革作为工作重中之重,制定省安监局《推进落实“最多跑一次”改革实施方案》,确定总体工作目标、明确处室任务分工和时间节点。成立“最多跑一次”协调领导小组,由省安监局主要领导直接部署抓落实,强化内部分工与协调,建立长效工作机制,定期交流工作进展,逐项解决疑难问题,打通各个问题、堵点。机关党委对涉改支部进行督促检查,强化效能、服务和作风建设,及时解决发现的问题,确保“最多跑一次”改革工作取得成效。《浙江日报》《中国安全生产报》等主流媒体多次宣传报道省安监局“最多跑一次”改革工作经验。至 2017 年底,全省安监系统 26 项行政许可及备案事项全部实现“最多跑一次”流程改造。

三是安全生产“1+X”责任体系实现市、县(市、区)全覆盖。明确省安委会 51 个成员单位的安全生产职责,明确安委会和各专业安委会职责分工,形成“有统有分,统分结合,齐抓共管”的良好格局。在“平安浙江”考核中明确 3 大项指标和 18 条评分细则,对各市政府实行较大事故“零指标”目标责任考核,进一步落实“党政同责,一岗双责”。宁波市推进“1+X”体系建设向乡镇街道延伸,全市 123 个乡镇建立了“1+X”体系。衢江区建立了安全生产“四个一”督察机制(一月一抽查督察,一季一综合督察,一个阶段一次专项督察,半年一考核督察)、工作通报和问题隐患函告制度。建德市探索安全生产“15 日工作法”,推行“15 日工作推进到位、15 日隐患整改到位、15 日责任追究到位”工作模式,滚动式落实安全生产各项工作。

二、全面实施安全生产综合治理三年行动计划,持续加大各类事故防控

省安委会出台《浙江省安全生产综合治理三年行动计划》,全面启动危险化学品、道路交通、建筑施工、渔业船舶等 8 个重点行业领域安全生产综合治理。围绕平安护航党的十九大,深入推进安全生产大检查工作,落实 26 个省级部门大检查重点内容和工作责任,层层部署、递次推进,持续保持高压态势。省安委会组织开展三轮执法式督查,特别是第二轮督查期间,省安委办与省政法委紧密配合,组织 22 个督查组深入一线实施不间断驻点暗访暗查,对发现的问题隐患实施“日报日清”,确保“问题不过夜”。大检查期间,全省打击严重违法违规行为 6694 起,处罚罚款 1.24 亿余元;依法关闭取缔违法企业 4538 家,停产整顿 8653 家,暂扣证照 310 家;通过电视、网络媒体对 206 个(处)存在事故隐患或违法违规行为的企业或个人进行公开曝光。温州、湖州、金华等地的监委、法院、检察院、公安、安监等部门密切配合,加大了非事故追究刑责力度,对非法违法行为形成了强大的震慑力。绍兴、台州等地推行“智安通”“E 安监”等信息化执法手段,基本实现一线执法检查信息手机端录入。严格落实警示通报制度,省、市两级安委办共对 7 个地方政府、9 个部门发出警示通报;对 12 个部门单位发出提示函。严格事故调查责任追究,牵头调查天台“2·5”重大火灾事故,提级调查西湖区野鱼馆“7·21”燃气爆炸事故,严肃处理责任人员 38 人。

三、深入开展安全生产专项治理,大力推进双重预防机制建设

全省落实重大生产安全事故隐患判定标准,建立健全重大风险隐患排查日志制、重大安全隐患报告制和重大事故举一反三制,推动建立完善双重预防机制。

一是矿山领域。重点开展矿山建设项目、泥浆库、堆土场、地下矿山、整合技改和加强对长期停产停建矿山监管等六个方面整治,查处违反“三同时”矿山 35 座,整治泥浆库 8 个,整合矿山 4 座,提升改造矿山 3 座。国家、省、市“三级联动”,确定 22 个单位开展双预防机制建设试点。

二是危险化学品领域。省政府办公厅印发《浙江省危险化学品安全综合治理实施方案》;以危化品综合

治理为主线，基本建成全省重点监管危化品、重大危险源、油气管道“一个库、一张图”，建立全省危化品生产企业安全风险研判及承诺公告制度；基本实现重点化工园区安全一体化监管和第三方专业化服务全覆盖。

三是烟花爆竹领域。继续推进规范经营，金东区通过“五统一”（统一规划布点、统一专店直营、统一进货渠道、统一智能监控、统一安全管理）等措施，烟花爆竹零售经营点数量压缩近90%，经营点的安全条件进一步提升。

四是工贸领域。开展“三场所三企业”（金属冶炼企业、液氨制冷企业、船舶修造企业、涉爆粉尘作业场所、有限空间作业场所和喷涂作业场所）专项整治。温州市粉尘防爆综合整治有关工作做法，得到国家安监总局肯定。

五是道路交通领域。加快推进公路生命防护工程建设，全年实施安防工程2142公里，超额完成年度计划目标。

六是消防领域。在全省范围部署开展消防安全隐患集中排查整治行动，以高层建筑、人员密集场所、居住出租房等7类场所为重点，排查各类单位98万家，督改隐患108万处。建筑施工领域，突出轨道交通、地下空间开发、地下管廊等重点工程，开展危险性较大分部分项工程专项整治行动，责令停工整改430处项目，行政处罚企业263家。

此外，还针对性开展了渔业船舶、油气管道、特种设备、城镇燃气、旅游等行业领域专项整治。

四、完善安全社会共治体系，积极推进安全生产治理创新

一是全省全面拓展安全生产社会化服务。截至2017年底，全省参与社会化服务企业累计近28万家次，参与服务的中介组织702家，签订合同金额近8亿元。

二是加快推广“保险＋服务”模式，省政府办公厅转发省安监局等部门《在全省高危行业全面推进安全生产责任保险制度通知》，在矿山、危化、烟花爆竹等八大高危行业领域全面实施安全生产责任保险。2017年，全省安责险累计保单3942件，保费合计5928万元。衢州市开展安环险试点工作，在71家化工企业试点基础上，向矿山、金属冶炼等高危行业推广。

三是认真贯彻《省安监局 省综治办关于加快推进安全生产网格融入全省基层社会治理“一张网”的通知》，将这项工作纳入2017年度安全生产目标管理责任制考核，督促指导各地。借助“平安浙江”建设体制机制优势，推进网格共建共享共用，明确网格员安全管理职责，加快信息系统对接应用，实现基层安全生产工作动态管理、源头管理、前端处理。

四是建立健全安全生产诚信体系，对严重失信企业实施惩戒。2017年，共有17家企业列入省级黑名单和国家联合惩戒对象。

五、进一步夯实安全基础，提升安全保障能力

一是加强依法行政。制定《关于加快推进安全生产与职业健康一体化监管执法工作的实施意见》，推动执法检查、“三同时”监管、标准化建设、宣传教育培训、中介服务和工作目标责任考核六个“一体化”。

二是推进“科技兴安”。制定了《浙江省安全生产“科技兴安”三年行动计划》，大力推动安全生产“机械化换人、自动化减人”。推动“智慧交通”“智慧物流”等建设，全面推广“智慧用电”系统，2017年，省级财政落实专项补助资金1000万元，11个市、31个县（市、区）建成“智慧用电”区域性监控平台。至2017年底，全省安装智慧用电设备131924家，覆盖企业43438家。

三是加强宣传教育。组织开展中央改革意见和省委实施意见专题宣讲会、报告会、座谈会，在《浙江日报》

和浙江在线网站等主流媒体开设专版专栏，在全社会营造安全生产浓厚氛围。开展安全生产宣传月"1234567"系列活动，温州市安全生产宣传"七进"试点工作得到国家安监总局肯定。推行安全生产培训网络考试，累计组织考试3000余场，培训各类人员10万余人次。

四是强化职业病危害防治。省政府办公厅制订发布《浙江省职业病防治规划(2017~2020年)》，组织开展尘毒危害治理的示范企业创建。2017年，浙江省培育选送的浙江长兴天能动力电池有限公司获得国家级尘毒危害治理示范企业称号(全国共评选11家)。

五是完善安全生产应急救援体系。推进专业应急救援队伍建设，配合建设国家危化品应急救援舟山基地。修订出台省级生产安全事故、危险化学品事故、矿山事故等应急预案。组织开展浙江省2017年危险品事故应急演练及应急救援技能竞赛，不断加强安全生产应急救援能力。

在看到成绩的同时，我们还应看到全省安全生产领域不平衡和不充分问题仍比较突出、事故总量仍居高位、安全基础仍然薄弱、企业主体责任落实不到位、非传统领域事故呈现多发态势。对此，我们要把加快提高安全治理能力摆在更加突出位置，以"零容忍"态度，加快补上安全短板，确保安全发展。

2017年浙江省小微工业企业运行情况

国家统计局浙江调查总队工业调查处

近年来,浙江省委、省政府持续推进供给侧结构性改革,坚定不移打好转型升级系列组合拳,产业结构不断优化,经济发展持续向好,小微工业经济稳步发展。2017年,浙江规模以下工业生产经营呈逐季稳步向好发展态势。但企业仍然面临成本压力大、生产用地受限、结构性用工短缺等问题。建议相关部门进一步完善小微企业扶持政策,继续推进产业优化升级,助力企业转型升级,多方面促进小微企业健康发展。

一、发展基本特点

(一)生产经营呈逐季稳步向好态势

2017年,全省规模以下工业实现增加值4738.1亿元,比2016年增长7.7%,增幅高于江苏、山东、广东等周边发达省份。全年呈逐季稳步向好态势(见图1)。

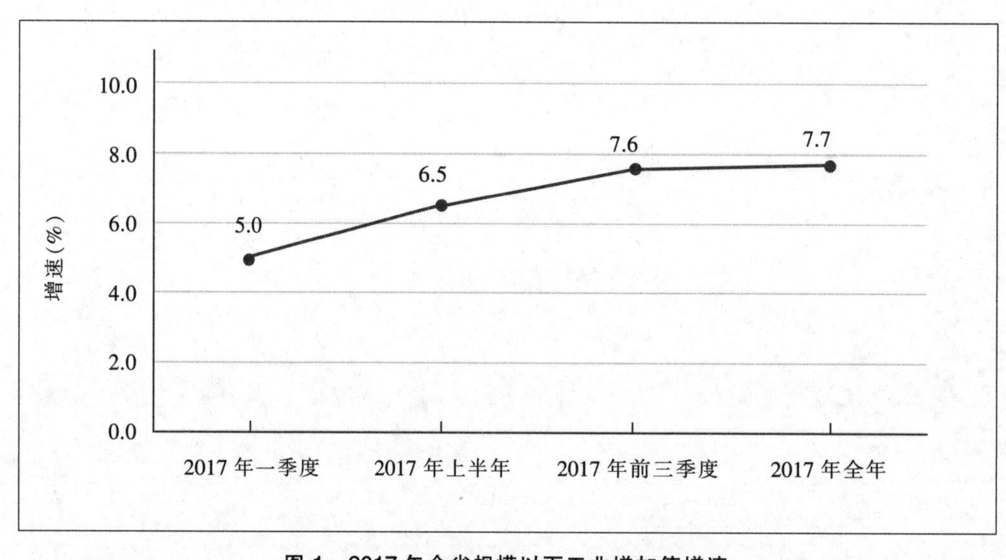

图1　2017年全省规模以下工业增加值增速

(二)企业综合经营状况稳步向好

据6881家正常生产经营的样本企业问卷调查,22.8%的企业认为四季度综合经营状况良好,认为一般的占65.5%,不佳的占11.7%。经营良好的企业占比分别比前一、二、三个季度提高5.7、1.4、0.8个百分点,占比上升明显,小微工业企业生产经营在2016年企稳的基础上呈进一步向好(见图2)。

图 2 2017 年各季度经营情况良好的样本企业占比

(三)企业用工稳中有升,薪酬增长有所放缓

2017 年末,浙江规模以下工业企业从业人员 287.58 万人,较 2016 年同期增长 2.1%。企业员工月人均薪酬为 3172 元,同比增长 4.5%。相比 2012~2016 年,浙江规模以下工业企业月人均薪酬分别为 2212 元、2459 元、2665 元、2863 元、3035 元,同比分别增长 12.5%、11.2%、8.4%、7.4%、6.0%,显示增幅呈逐年回落(见图 3)。

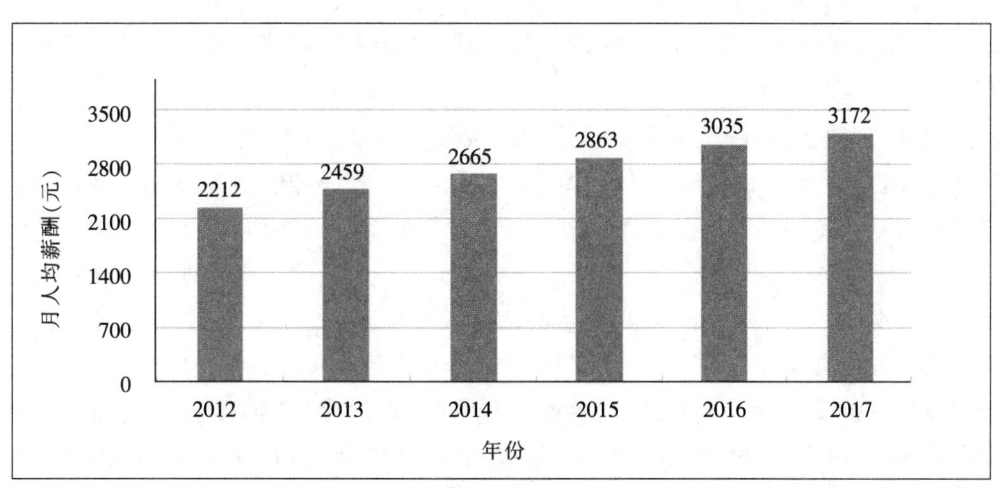

图 3 2012~2017 年浙江规模以下工业企业月人均薪酬

(四)税收优惠政策有效减轻小微工业企业税费负担

近年来,政府为减轻企业税费负担,出台了一系列小微工业企业税收优惠政策,包括全面实施“营改增”,简化增值税税率结构,取消 13%这一档税率;扩大享受企业所得税优惠的小微工业企业范围,将小微工业企业年应纳税所得额年营收上限从 30 万元提高到 50 万元;提高科技型中小企业研发费用税前加计扣除比例,由 50%提高至 75%等。受政策利好因素影响,浙江小微工业企业税费负担有所减轻。

1. 企业对税收优惠政策的感受度有所提高。据抽样调查问卷显示,2016 年以来一系列政府税收优惠政策实施后,享受到优惠政策的企业占比已经从 2016 年一季度的 38.2%提高到 2017 年末的 58.3%(见图 4)。据温州调研,温州税务部门通过线上线下多种渠道开展了广泛的指导宣传,如征税平台提醒、业务培训会讲解、微信公众号和短信推送等方式,调研走访的企业不论是否符合小微工业企业所得税减半增收条件,均表示知晓该项优惠政策,知晓率达到 100%。如某制鞋企业负责人表示“减免金额虽看似不高,但在当前形势下,对提振企业信心起到良好作用"。

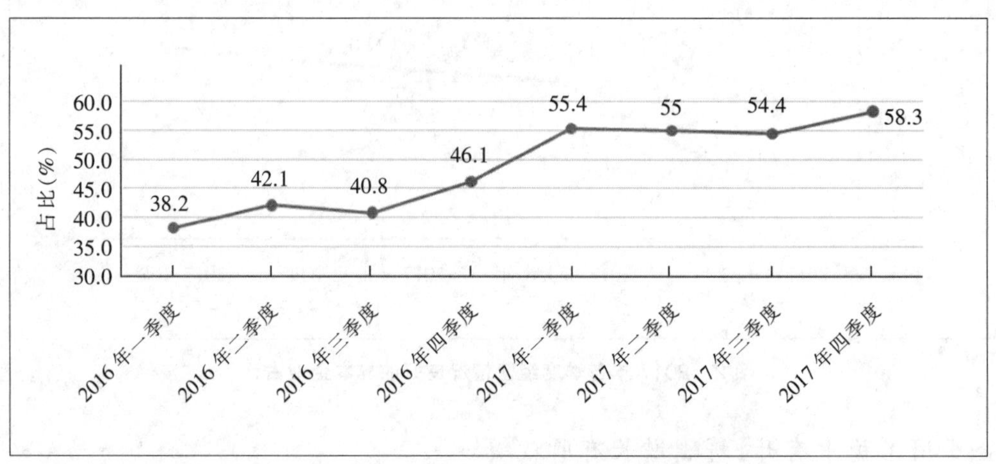

图4 2016~2017年浙江规模以下工业企业享受税收优惠的占比

2. 企业非税缴费压力有所减小。非税费用包括社保缴费、水利建设基金、地方教育费附加、教育费附加、排污费等十几项收费。随着浙江省非税缴费项目的逐步规范,企业成本支出有所减少。如2016年11月1日起,企业暂停征收地方水利建设基金。又如2017年5月1日起,浙江省企业失业保险费率由1%下降到0.5%,劳动密集型企业负担有所减轻。

(五)环保整治倒逼产业转型升级初见成效,优质产能利用水平提高

近年来,省委省政府大力推进环境整治工作,淘汰了一批不符合环保要求的落后企业,推动了规下工业结构优化。关停企业的订单需要其他企业消化,优质企业也因此得益,订单增加,产能利用率提高。据问卷调查,2017年四季度,反映生产能力(设备)利用率高于或处于正常水平的企业比重为82.9%,分别比2016年同期、上季度提高了4.0、0.7个百分点。据调研:碳酸钙是衢州市上方镇传统主导产业,2006年衢州市上云镇曾被授予"中国碳酸钙基地"称号。但是由于当地碳酸钙企业多数为灰钙企业,普遍存在规模小、工艺落后、耗能高、无任何污染治理设施,烟尘污染严重,导致周边环境不断恶化,严重影响了当地群众正常生产生活。自2014年开启环保整治工作以来,经过两年多的阵痛期,钙产业整治升级开始逐步显现成效,部分企业重组整治升级改造完成,改变了当地该产业粗放、落后的生产模式。据嘉兴某五金生产企业表示,由于环保整治部分小作坊的关闭,2017年企业订单明显增多,企业产能利用率进一步提高。

(六)"机器换人"促进企业提质增效,企业技术改造投资意愿增强

当前,劳动力成本年年递增,加之招工难,员工流动性大,劳动密集型企业同时面临安全生产问题。面对重重压力,浙江省小微企业积极推进"机器换人",积极面对新常态下的企业发展问题,同时提升产品质量。据问卷调查,2017年四季度,全省6881家正常营业的企业中,有1072家正常营业的企业有投资,占15.6%,比上季度提高了1.5个百分点。有投资的企业中,有51.3%的企业将投资用于开发新产品,有34.9%的企业将投资用于设备升级改造,有27.2%的企业将投资用于扩大生产规模。据台州调研:台州市某鞋业有限公司,2017年订单量比2016年同期增长1倍,企业在面临工人难招、员工难养时果断进行"机器换人",购买几套智能机器设备。实现了没有增加招工也能完成生产,企业节约了人工成本近200万元。并且智能装备通过精密计算,能将原材料充分利用,减少浪费。新自动化设备降低能耗约40%,实现边角废料和印花、油膜等污染物的"零排放"。台州市某包装有限公司,由于订单增多,企业投资购买150万元的先进设备,生产效率提高

近 50%,2017 年主营业务收入比 2016 年同期增长 130.2%。另据丽水调研:缙云县某模具公司原来主要生产模具材料配件和塑胶制品等可以用于电动车生产的产品,该企业在 2016 年投入设备升级,开展利润率更高的两轮电动车生产,在 2017 年扭亏为盈。

二、存在的主要困难和问题

(一)生产要素成本压力持续增大

问卷调查显示,在 2017 年四季度浙江规模以下小微工业企业面临的突出问题中,原材料成本高和用工成本上升快分别占 50.2%和 45.2%,居第一、第二位。小微工业企业规模小,利润极易受到成本要素价格的影响。2017 年,规模以下小微工业企业主营业务成本同比增长 13.6%,增幅比主营业务收入高 0.4 个百分点;小微工业企业主营业务收入利润率仅为 2.5%,明显低于规模以上小微工业企业利润率(在 6%以上)。

1. 原材料价格持续上涨。自 2016 年 10 月以来,浙江工业生产者购进价格已连续 15 个月高于工业品出厂价格。走访调研情况表明,大多数企业表示原材料价格进入四季度以来逐渐趋向平稳,但价格处在高位运行。主要原因:一是因供给侧改革、去产能力度不断加强,钢铁、稀土、有色金属等原材料价格上涨幅度大;二是因环保工作力度不断加大,纸箱、化学工业原料等原材料的价格持续上升。据各地调研:开化某泡沫厂主要原材料聚苯乙烯(EPS)从 9000 多元/吨上涨到 13000 多元/吨,涨幅达 45%,企业的生产经营成本压力巨大。据多家以铝为原材料的企业反映,铝的价格从 12000/吨一度涨到 17000/吨。此外,纸箱价格上涨 10%~15%,塑料原料价格上涨近 20%。原材料成本大幅增加,产品销售提价却很难,对企业资金周转产品利润都产生极大的影响。

2. 劳动力成本逐年上升。近年来,劳动力成本上涨在经济运行中呈常态化趋势,小微工业企业大多数是劳动密集型的传统行业,人工成本压力逐年增大。2017 年,浙江规模以下工业企业员工月人均薪酬为 3172 元,同比增长 4.5%。据宁波调研:鄞州某服饰有限公司现有员工 70 多人,薪酬支出占到生产经营成本的 17%,加之 2017 年的针织服饰行业利润微薄,企业月销售额要达到 150 万元以上才能勉强维持保本经营,人工成本压力大。

(二)结构性用工问题依然突出

调查显示,2017 年四季度,29.9%的企业有招工需求。在有招工需求的企业中,仅有 18.6%的企业招到了全部所需员工,有 35.0%的企业招到了大部分所需员工,30.0%的企业招到了少部分所需员工,还有 16.4%的企业没能招到所需员工。小微企业受限于地域和工作环境劣势、员工发展前景受限等因素导致结构性招工难问题突出,主要体现在一线员工流动性强、高端人才难招难留。从调研情况看,随着内陆地区经济的发展,这些地区劳动力外出打工的意愿在明显减弱,并且新一代的“85 后”“90 后”外来务工者对用工单位的期望值明显变高。所以多数劳动密集型的企业还是希望能招本地人,稳定性相对较好。而本地人一般以选择工作时间相对较短、能够顾家的企业或者行业为主。对于本地人不太愿意选择的工种,基本以外来务工者为主。除了一线工人流动大的问题,如何引进并留住高端人才、科技核心人才也是小微工业企业面临的一大困扰。据调研:宁波某金属制品公司因工厂所在的村人口密度不高,餐饮、商贸等服务业发展不足,生活配套设施不完善,即使提供时薪较高、法定节假日带薪休假的优厚条件,仍然招不到工人,外来务工者大多选择在镇里上班。湖州某食品公司反映食品工程相关专业有技术、有经验的研发人才较少,与周边大城市比,湖州对人才吸引力不大,企业陷入对口人才缺乏、高端人才难招、核心人才难留的困境。

（三）用地问题持续困扰，发展空间受限

用地也是企业反映较为集中的问题：一是用地贵。有企业反映土地使用税费负担逐年升高，从最早的3万元/公顷上升到6万元/公顷，个别地区的土地使用税甚至达到9万元/公顷及以上，给企业的生产经营带来较大压力。二是用地难。宁波某服饰公司厂房面积为0.15公顷，与满足企业生产规模扩张的需求缺口大。鉴于用地难与劳动力成本高的两大因素，企业计划赴柬埔寨筹建新厂。三是环保发展带来的影响。诸暨市某机械公司因环保政策调整，自有土地不能继续使用，需要租用工业区厂房，但因相应政策影响，工业区厂房租金上升快，企业进园区的生产经营成本上升，经营压力大。

（四）小微园区基础设施建设和管理能力有待进一步加强

在全省三改一拆、环境整治大背景下，为促进和规范小微企业发展，小微企业园区建设得到有力推进。随着小微企业园区陆续建成投产，企业入驻后，园区的管理显得尤为重要。据调研情况，截至2017年，具有成熟工业园区运营管理经验、能够提供园区公共服务的园区管理公司较少。例如温州龙湾永兴南园小微企业园区仅提供物业管理，企业等有关方面反映还不能很好给入园企业提供公共信息、科技研发等公共服务平台。部分园区的基础设施配套建设也需要进一步加强。如舟山渔业小镇内的水产加工企业反映，小镇建设以来，成立了大量的水产加工企业，但生产污水处理设施等投入不足，小镇内原有的公共污水处理站已经难以满足企业生产的需要，而新处理站的建设又迟迟没有进展，使得企业部分生产污水只能通过运输车辆运到外地的污水处理厂进行处理，因此既影响生产，又增加企业成本。

（五）受个企税收政策差异因素等影响，使竞争关系扭曲

据“中国螺杆之乡”舟山金塘镇的山潭、东堠、西堠和沥平4个村调查反映，2017年新增螺杆制造个体户40多家，比2016年同期增长20%多，而同期规下螺杆制造小微企业仅增5家。螺杆制造新增个体户比企业明显多，其成因：一方面得益于整体行业形势好转，产品附加值较高；另一方面，税负政策差异等因素影响是关键。截至2017年，个体工业户因无需填报财务报表，且能够享受每月3万元的增值税免征额，若月开票金额低于3万元就无需纳税，仅需缴纳几百元的城建税。个企税收政策的差异，形成了竞争关系的不对等。有调研企业反映，由于低税负、低成本优势，使得个体户可以用更低的价格获取订单。如某螺杆制造公司的负责人表示，金塘镇内生产螺杆的企业和个体户众多，并且个体户与小微企业的产品质量差异不大。因此，客户往往选择产品报价低的订单，个体户竞争优势明显。由于税负低，从而也有利于个体户提高员工薪资水平，技术工在个体户中从业的月薪普遍要比企业高1000元以上。同时，个体户不用缴纳社保，这使得员工到手的实际工资更高。因而，在螺杆制造业普遍遭遇“用工荒”的情况下，个体户的用工情况要好于企业。截至2017年，螺杆制造生产开办企业的积极性不高，主要以个体户的形式开办。

三、几点建议

（一）整顿和扶持同步，助推产业转型升级

1. 加强政策引导，推动产业转型升级。工业化的发展必将是迈向高度化、集约化的过程，小微工业企业是创业富民的重要途径，是技术创新的重要力量，各级政府应合理引导、适当干预，推进产业链完善、产品链延伸，加快产业转型升级。可设立专项扶持基金，为企业转型升级提供支持，帮助有潜力的小微工业企业渡过整治、转型阵痛期。

2. 理顺市场竞争秩序。理顺市场竞争机制，让市场在资源配置中起基础性的作用，促进优质企业发展和落后企业的淘汰，从而推动整个产业转型升级。

(二)多措并举破解小微工业企业生产要素制约

1. 加大政府支持力度,助力企业破解用人短板。调研企业普遍反映存在结构性用工问题,一些企业由于找不到合适的技术人才,新购设备处于闲置,转型升级无法顺利推进。为此,企业希望政府助力,在完善企业人才供需对接平台上,对高端技术人才、科技骨干实现如个人所得税奖励、人才公租房、人才培训计划等方面提供政策支持。政府需投入建设技术用工培训基地,完善社会培训机制,鼓励高校与用人单位加强校企合作等来破解用工结构性短板问题。

2. 创新用地方式,破解小微工业企业用地瓶颈。调研中,一些小微工业企业反映一方面用地难,另一方面因购地成本过高,没有能力扩大生产规模。希望建立用地弹性出让方式,根据产业周期,确定用地出让年限,鼓励租赁、先租后让、短期出让等方式,破解工业用地瓶颈。此外,一些企业希望创业初期能获得低租金的政策扶持,同时建议园区建设时预留小微企业发展用地,通过充分发挥集聚效应,在减轻租金、物流成本的同时,提高生产效益。

3. 加大技改投入,助力企业机器换人。加大企业技改投入,提高自动化程度,是企业打破用工成本高的有效之举。如台州市某纸箱厂,是纸箱包装装潢制造企业,由于上游企业需求订单增加较多,企业改进工艺投入新设备,产品质量和效益提高较多,2017 年主营业务收入比 2016 年同期增长 54.5%。各级政府应多方面支持优质小微企业更新改造技术设备,加快实施机器换人,提高产品的科技含量,提高劳动生产率,降低企业成本,不断提高产品市场竞争力。

(三)加强小微工业企业文化建设,用温度破冰用人留人难

调研发现越来越多的小微企业除通过传统的加工资、加大激励等方式以待遇留人外,也开始重视和加强企业文化建设,努力实现用感情留人。如湖州某食品公司为稳定员工,定期开展员工交流会,让员工更快融入本地的生活环境,防止因不适应本地生活而带来的人员流失。舟山市某食品有限公司在企业内部建立了困难员工互助基金,当员工遇到困难需要资金时,可以向企业提出申请。还有的企业通过微信等拉近员工距离,企业员工可以在微信群里直接反映问题和情况,并且对那些过年过节加班的员工,企业老板还会通过微信红包等方式给予奖励。

2017 年浙江省军民融合产业发展情况

浙江省经信委军民结合推进处

一、基本情况

浙江省军民融合产业，军是薄弱环节，民是特色优势。军工产业先天薄弱，但民营经济发达，机制灵活，尤其是技术转化速度快、产业化能力强。近年来，在军民融合战略推动下，民营企业参军热情高，军工央企也纷纷来浙江落地项目、转化技术、寻找配套。初步测算，截至 2017 年底，全省军民融合产业的相关产值在 3050 亿元左右。

(一)参军企业

经 2017 年底的首次摸底调查，全省有军民融合类企业 1100 多家(实际数量应该比这个数值大)。有军工相关资质认证的企业 250 多家，近年来年均增长 20%以上，已形成一批军民融合的骨干企业。如西子航空是 C919 大飞机项目一级供应商，也是唯一进入国家大飞机项目的民营企业；大路实业是参与军用核主泵配套的唯一民营企业；星箭航天为长征、神州、天宫等载人航天和航母制造提供核心设备；春晖仪表为运载火箭、各型战机提供关键元器件；铖昌科技的毫米波射频芯片广泛应用于各型雷达、卫星、导弹；精工集团制造大型火箭、导弹发动机的壳体材料。

(二)项目落地

据初步统计，截至 2017 年，全省已实施军民融合产业项目 90 余个，比如绍兴市与中科电集团合作建设中电军民融合产业园；洛阳轴研所在衢州市建设年产 400 万套高铁轴承、特种轴承的中浙高铁产业园；台州市与航天科技集团第十一研究院共同打造无人机航空小镇；嘉兴市与航天科技集团五院合作落地“智慧 LNG 气站”“智慧加液机器人”“太阳能光热产业化”等 28 个系列项目等。2018 年，全省将实施军民融合产业重大项目 44 个，超 5 亿元的制造类项目有 18 个。

(三)发展平台

全省已有 32 个军民融合产业基地，其中 1 个国家级军民融合产业基地、15 个省级军民融合产业示范基地。在全省 108 个特色小镇创建中，德清地理信息小镇、海盐核电小镇、新昌万丰航空小镇、台州无人机航空小镇、桐庐智慧安防小镇、江北动力小镇等具有军民融合产业相关特色小镇共有 16 个，占比 15%左右。

(四)产业分布

各地依托产业特色优势，如杭州的光纤传感、数字安防、舰船动力、航空配套，宁波的特种金属材料、复合材料、高端装备，嘉兴的光电器材、核电关联、高端紧固件，湖州的新能源、地理信息、轻武器生产，绍兴的特种纺织、生物医药、金属加工、碳纤维材料，金华的机械加工、医药化工，舟山的船舶修造、海洋电子，台州的通用航空制造，温州的电气电工、特种泵阀等。初步形成了较鲜明地域特色的军民融合产业发展格局。

二、主要工作

立足省经信委职责,围绕军民融合产业发展,主要做好五个方面的引导服务。

一是加强规划引导。制定《浙江省军民融合产业"十三五"规划》。

二是加强政策引导。2017 年以省转升办名义印发《关于加快推进军民融合产业发展的指导意见》(浙转升办〔2017〕18 号)。2018 年 3 月,由省经信委起草、省政府办公厅印发《关于加快军民融合产业发展的实施意见》(浙政办发〔2018〕24 号)。

三是加强产业引导。建设一批军民融合产业基地,制定《浙江省军民融合产业基地管理和评价办法》,做好综合评价和动态调整,截至 2017 年,已有 32 家,到 2020 年,全省军民融合产业基地达到 50 家。建立全省军民融合企业库,组织开展首批省级军民融合示范企业培育认定,到 2020 年,全省培育示范企业 100 家。

四是加强合作引导。从 2014 年开始,连续四年每年举办全省军民融合产业推进大会,每一届引进一个军工集团联合主办,并举行全省性的军民融合项目对接,累计参会企业达 1432 家次,累计与百余家军工院所(企业)洽谈拟转化国防科技成果 500 余项,签约合作项目近 200 个。2018 年,围绕"军工央企浙江行""浙江民企军工行",先后举办了 8 个场次的分区域、分行业对接活动。

五是加强服务引导。建设浙江省军民融合公共服务平台,已在 2018 年 3 月份上线使用。组建浙江省军民融合产业联盟,搭建与军工集团的对接平台。会同省发改委、省财政厅、省工商联、省军区办公室举办浙江省军民两用技术创新应用大赛。定期组织编制《民参军技术与产品推荐目录》《军用技术转民用推广目录》,向企业发布和国家国防科工局、军工央企推送。

三、存在问题

截至 2017 年,军民融合产业发展主要存在三方面问题:

(一)企业方面

信息渠道不畅,企业参军热情高,但找不到路子,"烧香找不到庙门";资质办理难,"军工三证"办理,分布军委装备部、国家科工局、国家保密局三个系统,门槛高、手续复杂、期限也长;存在隐形壁垒,军工生产已形成高度自治、自我配套体系,在技术和成本差距不是特别大的情况下,企业很难新进入军品市场。军品的招投标制度也还不够完善。

(二)政策方面

税收政策不公平,军品有免增值税的政策,但"军""民"不对等,民营企业虽然承担武器装备的科研生产,但很难享受税收优惠,办理期限也很长。扶持政策不公平,军工科研生产的风险高、周期长,军工企业有研发费用、条件保障费用的支持,民营企业很难获得这些支持;政策扶持力度不够,军民融合专项扶持资金和产业投资基金建设滞后。

(三)工作方面

部门之间存在交叉,发改委、经信部、科技都有相关职能,省政府办公厅、省军区办公室也都在牵头,发改委有军民融合重大产业项目、军民融合示范区,科技部有军民融合重大科技项目。部门之间、部门内部之间的工作职能统筹有待加强,围绕如何形成整体合力,需要有一个工作运行机制。

四、2018 年工作思路

主要围绕"抓项目、抓平台、抓培育、抓服务、抓机制",做好十个一、十件事。

(一)落地一批重大项目

抓住部队军改、央企混改的机遇,积极对接,争取在浙江落地一批军民融合产业化重大项目。对全省军民融合产业项目建设情况,开展新一轮调查梳理,建立全省军民融合产业重点项目库,确定并公布一批省级军民融合产业重大项目。

(二)引进一批军工资源

做好与军委装备发展部的沟通,争取在浙江设立武器装备采购信息网浙江查询点。加强与国家国防科工局的沟通,争取在浙江设立国家军民融合公共服务平台浙江分中心和国家国防科技成果转化机构(浙江分中心)。加大与军工央企集团的合作力度,吸引其在浙江设立区域总部、转化基地和研发机构。

(三)建设一批特色产业基地

建设一批特色军民融合产业基地,已列入2018年省政府工作报告。加快推进在全省新建设一批有特色产业、有核心区块、有骨干企业、有示范项目的军民融合产业基地,到2020年,全省军民融合产业基地要达到50家。开展军民融合产业基地综合评价,实行动态调整,并确认一批省级示范基地。

(四)培育一批示范企业

制定军民融合企业的认定和管理办法,组织开展新一轮的军民融合企业调查,进一步完善全省军民融合企业库。组织开展第二批省级军民融合示范企业的培育认定工作。争取到2020年,全省军民融合示范企业达到100家。

(五)组织一系列精准对接

按照"需求导向、精准聚焦、注重实效"的原则组织,会同军工央企适时举办分行业、分地区的军民融合精准对接活动。

(六)举办一场产业创新大赛

联合相关部门举办浙江省军民两用技术创新应用大赛,激发和促进军民协同创新活力,发现和转化一批军民融合创新成果,孵化和培育一批军民融合创新企业和团队,同时从中遴选一批优秀项目推送参加全国性赛事。

(七)建立一个服务机制

建立供需信息征集和发布机制,编制《民参军技术和产品推荐目录》《军用技术转民用推广目录》,做好信息的定期精准推送。建设省级军民融合公共服务平台,力争成为国家军民融合公共服务的分平台。推进军民融合专业化服务,培育一批在军工信息对接、技术转化、企业服务方面有专长的服务机构,聚焦促进军民两用技术转化和军工资质的公共服务。

(八)组建一只产业发展投资基金

按照"政府牵头,军工央企参与、各级财政跟进、社会资本兜底、专业公司运作"的思路,寻求设立浙江军民融合产业发展投资基金,重点满足军民融合重点产业、军民两用技术成果转化、军工单位混合改制重组等投融资需求。

(九)建立一个统计指标体系

研究建立浙江省军民融合产业统计指标体系,加强对军民融合产业发展的跟踪分析,定期对产业发展情况进行通报,把握军民融合产业总体发展情况。

(十)制订推进落实计划

对标《浙江省人民政府办公厅关于加快军民融合产业发展的实施意见》,明确任务,建立相关职能部门协同和省、市、县合力的推进机制。

2017年浙江省产业援疆情况

浙江省援疆指挥部副指挥长、浙江省经济和信息化委员会副主任、
阿克苏地区行署副专员　陈建忠

浙江省援疆系统紧紧围绕新疆社会稳定和长治久安总目标，认真贯彻落实第二次中央新疆工作座谈会、党的十九大和东西部扶贫协作工作座谈会等一系列会议精神，坚决担负起对口支援的政治责任，充分发挥浙阿两地优势，把“十城百店”“百村千厂”“万亩亿元”三大工程打造成了浙江援疆的金字招牌，受到了受援地干部群众和社会各界的高度赞扬。

一、浙江产业援疆“三大工程”助推精准脱贫成效显著

浙江省援疆系统把产业援疆作为对口援疆工作的重中之重，创新产业援疆的方法路径和工作载体，在增强受援地“造血”功能，助推精准脱贫方面取得了明显成效。

一是“十城百店”工程全面助推农特产品提质增效。在浙江11个地市阿克苏特色农产品公共仓和销售网络体系已基本形成，截至2018年，已在浙江市场建成销售终端416个，通过“十城百店”渠道累计销售阿克苏农产品10.65万吨，销售额达到13亿元；“百十一”基地覆盖农户人数11.4万人，带动贫困户人数2.26万人。工程实施后有效改善了生产组织化程度，销售势头良好，果农收入增长达20%以上，取得了良好的经济效益和社会效益，得到中央领导和浙新两省区领导的批示肯定，新华社国内动态清样和中央电视台朝闻天下栏目专题刊载播报，新疆维吾尔自治区政府发文总结推广浙江的经验做法。

二是“百村千厂”工程大力助推贫困群众就近就业。经过一年多的积极推动，“百村千厂”工程以纺织服装产业和农产品加工等劳动密集型产业为重点，共在受援地人口比较密集、富余劳动力充足、群众就业愿望迫切的105个乡镇(村)新建或改造了389座厂房，投资总额达23.53亿元，解决了就业岗位1.7万多个，其中建档立卡户1490人。为受援地贫困群众就近就地就业和增收脱贫发挥了积极作用。

三是“万亩亿元”工程有力助推贫困家庭创业增收。充分发挥浙江技术人才优势，依托受援地良好的资源禀赋和气候环境，大力发展黑木耳、水生蔬菜等优质高效农业，有力助推贫困家庭、贫困群众学习先进技能和实现创业增收。种植的黑木耳经国家权威部门检测，技术指标已达到或优于项目设计要求，试点取得了良好成效，已建成3条中试生产线和1条产业化应用示范生产线，日产菌棒3万个，2018年春秋两季累计生产菌棒近100万棒，在受援地8县1市30个贫困村近500户贫困户中开展试种试验，取得了亩均增收1万元以上的良好效果。着眼于这一精准脱贫项目可持续发展，浙江省援疆指挥部正联合地区建设“万亩亿元”增收工程技术中心，加紧建设4条产业化应用示范生产线，投产后日产菌棒将超过12万个，可以助力5000个深度贫困家庭脱贫。

二、浙江创新实施产业援疆“三大工程”的战略思考

(一)产业援疆“三大工程”是贯彻落实习近平总书记精准扶贫基本方略的重要举措

党的十八大以来,以习近平总书记为核心的党中央把脱贫攻坚工作纳入“五位一体”总体布局和“四个全面”战略布局,作为实现第一个百年奋斗目标的重点任务,作出一系列重大部署和安排。强调指出“精准扶贫,一定要精准施策”,“产业扶贫是稳定扶贫的根本之策”,“增加就业是最直接最有效的脱贫方式”。浙江产业援疆“三大工程”紧扣中央精准扶贫方略精神实质,牢牢抓住国家实施“一带一路”倡议的大好机遇,通过认真研究浙阿两地的资源禀赋、各自优势和产业发展阶段特点,把“三大工程”作为产业援疆重点,有利于充分发挥内地经济、技术、市场和人才等方面的优势,助推受援地招商引资、发展产业、增加就业,可以有效提升“造血”功能,增强内生动力,实现脱贫“摘帽”。

(二)产业援疆“三大工程”是促进受援地社会稳定和长治久安的重要支撑

实现社会稳定和长治久安总目标是新疆工作的首要政治任务。长期以来,由于受“三股势力”的严重侵蚀和袭扰,受援地维护社会稳定和长治久安仍然面临着十分严峻和复杂的形势。同时针对当地群众思想观念相对封闭保守落后、语言基础较差、劳动力素质不高、资金和生产技能缺乏、自身发展能力不足等问题,浙江省援疆系统紧扣党中央治疆方略,站在“团结稳疆、长期建疆”的高度,强化顶层设计和统筹联动,大力实施产业援疆“三大工程”,坚持以产业促就业、以就业促脱贫、以脱贫促稳定。“十城百店”工程有效推进农业产业化和农产品生产加工销售,积极引导贫困户以土地流转、劳动力入股等形式参加“十城百店”工程建设各个环节,增强贫困地区“造血”功能,带动贫困群众增收致富,有效增强了受援地广大群众发展特色优质林果业的信心和决心,是实现社会稳定和长治久安的有效举措。“百村千厂”工程坚持以项目促产业、以产业促就业、以就业促脱贫的工作思路,采取发展产业园区、“1+X”、卫星工厂等模式,努力帮助建档立卡贫困户实现就近就地就业,真正达到“一人就业、全家脱贫”,起到了“就业一人、扶贫一户、带动一村、稳定一方”的良好效果。“万亩亿元”工程积极探索果园生态高效栽培黑木耳、水生蔬菜等试点并逐步推广,有效促进贫困群众增收创收,得到实实在在的实惠,有助于帮助群众过上安心、舒心、称心的幸福生活,不断夯实社会稳定和长治久安基础。

(三)产业援疆“三大工程”是新时期做好对口支援工作的重要探索

习近平总书记指出:“新形势下,东西部扶贫协作和对口支援要注意由‘输血式’向‘造血式’转变,实现互利共赢,共同发展。”浙江产业援疆“三大工程”回应了习总书记关于做好新时期援疆工作的指示要求,一是调整援疆思路,实现四个转变。从更高层次审视、谋划和推进对口援疆工作,着力实现由硬件帮扶向注重软件帮扶转变,由“输血”帮扶向注重“造血”帮扶转变,由关注“当前”效果向注重“长远”发展转变,由“单向”帮扶向注重“双向”共赢转变。二是凸显援疆特色,实现四位一体。实施产业援疆“三大工程”可以彰显科学援疆,做到精准谋划项目,科学选择项目,切实提高对口援疆工作的针对性和实效性。可以激发创新援疆,紧密结合新形势,寻找新载体,研究新方法,创新援疆“浙江模式”。可以凸显精准援疆,做到突出重点,精准施策,发挥援疆综合效益。可以打造品牌援疆,打出扶贫援疆、市场援疆、科技援疆等系列“组合拳”,打响浙江援疆的金字招牌。三是突出纲举目张,实现四个成效。实施产业援疆“三大工程”有助实现改革成效,既有利于受援地供给侧结构性改革,促进生产端和加工端增品种、扩品类、提品质,也有利于优化生产力布局,促进支援地产业调结构、快转移、促转型。有助于实现扶贫成效,通过发展产业,带动就业,促进增收,实现脱贫。有助于实现发展成效,带动招商,扩大投资,做强产业、增加税源。有助于实现援疆成效,探索援疆的新路子、新做法、新模式,最大程度发挥援疆效益,贡献援疆力量。

(四)产业援疆“三大工程”是促进浙阿两地交往交流交融的重要载体

习近平总书记在十九大报告中提出“深化民族团结进步教育,铸牢中华民族共同意识,加强各民族交往交流交融,促进各民族像石榴籽一样紧紧抱在一起”。产业援疆不仅通过产业促就业,就业促增收,增收促脱贫,更是通过就业脱贫深入推进受援双方交往交流交融,促进民族团结的有效途径。浙江省援疆指挥部在前后方充分发挥桥梁纽带作用,通过“三大工程”和前后方互动等方式,将“三大工程”与“民族团结一家亲”活动有机结合,深入推进结对帮扶和组团帮扶,搭建多层次、多渠道的合作交流和沟通渠道,努力把“三大工程”打造成民族团结,促进浙阿两地交往交流交融的援疆工程。

三、浙江产业援疆“三大工程”取得成效的有益启示

产业援疆“三大工程”以精准扶贫为重点、以产业发展为亮点、以促进受援地社会稳定和长治久安为落脚点,工作之所以能得到顺利开展并取得积极成效,主要得益于以下几个方面:

一是得益于党中央、浙新两省区党委政府的高度重视和坚强领导。党中央高度重视脱贫攻坚工作,习近平总书记多次亲自部署,精心谋划。浙江省委、省政府始终高度重视对口援疆工作。浙江省委书记车俊、省长袁家军、常务副省长冯飞等省主要领导先后亲自率团赴受援地考察调研,检查指导对口援疆工作,共商援疆大计。主要领导多次亲自主持召开常委会、政府常务会议、对口支援工作会议等,专题研究部署加强对口援疆工作,省级以上领导对援疆工作做出 40 多次重要批示和指示。新疆维吾尔自治区党委和兵团党委十分重视、支持和关心浙江援疆工作,自治区党委书记陈全国,自治区政府主席雪克来提·扎克尔,自治区党委副书记、兵团党委书记孙金龙等领导对浙江的援疆工作都作出批示和指示。正是党中央、浙新两省区党委政府的高度重视和坚强领导,极大鞭策和推动了浙江援疆工作特别是产业援疆的顺利开展,保证了援疆工作的顺利推进。

二是得益于产业援疆“三大工程”的科学规划和合理定位。第六次全国对口支援新疆工作会议指出“坚定不移聚焦扩大就业推进产业援疆,促进更多困难群众就近就地就业。”近两年来,浙江省援疆系统始终坚持“以产业促就业、以就业促脱贫”的工作思路,不断统一援受双方的思想认识,对产业援疆进行科学合理规划,用规划来明确产业发展的领域、重点和层次,持续深入实施以保障和改善民生,扩大促进就业为重点的“十城百店”“百村千厂”“万亩亿元”三大工程,努力把每个产业项目做成民生工程、民心工程、团结工作,把“三大工程”打造成浙江援疆的“品牌”和“亮点”,促进了受援地贫困群众的观念更新、技能提升和创业增收,有效增强当地的自我发展“造血”能力,确保了产业援疆“三大工程”有条不紊、务实高效、持续长远的发展。

三是得益于援受双方的前后联动、优势互补。双向互动、协同发展,形成合力是做好援疆工作的关键。在浙江省对口支援工作领导小组的统一领导下,形成了省对口支援办与省援疆指挥部前后联动协调机制。在实施产业援疆“三大工程”的过程中,浙江省援疆指挥部特别注重上下联动,充分调动各市指挥部的工作积极性,同频共振,共创品牌。努力将浙江人才、技术、市场等优势与受援方的资源、劳动力等优势结合,重点向基层倾斜、向民生倾斜、向贫困乡村(人口)倾斜,集中力量“精准滴灌”,增强“三大工程”扶贫项目的精准度和影响力,有效实现改善民生、促进就业的双重效果。

四是得益于受援地的大力支持和密切配合。中央明确,援疆工作,受援方是主体。浙江省援疆始终坚持“当地主体、援疆助推”的工作原则,主动融入受援地管理之中,充分发挥当地干部群众的主体参与作用,与当地党委、政府积极汇报沟通产业援疆“三大工程”项目的规划、实施及落地等各个环节,受援方各部门对产业援疆项目能够优先研究,积极给予大力的支持和配合,及时协调解决工作中遇到的困难和问题,逐步形成了群策群力、齐心协力的生动局面,为产业援疆“三大工程”的顺利开展营造了良好的环境。

打造世界级“数字湾区”，浙江的底气何在

浙江省工业和信息化研究院院长　兰建平

发展湾区经济，是浙江省第十四次党代会提出的浙江区域经济发展的重要战略。那么，浙江湾区经济发展什么？当数字经济成为浙江省委“一号工程”后，这个答案变得清晰——将大湾区打造成为全球数字经济创新高地，着力打造世界级“数字湾区”。这也是浙江规划建设国家数字经济示范省的重要内容和战略选择。

一、建设“数字湾区”的时代背景

世界级大湾区是依托众多海港和城市群所形成的人口经济密集、现代化水平高的沿海区域，是全球高端要素竞争和催生新工业革命的主战场，是全球经济增长和技术产业创新的主引擎。

进入新世纪以来，以数字化、网络化、智能化为代表的科技革命，催生了世界级大湾区的产业变革，以数字经济为代表的产业转型步伐加快，伴随着新产业的迅速发展壮大，数字湾区开始成为湾区经济发展的重要特征。

（一）建设“数字湾区”是浙江省落实网络强国、数字中国战略的具体行动

当前，全球信息化浪潮汹涌而至，世界各国都把推进经济社会数字化作为实现创新发展的重要动能。以习近平同志为核心的党中央准确把握时代大势，把实施网络强国、加快建设“数字中国”作为国家重大战略。

浙江“大湾区”是长三角世界级城市群建设布局的主导区域，是撬动长三角深化改革和开放的一个杠杆，更是加快经济转型升级、实现浙江跨越发展的重要引擎。

加快建设“数字湾区”，打通信息“大通脉”，以数字经济、智慧社会的创新发展，培育湾区经济发展新动能，势在必行。

（二）加快建设“数字湾区”是浙江推动湾区经济高质量发展的路径选择

十九大之后，党中央明确推动经济高质量发展是当前和今后一个时期，我国确定发展思路、制定经济政策、实施宏观调控的根本要求。

深化供给侧结构性改革，提高供给质量、改变供给动力、提升供给效率，落实到推进大湾区建设上，就是要通过新经济、新动能、新发展，来体现高质量、竞争力、现代化，不是走传统工业化的老路，大拆、大建、大开发。

从世界经济发展的规律及中国经济增长的实践来看，大力发展以信息化驱动的数字经济，通过数字经济赋能产业转型升级和社会创新发展，是推进经济高质量发展的必然选择和基本路径。

加快建设“数字湾区”，对于浙江推进国家数字经济示范省建设来说，是核心内容和根本要求，志在必得。

（三）加快建设“数字湾区”是实现湾区一体化发展的重要支撑

纵观全球，沿海湾区已经成为带动全球经济发展的重要增长极和引领技术变革的领头羊，也是发展条件最好、竞争力最强的城市群。

浙江大湾区建设是浙江省委省政府把握时代大局，站在战略高度和长远角度做出的科学判断和战略选择。

根据世界湾区经济发展经验，加强基础设施互联互通、构建开放型的创新体系、深入推进服务贸易自由化、培育利益共享的产业价值链、共建金融核心圈和优质生活圈，是湾区经济发展的重要基础。

抢抓 5G 机遇，加快建设“数字湾区”，优化数字基础设施资源配置，促进产业、民生和政务服务等各领域数据化、网络化、智能化转型，是推进湾区一体化发展的重要保障。

二、谋划建设“数字湾区”得天独厚

浙江大湾区以杭州湾区为核心，联动台州湾、三门湾、象山湾、乐清湾等湾区，包括杭州、宁波、温州、湖州、嘉兴、绍兴、台州、舟山八市，区位优势突出，人才要素集聚，产业和空间资源厚实，数字经济全国领先，完全具备成为以数字经济为代表的世界第四大湾区的潜质，已经成为我国在数字经济时代引领世界经济发展的桥头堡。

（一）新兴产业崛起，新旧动能转换加快

在新兴产业发展以及传统产业改造提升的双轮驱动下，浙江大湾区经济质量效益不断提升。以大湾区为核心发展区域的物联网、云计算及大数据产业增速位居第一，高达 28.8%和 31.6%，已在人工智能、虚拟现实、云计算、大数据等重点领域形成先发优势。

在“旧力渐弱，新力将强”的交替期，大湾区各项质量效益指标不断提升，2017 年实现工业增加值 12925 亿元，全员劳动生产率 22.2 万元/人、主营业务收入利润率 7.1%、分别同比增长 8.7%、6.2%、3%，持续呈现向好态势。

（二）数字经济引领，数字化转型不断深化

大湾区作为浙江发展数字经济的主阵地，拥有阿里巴巴、海康威视、蚂蚁金服、网易等知名世界级数字经济企业，高科技企业云集；制造业的智能化、商务贸易的网络化、金融业的流量化、社会服务的移动化、生活消费的共享化等风起云涌。

尤其是杭州成为全球最大的移动支付城市和最便捷的“无现金城市”，超过 95%的超市便利店、超过 98%出租车、5000 余辆公交车都支持移动支付，被誉为“世界电商之都”和“移动支付之城”。杭州骨干直联点建成开通，CNNIC 国家域名服务平台浙江节点正式上线，固定宽带家庭普及率和移动宽带普及率在全国率先实现 100%双突破。

（三）高端人才集聚，创业创新活力迸发

大湾区创新能力不断提升，吸引了大批高层次人才和企业家。

从创新投入看，2017 年大湾区研发经费(R&D)支出占 GDP 的比重从 2010 年的 1.1%上升到 2.4%，明显高于全国 2.1%的比重；从创新产出看，2017 年大湾区专利申请总量为 328476 件，专利授权总量为 185803 件，其中，发明专利授权量 26513 件，每万人发明专利拥有量 22 件，为全国 9.8 件的 2 倍多；从创新主体看，2017 年杭州人才净流入率达 11.78%，居全国第一位，“创业创新来浙江”已成共识。

（四）体制机制创新，民营经济再焕活力

经济新常态下，曾经依靠体制机制改革在民营经济和市场经济发展中占得先发优势的浙江，又一次站在全面深化改革的风口，以“最多跑一次”为代表，把国家的“放管服”落实到了地方各级政府服务流程优化和业务重构，积极打造“掌上办事之省、掌上办公之省”成为这种改革重要的阶段性目标。

以最多跑一次改革,撬动各领域改革的深化,再创体制机制新优势,在系列改革的推动下,大湾区已经成为全国"管制最少、门槛最低、服务最好"的地区之一,民营经济再焕活力,平均10个人就有1户市场主体,千人拥有企业34.7户,比全国多出12.8户,大湾区企业在"2017中国民营企业500强"中占据五分之一席位。

(五)海港优势明显,港口智慧转型加速

空港、海港、陆港、网港"四港"协同,形成了浙江湾区经济区别其他湾区发展独特的优势和条件。

截至2017年,浙江海洋港口初步形成以宽带网络、视频专网、数据中心、主机服务等为核心的港口信息基础设施,充分满足了港口生产的全天候运营需要。

浙江海洋港口信息化在生产作业管理、多式联运、口岸一体化、信息互联互通等关键领域得到了广泛应用,实现全省海洋港口的管理创新、技术创新和服务创新。

舟山积极推进集"船、港、货"物流信息于一体的江海联运公共信息平台建设,促进江海联运物流信息有效衔接和共享。

宁波打造行业领先的"智慧航运"综合服务平台,发布海上丝路贸易指数,成为"一带一路"国际合作的重要"风向标",标志着浙江省在国际航运及港口生态圈领域的话语权与影响力不断显现。

三、顺势而为推进"数字湾区"建设

(一)构筑湾区融合创新的数字经济体系

牢牢抓住新一代信息技术创新突破的重大历史机遇,围绕物联网、云计算、大数据、网络安全、人工智能、量子通信、存储芯片等数字经济领域前沿技术组织重大科技攻关与产业培育,将浙江大湾区打造成为全球领先的未来信息技术创新中心。依托之江实验室、达摩院、西湖高等研究院等重大创新平台,在大湾区建设一批具有原始创新能力的技术策源地和全球影响力的现代产业集群。大力发展工业互联网,进一步落实"1+N"工业互联网建设计划,通过分地区、分行业的工业互联网平台建设,加快推进制造业转型优化升级。加快推动分享经济、跨境电子商务、互联网金融等"互联网+"新业态、新模式在"大湾区"的持续创新和大规模拓展。深化大湾区滨海经济、港口经济、都市经济的协同创新和分享经济模式,努力建设湾区数字经济创新大走廊。

(二)推进湾区区域治理和服务数字化

围绕大湾区城市群区域治理的协同化,完善一体化智慧公共服务体系,构建形成普惠、智能、统一的区域治理体系。全面深化"最多跑一次"改革,依托基层治理"四个平台"和浙江政务服务网,大力推进"互联网+政务服务",在大湾区率先推进社保、医疗、养老、纳税、信用等领域的"一号"管理和资源共享,实现"一号一窗一网"。创新"互联网+"民生服务,通过共享经济等模式解决停车难、垃圾分类、厕所革命、个人信息安全等民生实事,着力提升百姓生活品质。推进大湾区公众健康服务平台建设,创新互联网医疗服务,探索以人为中心的医疗健康服务模式,提供精准化、个性化医疗健康服务,打造"健康中国"湾区样本。

(三)加速湾区交通体系智能化升级

整合各领域交通系统信息资源,建设集交通管理、公众服务等功能于一体的大湾区交通综合信息服务平台,实现对公路、铁路、水运、航空等各领域动态实时监控与应急指挥,并为社会公众提供跨区域、全过程的一站式交通出行信息服务。推广"互联网+"交通,加快电子乘车码应用普及,支持各类社会主体基于互联网开展综合交通出行服务产品的创新应用。推动交通一卡通在城市公交、轨道交通、出租车等交通领域的广泛应用,逐步实现大湾区跨市域交通一卡通互联互通。深化"城市大脑"在智慧交通领域应用示范,积极推进基于宽带移动互联网和北斗导航系统的智能网联汽车应用示范,将大湾区建设成为全球领先的"智慧出行"示范区。

(四)提升湾区生态环境治理智慧化水平

推进湾区生态环境和资源管理智能化,积极推广以水资源监测、污染源监测、能耗监测和环境监管等为重点的智慧生态管理模式,促进湾区城市群低碳化、绿色化发展。加快推进大数据、物联网等新一代信息技术在生态环境管理中的广泛应用,通过湾区生态环境大数据平台建设,建立陆海统筹、天地一体、上下协同、信息共享的动态监测和防控治理体系,提升生态环境监测立体化、自动化、智能化水平。加大对重点污染源和重点用能单位的在线监测力度,提升大气、水、土壤、生态领域环境污染治理和处置能力,以智慧治理推进生态环境质量持续改善,为治水、治气、治土和"美丽湾区"建设提供有力保障。

(五)加快构建湾区数字贸易创新发展

深化杭州、宁波等跨境电子商务综合试验区建设,推动与"一带一路"沿线节点城市、全球电子商务发达城市构建电子世界贸易平台(eWTP)。鼓励电子商务企业在"一带一路"沿线国家输出商品、技术和服务,培育一批具有国际竞争力的电商平台,努力打造国际电子商务中心。推广移动支付,加快"移动支付湾区"建设,积极向海外输出技术和商业模式,引领湾区数字贸易创新发展。大力发展新零售等商业模式,培育一批新零售标杆城市和示范企业,逐步将大湾区建设成为国内新零售发展的重要策源地。

(六)打造以数字人才为标志的现代湾区

积极实施数字人才强湾战略,依托"千人计划""万人计划""海鸥计划"等人才支持计划,加大数字经济重点领域的高端人才和创新团队引进力度。加快建设吸引世界高端人才机制,引进大院名校,增加湾区人才储备。实施湾区数字人才培育计划,充分利用好浙江现有的大学,加强高等学校、科研院所学科专业建设和实用型人才培养,鼓励校企联合培养数字经济复合型人才、紧缺技能人才。进一步加强对阿里系、浙大系、浙商系、海归系为代表的浙江创业创新"新四军"的人才培育和创新支持,全面支撑"数字湾区"建设。积极推进大湾区数字经济人才国际化进程,推动数字经济领域人才的国际化交流与合作。

(七)抢先布局湾区新型信息基础设施

优化提升宽带基础设施,推进 IPv6 规模部署,加快宽带网络升级改造。进一步优化提升杭州互联网国际专用通道和宁波互联网国际专用通道,全面支撑国际互联网访问需求,助推大湾区国际化水平提升。加大物联网、无线通信技术在大湾区城乡基础设施领域的应用力度,广泛部署传感器等各类智能感知终端,构筑遍布泛在感知的基础设施物联网络。统筹兼顾各类发展要素,合理布局一批高等级绿色云计算与大数据中心。积极推进湾区 5G、量子通信、无人机配送、动态无线充电等重大新技术新装备测试验证工作,在大湾区率先形成适度超前的数字基础设施发展格局。

(八)强化湾区网络安全保障

在大湾区网络空间关键节点、重要信息系统、关键信息基础设施等方面加快部署网络安全监测设备,构建大湾区一体化网络安全态势感知平台,建立线上线下、主动被动融合的立体化网络安全防御体系。加强能源、交通、金融、供水、供电、供气等重点行业领域信息系统和安全防护措施的同步规划、建设和使用,强化技术防范,切实提高防攻击、防篡改、防病毒、防瘫痪、防窃密能力。加紧对物联网、云计算、量子通信等前沿尖端领域安全技术和产品进行自主开发和应用,提升网络安全技术和产业实力。

未来数字经济发展趋势

中国工程院院士　潘云鹤

随着新一轮科技革命和产业变革不断深入,全球范围内数字经济浪潮势不可挡。G20杭州峰会上,二十国集团领导人提出《二十国集团数字经济发展与合作倡议》,发展数字经济成为全球共识,被称为打开第四次工业革命之门的钥匙,亦形成继农业经济、工业经济后的一种新社会经济发展形态。未来,数字经济的发展会表现出哪些趋势和特征,又将对社会经济各领域产生怎样的深刻影响?

一、数字技术会对社会快速渗透和融合创新

产业爆发的重要前提是技术革命。

未来,世界范围内以人工智能、物联网、增强现实、虚拟现实、区块链、数字创意、下一代网络等为代表的数字技术前沿将不断实现突破性创新,而且如同曾经的蒸汽机、电力、计算机和互联网一样,将对整个社会产生快速渗透。同时,数字技术的创新会从过去的单点突破阶段进入多种技术协同推进、群体性演变的爆发期,将大幅提升技术创新的速度。数字技术不但内部的交叉发展和集成创新加强,而且数字技术也会和医药材料、能源、生物等技术的跨界交叉和创新融合不断,如人工智能和基因技术、制药技术的融合,将更好发挥精准医疗的作用,明确变异与疾病的关系,加速基因组学研究和药物开发。

二、各种产业将纷纷呈现数字化

数字经济将成为经济发展的核心引擎。

截至2018年,全球22%的GDP与数字经济紧密相关,而根据权威研究机构IDC的预测,到2021年,至少50%的全球GDP将会是数字化的,中国数字经济的比重将达55%。其中数字化融合经济将占据主要份额。传统产业数字化、网络化、智能化转型成果显著,智能制造将在各行业领域盛行,大数据、云计算、物联网等新的配套技术和生产方式得到大规模应用。数字经济加速向传统产业渗透,新产品、新零售、新金融、分享经济、数字创意、医疗健康、在线文娱等新模式新业态持续涌现。

三、"平台化"业态将大行其道

平台化、生态化将成为数字经济时代产业组织的显著特征。

不论是新兴平台企业、互联网巨头还是传统转型企业,都在发展中广泛采取开放策略,打造创新生态系统,以平台汇聚流量,抓住先机占据市场主导,力争"赢者广吃";以平台推动内部网络协作,激活微经济;以平台低成本整合资源,基于数据进行智能合作,实现共享经济,从而增强企业的创新活力和整体竞争力。同时,随着数据成为关键生产要素,平台类企业的数据聚合效应有利于其获取平台参与方的往来数据和链条数据,如交易数据、资金数据、物流数据等,掌握并管理整个平台的交易,提升交易效能。

基于平台生态的数字经济发展将主导众多领域的经济活动。据阿里研究院统计,2016 年,包括苹果、谷歌、亚马逊、Facebook、阿里巴巴、腾讯在内的全球十大平台经济体的市值已经超过十大传统跨国公司,未来 5 年,可能会出现首个交易额过万亿美元的平台经济体和首个市值过万亿美元的平台经济体。

四、网络化和智能化产品将出现创新高潮

数据是数字经济的血液。

未来,随着企业、机构、政府等对数据资源的开发利用水平不断提高,以数据驱动的新产品设计等服务创新将不断涌现。

利用数据提高精准程度,如肿瘤检测企业利用大数据分析致癌原因,实现对患者的精准医疗;利用数据优化资源配置,如 ZARA 以数据为核心,打造极速供应链系统,对每天、每个店铺、每个款型的销售了如指掌,很容易预测下一季的爆款产品。

利用数据为企业赋能,如阿里巴巴推出生意参谋、阿里指数等一系列数据产品,帮助众多商家提升运营效率和获客能力。

五、经济的“全球化”趋势无法阻挡

数字经济将成为推动全球化的新平台。

数字经济本身就是全球经济,能够扩大贸易空间,提高资本利用效率,在促进市场竞争的同时催生创新。未来,随着数字经济的发展,将有更多有实力的数字企业“走出去”,借助全球市场实现更强的赢利能力和抗风险能力。

工业社会,由于进入门槛高,技术性强,80%~90%的国际贸易都被跨国公司把持。随着各国数字市场的不断开放,21 世纪数字丝绸之路、跨境电子商务贸易平台的完善,5G 等国际数字贸易基础设施不断完善,跨境支付、物流、贸易监管的壁垒不断被破除,中小企业走向全球市场竞争的阻力会不断减小;同时,借助数字经济的“强连接”特征,全球分工协作网络、全球网上供应体系和高效率生产体系加快形成,创新型中小企业将以更低的成本参与全球市场竞争并从中获利。

六、数字经济发展红利走向“普惠化”

数字经济的红利将分布式增长。

随着宽带互联网、移动互联网等数字基础设施的不断普及,“数字鸿沟”不断缩小,淘宝村等农村电商服务站的建设加快,包括电子商务、数字农业、非现金支付、数字化理财、数字小额信贷等在内的数字经济产业在农村和偏远地区兴起,帮助贫困人口就业创业、提升能力、增加收入,数字脱贫致富路加快打通,区域之间、城乡之间的社会经济发展差距将加快缩小。

数字技术和社会民生领域的融合发展加快,电子政务、在线教育、互联网医疗等数字化、智能化社会服务普及,打破时空桎梏,不同年龄、不同性别、不同区域的人都可以更公平地获得更多的发展机会,持续形成更具包容性的数字普惠。

2018浙江工业发展报告

ZHEJIANG INDUSTRIAL DEVELOPMENT REPORT

第四部分　地市篇

贯彻新发展理念 推进新旧动能加快转换

——杭州市2017年工业经济运行情况

杭州市经济和信息化委员会

2017年,杭州市经信系统深入贯彻落实中央和省市各项决策部署,以"一号工程"为统领,以推动"制造强国"和"网络强国"战略融合并进为主路径,加快产业结构调整和新旧动能转换,全市工信经济发展呈现稳中向好、质效趋优的良好态势。

一、工业经济运行情况和特点

(一)基本情况

一是工业经济稳中有进。2017年,全市完成工业销售产值13044.89亿元,同比增长9.1%,较2016年提高7个百分点;完成出口交货值1842.49亿元,同比增长7.2%,较2016年提高8.7个百分点;完成规上工业产品产销率98.5%,高于全省1.2个百分点。全市完成规上工业增加值3204.63亿元,同比增长7.0%,较2016年提高1.4个百分点;从行业看,计算机、医药增加值分别增长24.9%和21.2%,合计拉动规上工业增加值增长4.9个百分点,贡献率达69.7%。

二是信息经济高速发展。2017年,全市信息经济实现增加值3216亿元,同比增长21.8%,已连续四年保持20%以上的增长,高于GDP增速13.8个百分点,对经济增长的贡献率超过50%,占GDP比重25.6%,同比提高1.3个百分点。信息经济十二大核心产业中,电子商务、移动互联网、云计算与大数据、数字内容、软件与信息服务等五个产业增加值突破千亿元,其中,电子商务产业增加值增长36.6%,增速连续7年保持30%以上;移动互联网产业增加值增长35%;云计算与大数据产业增加值增长31.9%。

三是结构转型效果明显。除信息经济高度发展外,各项指标增长良好。2017年,全市两化融合指数94.80,大幅领跑全省,位居全国前列。2017年,全市规上工业实现高新技术产业增加值1605.5亿元、战略性新兴产业增加值979.5亿元、装备制造业增加值1384.2亿元,同比分别增长13.6%、15%、11%,均高于同期全部工业的增幅。完成新产品产值4986.37亿元,同比增长9.5%;新产品产值率达37.7%,比2016提高0.2个百分点。新产品开发、生产、研制、储备力度进一步加大,创新红利效应不断释放。

四是质量效益增势良好。2017年,全市实现利税总额1708.55亿元,同比增长8.5%,较2016年提高1.7个百分点;实现利润总额968.68亿元,同比增长7.7%,较2016年提高1个百分点;利税增幅和利润增幅均高于工业增加值增幅,企业效益情况较好。从行业看,计算机、医药等新兴产业一直保持较高增速,化纤、化工等传统产业出现明显回升,拉动全市规上工业效益较快增长。

五是投资结构逐渐优化。2017年,全市规上工业固定资产投资861.48亿元,其中工业技改投资643.23亿元。从当前工业投资的实际看,企业在设备、土地等方面的"硬投入"逐年下降,而在研发、品牌、人才等方面的软投入逐年增加。2017年,全市规上工业科技活动经费支出总额297.11亿元,增长24.3%,较2016年增长12.4个百分点,购置技术成果费用同比增速达30%。杭州市产业投资重点由传统的土地、厂房、设备等固定资产“硬投资”,逐步转向研发、品牌、人才和市场拓展等“软投资”的变化在加深。

(二)主要问题

虽然,2017年杭州工信经济形势总体向好,但也存在一些需要高度重视的现象:一是企业利润增速不高,受原材料价格上升较快,以及部分企业产品层次不高竞争力不强等因素影响,全市工业企业利润增速低于全省平均水平;二是大项目支撑不足,受土地供给、环保能耗、城市规划等因素影响,大项目落地难,2017年全市5亿元以上项目仅67个;三是区域发展不平衡,2017年,滨江区工信经济发展形势较好,贡献了全市规上工业增加值增速的三分之一,但萧山区、大江东等主平台作用发挥不充分。

二、工业经济发展主要举措

(一)聚焦带动引领,信息经济发展取得新成效

一是信息经济核心产业快速发展。物联网、电子信息制造、集成电路等“硬”制造明显突破,行业总体增幅均在16%以上,高于全部规上工业增长一倍以上,全市信息经济中制造企业的主营业务收入占全部信息经济主营业务收入的35%左右。集成电路产业发展取得明显突破,杭州成为继深圳、南京、上海、北京之后第五个获批国家“芯火”双创基地(平台)的城市,中电海康、阿里云等10余个项目列入国家核高基重大项目(01、02专项),中芯晶圆大尺寸半导体硅片、博雅鸿图数字编解码芯片、北斗卫星芯片“微系统模组”、海康威视磁悬芯片、立昂微微波毫米波射频芯片等重大项目全面实施,信息经济十二大核心产业中,高端制造业占比已达35%以上。出台《关于加快推动杭州未来产业发展的指导意见》,布局发展人工智能、虚拟现实、区块链、量子技术、增材制造、商用航空航天、生物技术和生命科学等为重点的未来产业。

二是软件名城建设扎实推进。签署部省市工作合作协议,共同推进国际级软件名城建设;全市软件和信息服务业业务收入增速高于全国4.3个百分点,位居全国城市第五、副省级城市第三;8家企业入围2017中国互联网百强榜,12家企业入围2017中国软件业务收入前百家企业名单,分别较2016年增加2家和4家,9家企业入围中国软件和信息技术服务综合竞争力百强榜。

三是重大战略合作深入推进。以“五新”为重点的33个阿里巴巴集团战略合作项目全面推进,“移动支付之城”建设向纵深发展,“城市数据大脑”列入国家首批新一代人工智能开放创新平台,云栖大会全球影响力进一步提升;科大讯飞人工智能研究院、人工智能双创平台全面落地,政务、教育、医疗等行业应用有序推进;中兴通讯物联网产业和金融混合云平台、华为全球培训中心、软件开发云平台等项目全面启动实施。

四是信息基础设施支撑能力不断提升。国家级互联网骨干直联点正式开通投入使用,互联带宽达180G;“千兆智联”专项行动深入推进,全市85%的住宅小区实现千兆光纤入户;新一代移动通信网络加快部署,主城区和部分区县市核心区实现NB-IoT网络全覆盖。

(二)聚焦动能转换,产业提质增效取得新进展

一是传统制造业改造提升工作全面启动。把传统制造业改造提升作为推动杭州制造业高质量发展的根本性长期性任务,召开全市性会议进行专题部署推进。研究制定《杭州市全面改造提升传统制造业实施方案(2017~2020年)》,确定了传统制造业改造提升的12个重点行业和10项重点任务,并有针对性地制定一揽子政策举措。萧山化纤、富阳造纸两个省级分行业试点和15个市县级试点全面推进。

二是制造业创新能力不断提升。完善以企业为主体的技术创新体系,加快企业研发中心、省重点企业研究院、制造业创新中心建设。浙大智能诊疗设备和杭汽轮燃气涡轮机械获批全省首批制造业创新中心。万向、华立等5个项目列入工信部制造业“双创”平台试点示范项目。结合杭州市信息经济发展优势和未来发

展方向，选择3~5个产业细分领域确定若干个重大关键技术突破专项，解决一批关键共性技术，争创高端制造业新优势。积极培育"单项冠军""隐形冠军"，选择一批具有极强发展潜力、在细分行业具有领导力的企业进行重点扶持。全市新增国家级技术创新示范企业1家，省级技术创新示范企业3家、省级企业技术中心15家、市级企业技术中心48家。杭锅等8家企业产品被认定为国内、省内首台套产品。共有26个和14个项目先后列入省级重点技术创新专项和重点高新技术产品开发项目。新产品产值率实现37.7%。

三是智能制造和服务型制造深度推进。以"机器换人""工厂物联网和工业互联网""企业上云"等专项行动为抓手，全力推动"万企转型"。2017年，全年共组织实施"机器换人"项目574个，"工厂物联网和工业互联网"项目211个，新增"上云"企业数4.15万家。其中19家企业先后列入工信部智能制造示范试点和重大专项、制造业与互联网融合发展示范项目、"两化"融合贯标试点、服务型制造示范企业(项目、平台)。工厂物联网、ET工业大脑、SupOS等创新应用不断显现，形成了一批"数字化车间"和"智能工厂"样板。

(三)聚焦集约集聚，供给侧结构性改革取得新突破

一是高标准打造产业发展大平台。深入开展工业经济摸底调查，对全市工业企业和各类开发区、工业功能区、特色小镇进行了全面梳理，建立"一企一档、一园一档、一产一档"，形成全市工业企业和工业平台"两张表"，工业用地和平台分布"一张图"。全面推进工业平台整合提升三年行动计划，以城西科创大走廊为驱动全市产业创新发展的动力，以城东智造大走廊为实现高端制造业的核心，实现"杭州制造"向"杭州智造"突破。下大力气把大江东产业集聚区打造成为标志性、战略性改革开放大平台。

二是高标准推进产业倒逼调整。深化"亩均论英雄"改革，完成对全市4915家规上工业企业和4571家规下5亩(含)以上工业企业分类综合评价，全面落实资源要素差别化配置政策，全年累计征收差别化水价、电价和排污费4600余万元。完善节能评价体系，建立综合能耗、单位产品能耗、万元工业增加值能耗"三位一体"的综合评价体系。加大淘汰落后产能、化解过剩产能、整治低小散等力度。2017年，全市累计淘汰落后和过剩产能企业170家，实际处置僵尸企业65家，实施"低小散"块状行业整治提升企业3415家。累计盘活存量土地1.3万亩，腾出用能22万吨标煤。

三是高标准推广新能源和节能环保产品技术。以造纸、化纤、印染、化工、建材等高能耗、高排放行业为重点，加快推进各类节能节水改造实施全市万元工业增加值废水排放率和万元工业增加值用水量同比下降5%以上；实施市政府为民办实事项目，深化太阳能光伏推广应用，开展居民光伏连片开发应用示范试点，2017年，全市新增并网分布式光伏发电项目1.4万个，新增光伏装机容量393兆瓦，同比增长252%；加大新能源汽车示范应用推广，全年共推广应用新能源汽车3万辆。

(四)聚焦精准高效，企业服务取得新提升

一是全面落实惠企减负政策。全面贯彻落实国家、省各项涉及惠企政策，进一步建立健全政策宣传解读、网上举报投诉等机制；制定出台《关于深化企业减负担降成本改革的实施意见》；开展涉企经营服务性收费自查清理和涉企中介服务收费专项督查，2017年，共为企业减负594亿元以上，和2017年相比，多为企业减负130余亿元。

二是加大企业培育力度。深入实施"三名工程""小升规""隐形冠军""制造业单项冠军"培育专项行动，进一步加大企业梯队建设力度，引导龙头企业做大做强和中小微企业"专精特新"发展，全年新增"小升规"企业363家，分别有3家和5家企业获评全国首批单项冠军示范企业和单项冠军培育企业，5家企业被评为省"隐形冠军"企业，12家企业被评为省级创新型示范中小企业；加快推动企业管理创新，5家企业被评为浙江省管理创新试点企业。

三是加强企业服务体系建设。进一步拓展企业长效服务平台的服务范围和服务区域,在原有1个市级平台和7个区县分平台的基础上,新组建大江东公共服务分平台;深入推进钉钉推广应用专项行动,以转贷服务、资格认证等6大产品为重点的钉钉“企业服务窗”已为5000家企业提供实时在线服务;组建企业服务联盟,组织开展中小微企业创新创业大赛、“中小企业服务日”、小微企业创业辅导沙龙等活动200余场次,全年累计为2000余家企业的8000余人次提供了金融、信息、科技、创业创新辅导等各类服务。

四是深化企业长效服务机制。完善市、区县、乡镇三级多部门联动服务机制、深化“企业服务专员”制度,强化问题交办和跟踪督查,做到“件件有落实,事事有反馈”,全年累计走访服务企业1.4万家次,帮助企业解决各类困难问题5800余个。

三、工业经济发展面临的形势

2018年是全面贯彻党的十九大精神的开局之年,是改革开放40周年,也是实施“十三五”规划承上启下的关键一年。杭州市委十二届三次全会对当前全市经济发展进行了深刻分析。2018年杭州工信经济面临新的发展机遇:

一是发展方向更加坚定。党的十九大和省市党委政府把发展制造业摆到更高的位置。习近平总书记明确指出“抓实体经济一定要抓好制造业”,围绕加快新型工业化、促进信息化发展,形成了制造强国和网络强国系列战略部署。省委经济工作会议和市委全会围绕振兴制造业、推动高质量发展,做出了具体工作部署。特别是市委市政府在全市传统制造业改造提升工作推进会上,要求再创杭州制造新优势。这系列要求,为推进工信经济发展指明了方向。

二是发展基础更加完备。全市规上工业增加值增幅逐步提升,信息经济连续四年保持20%左右增长,全市工信经济“总体向好、结构趋优”态势明显,新旧动能加快转换。产业发展主平台作用显现,各县市新动能加快培育,城西科创大走廊、城东智造大走廊全面推进。企业梯队加快形成,市本级“三名”企业22家,上市企业162家;独角兽企业16家,估值位居全国第三、数量全国第四。人才支撑作用强劲,全市人才净流入率位居全国第一,工信经济对全市经济增长贡献不断提升。

三是发展路径更加明确。2015年以来,全市累计实施机器换人3003项、工厂物联网497项,制造业企业上云4000余家,带动规上工业增加值率和人均劳动生产率,分别从2014年的21.7%、24.2万元/人提高到2017年的24.2%、29.7万元/人;规上装备制造业、高新技术产业、战略性新兴产业增加值增速,连续3年保持两位数增长。截至2017年全市拥有各类信息工程服务机构200家,为全省输出70%以上的智能化服务,工信经济探索走出一条“互联网+制造”深度融合的智能制造之路。尽管推进工信经济高质量发展具有许多有利条件,但同时也要清醒地看到,产业发展中还面临一些不平衡不充分不适应的问题,具体体现在区域不平衡、产业不平衡、企业不平衡即“三个不平衡”和质效不充分、融合不充分、动能培育不充分即“三个不充分”。

四、推进工业经济发展的对策

2018年杭州工信经济发展将全面贯彻落实党的十九大精神,坚持稳中求进总基调,以高质量发展为方向,以供给侧结构性改革为主线,以创建“中国制造2025”国家级示范区为抓手,坚持提升传统产业与发展新兴产业并重,技术创新与企业培育并举,着力构建以数字经济为核心、新经济为引领的现代化经济体系,加快建设具有全球影响力的“互联网+”创新创业中心,打造制造强国与网络强国融合发展的杭州样板。

(一)补短板、扬优势,在打造信息经济升级版上更进一步

全面推进落实以数字经济为核心、新经济为引领、传统优势经济为支撑的现代化经济体系建设目标,大

力发展战略性新兴产业和未来产业，加快新动能培育。

一是打造国家信息经济示范区核心区。持续深入推进“六大中心”建设，巩固提升发展云计算大数据、物联网、移动互联网等优势产业，启动实施相关产业发展三年行动计划，强化前瞻性布局、构建核心技术体系，部署完善产业链，实现信息经济十二大核心产业主营业务收入破万亿。

二是创建国际级软件名城。全面落实部省市合作协议，实施软件和信息技术服务业“五名”工程和创新能力提升工程，支持阿里巴巴、华为等企业通过钉钉和软件开发云等平台建设，构建新型SaaS产业生态。加强国际交流合作，积极争取工信部支持，推动美国“硅谷”与“天堂硅谷”双城联动发展。

三是加快部署新一代信息基础设施。深入推进通信基础设施共建共享，全面完成新建和改造通信基站2000个，继续探索实施移动通信基站建设新模式。深入实施千兆智联专项行动，力争实现市域内住宅区千兆带宽接入能力全覆盖。开展5G试点专项行动，积极争取列入中国移动5G试点城市。加快NB-IoT等5G适用技术的推广应用和相关网络设施升级。以智慧亚运和新型智慧城市建设为重点方向，探索实施一批试点项目、构建一批商用场景。

四是推动战略性新兴产业做大做强。紧盯高端装备制造、新能源汽车及关键零部件、生物医药及高性能医疗器械、新材料等战略性新兴产业发展，依托重点产业平台，招引培育一批重大产业项目、新型研发机构、高端人才团队，做好延链补链强链文章，在智能安防、专用集成电路及高端通用芯片、网络通信设备、燃气轮机、可再生能源装备、创新药物等领域形成若干个具有全球竞争力的细分产业链。

五是加快培育发展未来产业。进一步以人工智能为重点，主攻虚拟现实、区块链、量子计算、增材制造、商用航空航天、生物技术和生命科学等未来产业，明确发展目标、发展路径。以人工智能产业为龙头，结合杭州实际，形成专项规划和政策体系。加快推进未来科技城人工智能小镇、大江东商业航天小镇等一批未来产业发展平台，加快未来产业创新创业要素的集聚，构建具有核心竞争力的产业链体系。

（二）抓质效，增动能，在加快传统制造业改造提升上更进一步

坚持“破”“立”并举，以提高制造业供给体系质量为主攻方向，持续推动传统制造业质量变革、效率变革、动力变革，再造杭州制造新优势。

一是抓好试点示范。深入实施《杭州市全面改造提升传统制造业实施方案(2017~2020年)》，分年度、分阶段制定细化时间表、路线图和任务书；聚焦12个重点产业和10项重点任务，强化政策引导和督查考核，推动省市县级分行业试点工作全面铺开；萧山化纤、富阳造纸2个省级分行业试点和余杭家纺等4个市级分行业试点取得全面突破和实质性进展。

二是坚决破除低端无效产能、淘汰落后产能。不折不扣落实国家、省年度钢铁水泥去产能任务，坚决控制产能严重过剩行业新增产能、严把高耗能项目准入关。全年累计淘汰落后产能企业100家以上，整治“低小散”“脏乱差”企业(作坊)1000家以上，有效处置“僵尸企业”30家以上。

三是全力推进绿色制造。实施绿色制造工程，进一步加大节能技改和合同能源管理的推广力度，继续实施光伏、LED等节能新产品和新技术推广应用行动，稳步提高既有重点用能企业光伏利用和全社会LED照明使用比例，努力推动新建重点用能企业实现光伏利用和LED照明全覆盖。全面推进传统制造业重点行业清洁生产改造，打造一批绿色工厂、绿色产品、绿色园区、绿色供应链示范标杆。

（三）强创新、促融合，在创建“中国制造2025”国家级示范区上更进一步

以加快制造业创新体系建设为核心，以持续推进互联网、大数据、人工智能和实体经济深度融合为主路径，打造“制造强国”和“网络强国”战略融合互进的“杭州样板”。

一是扎实推进制造业创新中心建设。实施制造业创新中心建设工程,继续做好浙大智能诊疗设备、汽轮动力燃气涡轮机 2 家省级制造业创新中心的跟踪服务;启动首批市级制造业创新中心创建工作,以数字安防、创新药物、增材制造、机器人和智能装备等具有明显比较优势的产业领域为重点,组建市级制造业创新中心,积极争创省级和国家级制造业创新中心。支持企业加大研发投入,深化产学研合作,争创一批国家级制造业"双创"平台,建设一批集研发设计、检验检测、成果转化、教育培育等功能于一体的产业创新服务综合体;全力支持阿里达摩院、云栖工程院、北斗时空研究院等新型创新载体建设。

二是着力强化"四基"建设。实施工业强基工程,制定《杭州市工业强基工程实施方案(2018~2020)》,认定一批"四基"产业链核心企业,遴选一批核心基础零部件(元器件)、关键基础材料和先进基础工艺,突破一批重大产业和关键技术难题,组织实施一批"四基"产品批量化生产技改项目。

三是深入推进"制造业 +"。联动推进"机器人 +""互联网 +""大数据 +""工业设计 +"等在制造业领域的融合应用。继续实施"机器换人"专项行动,全年组织实施"机器换人"项目 450 个,推广工业机器人应用 1400 台;继续实施"工厂物联网"专项行动,扩大企业和行业覆盖面,着力提升信息工程服务机构全套智能制造系统解决方案供给能力,全年组织实施"工厂物联网"项目 150 个以上;继续实施"企业上云"专项行动,制定三年行动计划,开展上云标杆示范企业和优秀云服务商认定评选,全年组织实施"上云"企业 4 万家;实施"工业互联网"发展专项行动,打造网络、平台、安全三大体系。全力支持和推动 sup-ET 工业互联网平台建设,力争培育形成 1~2 个省级以上工业互联网平台和一批面向特色行业、特定场景的工业 APP。

四是推动军民融合深度发展。大力发展卫星应用、民用飞机、海洋工程装备、新材料等军民融合产业,加快推进西子航空等重大项目建设;高标准建设军民融合创新示范区,推动大江东产业集聚区积极争创国家级军民融合产业基地,加快江干区长三角军民融合产业园、建德航空小镇等建设。

(四)促集约、强保障,在优化工信经济发展环境上更进一步

突出精准高效,以资源要素供给体系的全面优化,推动新旧动能的加速转化、支撑高质量供给体系的构建。

一是推进工业园区优化提升。深化开展工业经济摸底调查、规上工业企业和规下 0.33 公顷(含)以上工业企业分类综合评价;深化"亩均论英雄"改革,强化项目准入管理,加大对亩产效益综合分类评价的结果应用,支持企业开展"零土地"技术改造,进一步加大盘活低效利用土地和存量土地二次开发力度;加强小微企业园区建设管理,力争 2018 年全市新增小微企业园区 20 家,新扩建标准厂房 200 公顷以上,推动 2000 家企业入园集聚发展;构建产业转移共享机制,鼓励和推动市区转移产业优先在市域内产业平台落地。

二是全面落实能源"双控"目标。坚持多措并举,综合施策,制定任务、项目、责任"三大清单",严格实行一票否决制和节能问责制;完善节能评价体系,建立综合能耗、单位产品能耗、万元工业增加值能耗"三位一体"的综合评价体系;进一步发挥好"直供电"政策在帮助企业降低能源成本和推动高能耗产业结构调整过程中的正向激励和反向倒逼作用;实施能耗产出效益与新增能耗计划挂钩制度,建立差别化用能和市场化配置的用能量指标交易机制;全面推行"区域能评 + 区块能耗标准"的改革。

三是加快"雁阵型"企业梯队建设。加大"三名"企业培育力度,完善企业分级培育机制,升级培育一批具有全球影响力的企业。深入推进"小升规"专项行动,全年新增"小升规"企业 280 家;完善中小企业公共服务体系,推动中小微企业"专精特新"发展,大力培育一批国内外细分市场产品占有率位居前列的"隐形冠军"。积极实施"凤凰行动",深入推进企业兼并重组。建立企业家人才和产业人才培育机制,不断提高产业与人才之间的适配度,根据产业规划同步编制人才规划。

四是打造优质的营商环境。继续深入开展市四套班子领导走访服务工信领域重点企业和重大项目活动，完善“企业服务专员”制度，建立市领导和企业家、高层次人才定期联系制度，弘扬企业家精神，提升企业家责任担当；深入推进国家、省、市各项企业减负降本政策落地，进一步加大对涉企中介收费、行政事业性收费目录清单动态更新等重点工作的督查力度；继续深入推进钉钉推广应用专项行动，优化完善“企业服务窗”功能，助力“最多跑一次”改革；积极化解企业两链风险，进一步强化对融资性担保公司的监管，完善政策性担保业务风险补偿政策。

产业争先 质效争优 全力推进工业高质量发展

——宁波市2017年工业经济运行情况

宁波市经济和信息化委员会

一、工业经济运行情况和特点

(一)基本情况

2017年,宁波市经信系统贯彻落实中央、省、市各项决策部署,坚持稳中求进的工作总基调,牢固树立新发展理念,以供给侧结构性改革为主线,深入推进"中国制造2025",加快推动质量变革、效率变革、动力变革,工业经济运行呈现"总体平稳、稳中向好"的发展态势,实现总量规模和质量效益双提升。全市规上企业实现工业增加值3266.7亿元,同比增长9.6%,总量规模首次突破3000亿元大关、增速创下2012年以来最好水平。全市规下工业增加值同比增长7.9%,高出年初目标0.4个百分点。用电指标匹配性较好,全市工业用电同比增长10.2%,其中制造业用电增长10.3%。

一是工业企业产销两旺。2017年,宁波市工业经济呈现出产销两旺态势。全市35个规上工业行业中,26个实现增加值正增长,增长面达到74.3%。增加值前十大行业中九个正增长,其中汽车制造业增长18.3%,计算机、通信和其他电子设备制造业增长15.6%,专用设备制造业增长13.8%。全市规上工业总产值同比增长17.6%,销售产值同比增长18.4%,销售增速快于生产增速,产销率97.0%,同比提高0.7个百分点。实现工业出口交货值2980.3亿元,同比增长10.1%(2015、2016年出口增速分别为-7.0%、-1.5%),外需拉动增强。

二是装备制造业支撑明显。近年来,宁波市积极贯彻实施制造强国战略,装备制造业支撑作用明显。2017年,全市装备制造业实现工业总产值、工业增加值7406.7亿元、1585.5亿元,同比增速分别达到17.1%、14.1%,占规上工业比重为47%和48.5%,并分别拉动全市规上工业总产值、工业增加值增速8个、3.9个百分点,已成为宁波市工业经济规模速度、质量效益快速提升的重要支撑。

三是产业培育取得新进展。2017年,高新技术产业、战略新兴产业增加值同比增长10.4%,15.7%,均高于规上平均,占规上比重分别达40.9%、26.7%。重点培育的"3511"产业发展良好,工业产值、利税总额、利润总额分别增长16.7%、30.1%、33.1%。其中,主攻八大细分行业中的光学电子发展迅猛,工业产值、利税、利润总额分别同比增长26.1%、82.4%、81.6%。

四是重点企业拉动力增强。宁波市高度重视企业梯队建设,制定专项政策措施推进重点工业企业发展。2017年,千亿级(宁波制造业部分)、行业骨干和高成长等三类企业工业总产值增速分别达到32.2%、22.8%、35.5%,均远高于规上工业平均增速。重点监测的243家企业产值同比增长23.2%,高出工业平均5.6个百分点,占规上工业比重达到51.3%,占比同比提高2.3个百分点,拉动规上工业产值增速11.4个百分点。

五是创新贡献加快释放。完善落实推动企业创新的政策措施,企业创新投入积极性提高,新动能加快培育。2017年,全市规上工业企业科技活动经费支出达到247亿元,同比增长21.7%,增速较主营业务收入高2.3个百分点,科技经费支出占主营业务收入比重达到1.6%,其中制造业达到1.7%。实现新产品产值5144.1

亿元,同比增长19.7%,新产品产值率达到32.4%。

六是质量效益全面提高。深入推进降本减负,引导企业加大技术改造力度,推动发展质量提升。2017年,全市规上工业企业实现利税总额2097.9亿元,同比增长22.5%,其中利润总额1264.1亿元,同比增长30.9%,增速连续两年在30%以上。全市规上企业每百元主营业务收入成本81.7元,低于全国平均水平3.2元。主营业务收入利润率8.3%,较2016年提高0.7个百分点,高于全省1.5个百分点。规上工业人均创造利润8.8万元,同比增长25.7%。全员劳动生产率达到22.6万元/人,同比提高7.8%。

（二）主要问题

2017年宁波市工业经济增长超出预期,但在部分领域还存在一些不确定因素,需提前做好防范应对工作。

一是部分领域分化现象突出。从企业规模看,2017年全市规上企业中,大、中、小、微型企业工业增加值分别同比增长12.6%、6.6%、9.3%、5.4%,大型企业和小型企业对工业经济增长贡献有所增强,中型企业和微型企业增长乏力。其中,中型企业数量占规上的13.1%,增加值占规上的32.9%。从不同产业看,传统产业改造提升虽然取得阶段性进展,但转型升级仍然任重道远。化学原料、化学纤维、纺织服装、农副食品加工、造纸等传统行业增加值增速较低甚至负增长。从不同区域看,地区发展不平衡不充分问题依然存在,部分地区尚处于转型升级的阵痛期,工业经济增长压力较大。

二是原材料价格上涨较快带来不利影响。2017年,全市工业品出厂价格同比上涨6.7%(连续14个月上涨),工业生产者购进价格同比上涨13.0%(连续16个月上涨),涨幅差倒挂6.3个百分点。原材料行业价格上涨过快,一方面,导致部分行业增加值与效益增长不匹配。如石油加工、化学原料、黑色金属、有色金属等行业利润分别同比增长15.1%、145.5%、41.9%和86.0%,增加值却仅分别增长8.6%、2.1%、1.9和-3.6%。另一方面,由于原材料价格涨幅未充分传导到终端消费产品(同期CPI上涨1.8%),对化工产业链下游等产业企业效益造成不利影响。全市规模以上工业每百元主营业务收入中的成本较2016年上升0.1元,近年来首次出现上升,不但挤占了企业利润空间,也冲抵了部分降成本政策带来的红利。从亏损企业数来看,虽然全市亏损企业亏损总额同比下降14.0%,但规上企业亏损面达16.3%,较2016年小幅提高2.0个百分点。

三是工业投资增长乏力。受缺乏好的重大投资项目、投资回报预期不稳,以及土地、环境容量、能耗、人工成本上升等因素影响,宁波市工业投资出现项目多但投资额有所下滑现象。根据市统计部门快报数据,2017年全市在建工业项目数量同比增加9.7%,其中本年新开工项目数同比增加14.0%。累计完成工业投资1356.5亿元,同比下降6.5%。其中,工业技改投资累计完成965.7亿元,同比下降13.1%,降幅与2016年同期基本持平。

四是创新投入有待进一步强化。虽然宁波市企业科技投入力度在持续加大,但与先进城市比还有不小差距,2017年,全市规上工业科技经费支出增幅以及占主营业务收入比重仍然低于全省平均水平,与杭州仍有不小差距。战略新兴产业、高新技术产业、装备制造业等重点产业发展较快,但比重还不够高,均不及规上工业的50%,对工业发展的支撑作用仍有待加强。

二、工业经济发展主要举措

2017年,全市以建设“中国制造2025”试点示范城市为促进宁波经济转型的核心抓手,构建了“3+15+X”政策体系,建立了合同化明责、项目化管理、标杆化推进、标准化评价的工作推进机制,确保各项任务落地,推动工业高质量发展取得明显成效。宁波市也因此被国务院表彰为“推进‘中国制造2025’,促进工业转型升级成效明显市”。

全市推动工业高质量发展重点围绕“高速发展、高效制造、高端创新，高度融合、高能协作”五个领域开展工作：

(一)推动产业高速发展，产业结构加速优化

一是战略产业加速发展。以北仑微电子产业园、余姚智能光电产业园等重大平台建设，以及吉利 DMA、中芯国际 8 英寸特种工艺芯片厂等重点项目投资作为工作抓手，推动产业结构优化升级。2017 年，“3511”产业工业产值、利税总额和利润总额分别增长为 16.7%、30.1%和 33.1%，其中新材料、光学电子、汽车电子等产业总产值分别增长 28.2%、26.1%和 20%。

二是传统产业加速转型。聚焦纺织服装、化工、橡胶塑料制品、文教用品、家用电器等 9 个重点领域，制订发布《宁波市全面改造提升传统制造业实施方案(2017~2020 年)》，编制印发了 9 个重点行业的行动计划和 10 个区县(市)的传统制造业改造提升方案。2017 年，9 大传统产业工业总产值同比增长 18.1%，石化、汽车制造、纺织服装等千亿级产业集群改造提升成效明显。

三是重点企业加速成长。全力培育千亿级龙头企业—行业骨干企业—高成长企业—单项冠军企业梯队培育工程。2017 年，千亿级企业、行业骨干企业和高成长企业产值分别增长 32.2%、22.8%和 35.5%。制造业单项冠军成为宁波市最大亮点，全市累计已有 15 家企业(产品)入围国家制造业单项冠军示范(培育)名单，数量位居全国第一。全市新增上市公司 20 家，其中有 18 家为制造业企业。

四是推进小微企业创业创新。出台《宁波市推进小微企业创业创新基地城市示范实施意见》等系列配套政策，促进政策落地落实落细。推动 1 亿元服务券资金助力小微企业创业创新，推进 2 亿元资金招引全国优秀创业创新项目落户宁波发展。加强小微企业创业创新基地建设，建立健全小微企业成长发展服务机制，推进小微企业上规升级，新增“小升规”500 家。

(二)推动实施高效制造，制造模式加速转变

一是智能制造试点取得成效。现已累计在汽车零部件、轴承、磁性材料等传统优势行业成功实施自动化(智能化)成套装备改造试点项目 13 个，慈星股份等 5 个项目被列入国家智能制造试点示范，方太厨具等 7 个项目列入国家智能制造专项。培育了 88 家智能制造工程服务公司，试点企业用工人数平均减少 40%，产品不良率平均降低 10%。

二是绿色制造加速普及。在石化、钢铁、造纸等重点行业推广应用低温余热利用、电机系统节能等先进节能技术，2017 年组织实施节能改造项目 563 项，实现节能量 50.3 万吨标准煤以上。积极推进绿色制造工程，镇海炼化、万华化学 2 家企业入选工信部绿色工厂和绿色制造系统集成项目，石化经济技术开发区入选绿色园区，拓普集团入选绿色供应链。

三是“制造业 + 互联网”深入实施。以推进工业云平台建设为重要载体和突破口，积极培育个性化定制、服务型制造、网络化协同等新业态新模式，中之杰、东方电缆入选 2017 年制造业与互联网融合发展试点示范公示名单。慈星股份等 4 家企业被列入省级服务型制造示范企业。加快实施企业上云计划，全年上云企业达到 3.2 万家。

(三)推动实施高端创新，发展质量加速提升

一是加快建设高能级创新平台。宁波石墨烯创新中心已获批成为浙江省首批省级创新中心。引进共建中星中东欧新材料研究院、乌克兰国家科学院材料问题研究所中国分所、清华长三角研究院宁波分院、浙大机器人研究院、吉利汽车研究院等各类创新载体。全年共新增各级企业工程(技术)中心 153 家、省级企业研究院 22 家。

二是自主创新产品推广应用加快。制定发布《宁波市自主创新产品推广应用管理办法》。创新实施首台套重大技术装备保险和新材料首批次应用保险，全市已有153个首台套产品获得认定，宁波激智科技有限公司等18家新材料生产企业投保，参保新材料产品涉及石墨烯、磁性材料、光学膜材料等22种。组织本地优质产品企业与国有投资项目建设单位供需对接，参与市级公共资源交易平台工程建设项目投标的本地产品达到999个，中标率达82.6%。

三是质量品牌标准创新步伐加大。方太作为全国厨电行业唯一代表入选CCTV国家品牌计划，雅戈尔、奥克斯等13个工业企业品牌入围中国自主品牌(浙江)百佳名单。2017年，全市在制造业领域主持制(修)订国际、国家、行业(团体)等标准58个，发布"浙江制造"标准制定22项，导入卓越绩效模式企业168家。

四是创新型人才引培力度加强。"3315计划"等海外高层次人才引进计划积极协同"中国制造2025"试点示范城市建设工作，已有120个高端团队和392名海外人才入选，累计创办企业270家。依托"千人计划"产业园，按照"孵化+中试+产业化"的一园三基地模式，引进"国千"专家53位，并孵化了"翔宇无人机""江丰电子""智畅机器人"等一批优质创业创新项目。

(四)推动实施高度融合，提升城市智慧化水平

一是积极谋划新型智慧城市。制定出台《宁波创建新型智慧城市三年行动计划(2017~2019)》，推进政务数据开放平台、基层社会综合治理信息系统等一批项目建设，积极谋划新型智慧城市建设。积极推进智慧城市试点工作，鼓励在新技术、新应用、新模式创新，全市共13个项目列入2017年智慧城市试点。顺利召开第七届智博会，大企业参展数量创历届新高，累计展出的产品、应用和解决方案等达3000多项。

二是全力发展大数据。积极推动5G、窄带物联网等关键技术研发和试验工作，已完成城区NB-IOT网络覆盖。政务大数据加快发展，市政务云当前累计已归集了16部门的14169万条有效数据记录，形成了"集中共享""交换共享""接口共享"等多种共享方式，全力支撑"最多跑一次"改革。全面实施"企业上云"工程，全年共新增上云企业超过32000家，提前完成省里确定的考核任务。

(五)推动实施高能协作，发展生态加速改善

一是加强财政支持力度。市本级三年统筹安排了150亿元专项资金集中用于支持试点示范城市建设，对重点产业、重点项目、重点企业给予倾斜支持或"一事一议"。对慈溪市、余姚市、北仑区等6个年度工作突出的区县(市)分别给予最高1亿元的工作奖励。全年为企业减免各类税费450亿元。

二是加快推进产融合作。发布《金融支持宁波建设"中国制造2025"试点示范专项行动方案》，引导银行等金融机构加大金融支持实体经济力度。2017年，制造业贷款余额为同比增长0.84%，为近年来首次实现正增长。重构政策性融资担保体系，组建成立了注册资金规模为10亿元的市再担保公司，全年全市融资担保总额达到45.8亿元，再担保总额达到12.4亿元。

三是用地机制不断创新。全市全年新增工业建设用地6276亩，供应工业用地面积占全市全部供应面积的35.0%，同比增加35.5%。编制《宁波市产业用地指南》，积极推进弹性出让、分割出让等新型土地出让方式，降低企业用地成本8000多万元。启动实施企业分类综合评价，2017年，全市规模以上工业企业实现亩均工业增加值同比增长19.9%。

四是产教融合持续深化。在全国率先颁布实施《宁波市职业教育校企合作促进条例》及实施办法。在纺织服装、模具、汽车、机电等高端制造领域共建了浙江大学宁波理工学院机电与能源工程学院、宁波职业技术学院机电(海天)学院等11个试点特色学院。

三、工业经济发展面临的形势

(一)以新一代人工智能为代表的智能化技术与制造业的深度融合,正成为推动数字经济发展的新引擎

当前,以互联网、大数据、人工智能等为代表的数字经济,已经深刻融入我国经济社会的各领域,将进一步催生新技术、新模式、新业态。宁波在发展数字经济、智能经济方面已经形成了较好基础和独特优势。一是关键节点上有布局。在集成电路、软件等数字经济核心领域,宁波有了战略布局,以中芯国际高压模拟及特色工艺集成电路项目为龙头的集成电路全产业链体系正在形成,工业物联网产业园顺利推进。二是核心领域上有优势。在涉及产业安全的关键基础材料、关键基础件领域,宁波有一大批制造业单项冠军,有全国领先的技术与企业优势。三是前沿技术上有探索。宁波在智能经济、智慧城市等数字技术应用方面有先期探索,当前正在积极谋划建设"数字宁波",加快推进智能终端产业发展。

(二)"中国制造2025"示范区的全面创建,正成为推动先进制造业发展的新机遇

2016年11月,国务院正式启动"中国制造2025"示范区创建工作,这是继实施"中国制造2025"试点示范城市之后全面推进实施制造强国的又一重大战略部署。2018年3月26日,11个城市、4个城市群已经参加了国家制造强国咨询组织的答辩评审,宁波很有希望成为全国首批"中国制造2025"示范区,这是新的机遇。这个新机遇,体现在一旦成为"中国制造2025"示范区,将有机会向国家部委争取更多政策,得到更多支持,也有条件吸引更多重大项目布局,为实体经济高质量发展提供更多的发展机会。

(三)宁波实现制造业高质量发展,正面临新的压力和挑战

主要表现在四个方面:一是产业结构调整较为缓慢,以新经济为核心的新动能培育还未形成有效抓手;二是传统产业转型升级任务艰巨,面向中小企业产业集群的改造提升还缺乏有效手段;三是生产性服务业发展相对滞后,先进制造业与现代服务业融合发展亟待加强;四是面向新经济的金融支持、人才支撑等要素保障还需进一步加强。同时,近段时间以来,美国针对"中国制造2025"发起的贸易战,给全球经济贸易发展蒙上了阴影,给我国高新技术产业发展增加了许多障碍。特别是对于宁波这样的外向型城市,对美贸易额大、涉及企业数量多,总体影响不可低估。此外,随着国家金融去杠杆深入推进,宁波市制造业企业融资环境和生产经营也出现一些新情况、新问题、新趋势,如企业投资意愿降低,企业债务风险增大等等。对此,我市将增强定力,深化改革开放,办好自己的事,利用全球资源主动应对,研究拓展新的市场空间,在推进"一带一路"中争取更多的市场机会。

四、推进工业经济发展的对策

2018年,宁波市将全面贯彻"制造强国""网络强国""数字中国"等国家战略,深入实施省政府数字经济"一号工程",并根据市委、市政府"六争攻坚、三年攀高"的决策部署,坚持以发展数字经济为主攻方向,坚持培育新兴产业和改造提升传统制造业两手抓,坚持系统性、整体性和协同性的统筹工作理念,强化数据驱动、创新驱动和项目投资驱动,推动经济发展质量变革、效率变革、动力变革。2018年,全市规上工业增加值增速和工业投资增速全力冲刺"双十"目标。

为了更好地完成上述目标任务,重点做好以下"四个强化":

(一)强化争先发展,打造现代化产业体系

一是全力打造万亿级先进制造业集群。贯彻落实省大湾区大花园大通道大都市区建设重要战略部署,

重点打造绿色石化、汽车制造万亿级先进制造业集群,推动杭州湾新区、宁波石化经济开发区、北仑临港工业集聚区等重点产业平台高质量发展。培育发展高端装备、新材料、新一代信息技术、创意时尚等五千亿级产业集群,快速做大战略新兴产业规模和竞争力。加快发展稀土磁性材料、石墨烯、集成电路、关键基础件等细分行业千亿级产业集群,主攻关键技术突破和产业生态圈建设,形成产业集群梯队培育机制。

二是加快推动数字经济发展。全面落实智能经济中长期发展规划,研究制定"数字宁波"建设行动计划,聚焦发展智能网联汽车、智能家电(家居)、智能制造装备、智能信息产品等四大智能终端产业,高标准举办"全球智能经济(人工智能)峰会"。积极推进大数据产业发展,启动建设工信大数据平台。

三是加快软件与设计产业发展。制定出台软件产业发展意见,提升建设宁波软件园,全力创建国家工业特色软件名城。推进镇海I设计小镇等创新设计园区基地建设。力争2018年软件产业业务收入增长20%,工业设计服务收入增长15%以上。

四是深入推动传统产业升级。加速推进海曙区服装制造业、北仑区化工制造业省级试点改造提升以及"一县一业"市级改造提升专项试点。召开传统产业改造提升现场推进会,紧盯标杆地区组织开展对标提升活动。

(二)强化模式转变,开启制造变革新征程

一是加强产业招商引资。强化市县、部门联动,发挥招商中介机构作用,在高端装备、绿色石化、智能经济等方面着力谋划生成一批重大投资项目。加快推动吉利PMA纯电动汽车项目、大榭石化产品升级改扩建项目项目、台化PIA和丙烷脱氢项目、中芯电子项目等一批重大项目落地。科学建立项目落地机制,继续做好项目跟进服务。

二是深入推进技改投资"两个全覆盖"。推动智能化诊断企业与本地智能制造工程服务公司合作,实施自动化、智能化解决方案设计和项目,开展新一轮数字化车间/智能工厂示范项目和自动化(智能化)成套装备改造试点项目。2018年新实施技改项目数不低于全市规上企业数的三分之一。

三是加快推进绿色制造。全力打造国家、省、市三级联动的绿色制造新体系。深入开展绿色产品推广应用、企业间节能改造、清洁生产审核绩效提升、重点用能企业能源管理体系建设等工程,积极探索区域能评等节能管理改革新举措。确保实施节能改造项目300个以上、实现节能量50万吨标准煤。

四是提升发展"制造业+互联网"。搭建工业互联网大平台,积极与中控集团褚健教授团队、中科院计算所、航天科工等国内高端创新资源开展深度合作。鼓励本地大型制造企业建立垂直细分行业工业互联网平台。2018年,力争建成6个面向制造业的重点服务平台,培育20个"互联网+先进制造业"服务平台。

(三)强化创新引领,赋予产业发展新动力

一是建设高能级创新载体。推进宁波石墨烯创新中心实质性运作取得成效,争创国家级石墨烯创新中心。制定磁性材料及应用创新中心、智能制造创新中心建设方案。培育打造高能级大院大所,加快推进"三院、三校、三中心"建设。推进建设吉利汽车研究院、万华宁波高性能材料研究院等一批新型产业技术研究院。推动区县(市)建设一批产业创新公共服务平台,形成"一区一特"的科技创新平台格局。

二是加强技术研发与攻关和科技成果转化。深化推进"科技创新2025",实质性启动实施先进材料、新能源汽车等13个重大科技专项。推动实施重大自主创新产品(技术)推广应用工程,重大科技成果转化"双百"工程以及军民融合发展战略。

三是积极培育企业梯队。深入推进千亿级龙头、行业骨干、高成长三支企业队伍培育,加强培育库动态管理,择优增加华翔集团、方太集团、银亿集团等一批符合条件的企业进入培育梯队,鼓励1~2家有条件企业提前实现千亿级企业目标。建立完善162家市级单项冠军企业培育机制,持续培育一批国家级制造业单项冠军。积极排摸一批智能硬件、信息技术等硬科技领域的独角兽培育企业。

四是深入推进小微双创。组织开展2018年“创客中国”全球智能经济创业创新大赛,以赛引才,招引一批项目落地宁波。完善小微双创服务券运行机制,推动1亿元服务券资金助力小微企业创业创新。推进市场创业创新活力提升,2亿元资金招引全国优秀创业创新项目落户宁波发展。大力推进小微企业“专精特新”发展,选择2000家创新型、科技型、成长型小微企业,建立“专精特新”和“小升规”企业培育库,加强分类指导和精准帮扶。2018年新增“小升规”500家,培育省级“创新型示范中小企业”20家。

五是提升质量品牌标准。推动行业标准、国家标准和国际标准的制修订,填补部分产品的标准空白。推进制造业内外销“同线同标同质”工程建设,实施宁波市制造业质量提升行动,强化质量追溯体系建设,实施“卓越企业培育计划”。组织开展“浙江制造”品牌培育省级试点建设,积极争创优秀试点区县(市)。深入推进“质优宁波”建设,推动行业骨干品牌企业带动“专精特新”企业品牌建设。

(四)强化融合发展,加快新型智慧城市建设

一是提升智慧应用系统能级。完善基层社会服务管理综合信息系统,深化智慧城管、智慧信用、食品药品信息化系统建设,推进智慧健康、智慧交通、智慧教育等智慧应用升级,加快社保服务、就业服务、生态环境等各类惠民智慧应用建设。加快城市统一服务APP建设,形成城市服务统一入口。提升网络基础设施应用水平。加快北斗地基增强系统建设,推动北斗在海洋领域的应用,进一步完善海洋信息基础设施。推进城市广场、重要交通枢纽、大学和创业创新园区等区域建设高质量的免费WIFI网络,提升网络体验。加强信息资源整合共享。协调指导相关部门和单位建立一批行业应用的标准规范,推进智慧标准建设,抢占行业发展主导权。加强政务云计算中心和数据共享平台建设,统筹推进跨部门数据资源共享协同,制定政务数据共享管理细则,研究社会数据与政务数据的融合创新应用。

二是推动智慧项目与应用产业化联动发展。强化智慧城市建设项目的统筹,探索建立所有项目“一个口子受理、一个口子审核、多个部门协同建设”的工作新机制。围绕新技术、新业态和新模式的培育与发展,加强智慧城市试点项目谋划,鼓励区县(市)和市级部门积极开展智慧城市试点项目建设;加强对智慧健康、智慧旅游、智慧文化、时空信息等应用产业化项目以及综合性应用项目(民政、养老结合,旅游、文化、教育结合)的研究和指导,加强新产业、新业态发展培育,助力智能经济发展。

(五)强化改革突破,打造产业发展新生态

一是加快产业人才引培。深入实施制造业人才提升工程三年攻坚行动计划,充分发挥“3315计划”“资本引才计划”“泛3315计划”等人才工程对制造业人才引陪的支撑作用,高水准举办人才科技周、中国机器人峰会、全球海外工程师峰会等引才活动。制定技能人才队伍建设意见,积极推进高校人才培养模式改革。

二是深化金融服务创新。进一步加大与金融机构战略合作,创新融资租赁、供应链金融等金融产品和服务。推进区县(市)政府性融资担保机构组建,完善新型政银担风险分担机制和国有担保体系考核机制,推动协调再担保业务和代偿基金业务开展。深化装备首台套、材料首批次等保险产品应用推广。加快推进工信产业基金实质性运作。

三是加强土地要素保障。确保工业用地占全市建设用地计划的35%以上。深入落实《宁波市产业用地指南》,加强产业用地联合监管,部门协同执行差别化供地政策,建立土地批后监管机制。组织实施差别化供地政策,研究制定工业用地分层分块分割出让操作办法,研究工业用地全生命周期管理制度。加快土地弹性出让、分割出让等试点经验的推广复制。

(六)强化工作协同,建立工作推进新机制

一是对接示范区创建工作。积极向国家制造强国领导小组、战略咨询委对接汇报宁波市创建工作,全力争取列入全国首批“中国制造2025”国家级示范区。制定出台示范区创建实施方案,尽快推动示范区建设各项任务落地。

二是统筹推进重点工作。继续发挥好领导小组办公室作用,加快组织实施2018年度128项重点任务,加快推进578项重点项目和54个重点平台建设。探索“民营”大中小企业融通发展新模式、工业企业综合评价改革试点等10项先行先试改革举措。

三是积极推广试点模式。全年组织召开10场以上分区域、分行业、分工程推进现场会,总结推广企业发展、协同创新、政府改革等领域的典型案例,形成一批可示范、可推广的典型经验。

四是完善考核评价机制。围绕主要指标和重点工作,进一步完善“中国制造2025”试点示范城市建设考核评价办法和奖励机制,科学客观体现各地各部门工作成效。

工业经济平稳向好 新旧动能加快转换

——温州市2017年工业经济运行情况

温州市经济和信息化委员会

2017年,温州加快推进供给侧结构性改革,产业结构趋优,企业效益回暖,创新活力增强,工业经济运行总体呈现"稳中有进、稳中向好"的发展态势。

一、工业经济运行情况和特点

(一)基本情况

一是工业增长平稳向好。2017年,全市实现规上工业增加值1087.07亿元,同比增长7.9%。从增长趋势来看,各月规上工业增加值基本保持在7.5~8.0区间波动,全年呈现稳步回升的态势。规上工业总产值5182.82亿元,同比增长11.2%,创2012年以来的6年新高,全年均保持在10%以上的高速增长。外贸出口有所回暖,完成出口交货值68.3亿元,同比增长6%,比2016年度提高了4.5个百分点。工业用电量与工业增速发展保持了较好的匹配度,在全市大拆大整的大背景下,工业用电239.97亿度,同比增长5.8%。

二是工业投资较快增长。2017年,全市完成限额以上工业性投资963.82亿元,同比增长7.0%。其中,技改投资达到725.65亿元,占工业投资比重达75.3%,总量居全省第4位。从全年情况来看,尽管工业投资和技改投资增长面临较大下行压力,但随着工业投资攻坚等一系列行动的有力推进,工业投资保持企稳向好、逐月回升态势。从产业项目来看,新引进10亿元以上制造业项目9个,青山瑞浦能源动力电池产业园、华峰新材料产业园等项目回归落地,重大产业项目投资增长25%。

三是产业结构持续优化。新兴产业快速发展,2017年,全市战略新兴产业、高新技术产业、装备制造业分别实现增加值137.96亿元、450.41亿元、494.01亿元,同比分别增长9.6%、10.1%、10.7%,占规上工业增加值的比重分别达到12.7%、41.4%、45.4%,比2016年提高3.6、2.1和0.9个百分点。信息经济核心产业、高端装备、环保等增加值分别增长12.5%、10.2%、14.2%,高出规上工业增加值4.6、2.3、6.3个百分点。传统产业提升发展,电气、鞋业、服装、汽摩配和泵阀等五大传统支柱产业实现增加值523.72亿元,增长9.2%,除鞋业增速低于规上工业增加值增速外,其余四大产业增速均高于平均水平。

四是企业效益明显回暖。2017年,全市规上企业实现利税429.99亿元,同比增长7.4%,其中利润258.91亿元,同比增长8.9%,比2016年提高2.8个百分点。全市战略性新兴产业、高新技术产业和装备制造业等综合效益不断提升,利润分别同比增长29.3%、24.9%和20.5%;传统产业中电气、汽摩配、泵阀等得益于技术、产品的改造升级,利润分别同比增长14.2%、23.2%和14.7%。全市规上企业中亏损企业422家,仅占规上企业总数(4900家)的8.6%,亏损总额同比下降36.9%,下降幅度全省第一。

五是重点企业势头强劲。2017年,全市101家领军工业企业实现增加值235.33亿元,占规上工业增加值21.6%,同比增长10.2%,高于规上工业增加值增速2.3个百分点,拉动规上工业增长2.2个百分点,贡献率达到27.4%。217家高成长型工业企业实现增加值81.81亿元,占规上工业增加值比重7.5%,同比增长

12.9%,高于全市规上工业增加值5个百分点,拉动规上工业增长0.8个百分点,贡献率9.5%。部分传统企业引入个性定制、虚拟经营等“新业态”,如报喜鸟服饰的“服装大规模个性化定制”入选工信部试点示范项目,实施以来年均增长50%以上。

六是创新活力不断增强。2017年,全市规上工业企业科技活动经费支出96.10亿元,同比增长30.3%,增幅高于全省平均8个百分点。全市规上工业新产品产值1474.28亿元,同比增长30.1%,高出全省平均水平10.4个百分点,增速位居全省第2位,新产品产值率达到28.5%,比2016年提高4.2个百分点。特别是在传统产业领域,创新已成为带动企业增长的主要引擎,如汽摩配龙头企业瑞立集团、力邦合信研发的电驱动空压机、电子驻车制动系统等新能源汽车关键零部件填补市场空白,产值同比分别增长27%和44%。

(二)主要问题

虽然当前全市工业经济运行呈现出较良好的回升势头,但是发展短板十分明显,企业生产经营中的困难仍然较多,工业增长的基础仍不稳固。

一是平台、产业、企业“低散弱”问题突出。从平台来看,全市高新园区规上工业增加值在全省20个高新园区中仅列第10位,总量仅为杭州高新开发区的1/4。从产业来看,除电气主要集中在乐清外,其他4大支柱产业散布于全市各个县(市、区)。从企业来看,全市13.7万家工业生产单位中,规上工业企业仅4900家,规上企业比重仅为3.6%,规上企业户均产值仅1亿元左右。

二是科技创新和人才支撑不足。从科技创新来看,全市规上工业企业中,有开展R&D活动的仅占1/4,建有研发机构的不到1/5。国家级企业技术中心6家,仅占全省总量(115家)的5.2%。从人才支撑来看,全市人才资源总量仅116万人,规模居全省第6位,每万人人才资源数仅为1267人,居全省末位。

三是企业生产经营成本压力加大。温州大部分企业产品处于产业链终端,科技含量不高,议价权不足,原材料、人工等要素成本的持续上升,严重挤压了企业利润空间。2017年,全市规上工业主营业务成本增长5.9%,高于主营业务收入增速0.5个百分点。如汽摩配、化工、鞋业、印刷包装等行业的55号钢、聚氨酯、纸板等原材料涨幅均在50%以上。

二、工业经济发展主要举措

(一)坚持创新驱动,智能制造开启新篇

推进传统产业“互联网+”“机器人+”“标准化+”融合应用,信息经济发展指数、“两化”融合指数增幅均居全省第2位。

一是强化平台载体建设。抓好平台建设,率全省之先成立智能制造研究院,引进北京兰光创新科技等6家智能工程服务公司。提升设计水平,组织建立温州市工业设计协会,推进省级特色工业设计基地建设提升,奥康企业研究院被认定为国家级工业设计中心,培育认定省级工业设计中心10家、市级工业设计中心13家。加强氛围营造,成功举办首届“市长杯”中国(温州)工业设计大赛,第三届中国(温州)智能制造暨工业机器人展览会、茶山论坛等载体活动10余场,通过浙江卫视、温州新闻联播等媒体播放“两化”融合智能制造优秀案例35期。

二是树立智造示范典型。中广核俊尔列入国家智能制造综合标准化与新模式应用项目,奥康鞋业、力邦合信入选国家智能制造试点示范,华峰获评工信部制造业单项冠军示范企业,瑞立等7家企业入选工信部“两化”融合贯标试点,瓯海新增列入省级“两化”融合示范区,福达合金等16个项目入选省级智能制造重点项目,数量全省前三,20家企业入选省级制造业与互联网融合发展示范企业,初步形成以报喜鸟、法派、康奈等企业为代表的鞋服时尚个性化定制企业群。

三是夯实信息基础支撑。加快实施“两化”融合“登高”计划,推进工业企业上云1.4万家,正泰等12家入选省级上云标杆企业,总量均居全省前三;加快建设新型移动通信网,实施光网城市战略,全面完成中心城区及县(市)通信基础设施专项规划,新建改造免费WiFi设备3900多个;创建绿色基站示范点30个;建设改造通信基站3012个,规模总量达到1万多个。窄带物联网省内第一个实现全覆盖,网络平均带宽比2016年提高50%,城域网出口带宽全省第二。

四是强化创新主体培育。突出创新型企业培育,新增高新技术企业180家,正泰电器、天正电气入选2017年省创新型领军企业。加快科技型中小企业培育,建设科技企业培育数据库,整合资源,提供菜单式服务,推动企业实现知识共享和协同研发,新认定省级科技型中小企业1095家。推进企业技术中心培育,采取“一对一”辅导的方式,帮助企业申报省级以上技术中心,新增省级企业技术中心8家,省首台(套)产品12项,优秀新产品11项。加强高端人才培育,省级“千人计划”产业园落户浙南科技城,全市新增国家级重大人才工程人选12人、省“千人计划”23人,入选人数均创历史新高。加快发明专利产业化,实施重大发明专利产业化项目151个,排摸技术水平达到国内先进以上且具有良好产业化前景的有效发明专利200多项。

(二)坚持扶优汰劣,“腾笼换鸟”加快推进

把“四无”和“脏乱差”企业(作坊)作为温州市经济发展过程中必须坚决打破的坛坛罐罐,打好“四无”企业整治攻坚战,建立“亩均论英雄”机制,促进传统产业改造提升。

一是多措并举,深入整治“四无”企业。出台实施“四无”整治政策意见,建立“一日一信息、一周一通报、一月一督查、一季一考核”推进机制,采取经济、行政、法律等综合手段,通过“关、停、封、拆、搬、改”等各种措施,全年共整治“四无”企业11.8万家,其中关停取缔5.3万家。实施“零四无”示范区创建工程,创建13个“零四无”示范镇街、33个“零四无”村(社区、网格)。实施“四无”集聚点成片整治示范工程,对全市135个“四无”生产经营单位较为集中,安全和环境问题突出的集聚点,实施成片拆除整治,合计拆除非法经营场所约970公顷,腾出土地约713.33公顷。有序推进市区工业企业搬迁改造,全年共搬迁改造1249家,完成年度任务的124.9%。

二是疏堵结合,加快建设小微园。制定实施小微园建设新三年重点园区规划和小微园建设管理政策意见,通过“四限一摇”等举措,稳控小微园市场,小微园土地出让价较调控前下降40.1%。积极引导金融机构创新厂房按揭贷、项目开发贷等产品,全年新增小微园贷款约57亿元,入园企业贷款约32亿元。全市新增供地255.53公顷,新开工小微园23个(累计开工建设120个),新竣工367.8公顷(累计竣工1607.8公顷),新入驻企业926家(累计入驻2659家),新增产值248.95亿,均居全省第1位。高兴夫副省长对温州小微园工作作出批示肯定:“温州推进小微园建设工作扎实,富有成效”。

三是标本兼治,加快淘汰落后产能。积极推进企业节能节水技术改造,112家企业实施清洁生产审核,99家用水大户实施水平衡测试和节水技术改造。制定实施电能替代三年行动计划,已实施电能替代项目369个,替代电量10.57亿千瓦时。加快推进淘汰落后产能三年行动计划,全市共淘汰落后产能涉及企业204家,完成率达102%。全市万元GDP能耗前三季度下降3.8%,完成情况全省第一。深入开展“亩均论英雄”工作,不断完善综合评价数据库,实现4643家规上企业和2036家用地面积0.33公顷以上的规下企业综合评价全覆盖。

(三)坚持环境优化,企业实力逐步提升

全力构建“亲”“清”新型政企关系,推进企业梯队成长壮大,全市新增百亿元企业1家、10亿元企业14家、亿元企业193家;新增上市企业4家,形成超200家的拟上市企业梯队;新增省级“隐形冠军”培育企业

52家、“专精特新”培育企业2542家，数量均居全省第1位；小升规企业达到736家，上规数量排名全省第2。

一是深入开展“十百千”助企服务活动。建立形成市县领导领衔督办，十大专业服务组现场协办，3200名助企服务员蹲点承办的机制，实现个性难题对症化解，共性问题系统破解，督促助推百个工业和招商引资重点项目加快落地建设，共排查梳理3824个企业难题，已成功解决销号3775个，化解率达98.72%。全年发放应急转贷金813笔，总计54亿元，帮助547家企业渡过难关。建设提升中小企业综合服务平台，积极开展法律服务月、浙江好项目温州分赛等系列活动。高兴夫副省长批示：“温州市创新举措，扎实开展‘十百千’助企服务，专业协调，对口服务，精准施策，落地见效，效果明显。”

二是深入开展企业降本减负活动。紧盯税费负担、社保费率、财务成本、要素资源、物流成本等五大重点领域，落实降本减负系列政策，全年减轻企业负担122.4亿元(不含出口退税)，减负力度全省前三。加强政策宣传，印发《涉工政策汇编》，由助企服务员入企讲解宣传。加大企业政策扶持力度，参与制订《培育引进新兴产业改造提升传统产业加快壮大温州发展新动能的实施意见(试行)》，市本级共发放财政扶持资金8102万元。

三是深入开展企业家培训活动。不断优化培训内容、丰富培训模式、创新培训载体、做强培训机构，努力打造新型企业家队伍。经信系统共完成1.5万人次企业管理人员培训，其中市本级共组织开展10期专题研修班，重点企业负责人和高级经营管理人才培训人次达到300以上；共举办8期温州经信学堂、12期企业经理人大讲堂和12期专业技术人员继续教育培训班，培训人次4500以上；11家培训机构入选省企业经营管理人才培训基地，2家机构被评为年度考评优秀基地，入选基地总数量、年度优秀基地数量均居全省第2位。

四是深入开展品牌质量提升行动。切实加大品牌示范创建力度，永嘉泵阀获得“全国知名品牌创建示范区”称号，实现了国家级品牌示范区零的突破，瓯海眼镜、永嘉玩具、平阳家用保健电器具、苍南电子商务针织品等4个产业获批创建国家级产品质量提升示范区，当年新获批创建数量居全省第一。率全省之先构建“浙江制造”品牌“三级梯度”培育机制，全市规模以上企业实施先进质量管理的比例达到52%，企业主导制定国家标准8个，参与制定国家标准58个，新增“浙江制造”标准14个、“浙江制造”品牌认证6个。

三、工业经济发展面临的形势

从国际看：当前及今后一段时期，世界经济仍然处在深度调整期，新旧增长动能交替接续，世界经济复苏总体呈乏力、脆弱和不确定态势，发达国家加快“制造业回归”和新兴产业发展，东南亚等国家依靠低成本优势加快对劳动密集型产业的国际承接，中国的全球化红利优势弱化。特别是随着美国税改、加息和中美贸易战等政策举措的推行，我国企业外贸出口压力将进一步加大。

从国内看：我国经济发展长期向好的基本面没有变，经济韧性好、潜力足、回旋余地大的基本特征没有变，持续增长的良好支撑基础和条件没有变，经济结构调整优化的前进态势没有变，但多年发展沉积下来的一些结构性素质性矛盾特别是供给侧创新能力低下的矛盾没有得到根本缓解，短期经济下行压力较大，在市场需求总体疲弱情形下，资环约束加剧、创新能力薄弱、实体成本高企、企业盈利艰难、发展后劲乏力等新老问题相互交织，影响工业高质量可持续增长。

从温州自身看：温州工业同样处于新旧增长动能交替期，危机并存，分化加剧，承压较重。中长期看，温州市工业增长动力和结构调整趋向积极变化，大众创新创业热度不减，新动能培育加速推进，信息经济发展方兴未艾，营商环境提升正当其时，成为支撑引领工业提质增效升级的新亮点。但从短期来看，温州工业经济面临的工业用地支撑不足，动能转换步伐不快，企业投资意愿不高，生产经营成本上升等问题短期内难以明显改变。总的来看，2018年温州工业经济面临的困难和压力仍然较大，亟待供给侧改革创新发力显效，以此推动工业平稳较快发展。

四、推进工业经济发展的对策

进入新时代，工业经济的发展方式要从高速度转向高质量，结构调整要从增量扩能为主转向提升存量、做优增量并举，发展动力要从主要依靠资源和低成本劳动力等要素投入转向创新驱动。因此，市经信委立足当前，着眼长远，将重点从稳增长、强动能、扩投资、优服务等四个方面统筹推进质量变革、效率变革、动力变革，确保完成各项目标任务。力争全年规上工业增加值同比增长8.5%，数字经济核心产业增长10%，工业投资增长8%，全员劳动生产率增长8%。

（一）力促经济稳增长

一是提质增效，深化"亩均论英雄"改革。全面开展工业企业综合评价，指导督促各地实施资源要素差别化政策。开展"亩均效益"领跑者行动，牵头实施制造业领域分行业领跑行动要，发布领跑者名单。

二是固本强基，加大企业培育力度。抓好"小升规"和"防退规"工作，加强企业动态监测，督促企业优化资源要素配置，提升企业效益，确保全年新增"小升规"企业500家以上。加强隐形冠军企业和"专精特新"企业精准服务工作，培育经济新增长点。

三是降本减负，增强企业发展活力。进一步做好降本减负和新动能21条等系列助企扶工政策的解读、宣传和落实，建立200家企业负担监测点，对涉企收费开展实时监测，动态调整市级涉企三类收费清单。探索用地、用水、用能、融资等方面新的减负措施。

四是科学研判，提高运行监测能力。进一步完善数据监测平台，加强对重点行业、重点企业、重点项目的运行监测，及时关注政策、市场、技术、要素等变化，分析数据变化趋势。及时关注用电、产值、利税等有关经济指标的匹配性和关联性，实现经济指标的匹配和合理。

（二）培育经济新动能

一是大力发展数字经济。全面落实全省数字经济"一号工程"战略部署，培育互联网、物联网、大数据、区块链、人工智能等引领温州发展的未来产业，力争全年数字经济核心产业增加值增速10%，软件和信息服务业营业收入增长25%以上，电子信息制造业总产值增长12%以上。全力推行智能制造、绿色制造、服务型制造等新型制造模式，深入实施工业机器人倍增计划，力争全年实施国家、省、市三级智能制造试点示范（新模式应用）项目30个以上。加快企业上云步伐，力争全年新增上云企业1.5万家以上。

二是加快推进四大千亿级集群培育。制订实施电气产业、时尚产业、新能源网联汽车产业和智能装备产业等四大千亿级产业集群培育方案，谋划实施一批引领性项目、强基补链项目和新兴产业项目。

三是推进企业技术创新。围绕重点产业领域，以产业链为依托、产学研为载体，积极培育一批省市制造业创新中心、企业技术中心。研发认定一批优秀工业新产品、省市首台套产品。大力发展工业设计，高水平举办"市长杯"中国（温州）工业设计大赛，建设提升浙江创意园和乐清等两个省级特色工业设计基地，加快设计成果转化，促进工业产品升级。

（三）打好项目攻坚战

一是推进项目招引建设。重点深入分析各地的产业定位、产业链生态、要素支撑、配套政策等方面的优劣势，谋划一批5000万元以上的重点工业项目，力争全年谋划招引100个左右重点产业项目。开展工业投资百日攻坚行动，紧盯供地、开工、竣工、投产等环节，督促项目业主早落地、早竣工、早达产，确保实施重点工业项目200个以上。加强项目建设监督管理，结合"标准地"改革，对项目实行全过程动态跟踪、项目合同全流程管理，对一批供而未用的“蜗牛”项目开展清零行动，力争供地半年以上工业用地年度开工率90%以上。

二是加大“机器换人”力度。大力实施“一地一业一策”，分行业推进传统产业机器换人。引进一批国内“机器换人”和智能制造工程服务公司，结合中国(温州)智能装备博览会、“机器换人”省市级现场会，搭建工程服务公司与企业合作交流平台，开展企业智能化诊断服务，力争全年新增“机器人”应用1500台以上。

三是加快小微园建设。强化用地保障，简化审批流程，完善园区进入和退出机制，推进小微园建设提速、提质，确保新开工小微企业园15个以上，新增竣工面积300公顷以上。

(四)建设服务新载体

一是全面整合涉工政策。清理“不顺应发展趋势、不符合产业规律、不适应现实需要、不具备兑现条件、不明确兑现流程”的“五不”产业政策条款，共对150个市本级产业政策进行集中清理，重新整合形成《关于加快推进工业经济高质量发展的若干政策意见》。建立产业政策奖励兑现系统——惠企政策“直通车”，将涉企产业政策奖励兑现全部上网申报办理，实现政策的“刚性兑现”和“最多跑一次”或“零跑”。

二是加快公共服务平台建设。高质量建设影响力企业展示中心、时尚智造设计中心、企业综合服务平台等三大平台，全方位为企业提供展示、设计、融资、咨询、培训等服务。结合温州市产业特点，联合阿里巴巴打造若干个工业互联网创新服务平台，推动建设一批企业级、行业级、区域级工业互联网平台，建立健全的工业互联网发展体系。

三是建立企业家爱护、培养、表彰机制。研究制定提高企业家待遇和社会地位的专项政策，从制度上建立优待企业家的长效机制。实施企业家素质提升工程，办好“经信学堂”，开展企业家和高级管理人才培训，打造一支具有全球视野、创新能力和互联网思维的新型企业家队伍，力争全年培训企业负责人和高层经营管理人才10000人次以上。深度挖掘优秀企业家的精神特质和典型案例，进一步营造尊重和激励企业家干事创业的社会氛围。

四是深化“十百千”助企活动，继续做好“千名干部联千企”行动，切实把问题化解摆在首要位置，争取到年底，问题化解率达到90%以上。

生产回升 效益向好 结构趋优

——湖州市2017年工业经济运行情况

湖州市经济和信息化委员会

2017年,湖州市工业系统坚持新发展理念,按照加快赶超、实现"两高"奋斗目标,以"中国制造2025"试点示范城市建设为牵引,着力抓好稳增长、促转型、增后劲、转动力、降成本等系列工作,全市工业经济加快迈向高质量,多项主要指标在全省保持领先水平,总体呈现"稳中有进,转中向好"的运行态势。

一、工业经济运行情况和特点

2017年,全市工业产出一季度高开高走、二季度高位放缓、三季度小幅回落、四季度企稳回升,产业、投资、效益等结构性指标持续向好,工业经济总体呈现增速加快、结构优化、质效提升的特点。

(一)工业经济运行主要特点

一是工业平稳运行。产出水平稳中加快,2017年,全市实现规上工业增加值902.8亿元,同比增长8.7%(增幅居全省第五,较2015、2016年度分别加快2.3个、2.5个百分点),快于全省平均0.4个百分点。受宏观经济运行向好、企业加快补库扩产,以及连续两年低基数等有利因素的支撑,全市工业产出水平持续回升,规上工业增加值总量突破900亿元大关,增速创下近三年以来的新高。工业产销衔接向好,2017年,全市规上工业实现销售产值4843亿元,同比增长19.2%(列全省第二),高于全省平均4.6个百分点。全市产销衔接持续趋好,1~12月全市规上工业产销率97.4%,较2016年同期提升0.2个百分点,规上工业产销率呈逐季抬高走势,表明随着国内经济企稳回升的拉动及全市落后产能的加快淘汰,规上工业产品的市场需求趋于改善。工业出口平稳增长,2017年,全市规上工业实现出口交货值726.9亿元,同比增长11.5%(列全省第5),较2016年同期加快2.2个百分点,快于全省平均2.1个百分点,受2017年以来海外市场复苏、需求改善的支撑,工业出口全年持续保持两位数增长态势。

二是经济效益向好。企业效益高速增长,2017年,全市规上工业主营业务收入、利税、利润同比分别增长17.5%(列全省第4)、22.1%(列全省第3)和27.3%(列全省第3),增幅较2016年同期分别提升15.3个、15个和16.7个百分点,其中专用设备(57.9%)、化学纤维(76.4%)、非金属矿物制品(98.6%)等11个行业的利润增幅高达30%以上,全市多数行业效益有所改善,部分行业利润增长较快,拉动规上工业效益持续向好。盈利能力加快提升,2017年,全市规上工业主营业务利润率7.1%,较2016年同期提升0.4个百分点,创下7年以来最高盈利水平。全市部分技术含量高、产品附加值高和产业前景好企业的利润呈现高增长态势,如珀莱雅化妆品的主营业务利润率达35.2%。亏损企业明显减少,2017年,全市2851家规上工业企业中亏损216家(同比下降10%),亏损面7.6%(低于全省平均6.3个百分点),亏损企业和亏损面分别较一季度减少95家和下降3.5个百分点。随着国内宏观经济的持续回升,市场需求的有所改善,广大企业加快扩产增效,全市规上工业亏损企业家数持续减少。

三是投资持续加快。总量较快增长,2017年,全市累计完成工业投资716.6亿元,总量居全省第8位;同比增长 12.2%,高于全省平均 6.1 个百分点,增幅居全省第 2 位,比 2016 年提高 1.5 个百分点。全市在建亿元项目 395 项,较 2016 年同期增加 72 项,累计完成投资 438.43 亿元,其中新开工 199 项,竣工 159 项。技改占比提升,2017 年,全市完成技术改造投资 584 亿元,同比增长 12.4%,增幅居全省第 2 位,高于全省平均 10.7 个百分点。其中,长兴县、吴兴区、南浔区三个县区增幅均高于全市平均增幅。全市技术改造投资占全部工业投资的比重为 81.5%,比 2016 年同期提高 1.4 个百分点。产业投资加快,2017 年,全市战略性新兴产业、高新技术产业、装备制造业投资分别增长 15.8%、31.1%和 19.4%,占工业投资比重的 36.3%、32.2%和 39.9%,较 2016 年同期分别提升 3.1 个、3.8 个和 0.9 个百分点,全市装备制造业投资已占工业投资总额的近四成,成为全市产业投资的主方向、主引擎和主阵地。

四是发展结构优化。三大产业发展加快,2017 年,全市战略性新兴产业、高新技术产业和装备制造业同比分别增长 9.5%、10.4%和 14.5%,增幅分别快于规上工业面上 0.8 个、1.7 个和 5.8 个百分点,较 2016 年同期分别提升 2.3 个、4.8 个、8.7 个百分点。全市产业发展持续向好,物流装备、动力电池、汽车零部件等领域不断集聚发展,推动全市装备制造业发展明显加快,2017 年产业增速领先全省平均达 1.7 个百分点。产品创新势头向好,2017 年,全市新产品产值同比增长 25.6%(列全省第 5),增幅快于全省平均 5.9 个百分点,新产品产值率为 37.4%,同比提升 2.7 个百分点,对规模工业产值增长的贡献率达 47.7%。在传统产品同质化竞争加剧,有效需求不足的背景下,广大企业加快实施创新驱动战略,努力开发适销新产品,新产品产值持续较快增长。绿色智造水平提升,2017 年全市规上工业单位增加值能耗下降 8.5%,降幅全省第 2 位;全市两化融合发展指数为 77.4,比 2016 年提升 5.7,其中工业应用指数达到 46.02,居全省第 1。微宏动力、泰普森和中电华莹等企业实施的智能制造新模式应用项目已成功入选工信部项目;老恒和等 16 家企业实施的智能制造新模式应用项目入选省级项目;9 家企业列入 2017 年工信部两化融合管理体系贯标试点企业,占全省入围总数的 19.6%;19 家企业列入省制造业与互联网融合发展示范企业,11 家企业列入省制造业与互联网融合发展试点企业,共占全省总数的 17.1%。全市有 6 家企业和 1 个园区入选工信部绿色制造示范名单,103 家企业入选湖州市绿色工厂培育库,广大企业积极参与“中国制造 2025”试点示范城市创建,全市工业领域绿色智造水平加快提升。

(二)工业经济运行主要问题

一是赶超发展压力加大。2017 年,全市规上工业增加值增长 8.7%,增速列全省第五,但与台州、宁波、嘉兴等市相比,发展速度仍然不够快。从总量看,受统计核减因素影响,2017 年,湖州市规上工业增加值总量超越金华,由全省第八进位至第七位,但与台州市的总量差距持续扩大,2015、2016 和 2017 年湖州市规上工业增加值与台州市的差距分别为 48 亿元、66 亿元和 105 亿元。受益于吉利汽车和三门核电产能稳定释放,台州市的产出水平加快扩张,湖州市缺乏一批即期竣工投产的 20 亿元、甚至 50 亿元以上的重大工业项目的拉动,实现赶超发展的压力明显加大。

二是动能转换仍然偏慢。当前,湖州市高新技术产业中,非金属矿物制品、家具制造、黑色金属冶炼及压延加工和纺织等传统行业占比较高,计算机通信电子和汽车制造等行业占比较低,压缩拉动规模工业增长空间;战略性新兴产业中,新一代信息技术、新能源和生物等附加值高的产业占比均低于全省平均水平,全市高新技术产业不“高”、战略性新兴产业不“新”等问题凸显。加之因近年效益回升,部分传统型、加工型落后产能去化仍然不快,全市新旧动能转换总体仍不够快。

三是生产成本持续趋高。2017 年,国内原油、天然气价格大范围普涨,广大企业生产成本持续趋高。从湖州市工业价格指数看,2017 年 12 月份工业生产者出厂价格指数 105.2,但工业生产者购进价格指数达 115,

呈现明显倒挂态势,工业企业成本压力加大,从规上工业主营业务成本看,2017年全市规上工业销售、管理和财务三项费用支出合计增长11.4%,较2016年同期提升3.2个百分点,其中财务费用同比增长18.2%,高于2016年同期达29.7个百分点,部分传统行业企业生产成本上涨过快,运营压力加大。

二、工业经济发展主要举措

2017年以来,湖州市经信委紧紧围绕省市下达的各项目标任务,全面拉高标杆、自觉担当,按照"快抓落实、大干实事"的要求,狠抓七个方面的工作:

(一)聚焦首要任务,狠抓"中国制造2025"试点示范城市建设

一是抓推进体系构建。2017年,市经信委牵头编制完成《"中国制造2025"湖州行动方案》《湖州市创建"中国制造2025"试点示范城市实施方案》《年度推进计划》等计划方案,制订出台了《2017年湖州市"中国制造2025"试点示范城市建设县区和部门考核办法》,全力推动试点示范建设。

二是抓政策落地。围绕25条政策,配套编印了1.5万册《湖州市"中国制造2025"相关政策百问百答》,利用座谈会、走访调研、培训班等各种形式,通过"线上+线下"等方式,进行了广泛深入宣传。经初审,符合"中国制造2025"政策的第一批企业达316家,预计补助金额达1.96亿元。

三是抓智力支撑。建立了由钱旭红院士为主任、谭建荣院士为副主任、12名院士专家组成的专家战略咨询委员会,分产业建立重点产业专家指导组,并已于近期正式发文聘任。全面推动与赛迪研究院、中国国际工程咨询公司等单位合作落地,初步确定将在14个方面展开全方位深入合作。经过前期精心筹备,湖州市绿色智能制造研究院于2018年9月正式投入试运行。

四是抓改革创新。率先开展项目能评改革,实施负面清单制管理,进一步简化投资项目的落地审批手续。截至2017年全市三县两区及开发区的区域能评报告均已通过了专家评审,确定了负面清单,对负面清单以外的项目实行备案承诺管理。全面实施企业分类综合评价,对全市规上企业和用地5亩以上规下企业开展用地、用电效益评价工作的全覆盖,对照评价结果实施差别化的资源要素价格、配置等政策措施。

(二)聚焦重点产业,狠抓产业结构优化调整

以推进机制创新为手段,建立健全"四大"机制,加快构建新型制造业产业体系。

一是建立市领导牵头协调推进重点产业发展工作机制。制订出台《市领导牵头协调推进重点产业发展工作方案》,围绕12个重点产业,建立"八个一"重点产业推进机制,即一个重点产业由一位市领导牵头、一个市级部门主抓、一个产业发展规划、一个产业政策清单、一个上市企业群引领、一个科技支撑体系、一个动态项目库、一个综合评价办法。市人大领导大力支持这项工作的开展,董立新、喻运鑫、胡国荣、沈志华、张兰新等5位市人大领导分别牵头了生物医药、时尚精品、健康产业、节能环保、金属新材等5个重点产业。方案出台后,12个重点产业推进小组在牵头市领导的带领下,迅速行动、深入调研、精心谋划,编规划、出政策、引项目。截至2017年,12个重点产业已全部编制三年或者五年发展规划。

二是完善新兴产业招引机制。立足本土优势产业,以新能源汽车为重点,全力培植物流装备、地理信息、新型电子元器件等新的经济增长点,打造湖州制造业绿色增长新引擎。湖州市新能源物流车和城市客车整车生产资质获得了零的突破,普朗特电动汽车改装的三角行牌纯电动厢式运输车取得了民用改装车生产资质,恩驰取得纯电动城市客车生产资质。加快新能源汽车推广应用和充电基础设施建设,2018年湖州市已累计推广新能源汽车1399辆标车,争取省新能源汽车推广应用专项资金5200万元,奖励金额居全省第2。

三是全力推动传统制造业改造提升。制定《湖州市传统制造业改造提升行动计划(2017~2020年)》,围绕质量效益、创新能力、人才引育、绿色发展、集聚集约五大方面目标任务,以创新升级、整合优化、集聚入园、有

序退出为主要路径,重点推进纺织、金属加工、家具竹木、建材、蓄电池、电梯电机等传统制造业改造提升。长兴县非金属矿物制品被列为传统制造业改造提升分行业省级试点,长兴县轻工(蓄电池)被列入国家新型工业化产业示范基地。

四是强力推动军民融合产业发展。深入贯彻落实《湖州市促进军民融合产业发展三年行动计划》,制订《2017年湖州市军民融合产业年度工作推进计划》。组织召开浙江省军民融合产业对接大会暨湖州市第二届军民融合促进大会,20个军民融合产业项目成功签约,涉及金额37亿元。进一步加强与国防科技工业科技成果推广转化研究中心湖州中心的对接合作,全力发挥"湖州中心"优势,搭建技术对接平台,推动"大好高"军民融合合作项目落地。围绕"军工四证",进一步健全服务体系,全力推动军民融合产业发展。

(三)聚焦项目"双进",狠抓工业有效投资扩大

一是全力推进重点项目"十百千"工程。2017年,全市在建10亿元以上项目41项,累计完成投资96.79亿元;百项新兴重点项目累计完成投资109.48亿元;百项"机器换人"重点项目累计完成投资48.58亿元;百项工业强基和产品升级重点项目累计完成投资67.59亿元。

二是"机器换人"智能改造扎实推进。制定《2017年湖州市"机器换人"工作推进方案》,全力推进"机器换人"扩面升级,狠抓数字化车间和智能工厂示范。鼎力机械股份、永兴特种不锈钢列入2017年技术改造专项中央预算内投资项目(全省4个)。南浔区木地板行业"机器换人"智能化改造试点示范区、长兴县非金属制品行业机器换人试点示范区列入2018年省工业和信息化领域区域(行业)试点示范。9月28日,省经信委在长兴县召开了全省传统制造业重点技术改造项目现场推进会,湖州市在大会上就技改投资工作作典型交流。

三是狠抓"大好高"引进推进。制订了《湖州市工业大好高项目引进推进计划》,开展工业大好高项目督查。全市新引进工业"大好高"项目共计91项(年度目标77项),完成年度计划118%首期固定资产投资总额428.35亿元,项目平均投资规模为4.71亿元;首期固定资产投资5亿元以上项目22个,其中10亿元以上项目10个,分别完成年度目标20个的110%和6个的166.67%。

(四)聚焦绿色制造,狠抓工业经济绿色发展

以绿色发展为核心,全力推动工业企业绿色智造发展。

一是完善推进机制。通过前期深入研究,广泛听取意见,制定出台了《湖州市推进绿色制造三年行动计划》《制定绿色制造标准化试点工作方案》《湖州市绿色工厂评价办法》《湖州市绿色园区评价办法》等计划方案,基本完成顶层设计,为推进绿色制造标准体系建设打下基础。

二是严格"能源双控"。制定《湖州市"十三五"能源"双控"实施方案》,明确"十三五"时期全市能源消费总量和强度的控制目标及措施。水泥、化纤等高能耗行业开展能效对标工作,对超标企业实行阶梯电价。以节能、节水、工业循环经济、可再生能源利用以及清洁化改造为重点,组织实施百项技改项目。

三是强化示范引领。围绕绿色制造、智能制造,积极组织企业申报国家、省试点示范项目。2017年以来,天能动力等2家企业入选工信部第一批绿色制造示范名单;美欣达、久立等4家绿色工厂,天能生产的2个绿色产品以及湖州现代物流装备高新技术产业园区进入国家第二批绿色制造示范公示名单。

(五)聚焦智能制造,狠抓创新驱动动能培育

一是狠抓产品创新升级。2017年全市新增省级工业新产品备案1418项、通过省级鉴定442项,新增装备制造业首台(套)8项、省优秀工业新产品32项。

二是实施智能制造专项。制定《湖州市智能制造三年行动计划》,积极推进中科院自动化研究所、力太科技、天心天思等第三方系统解决方案供营商,针对性开展企业智能化改造。

三是狠抓创新平台建设。深入推进企业技术中心国家、省、市三级梯度培育计划，加快完善技术创新体系，实施重大技术攻关，开发新产品。2017 年，全市新增诺力机械入选国家企业技术中心，新增科宁电机、贝盛光伏等 9 家省级企业技术中心，新增太平微特等 44 家市级企业技术中心，新增求精汽车、创盛光能等 26 家企业入库培育。

四是加强产业创新人才引育。配合人才办深化实施南太湖精英计划，引导重点企业瞄准国内外的高端行业领军人才，招才引智。2017 年，引进和认定南太湖精英计划创新领军人才 70 位，组织实施技术创新、管理创新项目 70 项；累计培训企业经营管理人才 13495 人次。

（六）聚焦主体培育，健全企业梯度培育机制

健全企业梯度培育机制，推动大、中、小企业协调发展。

一是推动龙头企业“做大”。围绕绿色制造和智能制造，制订出台新一轮“金象金牛”大企业三年培育计划，通过引导鼓励企业利用资本市场积极开展并购重组，培育了一批实力较强的省“三名”、市“金象金牛”大企业。11 月 13~14 日首届湖商发展大会上，对第一轮连续获得“金象金牛”大企业的 8 家企业予以实物奖励。

二是加快成长型企业“做精”。湖州市已累计培育认定工业行业“隐形冠军”49 家。浙江久立特材科技股份有限公司成为湖州市首家成功列入工信部制造业单项冠军示范（培育）企业。

三是促进小微企业“升级”。制定年度湖州市“小升规”工作推进计划，建立了 228 家“小升规”培育企业库。在全省率先提出“小升规”企业中新兴产业企业占比要求，并纳入对县区的考核目标。指导协调吴兴区、长兴县管理提升和金融服务“小升规”工作深化试点。2017 年实现“小升规”358 家，超额完成省目标任务的 198%和市目标任务的 165%。

（七）聚焦稳定增长，狠抓企业发展环境优化

一是组织开展稳增长系列活动。积极贯彻落实省、市相关工作要求，组织开展了工业开门红、半年红、冲刺四季度等活动，围绕“绿色制造、智能制造、产业培育、项目双进”，全力实施四大“百日攻坚”专项行动，督促推动各县区加快落实稳增长工作举措，为工业稳增长提供了有力支撑。

二是推进“最多跑一次”改革。2017 年以来，市经信委按照改革要求已确定第一批“最多跑一次”事项 64 项，覆盖率达 100%，其中“零上门”8 项，占比 12.5%。

三是有效减轻企业负担。由市减负办牵头，在全省 11 个地市中率先制定出台了《湖州市进一步减轻企业负担降低企业成本政策十八条》（湖政办发〔2017〕9 号），利用多种形式进行了大范围、高频次的减负政策集中宣传。加强省第三批减负政策的宣传，推动政策落地。全年为企业减轻各类负担 67.5 亿元。

三、工业经济发展面临的形势

总体看，2017 年，国内 GDP 突破 80 万亿元大关，同比增长 6.9%，GDP 实现了 7 年来首次提速，超出预期，宏观经济企稳回升态势逐步巩固，改善了湖州市工业经济发展的外部环境，产业、行业、企业发展总体向好，工业经济呈现“稳中有进，转中向好”的运行态势。2018 年，随着湖州市“中国制造 2025”试点示范城市的深入建设，广大企业加快绿色智能制造发展，经济活力、动力和潜力不断释放，工业经济新旧动能转换将有所加快，迈向高质量发展的态势将越加明显，2018 年，规上工业增加值增长 8%以上，总体呈现“稳中提质”“转中增效”的发展态势。

四、推进工业经济发展的对策

践行新发展理念，以创建“中国制造 2025”国家级示范区为总牵引，持续深化“四新”主题实践，突出项目

双进、绿色智造、创新创业、主体培育、精准服务等工作重点，加快推动工业经济高质量发展。

（一）着力抓好项目双进

一是狠抓“大好高”项目引进。深入开展“谋划大产业，招引大项目”活动，制定招商目录，加大产业招商力度，加快项目早签约、早落地，确保全年新引进项目120个，其中固定资产投资10~20亿元以上12个，20亿元以上6个；全市新开工项目80个，竣工项目目标52个；完成投资额目标200亿元。

二是加快重大项目建设。开展重大项目攻坚活动，重点推进游侠汽车、海王生物、天士力等一批重大项目落地开工，加快推进老恒和、鼎力机械、微宏锂电池三期等一批项目竣工投产，尽快形成新的经济增长点，确保2018年全市工业投资增长10%。

三是加快项目落地见效。举办全市重大工业项目开竣工活动和县区系列项目开竣工活动，树立一批投资典型，强化示范带动，激发企业投资热情；定期开展项目督查，推动项目早开工、早建设、早达产、早见成效，力争2018年全市新开工亿元项目170项以上，竣工投产亿元以上项目100项。

（二）着力抓好结构调整

一是加快培育新兴产业。聚焦信息经济，加快推动吴兴华为云服务产业园等重大项目落地建设，建设若干个信息经济领域平台经济集聚园。聚焦高端装备，加快推动游侠汽车、微宏锂电池三期等项目建设，积极打造新能源汽车产业基地。聚焦生物医药产业，加快推动海王生物、天士力、佐力等一批重大项目建设。聚焦军民融合产业，加快推进长兴、南浔、湖州开发区三个省级军民融合产业基地建设，重点推进南浔航天航空产业园、吴兴区军民融合产业园、德清通用航空产业园、德清地理信息产业园和安吉通用航空产业园等军民融合产业特色集聚区建设。

二是加快改造提升传统制造业。按照《湖州市传统制造业改造提升行动计划(2017~2020年)》，制定年度推进计划，按照“一方案、一政策、一标准、一考核”的“四个一”工作推进机制，每个县区明确推进重点行业和目标，重点推动吴兴童装、南浔木业、德清装饰建材、长兴非金属矿物制品、安吉竹业等细分区域、细分行业传统制造业改造提升，全面提升传统产业层次和水平。加快小微企业建设，力争全年建设小微企业15家，新增标准厂房150公顷。

三是加快“僵尸企业”处置。落实省并购办《关于加快“僵尸企业”处置的若干意见》，以盘活重生为基本目的，以分类处置为基本手段，强化府院联动，推进“僵尸企业”处置工作，全年力争处置“僵尸企业”18家。

（三）着力抓好创新驱动

一是大力实施创新平台专项工程。深化推进国家、省、市企业技术中心三级培育计划，引导企业实施创新发展战略，加快完善企业技术创新体系。重点引入专家团队，深入微宏动力、鼎力机械等重点企业，开展专项指导服务，新培育国家认定企业技术中心1家、省级企业技术中心7家、市级企业技术中心35家。

二是大力实施产品创新专项工程。打好优秀新产品、首台(套)、浙江制造精品、高新技术产品等创新组合拳，新增省级工业新产品1000项以上；加快推进一批新产品加快产业化，完成省级鉴定达150项以上，新增省级工业优秀新产品达10项左右；加快研制一批自主装备产品，新增装备制造业首台(套)8项左右。

三是大力实施创新人才专项工程。以七大重点产业的高端人才需求为导向，深化推进“地校”合作，深入实施新一轮南太湖精英计划。支持企业以柔性引才方式，从高校院所引进一批高层次专家型人才，依据技术路线图组建一批由领军人才领衔的创新团队，新增南太湖精英计划创新领军人才60位左右。

（四）着力抓好智能制造

一是开展智能制造“新模式应用”行动。以流程型、离散型、个性化定制、远程运维、网络协同等5大智能制造新模式应用为切入点，梳理50个项目进行重点跟踪服务，加快推动一批智能制造新模式项目，新增省级以上智能制造新模式应用项目15项以上，培育智能制造试点示范企业25家，新增智能产品达200项左右。

二是开展“企业上云”行动。深入推进“企业上云”，推动工业大中型企业将信息基础架构和应用系统向云上迁移，重点支持广大小微企业开展基于云的移动化或互联网化应用，新增20家市级以上标杆企业。

三是持续开展“两化”融合示范试点行动。围绕智能制造、机器联网、互联网应用等重点领域，大力推进全市300个市级“两化”融合重点项目。持续深入开展“两化”融合试点示范企业培育，新增市级“两化”融合示范企业15家，试点企业60家，并积极争创一批省部级示范试点。加快提升信息化支撑服务能力，培育企业首席信息官(CIO)100位。

(五)着力抓好绿色制造

一是全面实施区域能评制度。积极响应投资项目承诺报备制度要求，深入实施《湖州市全面推行区域能评改革的实施意见》，抓紧制定《湖州市区域节能审查实施细则》，指导县区做好项目的分类管理工作。

二是加快绿色制造体系建设。制定实施2018年度绿色制造和能源“双控”推进计划，排定100项绿色化改造项目和50家年度清洁生产审核企业清单。推动行业龙头企业参与绿色设计产品标准制定，设计生产绿色产品；加快绿色工厂分级培育工作，实施百家绿色工厂提档升级计划，开展绿色工厂星级评价，对入库工厂分级培育；重点推进湖州经济技术开发区争创国家绿色园区，实现市级以上绿色园区县区全覆盖。

三是推进低小散行业整治。加快推动去产能，从严对标，加大“低小散”块状行业整治提升力度，持续开展“低小散”块状行业整治提升专项行动，全年整治和淘汰“低小散”企业(作坊)1000家以上。

(六)着力抓好梯度培育

一是壮大大企业、大集团。制定2018年度“金象金牛”大企业培育计划，落实《湖州市“金象金牛”大企业培育三年行动计划(2017~2019年)》，指导“金象金牛”大企业完成三年发展规划，开展大企业培育“一企一策”工作，进一步增强培育企业的发展信心，力争“金象金牛”大企业达到20家。

二是培育“专精特新”企业。着力培育行业“隐形冠军”企业，深入实施工业行业“隐形冠军”企业培育行动计划，树立企业细分行业发展方向的标杆，培育市“隐形冠军”企业15家，壮大“隐形冠军”企业群体。

三是扶持小微企业。以“小升规”企业数量和净增规上企业数量双突破为目标，以南浔区实施“双千”工程为样板，开展“小升规”专项行动，营造各县区比学赶超的工作氛围，全力推动小微企业上规升级。制定年度推进计划，开展“小升规”优秀县区评比，召开现场推进会，开展专项督查。将“小升规”指标纳入对县区的考核，建立规上企业“退规”的预警机制，采取有效措施防止新的不合理“退规”现象发生。

(七)着力抓好改革创新

一是加快推进“亩均论英雄”改革。根据省政府《关于深化“亩均论英雄”改革的指导意见》(浙政发〔2018〕5号)文件精神，细化制定《关于深化“亩均论英雄”改革的实施意见》，推动县区加快研究制定本区域实施意见。加快形成以“亩产效益”为核心，以市场化配置为导向，以差别化措施为手段，完善激励倒逼机制，优化产业政策，促进优胜劣汰，不断增强经济创新力和竞争力。

二是深入开展“三未”土地整治。按照《湖州市“用而未尽、建而未投、投而未达标”低效工业用地认定标准和处置办法》，会同市国土局，引导县区相关部门和乡镇，做好“三未”土地排摸，明确类型、分类造册、限期整改或盘活收购，提高土地集约节约利用水平。

三是加大惠企政策落实力度。加强《“中国制造2025”试点示范城市建设的若干意见》的政策执行研究，加大政策兑现力度，明确资金拨付方式和进程，做好系列政策的宣传解读，制定多样式的政策宣传版本，加快兑现政策资金,提振企业发展信心,引导企业实施绿色智能制造。

(八)着力抓好稳定增长

一是组织开展稳增长系列活动。贯彻落实市委市政府赶超发展要求,结合工业经济运行年度目标,组织县区和相关部门开展工业开门红、半年红、冲刺四季度等活动,加快推动重点企业产能释放、加快推进项目建设投产、加快新产品开发和企业"新上规"步伐,为工业经济稳定增长提供有力支撑。

二是狠抓区域平衡增长。加强对重点区域、重点行业、重点企业深入调研,落实有力、有效的措施,及时解决制约增长的突出困难和问题,推动重点行业和企业加快发展,并逐季分解目标任务,督促增长偏缓县区紧盯年初目标,对标对表,倒排进度,发挥优势,"能快则快、快中求好",确保达到或超额完成年度目标。

三是推动企业减负降本。牵头组织相关部门,研究制定2018年度减负工作要点,明确减负目标和工作重点,加强减负工作考核、督查、通报和宣传,推动县区和市级相关部门及时有效落实国家和省市各项减负政策,全年力争减轻企业各类负担72亿元。

改革深入推进 工业稳中向好

——嘉兴市2017年工业经济运行情况

嘉兴市经济和信息化委员会

2017年，全市上下坚持稳中求进工作总基调，认真学习贯彻党的十九大精神，紧紧围绕制造业和互联网经济"两大强市"建设，勠力同心，开拓进取，认真实施"中国制造2025"嘉兴行动，深入推进供给侧结构性改革，持续打好工业转型升级组合拳，工业总量、质量均向好发展，工业增加值增速超过地区生产总值增速，工业再次成为国民经济稳走向好的主引擎。

一、工业经济运行情况

2017年，规上工业总产值8699.4亿元，同比增长17.6%；规上工业增加值1727.3亿元，同比增长9.5%；全部工业增加值2101.8亿元，同比增长9.2%；规上工业主营业务收入8259.4亿元，同比增长17.7%；规上工业利润总额550.6元，同比增长17.5%。完成工业投资1340.5亿元，同比增长10.2%；其中技改投资1086.1亿元，同比增长7.0%。

（一）总体运行特点

1. 规模总量不断扩大。规上工业总产值突破8000亿元，规上工业增加值总量首次超过绍兴，居全省第三，增速高出全省平均1.2个百分点，居全省第四。工业总量保持较快增长，主要得益于四个方面。一是价格上涨，资源型及去产能行业高速增长。受供给端持续收缩和国内经济韧性超预期等因素影响，工业生产者价格持续处于高位。全年PPI同比上涨7.1%，其中有色金属冶炼、黑色金属冶炼、化工、化纤、造纸出厂价格同比分别上涨29.3%、24.2%、11.7%、23.8%、24.8%。受此影响，上述五大行业累计实现产值同比增长25.9%，拉动规上工业总产值增长6.9个百分点，贡献率达39.1%。二是受消费升级影响，新兴行业增长加速。截至2017年，我国人均收入从8000多美元向1万美元，进而向更高水平迈进。消费升级相关的制造业发展迅速，汽车制造业、仪器仪表制造业、专用设备制造业、通信电子等行业增加值增速均在20%以上。三是出口回暖，对工业的支撑作用增强。嘉兴市对美国、欧盟、日本等发达国家出口呈现恢复性增长，对部分"一带一路"沿线国家出口快速提升，规上工业出口交货值同比增长13.4%，较2016年提高9.6个百分点。其中，电气机械、纺织、化工、金属制品是拉动工业出口增长的主要行业，对规上工业出口交货值增长的贡献率合计达43.2%。四是下半年能源紧张，推动电力行业企稳回升。下半年，特别是入冬以来，受寒潮和水力发电下降等影响，我国能源相对紧张，拉动嘉兴市电力行业企稳回升，电力行业增加值从6月当月下降2.3%到12月当月增长12.2%。

2. 质量效益不断改善。自2016年3月份以来，规上工业利润总额连续保持两位数增长。33个行业大类中，有32个行业实现盈利，有23个行业实现利润增长，其中超过规上工业利润平均增速的有14个。规上工业企业亏损面为13.8%，同比下降0.7个百分点。一是盈利能力持续提升。规上工业企业主营业务收入利润率为6.7%，处于历史高位；每百元主营业务收入中的成本费用为94.52元，比2016年下降0.09元。二是资产质量稳步向好。规上工业总资产贡献率、资本保值增值率分别为11.0%、114.0%,较2016年提高0.05个和3.21个百分点;流动资产周转率达1.85次/年,同比提高3.4%。随着工业企业经营状况的改善,企业的资产质量稳步向好,杠杆水平不断下降,规上工业资产负债率为52.5%,较2016年下降1.9个百分点。三是创新能力不断激发。规上工业科技活动经费支出增长23.1%,高出主营业务收入增速5.4个百分点。规上工业新产品产值3546.3亿元,同比增长21.6%,高出工业总产值增速3.5个百分点,对规上工业总产值增长的贡献率达47.6%;新产品产值率为40.8%,比2016年提高1.2个百分点。

3. 工业结构不断优化。大力推进"两退两进""机器人+""互联网+"等重点工作,坚持淘汰落后和发展先进齐抓共进,企业结构、产业结构均有所优化。一是大企业数量和质量均有所改善。产值超百亿元工业企业为6家,比2016年增加1家,占全省(48家)的12.5%。82家工业大企业(工业大企业指从业人员≥1000人且营业收入≥4亿元的企业)平均资产达24.8亿元,同比提高2.2亿元,工业增加值同比增长11.8%,高出全市平均2.3个百分点,对全市工业经济增长的贡献达23.9%。二是新兴产业占比保持全省领先。高新技术产业、战略性新兴产业增加值分别达813.7亿元和622.5亿元,占规上工业增加值的比重为47.1%和36.0%,占比均列全省第2位。

(二)重点产业运行情况

1. 信息产业:总体快速发展。全市信息制造业实现工业总产值1178.4亿元,同比增长14.9%;实现工业增加值229.6亿元,同比增长13.7%。从细分行业看,智能终端保持较快增长。以智能手机、电子价签、智能床、LED智能照明等为代表的智能终端产业呈现快速发展。全年实现工业总产值411.8亿元,同比增长18.8%。光伏产业略有回升。自2016年下半年以来多晶硅原料上涨和硅片、电池、组件价格大幅下调的情况下,光伏行业下滑明显。但是随着"一带一路"战略的推进,新兴市场不断打开,光伏行业生产开始恢复,42家光伏企业完成总产值389.2亿元,同比增长5.7%,增速虽较2016年回落3.8个百分点,但较上半年提高了5.4个百分点。

2. 装备制造:支柱地位明显。装备制造业实现工业总产值2240.9亿元,同比增长16.0%,对全市工业产值增长的贡献率达26.4%,成为推动我市工业经济稳定增长的主要动力,也是我市第一大产业。其中,高端装备制造业产值突破1000亿元,达1028.7亿元,占装备制造业的45.9%。从细分行业看,专用设备制造业、汽车制造业、通信电子和仪器仪表制造业增加值同比分别增长23.7%、27.9%、20.7%、25.9%。

3. 纺织服装:上游好于下游。随着行业产能的部分出清和出口回暖,纺织服装行业生产有所好转,完成规上工业总产值1428.7亿元、出口交货值366.2亿元,同比分别增长9.3%和4.8%,增速较2016年提高8.6和3.8个百分点。但是,最终消费市场仍然是明显的供大于求,所以服装行业运行情况明显偏差。服装行业规上工业总产值409.0亿元,主营业务收入387.8亿元,利润总额16.5亿元,同比分别增长2.9%、1.5%、和-1.4%。相对而言,拥有一定市场知名度品牌的服装企业生产经营情况较好,时尚服装业规上工业总产值66.1亿元、主营业务收入54.1亿元、利润总额7.5亿元,同比分别增长14.2%、9.5%和3.5%,增速分别比服装行业高出11.3个、8.0个和4.9个百分点。

4. 皮革:底部继续盘整。据"中国·海宁皮革指数"信息系统监测,2017年12月皮革产品月价格总指数报收于100.20点,同比下跌6.31点,同比跌幅为5.92%。从面上看,皮革行业完成规上工业总产值261.3亿元,同比下降1.9%;实现规上工业增加值54.9亿元,同比下降3.6%;实现主营业务收入245.5亿元,同比下降2.9%;实现利润总额7.9亿元,同比下降37.4%。种种数据表明皮革行业仍处于底部盘整区间。

5. 化工:运行高度景气。据港区监测显示,在价格方面,12月份44种主要化工产品价格同比"37涨7

跌”,环比“26 涨 18 跌”,价格保持高位稳定;在产品产量方面,44 种主要化工产品产量“29 涨 15 跌”,其中涨幅超过 10%的产品有 20 种,化工行业运行淡季不淡,保持较高景气度。化工行业规上工业总产值 1047.1 亿元,同比增长 24.0%;主营业务收入 1005.3 亿元,同比增长 25.2%;利润总额 65.3 亿元,同比增长 39.5%。

6. 化纤:盈利持续改善。化纤行业规上工业总产值 604.0 亿元,同比增长 31.0%;主营业务收入 595.0 亿元,同比增长 30.3%;利润总额 43.9 亿元,同比增长 31.2%。受大宗商品价格上涨传导,2017 年以来化纤产品价格持续处于高位。据桐乡统计局监测,12 月份涤纶长丝均价为 7600 元/吨,同比增长 4.9%。受益于产品价格上涨,企业盈利改善,行业运行向好,主营业务收入利润率高达 7.4%,较 2016 年提高 0.06 个百分点,资产负债率为 40.2%,较 2016 年下降 2.5 个百分点。

二、主要工作亮点

(一)产业培育有新成绩

1. 开启传统产业改造提升新征程。召开全市传统制造业改造提升大会。实施“退散进集”攻坚和淘汰落后产能“666”计划,整治“低散弱”企业(作坊)16540 家,其中“四无”企业(作坊)12513 家;新建“两创”中心 28 个;推动小微企业入园 1094 家;处置僵尸企业 30 家;淘汰落后项目 63 项,涉及企业 1318 家,落后机器设备 17689 台套,均超额完成了年度目标。传统制造业完成技改投资 473.9 亿元,同比增长 9.1%。

2. 推进装备制造业高端化发展。开展首台套产品认定,有 15 台套入选省级首台套,68 台套被认定为市级首台套。承办 2017 中国高端装备制造业年会“嘉兴峰会”。积极发展新能源汽车产业,合众新能源汽车作为国家发改委核准的第 13 个年产 5 万辆纯电动乘用车生产企业,预计 2018 年 6 月下线形成产能,国能电池、海得新能源、科博达、斯达半导体、清之华网络能源、凡华电子等企业也正加快布局电池、电机、电控等关键项目。

3. 发展壮大数字经济。坚持以互联网经济强市建设为引领,推进国家信息经济试点城市、乌镇互联网创新发展试验区建设,各地制定互联网特色产业集群工作方案,加快培育以智能终端、通信电子、光伏等为重点的信息制造业,实现规上工业总产值 1178.4 亿元,占全部规上工业总产值的 13.5%,较 2016 年提高 0.4 个百分点。抓好龙头企业培育,入围电子信息产业国家级百强企业 2 家、省重点企业 5 家(全省共 30 家)。深入开展“建功十三五 聚集互联网”重大项目立功竞赛活动。351 项年度重点投资项目,共完成投资 115 亿元。发展软件产业,实现软件产业主营收入 98.3 亿元。编制全市智慧产业企业名录,成功申报 7 家省级和 1 家国家级服务型制造示范试点企业(项目、平台),新增 10 家省级工业设计中心和 2 家省级工业设计企业。

4. 积极培育军民融合产业。出台《关于加快推进军民融合产业发展的若干意见》,承办了浙江省第四届军民融合产业发展大会,组织部分产业平台和优质民企,赴长沙国防科技大学长沙产业园、航天五院、中国电科十三所等地进行技术合作交流。新增省级军民融合示范基地 1 家(总数达 3 家),民参军企业 4 家,军用技术科研成果转化合作项目 40 多项。

5. 抓好企业培育。推进企业做大、做强、做精,开展“三名”试点企业培育,抓好 100 家“四新”企业及 1400 多家“专精特新”企业培育库建设,筛选出 26 家制造业企业的隐形冠军,编纂出版了《寻找中国制造隐形冠军·嘉兴卷》。抓好“小升规”培育库建设,完成“小升规”企业 609 家。开展“隐形冠军”培育,宇星螺帽被浙江省评为 2017 年浙江省“隐形冠军”企业。

(二)经济改革有新突破

1. 深化企业减负降本工作。建立健全问题收集、交办、解决、督查、监测、宣传等六大工作机制。组织常态化督查组对九个县(市、区)和九个市级主要涉企部门落实减负降本政策情况进行了专项督查,对一些共性问题予以交办，并以“回头看”的形式督促整改落实。研究制定《关于进一步减轻企业负担降低企业成本的实施意见》，提出了19条减负措施。组织6000多家企业参与电力直接交易试点，年节约电费4.8亿元。全市共为企业减免税费429.5亿元，其中出口退税238.1亿元。优先面向当年“小升规”培育企业和近三年“小升规”企业，首次采用网络运作模式，共发放服务券230张，发放金额115万元。推进融资担保体系建设，全市共有37家担保机构通过了合规性审查。

2. 完善企业绩效评价体系。兼顾企业在税收贡献、科技创新、人才引育、节能减排、安全生产、企业社会责任等方面的表现，完善指标体系，合理调整指标权重，完善加减分内容，实施综合评价。开展占地0.33公顷以上规下企业绩效评价试点工作。纵观2012~2016年评价结果，各项指标均大幅提升。税收从191.64万元/公顷提高到251.64万元/公顷，增长了31.3%；增加值从841.34万元/公顷提高到1173.73万元/公顷，增长了39.5%；单位能耗增加值从0.85万元/吨标煤提高到1.12万元/吨标煤，增长了31.8%；单位排放增加值从496.9万元/吨COD提高到9881.67万元/吨COD，增长了77.4%；全员劳动生产率从11.62万元/人提高到16.89万元/人，增长了45.4%。

3. 推进经信领域“最多跑一次”。编制经信系统办事“零上门”和“最多跑一次”事项清单，涉及嘉兴市经济和信息化委员会委的企业(或外商)投资项目核准(热电厂)、固定资产投资项目节能审查、供电营业区审批及新型墙体材料产品的推广、应用和认定等4个许可事项，均已实现“最多跑一次”。抓好盐业体制改革，开展了食盐市场联合专项整治。全面推进“区域能评+区块能耗标准”改革试点。

4. 推进光伏“五位一体”综合改革试点。出台《嘉兴市光伏产业“五位一体”创新综合试点2017年工作清单》《嘉兴市推进“光伏+”行动方案》等政策意见。推进光伏“进园入企”“进村入户”，新增并网容量758兆瓦，光伏发电量15.4亿度，享受国家省级补贴5.98亿元。

(三)两化融合有新进展

1. 实施“机器换人”升级版。开展“机器人+”行动，出台《嘉兴市“机器人+”三年行动方案(2017~2019)》，三年内实现“机器人+”“123”目标，即：拥有在役工业机器人10000台，完成“机器人+”技术改造投资2000亿元，实施300个智能化制造项目。编制《智能化技术改造评价标准》，得到省经信委肯定并在全省推广。着力推进汽配、五金机械、服装行业“机器人+”，共完成“机器人+”项目2541项，累计完成投资735.7亿元，新增购置工业机器人1848台。

2. 抓好两化融合新模式。制定出台《关于深化制造业与互联网融合发展的实施方案(2017~2019)》。确定个性化定制、服务型制造、协调制造、工厂物联网和工业电商五大新模式，选择100家试点企业进行重点培育。同时，确定8个试点行业、31家试点企业进行先行先试，组建9个专家技术指导组进行分行业对接指导。推进“企业上云”8351家。中电科(嘉兴)智慧产业园被列入省级制造业与互联网融合发展“双创”示范基地，嘉兴市成为国家级“两化”深度融合示范区全省唯一全覆盖地市。

(四)企业创新有新收获

1. 抓好企业技术中心创建。桐昆集团完成了国家级企业技术中心申报，9家企业通过省级企业技术中心认定，84家企业认定为市级企业(行业)技术中心。截至2017年底，确定国家级企业技术中心5家、省级企业技术中心79家、市级企业技术中心390家。

2. 鼓励企业新产品开发。助推企业新产品市场拓展，举办10场优秀工业新产品新技术新装备推介会，完成省级工业新产品备案904项，同比增长38.4%。

3. 推进企业管理创新。中达集团等7家企业列入2017年度省级管理创新试点企业，加西贝拉被认定为

2017 年度省级管理创新示范企业。组织实施企业经营管理人才培训 30 场,培训人员近 900 人次。

三、主要问题及面临的形势

(一)当前工业经济发展主要问题

1. 工业经济发展不平衡。

一是产业结构不平衡。高耗能行业占比偏高,节能降耗形势严峻。全市八大高耗能行业产值 4557.9 亿元,占规上工业总产值的比重为 52.4%,占比较 2016 年提高 2.1 个百分点。单位 GDP 能耗预计下降 4%,用能总量预计增长 3.4%。

二是投资结构不平衡。低附加值行业投资增长较快,如造纸、化纤行业投资分别增长 44.6%和 18.4%,分别比制造业投资增速高出 30.9 个和 4.7 个百分点(造纸、化纤的行业增加值率分别为 15.2%和 12.5%,低于全市规上工业增加值率 4.7 个和 7.4 个百分点)。大项目缺乏,嘉兴市投资最大的项目为富通集团的新建年产 3000 万芯公里光纤预制棒、3000 万芯公里光纤、3000 万芯公里光缆全产业链项目,项目总投资为 59.8 亿元,规模远小于宁波大众汽车(计划投资 117 亿元)等项目。

三是数字经济发展不平衡。嘉兴市数字经济主要集中在制造业领域,软件服务业规模不足百亿,制造业与软件服务业协同发展不够。

2. 工业经济发展不充分。

一是质量效益提升不充分。全市规上工业增加值率为 19.9%,虽然比 2016 年提高了 0.2 个百分点,但仍低于全省平均 0.8 个百分点;全市规上工业劳动生产率为 20.7 万元/(人·年),虽然比 2016 年提高了 9.5%,但仍比全省平均低 0.9 万元/人·年。

二是土地、人才等要素保障不充分。初步统计全市供应工矿仓储用地 1375.2 公顷,平均地价为 540 元/米^2,地价同比上涨 28%。规上工业从业人员平均薪酬为 6.6 万元/(人·年),同比增长 9.1%。问卷调查显示,“用工成本上涨”成为阻碍企业发展的首要因素,而有 29.3%的调查企业选择了“土地紧张将制约企业扩大再生产”,占比较 2016 年调查提高了 11.3 个百分点,是所有选项中提高幅度最大的一项。

三是企业创新不充分。全市规上工业企业的研发活跃度(有研发投入的企业占规上工业企业的比重)为 28%,低于全省平均 8.1 个百分点;研发投入强度(R&D 经费支出占主营业务收入比重)为 1.38%,低于全省平均 0.05 个百分点。

(二)2018 年工业经济展望

从全球看,世界经济总体保持复苏态势,但是不稳定、不确定因素较多。国际货币基金组织预测 2018 年与 2019 年全球经济会保持持续强劲增长势头,并将这两年的全球增长率上调至 3.9%。但仍存在很多不确定性、不稳定性,经济隐忧主要体现在:逆全球化思潮继续发展并发挥作用;全球主要国家可能开始退出量化宽松货币政策,资本紧缩会导致相当大的金融风险;一些国家的经济可能会出现较大波动,这些波动也会对世界经济带来较大影响。此外,局部战争与冲突、2018 年又一拨国家大选以及自然灾害和传染病等,也为经济增长添加了不确定性和不稳定性。

从全国看,高速增长向高质量发展转变。2017 年我国经济增速结束六年连续下滑,呈现宏观趋稳、微观向好的积极局面,结构发生积极转变,增长动力稳步转换,经济转向高质量发展的特征更趋明显,我国经济已初步具备转向高质量发展的基本条件,2018 年我国将进一步深化以供给侧改革和金融体制改革等为主要方向的改革,进入新旧动能转换加快、稳定性和可持续性增强、发展质量和效益改善的阶段,GDP 增长很可能呈现稳中趋缓、稳中向好的态势。

从嘉兴市看,工业稳中向好的态势不变。企业家对经济形势的预期更加乐观,信心不断增强。问卷调查显示,企业对明年宏观经济形势和企业生产经营状况的预期都在向好。有44.8%的企业认为2018年的宏观经济形势将会比2017年有明显好转,有47.6%的企业认为2018年生产经营状况比2017年好,比较2016年调查分别提高了12.6个和3.6个百分点。而且,全市制造业采购经理人指数(PMI)持续处于景气区间,全面接轨上海示范区建设和杭州湾建设推动平台能级不断提升。但是也面临基数较高,人民值升值较快令出口承压、土地用能制约项目投资等不利因素。

因此,对2018年嘉兴工业经济运行的基本判断是:工业经济在高位增长的基础上保持高速增长难度很大,预计2018年工业增速将温和回调,但工业结构将进一步优化,质量效益进一步向好,从而向高质量方向不断发展。

四、2018年重点工作安排

2018年,全市经信工作的总体要求是:全面贯彻党的十九大和习近平总书记南湖重要讲话精神,以习近平新时代中国特色社会主义思想为指导,落实新发展理念,弘扬"红船精神",围绕建设现代化工业经济体系,坚持提质与增效并重、改造提升传统产业与培育新动能发展新产业并行、制度创新与技术创新并举,以供给侧结构性改革为主线,以智能化、服务化、绿色化、国际化为方向,抓重点、补短板、强弱项,凝神聚力,强化动力,着力在"破""立""降"上下功夫,深化"中国制造2025"嘉兴行动,推动工业领域质量变革、效益变革、动力变革,加快推进制造业和互联网经济"两大强市"建设。

主要预期目标:全市规上工业增加值增长7%以上,工业投资增长8%左右,数字经济核心产业、装备制造业产值同比分别增长12%和10%,规上工业增加值率达到20%以上,全员劳动生产率增长8%,两化融合指数达到85以上,完成省下达的节能降耗任务。

(一)以深化绩效综合评价为重点,着力打造传统制造业新优势

深入推进印染、造纸、化工、五金机械、汽配和服装等传统行业改造提升,围绕传统产业改造提升"两退两进"、创新引领等"十大任务",按照"一个行业、一个班子、一个方案、一套政策",狠抓试点示范,发挥典型引路作用。

1. 深化企业绩效综合评价。将企业绩效评价结果作为传统产业改造提升的重要标准,推动传统行业和企业找差距、补短板、抓提升。建设企业绩效综合评价大数据平台,开展分行业、分区域、分指标、多层次数据分析,指导区域、行业和企业绩效提升。强化评价结果运用,以用能、用水、用地、排污和信贷等差别化要素配置政策,形成倒逼机制,推动"低散弱""脏乱差"企业(作坊)的整治提升和关停淘汰。对新进工业项目实施准入综合评价机制,从源头上控制"两高一低"项目进入,提高增量企业的绩效水平。

2. 深化"两退两进"提速攻坚行动。对照"三年见标志性成效"目标,开展"两退两进"提速攻坚,加大"低散弱"和"四无"企业(作坊)"退散进集"力度,严把"退"的标准、严格"进"的标准、严控"建"的标准、严明"管"的标准,确保改造提升和关停淘汰企业(作坊)6000家以上,推动中小微企业入园提升发展1000家以上,新建改建"两创中心"(包括小微企业园)20个以上、标准厂房面积不少于100万平方米。坚持一手抓"退低"一手抓"进高",积极腾退低效用地,重点引进新经济和产业链补链项目。抓好"僵尸企业"处置,深化府院联动,探索建立市场化退出长效机制。按照"改造提升一批、转型发展一批、兼并重组一批、有序转移一批、整治关停一批"要求,充分发挥市场机制作用,加大淘汰工作力度,确保完成市级以上淘汰项目40项,开展落后产能淘汰企业500家以上,淘汰落后机器设备6000台套以上。

3. 实施重点企业规模效益"双倍增"计划。在全市范围内综合评价为A类企业、行业骨干企业、科技型企

业等三个类别中各选取100家试点企业，支持企业以智能化、服务化、绿色化和国际化为发展方向，加快制度创新、技术创新、管理创新、生产方式创新和经营模式创新，通过3~5年培育，实现规模与质量效益“双倍增”。继续抓好“三名”试点培育，大力推进小微企业上规升级和“专精特新”发展，新增“小升规”企业220家，培育“专精特新”入库企业1200家。开展寻找“隐形冠军”活动，建立培育库，入库企业达100家，并引导企业创建省级隐形冠军。围绕服装家纺、家具、家电等消费品领域，深入推进“增品种、提品质、创品牌”战略实施。

4. 实施企业股改行动。发挥龙头企业技术、人才、品牌、专利等创新要素的引领作用，推动制度创新、技术创新“双轮驱动”。开展“大走访、大服务、大推进”活动，加快制造业企业股份制改造，建立现代企业制度，完善企业法人治理结构，全年新增股改企业200家。实施股改上市企业领航工程，引领传统产业改造提升。支持传统优势企业围绕产业链开展并购重组，集聚优质资源，打造企业航母。加强融资担保体系建设，规范担保机构运行，努力缓解中小企业融资难题。完善工作机制，强化股改工作考核、督查和末位约谈等措施。

5. 实施绿色制造行动。强化全社会用能管理，建立严控八大高耗能项目准入机制，开展智慧节能专项行动，推动重点用能企业预算化。深入推进纺织印染、化工、化纤、建材、造纸、皮革、铸造、电镀等八大传统制造业，以及钢铁、玻璃、热电联产等行业绿色改造升级，抓好50个以上绿色改造项目，重点实施燃煤电厂能效提升、窑炉改造、余热余压利用、电机和变压器能效提升、绿色照明、新能源推广应用等六大节能工程，创建20个左右绿色工厂。大力发展光伏、光热、风能、核电关联等产业，做强海宁太阳能产业链，力争核电关联产业超百亿，做大新能源产业基础。深化光伏“五位一体”创新发展，做强“光伏小镇”，加快智能微电网和分布式发电交易平台建设，实施一批光伏应用与经济社会各领域融合发展的创新示范项目，推进光伏应用“进园入企”“进村入户”，确保企业新增并网容量200兆瓦。履行好禁化武公约各项工作。加大农村新墙材推广力度。

(二)以“互联网+”为重点，着力打造互联网经济新动力

围绕互联网经济强市建设，加快产业发展，推进“两化”深度融合，大力培育新经济、新模式，增强发展新动力。

1. “两化”融合抓深化。提升9个国家“两化”深度融合示范区创建水平，每个示范区域培育大企业“双创”平台1个以上，工业云和大数据、网络化协同、个性化定制、服务型制造、工业互联网等示范企业或项目10个。深化制造业与互联网融合，加快发展工业互联网，重点推广箱包行业的自动分拣管理、化工行业的工控安全技术、装备机电行业的生产线管控、汽配行业的过程监控等共性技术。着力构建一批跨区域、跨行业的工业互联网平台，打造一批行业性、功能性云应用平台，培育一批工业互联网解决方案提供商，推进企业上云，累计企业上云21000家。

2. 新经济发展抓培育。加快发展互联网新产业，聚焦智能终端、新型电子元器件、光通信、光伏、LED照明等现有优势产业，以项目为抓手，培育壮大柔性电子、VR/AR、北斗通信、智能网联车、量子通信、物联网、无人机、氢动能等新经济新产业。智能终端产业突破200亿元、光通信产业完成50亿元。全力推进省集成电路产业基地建设，启动人工智能产业和北斗产业培育计划。加快推进以“一核一城多点”为发展格局的国家互联网创新发展试验区建设，重点推进桐乡乌镇大道科创集聚区和南湖智能硬件重点产业培育基地建设；加快推进柔性电子、VR/AR、机器人智能制造等新经济产业园建设；着力推进互联网经济特色小镇建设，评定一批嘉兴市级互联网经济特色小镇。深入推进3个省级信息经济示范区、6个省级软件和信息服务业基地建设，完善信息制造业和软件产业统计工作。

3. 新模式发展抓试点。开展工业互联网专项行动，深入推进新模式试点企业的培育发展，探索工业互联网的实施路径与应用模式，创建基于地方优势行业的省级工业互联网应用平台5个，培育30家省级工业互联网应用示范试点企业。坚持互联网与工业设计相结合，开展第三届“红船杯”工业设计大赛，推进“工业设计

+”行动，打造以设计整合技术、资本和生产的产业生态圈，培育工业设计平台型企业5家。围绕功能创新、结构优化、节能节材、新材料应用、外观造型等重点环节，在装备制造、电子信息、汽车配件、时尚产业等领域推动创新设计的应用。创建“中国制造2025”服务型制造试点城市。

4. 互联网设施抓完善。深入推进“宽带中国”示范城市建设。完善光纤宽带网络建设配套措施，持续推进光纤到楼入户改造，提升接入覆盖水平。开展移动宽带网络优化工程，城际互联网出口带宽达到4500Gbps以上。推进市镇工业园区和特色小镇宽带网络深层次全覆盖。跟踪5G研究进度，争取先行先试，加快NB-IOT新一代物联网商用，推进通信网络向下一代互联网（IPV6）升级，积极推进“智慧杆塔”工程建设。持续推进公共场所WIFI建设，新增5个热点、149个AP数。健全网络安全应急机制，加强通信基础网络及工控安全培训，开展网络与信息安全应急演练活动

（三）以“机器人+”为重点，着力打造智能制造新样板

把握制造业发展趋势，深入实施“中国制造2025”嘉兴行动纲要，全面推进“机器人+”行动，加快提升全市智能制造水平。

1. 着力提升工业投资质量。实施工业高质量投资行动计划，坚持工业投资增量和存量“双导向、双优化”，实施提升投资质量组合拳，从项目准入、竣工验收、要素资源、平台建设、政策扶持等多维度推进高质量投资。拓展工业高质量有效投资内涵，围绕智能化、绿色化、“四新”经济、工业强基、产业链提升等重点领域，抓好“五个一批”项目，引导有限要素向新兴产业项目、高新技术产业项目等优质项目集聚，优化投资结构。增强新型技改投资拉动工业经济增长动力，大力推动新一轮传统产业技术改造升级工程，引导传统产业技术改造向智能化、绿色化、服务化内涵提升，完成传统产业技术改造投资增长10%，优化存量结构。

2. 着力推进智能化技术改造。实施智能化技改（“机器人+”）“百千万”行动，抓好百个智能化技术改造（“机器人+”）试点项目、百家智能化技术改造（“机器人+”）示范企业；推进2000个“机器人+”为重点的技术改造项目；新增工业机器人1500台，力争全市在役机器人达到1万台。开展“相约2018机器人+”系列活动，组织需求方、应用方、服务方对接活动100场次。实施一批“机器人+”重点项目，一批中小微企业“机器人+”特色项目。开展工程服务公司“三个一批”集成提升行动，推动一批装备企业向以智能制造装备为核心、具备自动化线、自动化系统集成能力转变提升；一批自动化系统集成商向工程总包、解决方案提供商转变提升；一批信息技术企业向生产制造系统集成及智能制造整体解决方案的服务商转变提升，形成10家亿元产值的工程服务公司。推进《智能化技术改造评价规范》地方标准运用，引导企业技改向自动化、数字化、网络化、智能化方向发展。推进产融对接，实施“智能制造+金融”专项行动，强化资金等要素保障。

3. 着力推进产品智能化升级。深化“嘉兴智造”千项新产品（新技术）推广行动，组织开展智能化系列产品推荐活动20场次。积极开发新产品，完成省级工业新产品（新技术）网上备案800项以上。鼓励智能产品的研制生产与推广应用，重点在服务机器人、移动智能终端、可穿戴智能设备、智能LED照明、智能集成吊顶、智能家具家电等领域，认定市级以上智能产品100项。推进制造业创新中心建设，光伏制造业创新中心争取省级认定，并抓好节能环保压缩机、玻纤新材料等制造业技术（创新）中心培育。全年力争新认定市级以上企业技术中心100家以上。

4. 着力加快高端装备业发展。围绕智能制造装备、关键部件及基础件、软件及服务等领域，引进培育一批光伏装备、核电关联、数控机床核心企业和重点项目，突破一批智能制造装备关键共性技术和核心部件，研发一批智能制造装备首台（套）产品，力争全年新认定市级以上首台（套）产品100项。大力发展新能源汽车整车企业，力争全年生产新能源汽车整车2万辆（包括智能网联车），产值突破30亿元；努力做大做强新能源

汽车零部件产业,全年产值突破100亿元。发展高端装备产业集群,推进桐乡新能源汽车、嘉善氢燃料电池等新能源高端装备产业基地建设,创建高端装备特色小镇。弘扬工匠精神,开展“十佳”优秀工匠评选活动,建设知识型、技能型、创新型劳动者大军。全市装备制造业产值同比增长10%以上。加快发展军民融合产业,引进军民融合高技术项目20个,培育省级军民融合示范企业3家,并实现全市军民融合政策、与航天五院合作、军民融合产业示范基地(企业)建设三个全覆盖。认真落实民爆行业安全生产责任。

(四)以产业平台创新转型为重点,着力打造全面接轨上海新格局

围绕打造浙江省全面接轨上海示范区,抓住G60沪嘉杭科创走廊建设的有利时机,强化平台整合,推进沪嘉产业协同创新。

1. 推进产业平台整合提升。抓住“环杭州湾大湾区”建设契机,围绕构筑杭州湾北岸滨海产业带、临沪产业协同发展示范带、临杭产业协同发展示范带,整合优化原有各类园区,打造市区、滨海、临沪、临杭四个产业协同发展大平台。开展平台优化提升攻坚行动,按照“整合优化一批、提升发展一批、清理撤销一批”的思路,完善市镇工业园区创新发展评价办法,推进工业园区产业升级、功能升级、形象升级、管理升级,推动工业园区集约化、智慧化、绿色化发展,创建智慧园区、绿色园区各5家。探索以产业链为纽带,资源要素和利益共享的平台创新转型模式,以及统一规划、统一布局、统一招商、统一考核的工作推进机制。依托龙头企业和重大项目,推进区中园、园中园建设。抓好中德(嘉兴)中小企业合作区建设,承办中德智能制造副部长级大会,突出新能源汽车、智能制造等领域,分行业开展市内隐形冠军企业与德国百年企业的合作交流,打造经济技术开发区、嘉善、平湖、海盐、海宁等5个中德合作园。

2. 推进沪嘉产业协同创新。围绕高端装备制造、人工智能、航天航空、节能环保和工业互联网“五大领域”,招大引强选优,着力建设长三角(沪嘉)产业协同创新区。全年力争完成亿元以上利用内资328亿元,其中产业接轨上海内资80亿元。坚持产业协同、特色定位,推进张江平湖科技园、漕河泾开发区海宁分区合作园区、秀洲智能机器人产业园“三大平台”建设。突出浦东、张江、嘉定等重点区域和园区,依托浦发银行等金融机构,积极开展产融、平台、项目和人脉“四大对接”活动,健全制度设计、政策沟通、科技合作、产业承接、服务融合等工作机制。

3. 推进产业集群化发展。着力抓好智能终端、智能照明、智能制造装备、农林机械、汽车及零部件、精品纺织、品牌女装、皮革制品、化工新材料、光伏新能源等十大重点产业链建设,通过强链、补链、延链,做强产业链,建成一批特色产业集群。提升海宁皮革、濮院洪合毛衫等15个百亿传统产业集群,打造一批传统行业领域新兴产业发展样板。培育发展南湖智能终端、秀洲智慧物流、嘉善光通信、平湖微电机、海盐智能家居、海宁数字内容、桐乡量子通信、开发区智能家电、港区电子化工新材料等产业,打造一批新兴产业集群。积极推进特色小镇建设,加快培育高新技术特色小镇、传统产业改造提升示范小镇、高产出特色小镇。

(五)以弘扬企业家精神为重点,着力打造振兴实体经济新环境

坚持以人为本,大力弘扬新时期企业家精神,不断优化企业服务,充分激发市场活力,全力支持实体经济发展。

1. 着力弘扬企业家精神。贯彻落实中央《关于营造企业家健康成长环境弘扬优秀企业家精神更好发挥企业家作用的意见》,引导企业家爱国敬业、遵纪守法、创业创新、服务社会。树立和宣传企业家先进典型,弘扬优秀企业家精神,造就一支优秀的禾商队伍。实施企业家“暖心工程”,抓好企业家作用发挥,依托各类制造业行业协会,建立企业家顾问制度。加强企业经营管理者培训,全面推进精细化管理、卓越绩效管理、信息化管理,引导企业商业模式创新、制度创新、文化创新、品牌创新,开展新动能新经济创业创新和传统产业改

造提升“双十佳”企业评选。发挥市领导联系镇(街道)、企业、项目、平台、人才的“五联”制度作用,加强对企业家的优质高效务实服务。

2. 着力推进减负降本改革。按照“与企业常态化互动、政府与企业保持同频共振”的要求,进一步健全完善企业减负问题收集、交办、督查等六大机制,确保我市企业减负工作走在全省前列。全面落实国家、省、市简政减税降费政策,积极推广嘉善县“企业研发费用加计扣除”改革试点经验,实施股改企业减负专项行动。加强减负政策的宣传与解读,提升企业“获得感”。深化转型发展集成服务、精准服务,完善中小企业综合服务平台,实施服务平台“扩面、提标、成网”再造工程。加大小微企业服务券实施力度。深化审批制度改革,扎实推进企业投资项目承诺制、电力直接交易、用能权交易、“区域能评+区块能耗标准”等改革。推进“最多跑一次”改革,力争实现“不用跑一次”,不断提高行政效率。

3. 着力加强经信干部队伍建设。深入学习贯彻习近平新时代中国特色社会主义思想,用马克思主义中国化的最新成果武装头脑、指导实践、推动工作、规范行为。大力弘扬“红船精神”,开展“不忘初心、牢记使命”主题教育,强化年轻干部培养和实践锻炼,丰富青年干部论坛形式,提升经信干部队伍“精气神”,努力打造一支“干在实处、走在前列、勇立潮头”的经信铁军。加强经信系统廉政建设,构建亲清新型政商关系,坚决做到不越“底线”、不踩“红线”、不碰“高压线”,树立清正廉洁、敬业勤勉的经信系统干部形象。

转型升级增动能 稳中求进谋新篇
——绍兴市2017年工业经济运行情况

绍兴市经济和信息化委员会

2017年是全面深化改革的关键之年，全市工业战线围绕制造业强市建设目标，以推进供给侧结构性改革为主线，以传统产业改造提升试点为总引擎，真抓实干、开拓创新，持续深入打好系列组合拳，工业经济呈现“稳进向好、动能积聚”的良好态势。

一、工业经济运行趋势与特点

（一）“四个增强”引领发展新常态

1. 生产有序扩张，运行稳定性增强。2017年，工业经济外提需求、内调结构，主动适应新常态，增长波动区间逐步收窄，主要指标增长达到2012年以来最好水平。全年完成规上工业产值8602.5亿元，同比增长14.0%；实现规上工业增加值1477.5亿元，同比增长7.9%，增速居全省第6。工业用电、道路货运量等先行指标均实现较快增长，工业用电增长10.1%，增速比2016年提高10.8个百分点，居全省第3；道路货运周转量为914885万吨公里，同比增长11.53%，居全省第6。制造业采购经理指数(PMI)56.1%，制造业整体保持扩张向好态势，如图1所示。

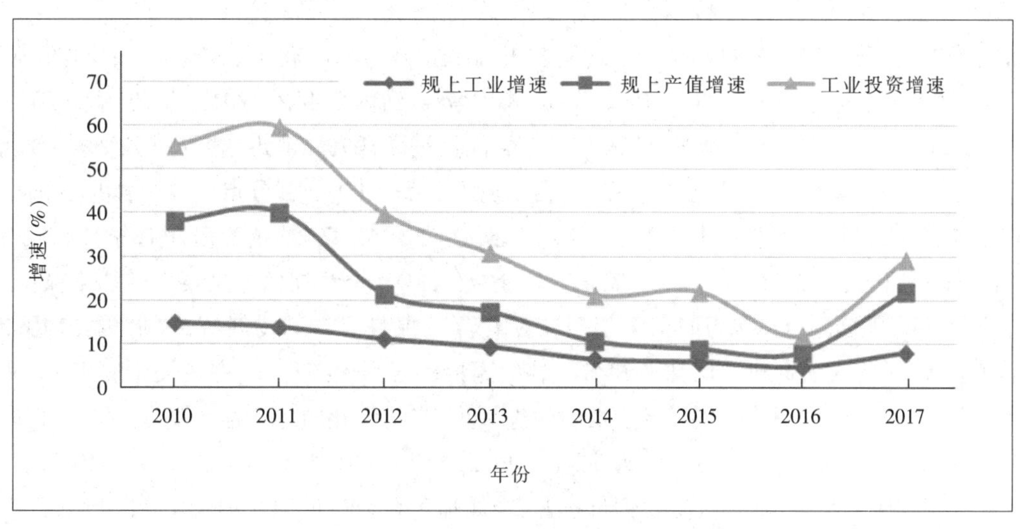

图1 2010~2017年主要经济指标增长情况

2. 产销衔接顺畅，供需适配性增强。2017年，市场供需衔接度有效提升，工业品产销呈现内销加快、库存下降、出口回升的态势，规上工业产销率保持在96%以上。工业主营业务收入7877.4亿元，同比增长11.7%，增速为2012年以来最高点。内需方面，消费品市场总体平稳，2017年，全社会消费品零售总额1977.7亿元，同比增长10.9%。出口方面，在全球贸易回暖、大宗商品价格上扬等因素推动下，2017年全市完成出口1852亿元，增长9.8%，增速较2016年提高10个百分点，结束连续两年的下行态势。美国、欧盟等传统市场复苏成为推动我市外贸较快增长的重要因素，拉动出口总额4.5百分点。在出口回暖的同时，结构升级特征进一步显现，表现为"两个领先"：一般贸易领先增长，2017年一般贸易进出口总额增长10.6%，快于加工贸易13.3个百分点，占出口总额的94.9%；机电产品领先增长，全年出口378.2亿元，比2016年增长17.0%，占比提高到20.4%。

3. 效益稳步提升，质量效率性增强。产销旺盛助推了工业利润的攀升势头，2017年全市不少工业品价格均实现同比提升，全市工业生产者出厂价格同比提高5.6%，35个大类行业产品价格同比呈"28升6降1平"的运行态势。主要产品中，染化料全年提价40%左右，维生素E提价逾80%，化纤在2016年价格提升基础上继续保持回暖行情。全市规上工业企业实现利税748.3亿元，同比增长14.6%，高于全省平均增速；其中：实现利润518.8亿元，同比增长16.5%；规上企业主营业务利税率9.5%，利润率6.6%，较2016年分别提升0.5和0.4个百分点，均达到"十二五"以来最好水平。2017年，全市制造业入库税收276.55亿元，增长12.9%，增速比2016年同期上升18.9个百分点。企业成本得到有效控制，企业百元主营业务收入成本控制在86.1元，比2016年年末下降1.4元。

4. 投资结构优化，发展内源性增强。从项目招引看，全年引进10亿元以上重大产业项目25个，其中50亿元以上4个，到位内资498亿元，实到外资11.3亿美元，创历史新高。从项目投入看，全市共完成工业投资1331.7亿元，同比增长7.3%，增幅居全省第5位；完成工业技术改造投资1128.8亿元，同比增长3.2%，居全省第6位。从投资结构看，全市共实施亿元以上重大工业项目405项，同比增加101项，累计完成投资690.9亿元，同比增长48.5%，高于面上41.2个百分点；全年完成新兴产业投资385.8亿元，同比增长6.7%，占工业投资比重达到29%。从项目要素保障看，全市受理工业行业新装、增容申请164.20万千伏安，同比增长55.7%；完成工业行业送电106.17万千伏安，同比增长46.1%。

(二)"三个加快"提升发展新动能

1. 传统动能加快修复。全面推进传统产业改造提升省级试点，纺织、化工、金属加工、珍珠、黄酒等传统产业高新化、智能化、绿色化进程不断加快，传统产业比较优势得到修复更新。2017年，五大传统产业完成产值4945.0亿元，同比增长11.6%，实现增加值798.5亿元，同比增长4.7%，销售、利税均实现两位数增长。纺织行业，全年完成产值2824.2亿元，同比增长12.7%，拉动面上增长4.2个百分点。其中：印染行业整治成效突出，全面完成182家印染企业整治工作(关停20家，搬迁集聚32家、整治提升130家)，产值增速达到18.2%；化纤行业全面回暖，供需两旺，产品库存降至一周左右，FDY全牵伸丝等主要产品价格保持历史较高水平；织造行业、服装鞋帽行业市场有所回暖，巴贝工厂化养蚕项目引领科技创新，袜业、领带、服饰的品牌化、定制化经营不断深化，成功创建全国袜业知名品牌创建示范区。化工行业，完成关停退出21家，对标整改141家，搬迁集聚21家，兼并重组7家，行业集中度进一步提高，染化料等产品市场主动权得到提升，价格涨幅达到40%以上；全年完成产值1156.2亿元，同比增长12.6%。金属加工行业，启动实施海亮千亩铜精深加工园、友地百亩金属加工生态园项目，受益铜价拉升，金属加工行业产值同比增长7.1%。黄酒行业，发布行业团体标准《绍兴酒(绍兴黄酒)生产技术和管理规范》，古越龙山、会稽山获2017年全国科技进步二等奖；全年完成产值44.6亿元，同比提高8.5%。珍珠行业，"三品"战略进一步深化，"山下湖珍珠"入选全国区域品牌价值最具潜力区域品牌30强，开展剿灭珍珠养殖V类水专项整治行动，山下湖珍珠V类水整治完成166.67余公顷退养，品种、品牌、品质效应带来较好的市场盈收，全年完成产值36亿元，同比提高18%。

2. 新兴产业加快积聚。2017年,全市完成新兴产业产值2617.3亿元,同比增长19.0%,高出规上工业平均增幅5个百分点,占比规上工业提高到30.4%。高端装备制造、现代医药、电子信息、新材料等四大重点产业进入发展加速期,产业大项目招引成效显著,电咖新能源汽车、安吉尔环境、中芯国际集成电路、康龙化成高端医药等一批新兴产业重大项目已经或将落户,成为我市工业经济增长的新动力。高端装备制造产业,全市装备制造业实现增加值426.3亿元,同比增长12.8%,高出全市平均4.9个百分点,特别是纺机、轴承等行业回暖明显,增长幅度46.7%和23.6%。机器人、通用航空零部件、航空发动机叶片、高铁控制系统等高精尖项目落地建设,成功创建首批国家通航产业示范区、首批省级军民融合创新示范区。现代医药产业,积极应对"两票制""一致性评价"等行业改革,全市51家医药企业完成产值225亿元,同比增长12.3%,产销率达到97.7%,实现利润36.1亿元,同比增长16.2%。仿制药一致性评价工作取得显著成效,295个应评价仿制药文号已有70个开展药学研究,占全省22%;11个进入生物等效性试验阶段,占全省44%。新材料产业,成立杭州湾新材料产业联盟,高端新材料产业基地加快成型,新和成特种材料、自立新材料、精业新材料等金属新材料、化工新材料和纺织新材料等三大主要板块"隐形冠军"企业发展势头良好,行业全年增长在两位数以上。

3. 市场主体加快培育。在"最多跑一次"审批制度改革的推动下,企业创业创新热情进一步释放。2017年,全市新增各类市场主体8.9万家,其中:新增小微企业19473家,新增外贸出口实绩小微企业276家,新增股份公司103家。大企业引领作用日益显现,上市公司引领产业发展示范区建设全面推进,新增上市公司9家,累计上市71家,居全省地市级首位;新三板挂牌29家,累计挂牌87家;新增股交中心挂牌企业161家;实现企业16家上市公司实施并购,交易金额98亿元。海亮集团等20家企业入围2017年中国500强民营企业,14年保持入围企业数量全省第二;卧龙控股集团有限公司等7家企业入围"2017年浙江本土民营企业跨国发展30强"。中小企业"专精特新"发展氛围日渐浓厚,全市认定市级"隐形冠军"培育企业210家,3家企业获评省级"隐形冠军",万丰奥特入选工信部单项冠军示范企业。

(三)"三大融合"助力发展高质量

1. "两化"融合持续发力。全面实施"中国制造2025"绍兴行动方案,积极推进省级"互联网+制造业"融合创新示范区建设,成立绍兴市智能制造促进中心,全年新增购置工业机器人1598台;两化融合不断深化,2017年,浙江医药、盾安环境入选全省十大智能工厂,新增4家国家级"两化"融合管理体系贯标试点企业,14家企业列入2017省级互联网与制造业融合发展示范试点企业。实施万家企业上云计划,全年新增"企业上云"10001家,推进国家级产业互联网实验室建设,建立中国产业互联网(浙江)研究院精细化工智能制造实验室、医药行业大数据实验室,启动厨具、家具、装备三个行业智能智造实验室的建设,搭建重点产业和科技界的融合创新平台;绍兴市两化融合发展指数达80.24,新昌县工业应用指数居全省第一位。

2. 创新融合力度加大。2017年,全市新增高新技术企业222家、省科技型中小企业1029家、省级以上研发机构50家;规上企业科技活动费用支出105.9亿元,同比增长16.9%;购置技术成果费用1.8亿元,同比增长20.2%;全市规上新产品产值达到3466.7亿元,同比增长26.0%,占比达到40.3%。实施重大科技攻关计划,2个项目获国家技术发明二等奖。深化科技体制改革,全市推广新昌县全面创新改革试验工作经验,谋划建设"绍兴科创大走廊",启动建设中纺院纤维基复合材料国家工程中心绍兴分中心、诸暨中乌产业园生命科学研究院等一批合作平台,新增16家省级企业研究院、14家省级众创空间、28家科技孵化器。积极创建国家知识产权示范城市,成立市知识产权保护研究中心,建成投运"绍兴科技大市场",诸暨环保小镇、万丰航天小镇入选全省首批高新技术特色小镇培育名单。实施高水平建设人才强市三年行动计划,优化完善"人才新政",制定纺织、化工、高端装备制造产业人才专项规划。成立市院士咨询委员会,新建10家院士专家工作站,设立海邦人才基金。全市新引进各类人才6.5万人，新引进落户海外高层次人才207名，引进和入选国家、省“千人计划”人才80名，成功创建浙江省“千人计划”绍兴产业园。

3. 绿色融合深入推进。加快出清落后产能，全年共淘汰354家企业的落后产能，淘汰落后印染产能8.92亿米，落后化纤产能1.33万吨，落后医化26.04万吨，腾出用能28.7万吨标煤，整治提升“低小散”企业2729家；有效处置“僵尸企业”47家，盘活土地面积163.22公顷，盘活存量资产35.7亿元。热电等高耗能涉污行业面貌有效改观，高效化、清洁化、信息化改造全面推进，全市26家热电企业中，除4家已实施全厂关停、8家企业计划于“十三五”关停以外，其余14家企业均已完成超低排放改造；全面完成452个工业园区整治提升，其中关闭退出48个；新增小微企业园20个，新建(改扩建)标准厂房112.2公顷。要素产出效益明显提升，通过持续推进能源“双控”、企业综合评价工作，工业经济集约化程度不断提高，全市规模以上工业企业用能增幅控制在2.7%，实现亩均税收、亩均增加值、全员劳动生产率、单位能耗增加值、单位排放增加值为126.87万元/公顷，1316.42万元/公顷，21.9万元/人、1.18万元/吨标煤、256.6万元/吨和1.21%，分别同比增长11.1%、5.6%、8.3%、8.7%和109.8%。

二、面临的压力与挑战

(一)三项需求远期承压

一是投资意愿相对低迷。受国内外复杂经济环境及去库存、调结构和环保管控等因素影响，过剩产能及相对落后产能出清步伐不断加快，同时受回报率偏低、市场预期偏弱、创新动力不足等因素影响，企业传统扩张路径难以为继，制造业领域投资吸引力和活力远不及其他领域，工业投资持续低迷。2017年，全市工业投资增长低于“十二五”以来年均增速4个百分点，技改投资甚至出现阶段性负增长。二是内需消费市场不旺。汽车、石油等大宗商品消费有所回暖，但仍低于面上增幅。全市15家重点商品市场全年交易额2492亿元，同比增长6.9%；市场总体上缺乏新的消费热点支撑，如绍兴·中国汽车市场城同比负增长3.1%。三是出口环境不容乐观。制造业领域贸易摩擦加剧，2017年以来美国先后对我国发起232调查、301调查及双反调查，对相关行业造成不同程度影响。2017年，纺织等主要出口面临Oeko-tex standard100生态纺织品检测新标准等绿色壁垒升级，经营中低端纺织产品为主的部分中小企业产品竞争优势日渐趋弱，市场份额进一步萎缩。汇率升值推升出口成本，2017年人民币兑美元汇率升值达到6.4%，2018年1月单月升幅超过3%，汇率已经达到2015年“811汇改”以来最高位。从更长远视角看，由于受发达国家高技术挤压和发展中国家低成本竞争的双重影响，绍兴市外贸出口将面临较大的压力。

(二)要素保障即期受压

一是价格成本攀升明显。2017年，原材料价格延续了2016年四季度以来加快上涨趋势，多种大宗商品破历史高位。绍兴市工业生产者购进价格指数累计同比增长9.6%，高出出厂价格增幅4个多百分点。从制造业产出效率来看，规上工业每百元主营业务收入成本为86.1元，高于全省2.4元。企业产成品存货与应收账款等两项资金占用达到33.4%，比2016年提高近1个百分点。规上企业亏损面达到13.1%，较2016年上升0.3个百分点。降成本的政策效应基本被劳动力和原材料的成本上涨抵消。上游产业价格上涨对下游产业的成本传导具有滞后性，一定程度上意味着下游产业未来一个时期成本压力仍将不断加大。二是金融支持力度不足。2014年以来，绍兴市制造业贷款规模持续收缩，2017年末全市制造业贷款余额1974.03亿元，较2016年末减少124.95亿元。与2013年末相比，四年间累计减少690.77亿元，缩减幅度达25.9%。三是人才支撑基础较弱。随着产业智能装备水平的不断提升，稳定的高素质产业工人队伍建设成为掣肘转型升级的短板。招工难问题仍然较为突出，调研反映尤其是亿元以上至10亿元以下的规模企业，近期用工缺口较大，且对工人技能素质要求有明显提升。

（三）动能转换短期承压

绍兴市产业结构调整和转型升级正处于攻坚期，新旧动能转换过程中的短期稳增长压力较大。一是结构调整仍需发力。当前仍有相当数量的资金、土地、劳动力资源，沉淀在过剩产能、高污染产业中，产业发展尚未完全摆脱“低准入门槛、低水平扩张、低成本优势”的模式，一定程度拖累经济转型和效率提高。传统产业虽然占比有所下降，但仍在制造业中占有绝对比重，五大重点传统产业产值占比达到57.5%，而新兴产业尚未形成坚实支撑。2017年规上工业增加值率17.2%，虽已较2016年提高0.5个百分点，但仍然全省靠后。二是单位效益亟待提升。从高质量发展要求看，全要素生产率落后于经济规模发展，亩均税收、亩均增加值、单位能耗增加值、单位排放增加值等产出效益分别居全省第7、第5、第7和第8位，在全省排名靠后。三是新兴技术融合欠快。工业互联网基础设施薄弱，新产业新技术对传统工业企业的改造提升效应未能得到充分释放。全市信息经济发展指数81.3，列全省第7位；企业信息化应用指数97.6，居全省第9，与杭州等先进地市差距较大。

三、2018年工业经济形势研判

从宏观层面看，总体有望保持稳进态势。一是全球经济增长预期增强。在新兴经济体和发展中国家的引领下，全球经济开启新一轮复苏和增长周期，主要国际组织对明年世界经济保持乐观预期，普遍预测世界经济增速高于2017年。同时，随着全球性的经济复苏，与自由贸易相悖的逆周期调控政策将放缓，亚洲区域内的供应链将延续更为活跃的状态，预计贸易弹性有所上升。二是国内经济保持稳中提质。2018年，国内工业生产将延续结构分化的趋势，即两高一剩行业表现低迷，中下游制造业在国内消费需求、海外需求以及一带一路等因素的影响下表现相对稳定。预计工业增加值同比增速波动较小、韧性较强。三是改革动能持续增强。党的十九大提出以新发展理念引领现代化经济体系，将进一步聚焦实体，为新动能增势蓄力。“一带一路”国家战略向纵深推进，跨境电子商务发展迅猛，为我市扩大进出口提供了较好的市场环境。

从绍兴实际看，内在发展动力不断积聚。一是产业提升成效显现。深化推进传统产业改造提升省级试点，协同推进上市企业引领产业发展示范区建设、开发区（工业园区）改造提升试点，将进一步加快实现微观主体动能转换，促进工业经济高质量发展。二是平台建设步伐加快。融入“大湾区”、接轨“大通道”、构建“大花园”、打造“大都市”等战略的实施，以及“万亩千亿”产业平台建设，将以更高站位推进经济建设，推动制度创新、科技创新和开放发展进入成长期，叠加效应开始释放。三是推进区域协同发展。全市域协同发展新格局加快形成，基础设施互联互通进一步加强，积极接轨上海，主动融入杭州、宁波都市区。建成市区高速环线、杭绍台高速、杭绍甬高速、杭绍台高铁、金甬铁路、杭绍城际铁路、市域轨道交通，加快水运复兴，谋划实施绍兴至萧山机场轨道交通，打造全域开放枢纽城市。

分析影响绍兴市工业经济发展的诸多因素，当前仍有一些问题需要引起关注：实体经济发展依然困难，资金向实体经济传导尚有障碍，企业融资难；大宗商品价格上涨，人工成本、融资成本和非制度交易成本持续上升，企业成本压力加大；绍兴工业经济还面临着基础不够牢固、发展质量和效益不高、创新能力不强、新旧动能转换不快等困难和挑战。综合研判，2018年全市工业经济保持稳中有进、转中向好的发展态势，即：“稳”在增长速度波动幅度变小上，“进”在转型升级的加快突破上，“好”在结构、质量、效率提升上，引领推动工业经济从高增长阶段向高质量发展阶段转换。

四、推进工业经济发展的对策

新一年，我们将全面贯彻党的十九大、中共浙江省委十四届二次全会和中共绍兴市第八次代表大会以及中央、浙江省委、绍兴市委经济工作会议精神，认真践行新发展理念，抢抓大湾区、大通道、大花园建设的战略机遇，以推进制造业强市建设为目标，以深化供给侧结构性改革为主线，以高质量发展为根本要求，坚守发展定力，改造提升传统产业；坚持多措并举，激发企业主体活力；坚持产城融合，推进区域协同发展；坚持改革创新，提高供给体系质量，着力构建绍兴现代化经济体系，加快推进现代化绍兴建设。

（一）聚焦改造提升，推动发展集聚化

一是打好传统产业改造提升攻坚战。全面落实全省传统制造业改造提升推进大会精神，加快提升发展纺织、化工、金属加工、黄酒和珍珠等五大重点产业，确保产业质量效益、创新能力、智能制造和节能减排水平得到明显提升，全年五大重点传统产业产值增长8%以上。扎实开展分行业试点，着力打造纺织行业设计“梦工厂”和智造“云工厂”，加快形成“绿色、高端、安全”的现代化工产业体系，打造国内有影响力的高端金属加工基地，大力提高珍珠产业产品附加值和产业竞争力。加快产城融合、文化融合，全面推进黄酒小镇、袜艺小镇、蓝印时尚小镇和珍珠小镇建设。

二是打好新兴产业培育发展持久战。实施培育发展新兴产业三年行动计划，围绕高端装备、现代医药、新材料、电子信息等重点领域，开展精准招商、科创领航、龙头引领、引智聚才、湾区融合、集群提升等六大行动，力争全年新兴产业产值增长15%以上。培育壮大军民融合产业，积极推进诸暨经济开发区、诸暨环保装备高新区两个省级军民融合示范区以及万丰航空小镇、三力士军民融合凤凰创新园等军民融合特色小镇建设。

三是打好产业平台整合优化提升战。启动实施“万亩千亿”产业新平台培育行动计划，按照“平台优化、龙头引领、协同发展”的目标，加快空间布局优化，推进生产力重新布局，打造一批“万亩千亿”级新产业平台；按照“聚、退、转、改”的要求，全力打好“退散进园”“退污进绿”“退劣进优”“退低进高”等“四退四进”攻坚战，对浙江省级以上开发区以外的281个工业园区进行重新规划布局，着力打造绿色生态的产业功能区；到2018年底基本完成涉污企业入园集聚，全力推进工业园区规模化、绿色化、现代化。

（二）聚焦动能转换，推动产业高端化

一是推进智能制造工程。实施智能制造示范引领工程，推广百只智能升级产品、百项智能制造项目、百家智能制造示范企业，着力提升智造水平。实施“工业机器人”应用倍增计划，大力推进重点传统行业、重点生产环节和龙头骨干企业工业机器人应用示范，确保2018年全市购置应用工业机器人1600台以上。

二是推进数字经济工程。以推进“互联网+制造业”融合创新试点城市建设为契机，加快促进产业信息化、智能化、互联网化、移动化。组织实施信息经济新业态培育行动计划，推进智能制造单元、智能生产线、智能车间、智能工厂建设；启动建设纺织、轴承行业云平台，深入实施“企业上云”行动计划，积极培育“企业上云”示范标杆企业，启动工业大脑掘金工程，推进数字经济与实体经济深度融合，打造转型升级最强工业大脑。

三是推进绿色制造工程。深化实施《绍兴市全面推进绿色制造实施方案(2017~2020)》，开展绿色制造示范行动，以五大重点传统产业和医药、机械电子、节能建材等优势行业为重点领域，培育市级以上绿色产品、绿色工厂各20家、绿色园区4个；编制实施“百项”绿色制造重点项目计划，加快实施国家绿色制造系统集成项目和节能技术推广应用；持续开展企业清洁生产审核，确保全年完成100家企业的清洁生产审核，创建省级绿色企业5家。

(三)聚焦主体培育,推动企业现代化

一是培育“领跑”企业。实施“领跑”企业培育计划,推进上市公司引领产业发展省级示范区建设,充分发挥龙头企业引领示范作用,落实“凤凰行动”,加快推动企业股改上市,建立完善现代企业制度,推动龙头企业建设一批高层次的研发机构和创新平台,构建产学研相结合的产业创新体系;实施龙头企业“走出去”战略,开展国内高端并购和海外跨国并购,积极参与“一带一路”、长江经济带和环杭州湾“大湾区”建设,着力培育一批领航型龙头企业和本土跨国公司。

二是打造“隐形冠军”。坚持标杆引领与面上推动相结合、传统产业升级与新兴产业培育相结合、提升质量品质与弘扬工匠精神相结合,建立“隐形冠军”企业培育库和培育档案,通过示范引领、政策扶持和精准服务,推动企业做专做精、做强做大,全年新增“隐形冠军”培育企业 100 家。

三是推动上规升级。加快推进中小微企业“四位一体”公共服务体系建设,全面推行中小微企业服务券,开展小微企业创业创新“四个一”活动,支持中小微企业创业创新、培强育壮;深入实施“小升规”新三年计划,充实调整重点小微企业培育库,完善小微企业运行监测平台,推动小微企业上规升级,力争全年新增“小升规”企业 500 家。

(四)聚焦改革创新,推动服务精准化

一是推进企业减负降本。完善市领导及市级部门联系重点企业制度,深入实施《绍兴市供给侧结构性改革降成本行动方案》,加大企业减负力度,进一步整顿规范涉企收费项目,推行涉企收费清单动态管理和涉企保证金清单制管理制度。深化“最多跑一次”改革,清理规范中介机构和协会商会收费服务行为,着力提高企业获得感和满意度。

二是深化“亩均论英雄”改革。全面推进“亩产效益”综合评价,构建企业综合评价大数据平台,实施行业“亩产效益”领跑者计划,开展产业对标、区域对标。推进资源要素配置改革,全面推行全市域区域能评改革,加快推进用能总量指标有偿使用和交易工作,完善落实用地、用电、用水、排污等资源要素差别化配置及差别化价格政策,提升全要素生产率。

三是优化企业发展环境。深化涉企服务平台运行管理,打造“四位一体”服务网络,全面推进融资担保体系建设,健全中小企业信用担保体系,组织开展系列金融服务对接活动,着力破解企业融资难。制定实施《绍兴市深化企业家素质提升三年行动方案》,加强企业经营管理者领军人才培训,激发和弘扬新时代越商精神,支持鼓励广大越商创业创新,着力营造良好发展环境。

优供给 调结构 提质效 工业经济再上新台阶

——金华市 2017 年工业经济运行情况

金华市经济和信息化委员会

一、2017 年金华工业经济基本情况

(一)工业运行质量进一步提高

33 个行业中有 28 个行业产值保持正增长,增长面达 84.8%,较“十二五”末提高了 30.3 个百分点;规上工业增加值、总产值增速分别较 2016 年提高 1.9 个、4.7 个百分点。工业用电量增速高于全省平均水平 1.6 个百分点;工业用地供应宗数、面积分别增长 38.9%和 35.7%。超额完成“三去一降”目标任务。

(二)新的发展动能进一步增强

传统产业“老树发新芽”,重点传统制造业产值增长 8.2%,兰溪纺织、义乌服装、永康五金列入全省传统制造业改造提升试点。新兴产业加速成长,重点培育的先进装备制造、健康生物医药产业规上产值分别增长 12.7%、13.4%,信息经济综合评价位居全省第二。招大引强实现新突破,华灿光电、捷孚传动、吉利衡远新能源、义利动力总成、锦辉光电等大项目建成投产,爱旭太阳能电池、零跑汽车等大项目加快建设,福特众泰新能源汽车、花园生物科技产业园等大项目签约落户。

(三)“两化”融合水平进一步提升

“互联网 +”“机器人 +”“标准化 +”工作扎实推进,累计企业上云 12000 家、入驻京东商城企业 9238 家,“两化”融合发展水平指数提升至 80.62,全省排名第 5 位,其中永康、东阳、义乌跻身一类地区;新增工业机器人 1190 台,认定“机器换人”示范企业 232 家,获批立项“浙江制造”标准 30 个,“金华制造进京东”和磁性材料、工具五金行业“机器换人”经验在全省推广。

(四)企业发展活力进一步激发

重点培育的优强企业引领工业发展,100 家大企业大集团、100 家高成长企业实现产值分别增长 11.5%、10.4%,增速均高于全市规上工业。企业股改上市步伐加快,新增上市公司 5 家、挂牌企业 241 家,直接融资 302 亿元。制造业贷款余额 1975.5 亿元,位居全省第三。不良贷款率从年初的 3.01%降至 2.22%,“降不良”好于预期。“小升规”成为金华市工业经济增长生力军,新增“小升规”企业 510 家,对规上工业增加值增长贡献率达到 56.7%。企业科技创新能力增强,浙江省级高端装备制造业首台(套)产品和省级装备类优秀工业新产品数量位居全省第 4,规上企业新产品产值率达到 46.5%。

(五)振兴实体氛围进一步浓厚

认真贯彻落实中发〔2017〕25 号文件精神,深入开展“关心关爱企业家、助企强企增活力”主题服务活动,积极营造企业家健康成长环境。深入推进“最多跑一次”改革,在全省率先实现商事登记全程电子化,市场主体总量突破 80 万家,企业总量增长 24%、增速居全省第一;积极推进“区域环评、能评 + 区块环境、能耗标

准”改革,试行企业投资项目“承诺制 + 标准地”制度,首块工业“标准地”破土动工,全面推行企业亩产效益综合评价。加快建设金华开发区新能源汽车小镇、义乌绿色动力小镇和光源科技小镇、兰溪光膜小镇等新兴产业平台,新增小微企业园区 18 家。

二、工业发展存在的主要问题

从产业层面看,素质性、结构性矛盾依然突出,传统产业比重较大,新兴产业势单力薄,科技创新是最大短板,传统动能还未完成转型升级,新的动能还没有完全形成产出。

从企业层面看,“低、小、散、弱”格局没有根本性改变,突出表现为“低素质劳动力→低端产业→低附加值产品” 的传统发展路径依赖,346 万流动人口中, 大专及以上学历占 5.6%, 高中学历占 8.6%, 初中学历占 61.2%,小学及以下占 24.6%。

从政府层面看,政策扶持的力度和精准度有待进一步加强,很多政策分散在各条线上,存在政策支持“撒胡椒面”的情况。

从社会层面看,“亲、清”新型政商关系还未完全形成,个别同志清有余而亲不足,雪中送炭的事做得还不够,因金融担保链问题影响好企业发展的现象时有发生。

从都市区发展要求看,工业扛起重任远远不够,处于全省第二方阵末位,前有标兵、后有追兵。

对此,我们要增强信心、下定决心,加压奋进、精准施策。

三、2018 年推进工业发展思路对策

总体思路和主要目标是:高举习近平新时代中国特色社会主义思想伟大旗帜,全面贯彻党的十九大精神以及中央、省委和市委经济工作会议精神,坚持稳中求进工作总基调,贯彻落实新发展理念,以高质量发展为根本要求,以供给侧结构性改革为主线,着力在“破、立、降”上下功夫,统筹推进质量变革、效率变革、动力变革,着力构建以数字经济为核心、新经济为引领的现代化经济体系。力争全市规上工业增加值增长 7%左右,规上工业全员劳动生产率提高 8%以上,规上工业亩均增加值增长 7%以上,数字经济核心产业增加值增长 12%以上,研究与试验发展经费支出占地区生产总值比例达到 2.15%以上,万人发明专利拥有量达 8.5 件,确保完成省下达的节能降耗和淘汰落后目标任务,信息化发展指数和“两化”融合发展指数保持省内领先。

(一)强化平台建设,扎实开展“优资源、强平台、促发展”集中攻坚行动

平台是产业发展的根基,是转型升级的关键,也是招大引强的底气。扎实开展“优资源、强平台、促发展”行动,做大做强一批、改造提升一批、整合转型一批、新建集聚一批、萎缩管理一批,力争用最短的时间,拓展或新增重点产业平台 20 个以上,拓展空间 2 万亩以上,加快打造若干万亩千亿级的重大工业平台。

加快建设一批企业集聚、产业集群、要素集约、服务集中的小微企业园区,实现小微企业集约、高效、规范、安全发展。2018 年力争建设小微企业园区 50 个以上,改造旧厂区 400 公顷,建设标准厂房 200 公顷。

加快推动现有工业功能区、产业园、创业孵化基地等改造提升、整合转型,全市 12 个省级以上经济开发区(工业园区)、53 个工业强镇力争规上工业总产值增长 9%以上,争创省级以上新型工业化示范基地、行业标杆小镇各 2 个以上。

(二)强化产业重构,加快建设具有金华特色的现代产业体系

一是以数字经济为核心,着力构建新兴产业体系。大力发展以新能源汽车、生物医药、光电子产业为重点的先进制造业,超前谋划布局以量子科技、人工智能等为方向的重量级未来产业。其中,新能源汽车产业要努力打造 1 家龙头企业引领、10 家骨干企业支撑、成百上千家中小微企业协作配套的全产业链, 力争到

2020年形成76万台整车生产能力，打造成为全国重要的新能源汽车研发制造基地。

二是以智能制造为引领，深入实施“810”传统制造业改造提升行动。“8”就是重点抓好纺织服装、五金、饰品及文教休闲用品、建筑建材、化工、水晶、红木家具、食品加工等8个传统制造产业，力争通过3年努力，把纺织服装、五金、饰品及文教休闲用品产业发展成为超千亿产业；“10”就是推进科技创新、品牌创建、标准提升、企业上云、“机器人+”等十大行动。

(三)强化招大引强，大力推动市县长项目工程落到实处

建立市县长项目工程通报制度，按季通报各地项目谋划盯引进展情况。加大产业链招商、基金招商、乡情招商工作力度，2018年力争浙(婺)商回归到位资金400亿元以上，争取引进投资超20亿元的重大项目20个以上，其中投资超50亿元的项目6个。

同步推行“投资新政”，发挥有效投资对高质量发展的关键作用。2018年确保高新技术产业投资15%以上、民间投资增长10%以上；按照“审批到位、土地到位、年内开工”的项目落地标准，市县长项目工程年内落地率达到50%以上。

(四)强化育小育强，大力实施股改上市“尖峰行动”

金华市上市公司数量少、户均市值小，且上市公司的平台运用远远不够，大部分上市公司既没有增发融资，也没有兼并重组。要大力实施股改上市“尖峰行动”，营造浓厚氛围、强化政策推动，调动企业主动性，做大股改企业基数，培养拟上市企业梯队。2018年力争新增股份制公司100家，上市挂牌企业60家，其中上市4家、报会和列入浙江证监局辅导的企业20家，实现直接融资360亿元。

深入实施“小巨人”培育行动计划，争取重点培育的100家大企业大集团、100家高成长企业、100家“三名”企业产值增长均达到10%以上。深入实施创新型中小微企业培育工程，培育细分市场“隐形冠军”，力争“专精特新”企业培育库达到3000家。完善“小升规”重点企业培育库，“小升规”确保300家、力争450家。

(五)强化创新驱动，加快建设具有较强带动力的创新型城市和区域创新中心

一是共建金义科创廊道，重点布局建设一个科技城、一个大学城、一个“千人计划”产业园，创建一个国家高新技术产业开发区，集聚一批大院大所和高精尖人才。2018年金华科技城争取每个县(市、区)引进高新技术产业项目或科研院所2个，确保落地科研机构5家、高新技术产业项目10个以上。同时，申报创建国家高新技术产业开发区力争新突破。

二是深入实施“互联网+”“机器人+”“标准化+”工程，支持永康、东阳、金华开发区创建国家级“两化”融合示范区，抓好7个省级分行业“机器换人”综合试点建设，推进国家消费品工业“三品”战略示范试点，加快建设金华D+M智造中心和义乌、永康、兰溪、浦江等地工业设计基地。2018年力争培育市级“两化”融合示范试点企业100家，实施市级“两化”融合示范重点项目100个，新增“浙江制造”标准50个、工业机器人1500台、上云企业1万家。加快建设集研发设计、检验检疫、成果转化等功能为一体的产业创新服务综合体9个，力争覆盖所有块状经济和工业大县。

三是深入实施创新龙头企业、高新技术企业、科技型中小企业“三倍增”计划，2018年力争新培育国家高新技术企业120家以上，新认定省级科技型中小微企业600家、市级以上研发机构120家以上。四是大力推进工业节能节水和绿色制造，创建绿色工厂、省级循环经济示范园区。

(六)强化以破促立，坚决打破阻碍高质量发展的“坛坛罐罐”

一方面，确保处置30家僵尸企业、淘汰100家企业落后产能、整治提升2000家“低小散”企业(作坊)，扎实开展亩均税收1万元以下企业大整治。另一方面，乘胜追击加大“降不良”力度。围绕不良率降到2%左右、

关注率降到5%左右的目标，主要采取五项举措：

一是加大不良资产处置力度，出台土地分割、并购重组、以物抵贷等加快不良资产处置的有效措施，力争化解处置不良贷款240亿元以上。

二是加大“化圈解链”工作力度，进一步落实市、县领导联系担保圈制度，完善企业分类帮扶机制，深入推进政策性融资担保体系建设，60个主要担保圈内关键节点企业力争处置1/3以上。

三是加强府院联动，开展金融案件快审快执专项行动，尽快疏通金融案件审执“堰塞湖”，提高破产案件的执结率、执行标的兑现率。

四是引进设立资产管理公司，以政府之手使得不良资产效用最大化、处置快速化。

五是严厉打击恶意逃废债和涉众型非法集资行为，发现一起，打击一起。同时，推广金华开发区金融风险防范网格化管理试点经验，筑牢属地防线和企业“防火墙”。加大金融服务支持实体经济力度，确保新增信贷500亿元以上。

总之，力争用1年时间基本化解企业“两链”风险，实现金融生态的根本好转。

（七）加强组织领导，形成合力扶工强工的浓厚氛围

推动工业高质量发展是一项复杂而浩大的系统工程，不仅需要各县（市、区）把大抓工业摆到更加突出的位置，加强组织领导，党委、政府主要领导要亲自研究、亲自部署、亲自督促检查；也需要各有关部门的通力协作和高效服务，特别需要全市广大企业家的艰苦创业、不懈奋斗。市工业转型升级领导小组办公室要牵头抓总，切实担负起协调服务、监督指导等工作。领导小组各成员单位要各司其职、密切协作，形成工作合力。

一要深入开展“关心关爱企业家，助企强企增活力”主题服务活动。要认真贯彻落实中发〔2017〕25号文件精神，重视抓好工业经济运行监测分析，帮助企业破解发展难题，着力构建“亲”“清”新型政商关系，努力营造尊重企业家、关爱企业家、服务企业家的浓厚氛围。其中，2018年力争为企业减负超过100亿元。希望广大企业家大力弘扬企业家精神、工匠精神，坚守实业、做强主业，创新驱动、追求卓越，依法经营、诚信发展。

二要深入推进企业投资项目审批“最多跑一次、最多100天”改革。重点推行“承诺制+代办制+标准地”制度，新增工业用地带着能耗、环境、建设、亩产等标准进行招拍挂，实现从土地招拍挂到开工建设，一块标准地、一次性告知、一次性承诺、一次性办结；同步推行2.0版企业投资在线审批监管平台运用，推行“区域能评、环评+区块能耗、环境标准”试点经验等，每个局长、县（市、区）长都去体验一遍，确保“最多跑一次、最多100天”落到实处。

三要强化政策扶持和要素保障。完善修订工业新一轮精准支持政策，抓紧研究建立能够科学反映高质量发展的考核评价制度。加强人才保障，推进“百千万”企业人才培训工程，即每年培训100名企业家、1000名企业高管、10000名企业技术工人。加强资金保障，鼓励金融机构完善落实差别化信贷机制，对优质企业在信用评级、贷款准入、贷款授信、利率优惠等方面予以重点支持。加强用地保障，深入推进垦造耕地“双万”工程，大力开展批而未供、供而未用土地消化行动，完成城镇低效用地再开发466.67公顷、盘活存量用地666.67公顷。

四要加强督促检查。重点对惠企政策举措落实和年度目标任务完成情况严格督查。对大会确定的各项任务，要及时细化分解、清单落实。市督考办要按照“年初建账，年中查账，年底交账”的要求，列出督查清单，严格督促检查，没有完成的责任单位要予以严肃通报、刚性问责，确保政策条条算数、任务个个落实、承诺样样兑现。

转型升级显成效 经济迸发新活力

——衢州市2017年工业经济运行情况

衢州市经济和信息化委员会

一、工业经济运行情况和特点

(一)基本情况

2017年,衢州市工业发展取得了近五年来的最好成绩:全市规上工业产值达到1724.72亿元,同比增长19.9%;规上工业增加值348亿元,同比增长7.6%;战略新兴产业增加值同比增长13.4%,增速位列全省前列;工业新产品产值同比增长31.5%,增速全省第一;规上工业利税同比增长44.3%,其中利润同比增长56.8%,增速均居全省第一;工业技改投资同比增长10.2%,增速全省第三。工业经济保持平稳较快发展态势,企业生产和经营情况良好,转型升级取得显著成效。从工业发展态势看,衢州市工业呈现五个方面特点:

一是主导产业更加集群。市本级三分之二的投资集中在新材料产业,围绕巨化集团,高新片区已集聚了华友钴业、晓星集团、杉杉集团等一批国内外知名企业;随着西安隆基、中来光伏、金瑞宏等项目的落地,衢州市新能源产业已形成了较为完善的产业链,成为全省重要的光伏产业基地;开化的大健康产业,龙游、衢江的特种纸产业及江山的时尚轻工等产业也正在加快集群发展。

二是中心城市更加集聚。当前,中心城市的产业集聚效应进一步显现,当前市区规上工业产值规模已占据全市的"半壁江山",全市18家产值10亿元以上企业中,市区占10家;市区工业投资、技改投资占全市三分之一;近年来新引进投资5亿元以上的大企业、大项目,大部分落地在绿色产业集聚区。

三是龙头作用更加凸显。巨化、元立、华友、开山、夏王等龙头企业作为全市工业的"稳定器"和"助推器"的作用更加凸显。2017年,全市大型企业产值同比增长40.5%,增速比中型、小型和微型企业分别高出23.8个、5.7个和47.1个百分点。不少龙头企业通过技改大大提升了产品的附加值,如:夏王的数码喷热转印纸、食品包装原纸和食品医疗包装纸等市场议价能力进一步提高;开山集团通过积极布局海外地热资源市场,带动了螺杆膨胀发电装备需求的大幅增长。

四是项目支撑更加明显。大项目对投资增长的支撑作用越来越明显。2017年,在建大项目显著增加,全市5000万以上大项目315个,较2016年度增加69个;完成投资216亿,较2016年度增长23.4%;大项目占工业投资比重达到59.4%,比2016年同期高出11.6个百分点。备案大项目显著增加,前11个月备案固定资产投资5000万以上大项目148个,比2016年同期多出47个;计划固定资产投资361.67亿,同比增长102.7%。2017年衢州市遴选出重点技改项目150个、计划完成投资40亿。至年底,150个项目全部开工,投资达到41.34%,完成目标任务的103.4%。

五是供给侧改革更加深入。通过近年来的落后产能淘汰、钢铁行业整治和燃煤锅窑炉淘汰改造工作,成效在2017年得到体现。全市钢铁、化工等行业去产能取得明显成效,钢材价格持续高位,金属制品行业产值同比增长44.4%;化工新材料行业在安全环保治理加强的背景下,产值同比增长24.4%;龙游浙西轧钢厂、杜山水泥和豪龙水泥老回转窑生产线停产,能耗用量下降率均在60%以上。2017年,衢州市规上工业能耗消费总量同比增长1.2%,能耗增速全省排名第8;单位工业增加值能耗降低率为6.0%,降幅全省排名第5。

(二)主要问题

衢州市工业发展虽然取得良好的势头,但是依然存在三方面的问题:

一是区域发展不充分不平衡。从主要工业经济指标数据来看,衢州市主要发展后劲集中在市本级和绿色产业集聚区,其他县(市、区)的总产值、增加值、利税和利润等规上工业产值指标,都低于全市平均增速,其中开化县因为"两创"企业破产、生态环境保护等因素影响,各项数据出现较大降幅,对全市规上工业指标带来较大影响。总体来讲,各县(市、去)依旧存在发展进度不均衡、投资总量小、产业关联性不强、好项目储备少、大项目落地少等问题。

二是产业发展不充分不平衡。产业结构轻重不协调问题,依然没有得到根本改变,如2017年,衢州市轻、重工业的规上工业总产值增速分别为28.4%和35.8%,差距较为明显。氟硅新材料、新能源、高端装备制造、电子信息等四大战略性新兴产业集群规模不大,带动支撑能力还不够强。大部分中小微企业技术力量薄弱,市场竞争能力不强,企业外向度不高。部分行业调整压力加大,如:电气机械行业受钢材、铜材等原材料价格大幅上涨影响,成本压力加剧,企业利润大幅下降;光伏行业受光伏电价补贴政策下调影响,企业产量逐步下降,除乐叶等外,大部分多晶硅生产企业订单将会减少;通信设备行业受开化"两创"和江山中数这三家企业停产影响,产值大幅下降。

三是要素保障不充分不平衡。当前,衢州市工业发展主要还是靠投资来拉动,部分企业仍存在亩均产出低、能耗高等现实问题,产业协调性相对较差,却还过度依赖于资源要素,并没有以市场需求为导向。用能需求与工业增长之间的矛盾长期得不到突破,高能耗、高排放的产业现状,与当下"生态屏障""大花园"定位的矛盾日益突出。衢州市产城融合水平还是偏低,工业平台基础设施投入不足,工业园区生产性、生活性等基础配套薄弱,难以吸引和集聚劳动力。各园区的标准厂房建设进度缓慢,中小微企业、轻资产高效益的项目难以入园发展。产业和企业缺乏高端技术型人才,招人难、留人难等问题依然存在。

二、工业经济发展主要举措

(一)善谋划,致力于加强顶层设计

一是完善区域统筹协调工作机制。围绕重点工作,加强"工业4.0"背景下的衢州工业发展、构建绿色产业生态体系等课题研究,推出"五个一"工作机制,全市域深入开展园区改造、主导产业培育、龙头骨干企业扶持、产品提质增效等工业十大专项行动。

二是完善工业项目决策咨询服务协调制度。严把项目决策关,否决高耗能、高排放、低端化项目3个,拒绝投资近6.6亿元。

三是深化"最多跑一次"改革。按照"一窗受理、集成服务""四个百分百"的要求,把经信系统市级权限范围内的10个办事事项(12个子项)纳入最多跑一次范围,全面实现事项全覆盖、流程标准化和事项网上办理。

(二)抓统筹,致力于加快动能转换

一是助力企业降本减负。牵头整合科创大资金(基金),出台《关于推进创新驱动加快绿色发展的若干政策意见》,政策首次覆盖市、县两级。出台新减负政策37条,最大力度降低企业运营成本,全年共为企业减负60多亿元。

二是改造提升传统产业。以化工、装备制造、造纸、水泥及钙产业、农副产业加工、门业家居等六大重点

传统产业为突破口，全力推进传统制造业改造提升工作。10 个重点传统制造业的工业增加值同比增长 8.6%，主营业务收入利税率 11.5%，技术改造投资额同比增长 11.8%，全员劳动生产率提高 12.3%。

三是发展壮大新兴产业。重点做强新能源、新材料、特种纸等区域优势产业，培育生命健康、电子信息等新动能产业。杉杉新材料、北斗星和天硕电解液等一批总投资近 30 亿元项目先后落地，总投资 200 亿元的中来衢州光伏产业园项目成功签约，大大提高衢州市在新能源产业的话语权。

（三）强执行，致力于推动转型发展

一是深入推进"四换三名"。筛选 63 个"机器换人"示范项目，全年投产 46 个，完成投资 30 亿元，累计新增应用工业机器人 427 台套。评选市级"三名"企业 10 家，浙江省"三名"企业增加至 7 家，兑现浙江省"三名"企业政策资金 3000 万元。

二是积极推进智能制造。推进智能制造试点示范建设，加快建设数字化车间、智能工厂。12 个产品列入省装备制造业重点领域省内首台套产品名单，12 个项目列入省 2017 年智能制造重点项目计划，8 个产品列入省优秀工业新产品。巨化集团成功申报国家技术创新示范企业，中泰环保和申达电气 2 家企业列入省级企业技术中心名单。巨化集团含氟工程塑料智能制造新模式，列入工信部 2017 年智能制造综合标准化与新模式应用名单。成功与中兴通讯、北讯电信签订战略合作协议，并与中兴克拉联盟签约物联网项目，推动 2400 家企业上云。

三是加快推进绿色工业发展。淘汰落后和过剩产能企业 67 家，整治提升"低小散"企业（作坊）1484 家。全面取缔"地条钢"生产企业，启动日产 1000 吨水泥回转窑装置淘汰工作。

四是有序推进节能降耗。完成锅（窑）炉淘汰改造 477 台，审核清洁生产 31 家，创建省级绿色企业 18 家和省级节水型企业 20 家；衢州高新技术产业园区成为全省第一家省级清洁生产示范园区，华友钴业获国家工信部命名的绿色工厂称号。全年万元 GDP 单位能耗同比下降 4.2%，能耗总量同比增长 2.8%，在全省能源双控形势严峻的情况下，依然完成省下达目标。

（四）树典型，致力于推广经验模式

坚持以每季度一次现场会的形式推广典型经验，先后在江山市召开"园中园"建设现场会，推广产业园建设新模式，全年新建标准厂房 56 公顷，推动近 600 家企业入园，新增小微企业园 5 个，累计建成小微企业园 12 家、小微企业集聚点 9 处；在龙游县召开"推动战略合作，促进企业引优做强"现场会，推广龙游"中浙高铁"发展混合所有制经济模式，该项目成为衢州市首个省级重点产业项目，受到了省委书记、省长的肯定，全市累计有 70 余家中小企业成功投入市内外的上市公司、龙头企业的怀抱；在常山县召开传统产业转型提升推进会，推广常山轴承产业与 SKF 合作模式，促进传统制造业的改造提升；召开全市企业上市挂牌和"僵尸企业"处置工作现场会，推广"僵尸企业"盘活做强新模式，全年完成"僵尸企业"破产盘活 33 家，盘活企业资产近 8 亿元、土地 100 公顷、厂房面积 37 公顷，化解银行不良贷款近 7 亿元。

三、工业经济发展面临的形势

当前，国际政治和经济形势复杂多变，国内部分行业政策调整对行业带来一定影响。

（一）供给侧改革带来的政策红利

随着国家开展新一轮的环保大督查，湖北、江苏、山东等地化工企业正在整治和关停（山东关停比率达到 20%），可能会继续给衢州市化工行业带来利好影响。钢铁和水泥等行业产品价格延续增长态势，持续处于高位，相关行业和企业生产加快，效益大增，拉动全市规上工业的快速增长。上饶开展砖瓦行业整治，企业基本停产,有利于衢州市砖价上涨。

(二)中美贸易争端带来的潜在风险

衢州市企业每年直接出口美国的贸易额约20亿人民币左右。近期,中美贸易争端形势趋向复杂,美方企业下单和衢州市企业接单都更为谨慎。汇率变动加大,人民币对美元贬值,对衢州市出口企业也带来不利影响。衢州市对美贸易总量不大,从短期看,中美贸易争端对即期工业影响有限,但长远看,对企业信心会产生较大的影响。

四、推进工业经济发展的对策

(一)推进产城融合,建设花园式平台

遵循特色小镇理念和循环经济理念,按照“花园式”平台“三生四宜”的要求,推进产城融合。分块改造提升开发区(园区)和重点乡镇工业功能区,加快特色产业园、小微企业园建设。把握“种子、苗圃、孵化、加速、产业化”五个创新环节,加快绿色产业生态体系建设。按照产业特点建设标准厂房,进一步推进园区生产性、生活性配套,提高企业入园率。

(二)完善产业生态体系,提升产业能级

以供给侧结构性改革为导向,以产业高端化为目标,推进传统制造业改造提升,优化存量资源配置,加强产业招商,扩大优质增量供给,推动产业链向下游延伸,抢占产业制高点。加强中心城市与县域经济的统筹布局,明确产业培育重点,努力做强氟硅钴、电子化学品、电池新材料和特种纸新材料等区域优势产业,努力培育生命健康、电子信息等新动能产业以及军民融合和时尚产业,推进产业由重向轻转变。

(三)激发企业家精神,打造强市名企

加大平台型企业、单项冠军、隐形冠军培育力度,推进国家高新技术企业和创新型领军企业培育。根据现代企业管理需要,推动企业股改、上市、小升规等工作,继续实施“千企万人”管理素质提升工程,提高企业家素质。

(四)推进两化融合,打造物联网示范市

深入实施“中国制造2025”衢州行动计划,推动互联网、大数据、人工智能和实体经济深度融合,提升制造环节智能化水平。加强与互联网大企业的战略合作,加快构建新一代信息基础设施,深入推进工厂物联网,大力发展数字经济,树立一批“机器换人”、智能制造示范企业。

(五)提高供给体系质量,打造兴市名品

增强品牌意识,打响“衢州好产品”品牌,推动衢州市工业产品从基础材料向下游终端延伸,争取在动力电池、美妆药妆、体育用品等终端产品的招商与开发方面取得突破。帮助龙头企业提升产品创新设计能力、制造生产能力、市场营销能力,努力提高企业品牌的区域影响力、行业影响力和市场占有率。

保稳促调谋发展 工业经济取得新成效

——舟山市2017年工业经济运行情况

舟山市经济和信息化委员会

2017年,全市工业系统围绕市委、市政府打好“五大会战”,达到建设“四个舟山”总体要求,全面落实全市工业发展大会的总体部署,积极开展工业经济稳增长调结构促转型各项工作,工业经济保持平稳较快发展。

一、工业经济运行情况和特点

(一)工业经济运行态势

1. 工业生产平稳增长。2017年,全市规模以上工业实现总产值1161亿元,同比增长10.4%;规模以上工业实现增加值251亿元,同比增长11.0%,增速位居全省第二。工业投资同比增长34.8%,技改投资同比增长14.8%,工业投资、技改投资增幅均居全省第一位。工业产销衔接稳中有升,全市规模以上工业产品产销率96.9%。全市规上工业企业累计完成出口交货值233.7亿元,同比增长11.4%。全市工业用电量24.4亿千瓦时,同比增长3.94%。全市用能进一步优化,单位GDP能耗同比下降3.8%。

2. 主导产业运行平稳。船舶工业保持平稳运行,全年工业产值同比增长12.1%。其中造船企业累计交船104艘,30万吨油轮、万箱集装箱船等主要产品实现批量交付;累计修理船舶3855艘,同比增长12.5%,其中外轮1737艘,同比增长17.8%。水产加工业产销持续平稳,其中水产品出口67.6亿元,同比增长15.5%,15家“水产加工名企”保持较好发展势头。机械制造业经过几年来改造提升,充分发挥产品特色优势,企业生产饱满,产值同比增长12.3%。汽配制造业抓住国内汽车行业良好的发展机遇,同比增长28.3%。加强规划布局调整优化,一批水产、机械、汽配、螺杆企业向园区集聚发展。

3. 结构调整稳步推进。产业结构有所优化,2017年,装备制造业、高新技术产业、战略新兴产业增加值和新产品产值分别同比增长15.1%、11.9%、14.3%和18.7%,指标增幅均居全省前列。船舶修造业、石化工业比重进一步下滑,占比分别为36.3%和14%;水产品加工业、机械制造业比重有所上升,占比分别为17.8%和6.2%。新兴产业加快培育发展,海洋电子信息产业加快发展,中船重工集团、中电科集团、天和防务股份等知名企业在舟山注册落地。海洋新能源产业加快推进,已有11家光伏企业并网发电,光伏发电总装机容量已达到85兆瓦,其中浙能六横电厂33兆瓦光伏电站和常石集团的20兆瓦光伏项目于5月和6月并网发电。投资结构不断优化,工业技术改造投资占工业总投资的比重提高达到42.7%,占比进一步上升。

4. 创新能力不断加强。制定出台《关于推进“中国制造2025”进一步发展壮大工业经济的若干意见》,对企业技术创新、技术改造、智能化改造、两化融合发展和质量品牌标准工程等方面进行重点支持,努力提升企业的制造水平和创新能力。深入实施“机器换人”,全年实施技术改造项目128项,企业对加强装备自动化的积极性明显提高。全年完成省级工业新产品(新技术)备案40项,通过鉴定验收7项,新增6家企业入选2017年度“浙江制造精品”目录。新认定5家企业为市级企业技术中心,截至2017年全市共有省级企业技术中心22家、市级企业技术中心72家。各有2项产品被评为省优秀工业新产品和省首台套，6家企业产品被选入“浙江制造精品”目录。

（二）经济运行中存在的主要问题

1. 修造船企业经营压力不均衡。2017年造船行业并没有明显改善，银行对涉船行业的信贷审批权不断上收，对保函开具业务实行限额制或停止保函业务，对造船企业的融资造成一定影响。2017年造船三大指标均有所下降，全市造船完工量374万载重吨、新接订单260万载重吨，手持订单797万载重吨，全国占比也有所下滑。造船企业生产经营压力进一步加大，个别重点造船企业产能有所压缩。从修船企业来看，总体业务饱满，企业效益较好。

2. 规上企业效益还不理想。2017年全市规上工业实现利润总额6.9亿元，同比下降66.3%，其中船舶修造业亏损15亿元，比2016年多亏4.8亿元，水产加工业实现利润3.2亿元，同比下降4.3%；机械制造业实现利润2.9亿元，同比增长46.8%；石油化工业实现利润5.1亿元，同比下降49.8%。剔除船舶修造业外，水产加工、机械制造、石化等规上企业实现利润11.2亿元，同比下降27.6%，而2017年全国规上工业企业利润同比增长21.2%，全省同比增长16.6%。2017年全市规上企业亏损面达28.5%，仍高居不下，明显高于其他地市。

3. 工业投资项目储备仍显不足。从2017年全市工业投资项目总体情况来看，大项目储备不足，除了正在建设的绿色石化基地、波音飞机项目、新奥能源LNG加注等重点项目以外，全市的工业领域的好项目、大项目、短平快项目等不多，工业投资增长后继乏力。技改项目储备比较缺乏，投资1亿元以上的技改项目仅10余个，而且电力技改项目的投资额占到较大比例，产业类技改项目总投入不多，传统产业的转型升级的动力和新兴产业增长点不足。

二、工业经济发展主要举措

（一）营造发展氛围确保工业经济平稳较快增长

1. 召开全市工业发展大会。2017年5月市委、市政府召开高规格的全市工业发展大会，通过大会全市形成了坚持“工业强市”不动摇，凝心聚力搞工业、搞实体经济的共识，营造了全市上下支持工业经济赶超发展的良好氛围，提振了企业的发展信心。

2. 出台支持工业经济发展的系列政策。制定出台了《关于推进“中国制造2025”进一步发展壮大工业经济的若干意见》《关于进一步支持船舶工业稳定发展的若干意见》《关于推进中小微企业“专精特新”发展的实施意见》等系列政策。提出打造“3×3”现代临港工业体系和今后五年的发展目标，对加快实施智能制造、加快培育新兴产业、改造提升传统产业提出了针对性政策意见。

3. 发挥重点区域和重点企业的支撑作用。落实各区域主体责任，细化工作任务，建立考核通报机制，发挥主要区域的支撑作用。建立年产值上亿元以上工业企业监测体系，形成月度工业运行快报、重点监测分析报告，及时掌握企业动态。

4. 加快产业创新发展。根据“创新舟山”三年行动计划和传统制造业改造提升工作要求，制定了船舶修造与海工装备、水产品精深加工、机械汽配制造三大传统产业改造提升三年实施方案；海洋生物医药、海洋电子信息、新能源新材料三大新兴产业培育发展三年实施方案，以及智慧海洋和技术改造三年实施方案等八大实施方案。明确年度目标、工作任务，排出一批重点企业和重点项目，把产业创新落到实处，努力取得成效。

（二）任务清单化全面推进重点项目（企业）建设

1. 全面推进实施2017年度全市十类重大工业项目（企业）。梳理确定十大类别项目（企业），把十类重大工业项目(企业)作为舟山市工业新旧动能转换的重要抓手。并建立了十类重大工业项目(企业)领导联系、问题定期收集、问题例会研究、现场观摩、督查考核、宣传等机制。十大重点推进项目、新投资开工项目、重点转型升级项目、重点技改项目、重点“机器换人”项目这五类项目的投资完成率达 101.69%,超过时间进度要求;十大合作重组项目中 7 家重组合作成功并投产运行,十大重点产能释放项目(企业)新增产能 20 亿元。

2. 加快推进实施重点技改项目。深化“机器换人”工作,梳理确定百项以“机器换人”为主的技术改造项目,每月对重点工业投资项目进行跟踪,严格按照时间节点、进度要求有序推进。举办 10 多场“机器换人”现场交流会、技术对接会,通过“自动化技术中心”、行业服务平台等,为企业提供个性化服务,企业对加强装备自动化的积极性明显提高。2017 年,重点技改项目开工率达 100%。

3. 推进“智能制造”,制定《舟山市智能制造试点示范工厂(车间)管理实施办法》,启动开展智能制造试点示范工厂(车间)建设工作,金海重工、大洋兴和、金鹰三元电池、华业塑机、万邦永跃等企业正在着手打造智能工厂或车间。

4. 推进招商引资“一号工程”。制定了年度招商引资目标任务计划推进表,每月召开招商工作小组成员例会,对重点推进项目进行挂图作战,实时跟进服务。组织企业参加专业博览会和专题对接推介会,引进了一批工业和信息化企业在舟山注册落户。

(三)深化供给侧改革加快产业转型升级

1. 强化去产能。引导企业开展技术改造,推进旧设备的更新淘汰,提升生产效率,全年共淘汰落后产能企业 30 家。结合“小城镇环境综合整治”“五水共治”“三改一拆”等中心工作,重点整治安全生产、环境保护、节能降耗不达标等企业(作坊),共完成 170 家。通过政策引导、府院联动和部门联动,加快“僵尸企业”市场出清,处置工作按照省定目标有序推进。

2. 切实为企业减负。开展企业减负大调研,走访调研 109 家规上工业企业,出台企业减负相关政策,对重点工业企业在用电、检测检验费等方面给予优惠;对重点船舶企业的城镇土地使用税、房产税额度给予 100%和 50%的奖励等。联合市相关部门通过多种媒体、下基层下企业,开展多形式政策宣传解读,2017 年,各级减负政策为舟山市企业减负 22.8 亿元。

3. 大力推进省重点改革事项。推进盐业体制改革,制定《舟山市盐业体制改革实施方案》,明确了盐业管理区域职责和食盐储备体系建设,各县(区)盐业体制改革实施方案也已经制订出台完成。推进政策性融资担保体系建设改革,发布了《关于健全政策性融资担保体系建设的意见》,加大对中小企业的融资支持。推进区域能评改革,绿色石化基地区域能评报告获省发改委批准,远洋渔业小镇、定海粮油产业园完成了对区域能评报告的审查。

4. 推进“绿色发展”,提升改造了空压机、风机、除尘器、电机、照明灯等一批设备能效。推进一批企业实施清洁生产审核和绿色企业创建,2017 年,共有 10 家企业申报开展自愿性清洁生产审核。打造集用能监测、用电安全监控功能为一体的智慧能源管理服务系统,截至 2017 年,海汇水产、富丹食品已完成系统安装。

(四)创新服务载体帮助企业提质增效

实施制造企业上云计划,鼓励中小企业在研发生产、管理、销售、服务等环节使用云技术,累计实现企业上云 1500 家。多种形式开展企业精准服务,建立市领导联系重点工业企业制度,对 68 家工业企业进行“一对一”联系帮扶;开展市退出领导岗位干部驻企服务,设立 61 名驻企指导员帮助企业协调解决有关问题。深入开展“助保贷”业务,创新推出“文创贷”“船易贷”等项目,为中小微企业融资提供支持;设立专项资金开展企业服务券活动,325 家企业完成在线服务购买。加强中小企业公共平台功能的拓展和服务的延伸,积极推进工业设计产业发展，全年工业设计成果交易数 161 个，工业设计成果转化产值达 44.8 亿元。加强对一批成长型、初创型、新生代企业家、高级职业经理人的培训指导，共举办 23 期不同类型的培训班、沙龙、报告会等，共计培训 1100 余名企业经营管理人才。推进舟山市经济和信息化委员会“最多跑一次”改革，列入的 11 项事项均实现“最多跑一次”，全部进驻市行政服务中心办理。加强对工业企业安全生产工作指导，全面落实民爆行业安全生产“一岗双责”责任制，加强民爆生产销售企业安全监管，修订完善应急预案；完善信息监控平台，全力保障无动力修造船舶安全度汛。

（五）项目中心制全力推进智慧海洋工程建设

1. 深化完善智慧海洋规划。深化舟山市智慧海洋示范工程建设方案和海洋电子信息产业发展规划的基础上，编制完成了智慧海洋建设三年行动计划。

2. 积极争取上级支持取得进展。主动对接国家发改委、国家海洋局，将舟山纳入国家智慧海洋建设规划，舟山成为唯一有明确地域指向的示范区。“十三五”期间，国家将安排专项资金用于舟山群岛区域示范工程建设。

3. 招引项目取得较大突破。中船（浙江）海洋科技有限公司，有 30 多人团队，主要投入在舟山海洋大数据中心、智慧海洋东海运营中心、智慧国防动员项目建设上。中船重工（舟山）智慧海洋科技有限公司，投入相关人员及设备，建成覆盖舟山海域的北斗地面增强系统基站，已开展相关应用。中电科技集团 39 所已落地定海，已完成主站、指挥控制大厅、信息服务网建设，并已开展海上通信业务运营。西安天和防务、北京东方国信等企业正在积极拓展相关业务。

4. 示范项目稳步推进。海洋大数据中心一期项目已接入了中船系统的船舶、港口、空间、气象和水文等数据，并与舟山政务云平台实现互联互通；展示厅（东海运营中心）已完成搭建，初步具备综合展示能力。海洋应急通信试验网项目由国家海洋信息中心牵头实施，已获国家发改委批准，舟山市作为该项目应用示范单位，参与项目设计工作。海上国防动员示范项目已被中央军委国防动员部列入重点工作计划，相关专项工作方案已编制完成，并基本明确由中船集团牵头组织实施。

三、工业经济发展面临的形势

2018 年是贯彻党的十九大精神的开局之年，是实施“十三五”规划的关键一年。

从国际形势看，世界经济整体复苏、国际贸易扩张是大势，但不稳定、不确定性有所增加，主要发达经济体退出量化宽松，货币政策纷纷转向，还推出了一些竞争性的减税政策。从近期发展形势来看，国际贸易摩擦有所加剧，特别是美国针对中国有关商品的征收贸易关税事宜进一步升级，将对我国工业产品的出口造成一定影响。全球航运市场起伏不定，波罗的海干散货指数（BDI）忽高忽低，整个航运市场的复苏仍具不可持续性。航运市场的趋势直接关系到造船业的发展情况。

从国内经济来看，我国工业新旧动能转换将加速向纵深推进，工业经济将在合理区间稳定运行，整个工业经济呈现稳步向好的发展趋势。新技术新业态正加速向传统产业各个领域渗透融合，将推动工业领域的质量变革、效率变革和动力变革，提高工业全要素生产率。宏观经济将保持稳中有进，市场需求回暖对工业生产形成稳定的带动作用。“放管服”改革、降成本政策将继续推进落实，有助于增强企业活力和创新动力。全球经济复苏、“一带一路”和自贸区战略深入推进将带动我国工业出口。

从舟山市来看，2017 年以来，舟山市工业经济总体保持平稳较快增长，但是新生动力尚未形成，绿色石化基地项目、波音飞机项目等一批重大项目尚不能形成产出；新兴产业势头良好，但是体量仍偏小；重点造船企业仍未走出困境，工业经济保持平稳增长面临较大压力。

四、推进工业经济发展的对策

2018年,全市工业系统坚持"工业强市"不动摇,围绕全面建设"四个舟山",以产业创新和供给侧结构性改革为主线,以传统动能修复和新动能培育为重点,做好稳增长、调结构、强创新、促融合、优环境各项工作,努力保持工业平稳增长和提质增效发展。

(一)推进传统产业转型升级

全面落实"创新舟山"三年行动计划,全力实施船舶修造与海工装备、水产品精深加工、机械汽配制造三大传统产业改造提升三年实施方案,对方案中明确的年度目标、工作任务、重点企业和重点项目等作进一步深化和细化,逐项进行抓落实。加强对重点船企运行监测和服务,确保船舶工业稳定发展;促进重点造船企业重整重组;鼓励骨干企业加大创新研发投入,储备邮轮、江海联运系列船建造等前沿技术;推广示范精益化造船、绿色修船技术应用。水产加工业要积极引导水产品加工企业向有关园区内集聚发展,加强自动化生产装备和信息化技术应用。打造一批典型标杆企业,重点在精益化造船、绿色修船、水产品精深加工、自动化生产、两化融合发展等领域开展试点示范,推进产业、企业的转型升级。开展智能制造试点示范工厂(车间)建设工作,重点推进富通电缆、华业塑机、金海智造、大洋兴和等企业打造智能工厂或车间。全力实施企业技术创新三年实施方案,实施新一轮百项"机器换人""智能制造"项目,搭建公共服务平台和引进专业公司的技术服务团队,为企业提供发展咨询方案、改造提升实施方案。开展一批产品创新行动,重点培育一批新船型、新食品、新装备,做好邮轮制造、航空食品等新产品跟踪。

(二)加快新兴产业培育发展

全力推进浙石化大型炼化一体化一期项目建设,加强谋划研究发展精细化工、新材料等绿色石化产业链发展。全力推进波音737完工和交付中心项目建设,努力招引发展航空装备及零部件研发制造企业,打造集"制造、服务"为一体的现代航空产业链。全力实施海洋电子信息产业、海洋生物医药产业、海洋新能源新材料产业培育发展三年实施方案和智慧海洋建设三年实施方案。海洋电子信息产业重点是研究海洋电子信息产业发展政策,做强海洋科学城,建设国家海洋电子信息产业基地定海园区;智慧海洋工程重点推进海洋应急通信试验网项目、中船智慧海洋舟山先导示范工程、海洋大数据中心等一批先行示范项目,争取形成可展示、可检验的成果。海洋生物医药产业重点开展医用食品、海洋保健品和海洋生物医药产品的技术攻关,推进成果转化和产业化,做强普陀海洋生物医药大健康产业园。海洋新能源新材料产业重点推动海上风电、光伏发电、电缆光缆、输电装备等项目建设和企业产能的进一步释放。利用各大产业平台,合力推进招商引资。

(三)开展企业精准服务

完善深化"亩均论英雄"改革工作领导小组,制定深化"亩均论英雄"改革2018年工作方案,起草制定舟山市关于深化"亩均论英雄"改革工作的实施意见,重点制定用水、用电、用地及排污等各类资源要素差别化配置政策,加大倒逼力度。严格执行差别化政策,推动要素资源向高效益、高产出、高技术、高成长性企业集聚。

促进企业转型发展,实施"互联网+""大数据+""机器人+"等行动,开展"增品种、提品质、创品牌"活动,培育"浙江制造"品牌企业。推进一批企业实施清洁生产审核和绿色企业创建,实施工业能效提升工程,推广应用一批节水、节能装备、工艺和技术。

促进企业防范化解风险,完善"僵尸企业"处置机制,贯彻落实省政府《关于加快处置"僵尸企业"的若干意见》,加强各级政府和部门间的联动,加快一批"僵尸企业"市场出清;重点对行业龙头企业的风险监测;完善政策性担保业务风险补偿政策,深入推进政策性融资担保体系建设。

大力推进企业兼并重组,加强与央企、名企对接,通过股权并购、合资合作等形式引进战略投资者,实现资源共享、优势分工和联合发展。帮助重点船企向钢结构等"非船"业务转型,争取"浙船"舟造和"舟船"舟造。

培育提升企业家队伍。实施企业经营管理者素质提升计划,对一批成长型、初创型、新生代企业家、高级职业经理人的培训指导,分类型形成一批有舟山产业特色的企业家。

(四)建立企业培育体系

加快一批成长型企业发展。开展省级、市级"三名"试点培育,培育一批龙头骨干企业,重点对省级三名企业进行服务指导,对市级三名企业进行跟踪支持。培育一批创新型示范中小企业,支持企业走"专精特新"发展道路,确定"专精特新"培育库,开展定期监测分析;加大支持力度,积极培育和创建省"隐形冠军"企业和省创新型示范中小企业。

推进工业企业股改上市。建立健全工业企业上市工作机制,建立市级工业企业股改库、拟上市库和后备培育库。开展股改上市业务培训,指导推进一批企业进行现代企业制度、股权制度改造。组织召开专题协调会,及时协调解决企业上市过程中存在的问题,加快推进企业股改上市进程。

升级一批规下工业企业。筛选确定"小升规"重点企业培育库,实施月度监测、动态管理、跟踪服务,开展"小升规"基层工作队伍的培训和指导,确保全年新增一批"小升规"企业。

建设提升小微企业园区。根据全省的统一部署要求,制定小微企业园区建设管理实施办法,通过规划引导、整治提升、规范管理、政策支持等措施,完善小微企业园区布局,推进园区规范化建设,引导中小微企业入园集聚、创业创新。

(五)进一步深化融合发展

推进"两化"融合发展。以信息技术优化提升传统制造业,鼓励企业将信息化技术融入研发、生产、管理、流通等各个环节中,进一步推进制造业企业上云计划。支持龙头企业开展"两化融合"管理体系贯标试点,提高信息化应用程度。加快智慧海洋工程的应用试点,重点在智慧城管、智慧旅游和智慧安全生产等方面推进应用试点。

推进军民融合发展。加强与军队、军工央企、高校和科研院所对接,加快推进新一代电子信息、高端装备制造、船舶、航空、新能源等军民融合产业培育。支持骨干船企申报完善军工资质,加强与军方部门对接,重点帮助军民融合示范试点企业承接军工任务。强化与中船集团、中船重工等军工央企以及其他高科技军工企业在资本、技术等方面的合作,进一步推动船舶工业军民融合发展。

推进制造业与服务业融合发展。加快培育基于互联网的融合性新产品,促进终端、内容、服务一体化发展,实现"制造 + 服务"的转型升级,加快发展工业设计。

推进产业平台融合发展。进一步完善产业平台的功能,加强对产业平台的统筹协调,推进各产业平台间的优势互补、产业互动、区域联动。发挥高新技术产业园区北部片区"主战场"作用,提高其对"高新优"临港产业承载能力。将定海工业园区、普陀经济开发区、岱山经济开发区等打造成各具特色的县域集聚区块。突出区域特色和产业优势,以特色工业园区、特色小镇为载体,重点打造定海干览水产品精深加工小镇、金塘螺杆小镇等特色产业集聚平台。

经济稳中向好 结构持续优化

——台州市2017年工业经济运行情况

台州市经济和信息化委员会

2017年以来，台州市工业经济进一步巩固经济稳中向好、结构持续优化、动力转换加快的良好态势，总体实现健康较快增长。

一、工业经济运行情况和特点

（一）生产增长持续向好

2017年，全部工业增加值增长10.8%，增速居全省第1位。实现规上工业增加值1007.6亿元，历史上首次突破千亿关口；同比增长11.6%，增速全年保持全省第1位；工业用电同比增长12.0%，增速居全省第1位。工业增长跑出21世纪以来最好成绩。

（二）工业投资持续回升

2017年，完成工业投资912.65亿元，同比增长9.2%，增速居全省第4位。58个项目列入省技术改造重点项目计划，项目总数位列全省第1位。全年出让工业用地823.8公顷，同比增长70%，出让面积创新历史新高，首次位居全省前三。

（三）增长质效持续提高

2017年，高新技术产业增加值、装备制造业增加值分别同比增长16.7%、17.4%，增速均居全省第1位，高新技术产业增加值占全部规上比重达45.5%；实现规上企业利润266.20亿元，同比增长12.7%；新产品产值同比增长26.0%，规上工业企业科技活动经费支出同比增长17.1%。

（四）转型升级持续发力

高端培育、低端退出步伐加快，2017年全年新增股份公司600家，完成年度任务的300%，超过历年累计总和；新增上市企业11家，累计达52家；淘汰过剩落后产能、整治提升“低小散”企业、处置“僵尸企业”等均已提前超额完成全年目标任务。

二、工作经济发展主要举措

（一）大力营造工业发展氛围

1. 出台政策强引导。出台《人才新政30条》《股改新政10条》《上市（挂牌）新政10条》《瞪羚企业培育方案》《大数据产业发展若干意见》《深化制造业与互联网融合发展实施方案》等系列政策，加大政策扶持力度。

2. 完善机制减负担。进一步完善企业减负工作机制，落实国家和省清理规范涉企收费措施，健全完善制度性交易降本清费机制。编印了《企业减税费降成本政策汇编》，做好企业减负改革的相关评估工作。

3. 提升平台优服务。进一步提升中小企业公共服务平台功能，服务中心微信公众号的关注企业用户数已超过3万家，4300多家企业安装了中小企业服务频道，网站注册企业数4万家以上。小微企业园建设稳步推进,全市已建和在建各类小微企业创业创新园123家,其中工业小微企业园60家,包括已建园区21家,在建39家。

(二)大力推进工业经济转型升级

1. 强势推进传统产业优化升级。在全省率先召开了市级层面的传统制造业改造提升工作推进大会。制订出台了《台州市全面改造提升传统制造业行动计划(2017~2020)》《台州市全面改造提升传统制造业工作指引》,并结合区域实际,明确目标路径,重点启动了医药化工、汽车整车及零部件、智能马桶等10个传统产业的改造提升工作。椒江智能马桶产业、温岭鞋业、三门橡胶产业顺利入围省第一批传统制造业改造提升重点产业。

2. 扎实推进"中国制造2025"。积极创建"中国制造2025"试点示范城市,编制了《台州市创建"中国制造2025"国家级示范区实施方案》,印发《中国制造2025台州行动计划2017年工作要点》。温岭市成功创建第二批"中国制造2025浙江行动"试点示范县(市)。椒江区智能马桶产业、三门县橡胶产业入选省新型工业化产业示范基地。

3. 着力推进"去产能"工作。制定出台《治理"低小散"块状行业专项行动方案》和《"四无"生产经营单位集中整治和"低小散"企业整治提升专项行动实施方案》。深入推进"低小散"块状行业整治工作,全年改造提升低小散企业(作坊)5391家,超额完成全年1114家的省对市考核任务。积极稳妥处置僵尸企业,全市共处置僵尸企业19家,顺利完成全年省定目标任务。超额完成2017年省下达台州市淘汰7座烧结砖窑的工作任务,全市完成拆除烧结砖窑54座。

(三)大力推进民营企业创新发展

1. 制度创新看股改。制定出台《股改新政10条》和《"128"股改上市三年行动计划》,完善了考核通报及约谈机制,以考核促进度,促提升。向县市区推荐发布了两批150家左右的优秀中介,与浙江股权交易中心建立了常态合作关系,全市250多名股改企业和拟股改企业财务总监参加系统培训。全年全市新增股份公司600家,工作成效显著。

2. 技术创新优平台。加快推进创新平台建设,积极做好企业技术中心培育工作,加强对企业技术中心建设、认定的工作指导和辅导。2017年预计全市新增国家技术创新示范企业1家(杰克缝纫机),新增省级企业技术中心10家,新认定市级企业技术中心46家。加快推进新产品新技术开发,全市共有12件工业新产品被评为2017年浙江省优秀工业新产品(新技术)。加快推进创新项目建设,编制完成《2017年台州市企业重点技术创新项目计划》,全市共组织实施66项市级重点技术创新项目,计划总投资2.34亿元。

3. 管理创新树标杆。双环传动等3家企业获得2017年省管理创新示范企业称号;中新科技等5家企业被确定为2017年度省管理创新试点企业。成功举办四期"中国制造2025"领军人才高级研修班兼经信大讲堂主题活动。联合清华长三角研究院正式启动"薪火传承"行动计划,培育一批新生代企业家。制订出台了《台州市创新型小微企业经营管理人才认定和扶持实施细则》以及五大主导产业人才规划、产业地图和人才地图、人才集聚政策等系列政策文件。

(四)大力推进重点优势产业发展

1. 进一步推进智能马桶产业加速发展。编制了《台州市智能马桶产业发展规划》(2017~2025)》,制定了《智能马桶产业专项扶持政策》。积极开展全省传统产业改造提升试点申报工作,台州市智能马桶产业顺利入围。

2. 进一步推动汽车产业向好发展。抓紧制定《台州市汽车产业改造提升实施方案》和《台州市汽车产业专项扶持政策》。做好吉利V汽车项目、吉利发动机项目、新吉奥新能源汽车项目、巨科铝轮毂项目等一批重大项目的跟踪服务,使汽车产业继续保持良好发展态势。举办全市汽摩配企业高峰论坛,推进吉利汽车与台州市配套企业的合作对接。

3. 进一步打造医化行业发展高地。编制完成并出台《台州市医药化工制造业改造提升实施方案(2017~2020年)》。编写了《关于加快推进医化产业创新发展的实施意见》,进一步加大对医化产业引导扶持力度。先后成功举办了全省医药行业智能制造推介会、全省医药行业高端装备及智能制造推介会、"2017中国(浙江·台州)第三届制药产业发展与监管高峰论坛"、"美国生物医药行业发展状况简介和资本运作分析海外英才讲坛"等。

4. 进一步推进高端装备制造业发展。积极开展首台(套)产品认定工作,全市共有16件产品认定为2017年台州市装备制造业重点领域首台(套)产品。同时继续做好省首台(套)产品的推荐申报工作,全市有7件产品进入2017年浙江省装备制造业重点领域首台(套)产品公示名单。

(五)大力推进企业梯度培育

1. 着力做好"三名"企业培育工作。加强申报指导,遴选出19家第三批市"三名"培育试点企业。配合省"三名"办对第一批省"三名"培育试点企业组织开展年度工作考核,组织省、市"三名"企业参加省"三名"办开展的系列培训及赴日本考察活动。

2. 着力做好"小升规"培育工作。加强"小升规"目标任务分解落实和考核,加大"小升规"企业服务力度。全年完成596家,完成率达372.5%。积极组织申报2017年度省级"小升规"创业之星、省级创新型示范中小企业、省级"隐形冠军"。

3. 着力推进"瞪羚企业"培育计划实施。起草出台了台州市"瞪羚企业"培育计划实施方案,组织召开了"瞪羚企业"培育计划新闻发布会,公布了第一批"瞪羚企业"名单,并明确了下一步工作推进计划。

(六)大力推进工业性投资工作

1. 以强化考核为抓手,确保完成全年任务。及时下达各地的考核指标,建立了月(季)度通报、进度督查和领导约谈制度,每月按照各地技术改造投资的完成情况进行排名通报,不定期对重点项目的推进进行现场督查。

2. 以重大项目为引领,加快工业投资步伐。推进重点项目建设,筛选编制了台州市2017年"三个一批"重点技术改造项目,该批项目共330项,计划总投资736亿元。全市共有58个项目列入省技术改造重点项目计划,项目总数位列全省第一;"机器换人"百项示范项目15项,项目数居全省第二;牵头开展全省工业和信息化重点领域(行业)试点示范推荐申报工作,共计10个专项入选,总数居全省前列。

3. 以优化服务为手段,深入推进"机器换人"。举办温岭泵与电机行业省级现场会和全市工程机械行业现场会,积极推动县(市、区)参与省级行业性"机器换人"试点评审,橡胶行业入选省级试点行业名单。加快中介服务机构建设,台州市中小企业"机器换人"服务中心联合全省7家地市级"机器换人"服务中心,发起组建省级"机器换人"服务联盟。

(七)大力推进"两化"深度融合发展

1. 政府信息化建设取得新进展。确定2017年度市本级政府投资信息化项目16项,总投资5547万元,其中政府信息化投资专项资金12项1209万元。召开了市城市管理阳光执法应用系统等3个项目验收和市人力社保电子档案管理服务平台等16个信息化项目专家评审会议,智慧交通顺利入选省示范推广项目。

2. 企业信息化建设获得新突破。印发了《台州市"企业上云"行动方案》,举办各类企业上云宣传培训活动30多场次,覆盖企业数千家。11家企业列入省级示范试点企业;4家企业列入省电子信息50家成长性特色企业。新增3家两化融合管理体系贯标试点企业,贯标试点企业总数达10家。

3. “两化”融合项目对接形成新态势。进一步加强与市外知名企业对接和工作落实,相继开展了与华为、浪潮、光启等国内知名信息企业的对接,召开银轮机械、利欧集团、信质电机和对应的县(市、区)参加的《企业实施工业4.0以确保竞争力的操作建议》专题座谈,对德国艾克西欧有限公司制定的三家企业工业4.0操作建议进行落实跟进,督促企业抓紧衔接。

(八)大力推进生产服务业发展

1. 夯实工业设计产业发展基础。全力推进省级工业设计基地——黄岩区模塑工业设计基地加快建设。25家工业设计企业,中科院理化所等10家公共服务平台进驻基地,共有从业人员500多人。4家单位被评为省级工业设计基地优秀设计企业。黄岩模塑工业设计基地获省级模塑工业设计基地综合考核全省第一。

2. 创新军民融合发展工作机制。组织召开军民融合发展座谈会,出台了军民融合扶持政策,在“军工四证”、搭建军民融合服务平台、提高军民融合企业创新成果等方面给予奖励,着力支持民用企业引进军用技术,并向军方输出技术与产品。

3. 立足地方特色发展会展产业。成功举办第十七届中国塑料交易会、2017中国泵与电机展览会、第13届中国(台州)机床工具展览会、第18届中国(台州)汽车用品交易会、第3届浙江(台州)农业机械博览会和台州市电动车展览会等多场展览会。

(九)大力践行绿色发展理念

1. 全面抓好节能降耗工作。印发了《关于进一步做好节能降耗工作的通知》,开展重点用能单位调查摸底工作,同时制定高耗能行业专项整治行动方案,编制和印发了台州市节能降耗“十三五”规划。加快推进能评制度改革步伐,全面推行“区域能评+区块能效标准”制度,从源头控制新增用能。

2. 依法开展能源监察工作。完成56家重点用能单位的节能监察任务,其中工业企业41家,非工企业15家。提出了节能监察整改意见和建议;对存在淘汰、超限额的企业发出限期整改通知书,对不整改或整改不到位的单位实行节能行政处罚;开展对水泥行业强制性标准执行情况的专项监察,对辖区内5家水泥企业进行节能强制性标准执行情况监督检查。开展了固定资产投资项目节能审查专项监察,对辖区内7家企业的项目进行了能源监察,加强了事中事后监督,落实好节能审查制度。

3. 加强节能低碳宣传工作。开展全国节能宣传周和全国低碳日宣传,以新媒体融合方式宣传节能低碳,多渠道、多点面、多形式开展系列活动。联合有关部门在市民广场以“节能有我,绿色共享”为主题,举办了为绿色家园接力朗读、节能生态健身跑、放飞梦想大型广场活动。

4. 做好民爆安全监管工作。层层签订安全生产责任书,明确工作职责。组织台州市民爆行业专家开展全市民爆行业安全生产大检查6次。多次不定期开展安全生产检查和暗访,在“十九大”期间做到民爆企业暗访全覆盖。组织开展综合应急预案演练活动。举行全市民爆生产、销售企业安全生产事故综合应急预案演练活动,进一步完善民爆行业应急管理,提升应急处置能力。

三、工业经济发展面临的形势

(一)从外部环境看

2018年的全球经济延续增长的脚步,全面性的经济扩张可望继续;但突发性风险始终存在,美国税改推进、美欧贸易保护主义抬头、美欧央行逐渐结束极度宽松的货币政策等,将对台州市出口形成不确定影响。

而国内新的政治周期启动将带来新的发展热情，总体上国内经济将保持平稳增长，消费和外需仍是增长主要支撑；但也面临诸多矛盾困难，外有发达国家“再工业化”和发展中国家工业化进程加快的双重挤压，内有生产成本上升、产业增速放缓、投资低迷等挑战。

（二）从台州自身看

近年来，市委市政府高度重视实体经济发展，提出了“民营经济创新发展”的历史任务，和建设“制造之都”的宏伟战略目标，台州市制造业发展环境不断优化，体制机制障碍不断破除，“最多跑一次”领跑全省，“科技新长征”掀起新一轮科技创新热潮，“大抓项目、抓大项目”带动一批重大高端项目落户台州，特别是吉利豪情等项目为台州市 2017 年工业增加值保持全省第一位提供了有力支撑，2018 年领克项目、三门核电项目、临海吉利豪情项目、路桥吉利金刚项目等项目将继续支撑台州市工业增加值保持高位增长，工业经济“赶超发展、裂变扩张”态势良好。

四、推进工业经济发展的对策

（一）聚焦优化升级，提升传统制造发展基础

一是加强顶层谋划。全域全面推进传统制造业优化升级，积极落实《台州市全面优化升级传统制造业行动计划（2017~2020 年）》《台州市传统制造业优化升级工作指引》《台州市全面推进传统制造业优化升级 2018 年工作重点》，构建完善正向激励和反向倒逼相结合的政策体系。全市面上重点实施“510”工程，积极推进十大示范产业项目、十大示范小微工业园、十大示范老旧工业点、十大共性技术突破、十大行业示范提升。

二是加强集中整治。加快淘汰落后产能，依法整治“低小散”“脏乱差”企业，积极稳妥处置“僵尸企业”，全面开展高能耗企业集中整治行动，抓好烧结砖窑的关停整治。加大小微园建设力度，制定出台《台州市小微企业工业园建设改造三年行动计划（2018~2020 年）》《台州市小微企业工业园管理和评价办法》，实施小微工业园建设改造“313”行动，力争到 2020 年，建成小微工业园 3000 公顷，实现 1 万家企业进园区，30 万名职工住进宿舍里。指导工业企业加强安全生产管理，着重做好民爆行业安全监管。

三是加强集群发展。高标准推进各类产业园区、产学研创新平台、特色小镇等载体建设，集中力量推进“汽车城”建设，打造若干个千亿级产业集群。

四是加强集约提升。深化综合评价，加快形成“亩均论英雄”机制，深化差别化资源要素配置。加快推进“四换”工程，加大腾笼换鸟、机器换人、空间换地、电商换市工作力度，健全工作机制。抓好能源“双控”，强化行业准入和源头控制，加强节能监测，推进清洁生产。

五是加强集成创新。深入实施“科技新长征”，鼓励企业加大研发投入，积极推进企业技术中心和研究院建设，加快新产品、新技术开发和产业化，大力度构建各类创新平台和创新载体，加强联合创新。

（二）聚焦提质增效，推动工业经济高质量发展

一是启动实施台州制造高质量发展专项行动。力争通过 5 年努力，培育泵与电机、航天航空等一批世界级先进制造业集群，培育汽车、医药等一批国家级新型工业化产业示范基地，培育 300 个以上国内外市场占有率第一的“隐形冠军”产品。

二是深入推进“中国制造 2025”台州行动计划。积极创建“中国制造 2025”国家级示范区，编制《<中国制造 2025 台州行动计划>2018 年工作要点》，积极落实部省战略合作协议，积极推进制造业创新中心建设工程、高端装备创新工程、“四换三名”工程、绿色制造工程等重点工程建设。

三是开展传统制造业质量提升行动。重点面向汽车制造、机电设备、高端装备、电子信息以及智能马桶

等产业领域，深入推进“增品种、提品质、创品牌”战略，构建覆盖产业主要产品并与国际接轨的先进标准体系。组织实施技术攻关专项，加强核心基础零部件、先进基础工艺、关键基础材料、产业技术基础等“四基”能力建设。

四是持续推进绿色制造工程。坚持绿色发展理念，加大节能降耗工作力度；继续在企业中推进清洁生产活动，开展节水型创建活动；推进绿色设计和绿色产品发展，创建绿色工厂、绿色园区和绿色供应链示范单位。

（三）聚焦扶优扶强，壮大工业经济发展主体

一是抓“2211”企业培育。大力推进“2211”企业培育工程，利用3~5年时间，培育20家左右年产值超100亿元的“航母企业”，20家以2016年产值50~100亿元“旗舰企业”，100家“瞪羚企业”，100家上市企业，争取到2021年，“2211工程”企业年产值超5000亿元。进一步细化“扶优扶强”系列政策，加大制度供给力度，综合运营财税、金融、产业、科技创新等政策扶持措施，最大程度优化企业外部环境。

二是抓企业股改。深入实施“128”股改上市三年行动计划，力争全年新增股份公司350家以上。进一步提升股改质量，把工作重心放在推进规上企业一般规范性股改和按上市上柜要求股改上，加强股改前服务和股改后培育，将股改和全面实施管理创新、推行精益化生产专项活动相结合，推动企业完善公司治理结构。

三是抓企业上市。深入实施全省“凤凰行动”计划，积极落实《台州市上市(挂牌)新政10条》，分层次、分类别、分梯队推动企业上市。以上市企业为重点，支持优势企业围绕提升产业集中度、延伸产业链、获取新技术开展并购重组。

四是抓小微企业培育。深入宣贯新修订的《中小企业促进法》，持续推进“小升规”工作，加快中小微企业“专精特新”发展，推进小微企业辅导中心建设。加强对小微企业的金融扶持，组织实施融资担保体系提速推进行动。稳固推进政策性担保体系建设，继续开展融资性担保机构监管工作。

（四）聚焦数字经济，推动“两化”深度融合发展

一是大力发展信息产业。制定出台《关于加快信息产业发展的实施意见》，加快信息经济示范区建设，推进重点企业培育，打造信息经济生态链。

二是大力推进“互联网+”。加快实施制造业企业上云计划，支持企业发展网络协同制造、个性化定制、服务型制造。深化企业“两化”融合登高计划，加快推动工业互联网、云计算、物联网发展应用，推进“互联网+制造业”发展，大力推行以MES、ERP、SCM、CRM等为重点的信息化管理。支持龙头企业建设基于互联网的“双创”平台，构建产业链“双创”新生态。

三是大力推进“大数据+”。落实《台州市关于加快大数据产业发展的若干意见》，推动大数据在生产制造、产品流通和服务过程中的跨领域、跨平台应用，加快构建大数据产业链、价值链和生态系统。

四是大力推进“人工智能+”。争取筹建新一代信息网络和人工智能研究院，打造人工智能小镇。重点面向医药化工、汽车制造、汽摩配、泵与电机等领域实施一批智能工厂、数字车间等智能制造示范项目。实施智能制造装备开发和智能产品研发计划，大力发展自动化、智能化、成台套化装备，积极开发医疗电子、智能家电、可穿戴设备、智能马桶等智能产品。

（五）聚焦新兴培育，激发工业经济发展潜力

一是抓高端制造发展。以科技新长征为抓手，瞄准未来产业发展方向，重点围绕通用航空、现代轨道交通装备、节能新能源汽车、工业机器人、高性能医疗器械等新兴产业，制定出台产业发展专项规划和意见，积极谋划布局一批对产业整体提升水平和产业链完善具有关键性作用的高端项目、重大战略性新兴产业项目、

军民融合项目。

二是抓产业融合发展。积极推进"政、产、学、研、金、介、用"等创新要素集成,不断培育"新产业、新技术、新业态、新模式"。加快发展工业设计、产业金融、现代物流等生产性服务业,扎实推进省级特色工业设计基地、科技孵化基地、物流示范园区等建设。

三是抓重点项目推进。积极谋划省"四个一百"和市"三个一批"等重点项目,建立健全项目推进领导联系、问题协调、要素保障、考核督查等制度,确保亿元以上重点工业项目每季集中开工1次。深入推进"机器换人",举办行业现场交流会和技术对接会。

(六)聚焦改革攻坚,持续深入优化发展环境

一是深化改革。推进减负降本改革,做好涉企保证金清理规范;深化"最多跑一次"改革,推进企业投资项目"一窗受理,集成服务"。推进要素供给创新,激发和保护企业家精神,开展企业家素质提升行动,继续组织举办台州市"中国制造2025"领军人才高级研修班、德国工业4.0考察等培训活动;进一步探索标准地、"飞地"、零地技改等土地供应方式。推进能评制度改革,全面推行"区域能评+区块能效标准"制度。

二是深化服务。践行"妈妈式"服务,着力开展"大走访、大调研、大服务"专题活动,促进本地优质企业留驻台州高质量发展。深入发挥中小企业公共服务平台作用,建立完善联席会议制度,实现服务企业精准有效。搭建各类行业展会平台,组织举办参加中国塑料交易会、缝制设备展览会、电动车展销会、机床工量具展览会、汽车用品博览会、义乌装备博览会等在全国已经具有一定影响力的各类展会。

三是深化效能。建立系统内、跨系统之间的运行监测互通机制,推进网站、微信公众号、数据库等信息化平台建设。依托"青年读书会"等载体,拓宽经信干部的工作视野和工作理念。进一步完善内部职责,完善绩效考核管理,完善老干部管理和服务工作机制。推进"两学一做"活动开展,加强各项党建基础工作。以打造"廉洁经信"为目标,进一步贯彻落实中央"八项规定",落实"两个责任",完善行政权力运行规范化建设。

全面贯彻新发展理念 加快生态工业高质量发展

——丽水市2017年工业经济运行情况

丽水市经济和信息化委员会

2017年，全市经信系统在市委、市政府的正确领导下，克难攻坚、奋发有为，围绕推进浙江(丽水)绿色发展综合改革创新区建设，坚持把生态工业作为第一经济来培育，狠抓生态工业稳增长、调结构、促转型，全市工业经济总体呈现低开、稳走、向好的态势，较好完成了年度各项目标任务。

一、主要指标完成情况及运行特点

在全省有公布排名的9项涉及工业方面的指标，丽水市2项居全省前3，分别是出口交货值第1、高新技术增加值第2；4项指标增幅位居全省中游，分别是工业技改投资第5、装备制造业增加值第6、工业投资第7、新产品产值第8；3项指标增幅居全省末位，分别是规上工业增加值、新兴产业增加值、工业用电量。全年工业经济运行主要呈现以下特点：

(一)工业经济稳中向好

2017年，全市规上工业增加值实现同比增长5.7%，增幅较一季度、上半年和三季度分别回升4.7、2.4和1.2个百分点，高出省定增长4.5%目标。增速总体呈逐月回升态势，扭转了年初下降4.0%的不利局面。生物医药、文教玩具、通用设备、电力器械、汽车制造等重点产业增加值分别增长23.7%、17.2%、17.1%、13.3%、10.1%，均高于规上工业增加值增速，如图1所示。

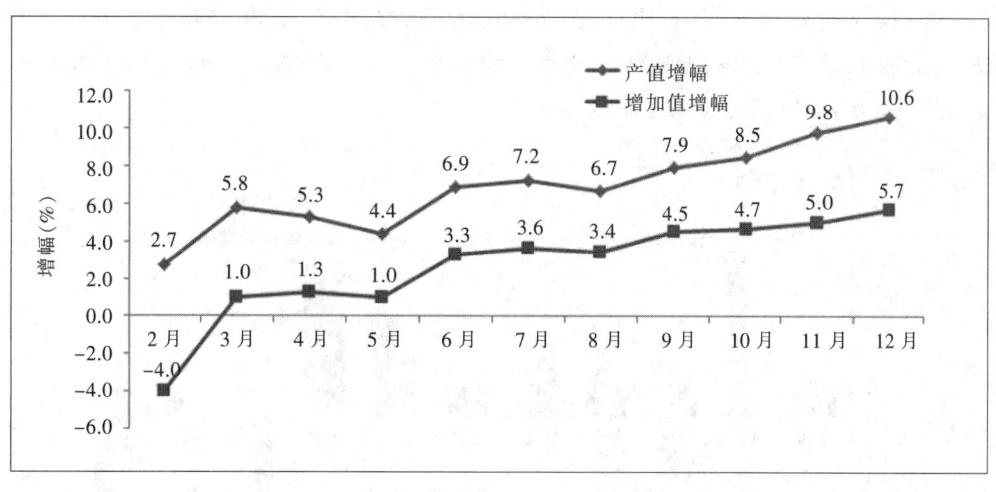

图1 2017年全市规上工业产值和增加值月度增幅走势

各县(市、区)规上工业增加值增速6快4慢，其中，开发区(8.8%)、松阳(8.2%)、缙云(7.8%)、遂昌(7.7%)、青田(6.7%)、庆元(6.5%)快于全市平均水平；景宁(5.5%)、龙泉(4.7%)、莲都区属(1.5%)、云和(-3.0%)增速低于全市平均水平，其中云和负增长。

(二)工业投资整体回暖

全年全市工业投资同比增长6.7%,增幅高于年度市下达目标1.8个百分点,其中,技改投资同比增长4.5%,比年初分别提高了19.6和10.4个百分点。完成重点技改投资36.57亿元,完成年度目标(30亿元、增长15%)121.9%,如图2所示。

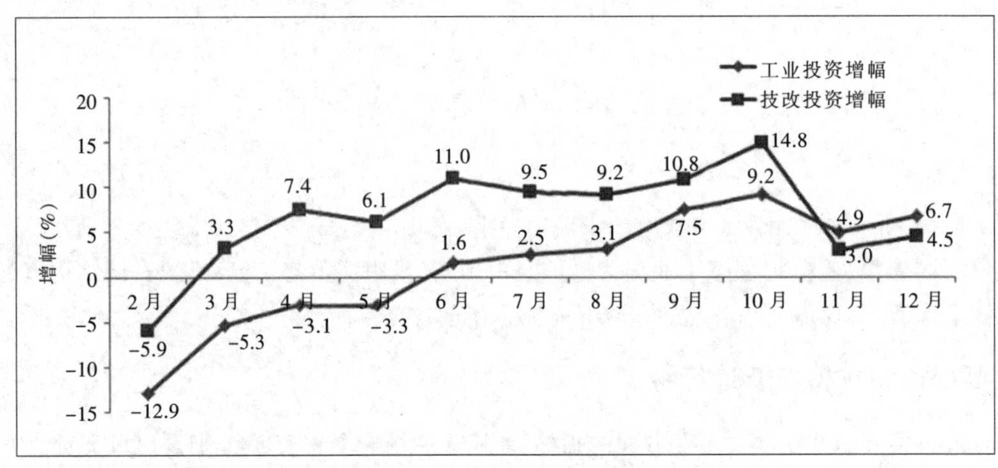

图2 2017年全市工业投资和技改投资增幅走势

从投资结构看,全年技改投资占工业投资比重73.1%,高出年初10.6个百分点;高新技术产业(制造业)投资同比增长17.1%,高出工业投资10.4个百分点;战略性新兴产业投资占工业投资比重30.9%,比2016年同期提高了7.3个百分点,同比增长23.1%,高出工业投资增速16.4个百分点。其中,节能环保产业(24.2%)、生物产业(24.7%)、新能源汽车(115.3%)、新材料产业(91.8%)、核电产业(24.3%)分别实现较大增幅,投资结构持续优化。

分县(市、区)来看,工业投资增速呈"7升3降"态势,云和(41.2%)、缙云(19.8%)、松阳(11.9%)、龙泉(11.0%)、青田(6.5%)、遂昌(5.6%)、莲都(5.3%)实现正增长,开发区(-11.6%)、景宁(-13.2%)、庆元(-22.2%)负增长;技改投资增速呈"6快4慢"态势,莲都(46.6%)、云和(44.2%)、松阳(26.0%)、青田(16.1%)、遂昌(10.0%)、景宁(9.0%)增速快于全市平均水平,缙云(3.9%)、庆元(2.2%)、龙泉(-20.3%)、开发区(-39.7%)慢于全市平均水平,如图3所示。

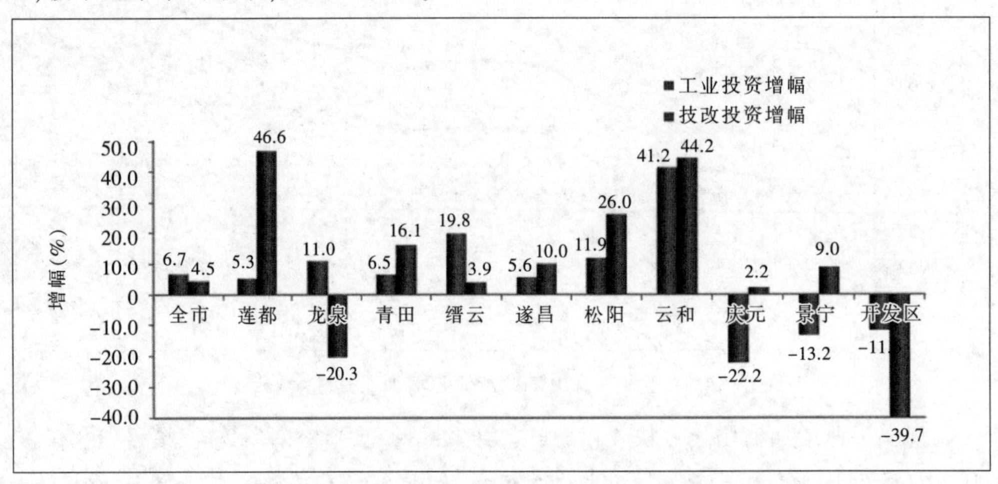

图3 2017年全市工业投资和技改投资增幅走势

（三）结构优化能力增强

2017年，全市高新技术产业增加值实现增长13.7%，装备制造业增加值实现增长12.8%，分别高出规上工业增加值增幅8和7.1个百分点，战略性新兴产业增加值实现增长4.2%；全市健康制造业增加值实现增长17.1%，电子信息制造业增加值实现增长13.1%，高端装备制造业增加值实现增长11.0%，分别高于规上工业11.4、7.4、5.3个百分点。全市新产品产值同比增长18.7%，快于规上工业产值增长8.1个百分点，拉动规上工业产值增幅6.4个百分点，新产品产值率36.6%，比2016年同期提高了2.5个百分点。规上企业科技活动经费支出增长34.3%居全省首位，高出全省平均水平12个百分点，占主营业务收入的比重达1.6%。全年单位GDP能耗下降7%以上，是全省为数不多的完成"能源双控"目标任务的地市。

从行业结构看，全市35个工业行业中，有29个行业实现正增长，比2016年同期增加7个，其中规模居前十位行业实现产值增幅9.0%，占规上工业产值比重72.6%，对规上工业产值增长的贡献度达到了62%，直接拉动规上工业产值增幅6.6个百分点。其中，通用设备制造业、文教、工美、体育和娱乐用品制造业、化学原料和化学制品制造业对规上工业产值增长的贡献度分别达到了14.7%、10.5%和10.3%。

（四）企业效益持续向好

2017年，全市1145家规模以上工业企业中，亏损企业82家，亏损面7.2%，低于全省6.8个百分点，亏损面居全省最低；亏损企业亏损额1.93亿元，同比下降18%。银行贷款余额同比下降6.17%，负债合计同比下降1.9%，资产负债率49.6%，低于全省5.3个百分点，处于全省最低负债水平。规模以上软件和信息技术服务业营业收入增速126.2%，全省排名第一。新增上云企业2094家，完成目标任务的110.0%。

企业成本负担不断减轻，全年落实国家、省各项减负政策，累计为企业减轻负担36.1亿元。截至12月底，主营业务成本同比下降1.9%，比上月下浮0.9个百分点，低于全省15.9个百分点，规模以上企业百元主营业务收入成本为84.97元，比上月下降了0.26元。销售费用同比下降4.26%，低于全省15.5个百分点，利息支出同比下降6.33%，财务费用同比下降2.03%。

（五）宏观形势逐步趋好

从相关指标看，12月丽水采购经理指数（PMI）为52.2%，2017年以来持续在枯荣分水线以上；工业生产者出产价格（PPI）同比上涨10.1%，已连续17个月出现上涨；公路货物周转量和水路货物周转量均保持正增长；工业用电量剔钢铁行业整治的影响，同比增长9.9%。2017年全市工业税收增长8.2%，其中市直增长11.0%。近四年来，因"两链"风险导致每年减产达100亿以上，经调研走访初步预计，2018年减产因素影响逐渐减弱，全市预计减产40亿元，新增产能60亿元，是近四年以来首次增量大于减量。

二、2017年经信工作亮点

（一）抓氛围营造，发展生态工业合力进一步凝聚

市委、市政府高度重视生态工业发展，提出全力壮大生态工业第一经济，精心谋划制定《丽水市生态工业发展"31576"五年行动计划》，扎实部署开展"精准服务企业、振兴实体经济"专项行动。各地相继开展多场项目集中开工仪式、召开生态工业发展大会、出台新一轮扶工政策等，积极传递党委、政府扶持、服务实体经济的信心和决心，实现了工作重心回归、企业信心回升、发展氛围回暖的良好态势。

（二）抓改造提升，传统产业转型升级步伐进一步加快

先后召开全市腾笼换鸟、机器换人、传统制造业改造提升现场会，对传统制造业改造提升10方面重点任务进行系统的部署，传统产业改造提升步伐明显加快。扎实推进工业园区外企业入园三年行动计划、腾笼换

鸟、“低小散”和钢铁行业整治等,全市共淘汰落后产能涉及企业78家,完成省年度任务的111.4%;全面完成取缔“地条钢”产能,淘汰落后产能42万吨产值80亿元;“低小散”企业整治716家,完成省年度任务的114.3%。大力推进节能降耗,全市52家企业腾出用能空间3.90万吨标准煤,完成年度计划的150%;全年完成清洁生产审核验收企业55家,5家企业被授予2016年度省绿色企业称号,为丽水市历史上最多的一年;22家企业被授予“丽水市节水型企业”称号;全市完成了43家重点用能单位的节能监察任务。

(三)抓新动能培育,新经济得到进一步发展壮大

全市加大工业和信息化招商引资力度,2017年出让工业用地面积318.07公顷,出让金合同金额8.23亿元,分别是2016年的2.12倍、2.80倍。在首届世界丽水人大会上,共引进万洋低碳智造小镇、肖特新康等工业项目94个。全年组织省级工业新产品备案80项,同比增长421%,其中鉴定验收45项。有3个产品被评为省装备制造业重点领域省内首台套。新增5家省级企业研究院,累计达21家,全市规模以上工业新产品产值率达35.4%。新增省级企业技术中心1家、市级企业技术中心18家。成功举办了2017中国“互联网+公共服务”创新大会,全国首家腾讯“互联网+”创新基地落户丽水。发挥信息化项目审批引导作用,有效推动了新一代信息技术融合应用,加快智慧城市发展。加快绿谷信息产业园区建设,成功入围省级特色小镇培育创建名单和全市首家省级科技企业孵化器。截至2017年底,绿谷智慧小镇已入驻创业实体245家,累计吸引各类创业、就业人员4000余人,全年园区主营收入达13.5亿元,同比增长31.7%,实现税收4043万元,同比增长68.1%。

(四)抓精准服务,企业满意度获得感进一步增强

在市委、市政府主要领导部署指导下,按照“像爱护眼睛一样爱护每一家企业,像对待亲人一样对待每一位企业家”理念,扎实开展“精准服务企业、振兴实体经济”专项活动,市本级交办问题376个,办结率100%,经第三方测评,企业满意度82.5%。全市走访企业4675家次,收集企业反映问题1651个,涉及企业1180家,已办结企业问题1459个,办结率88.4%。出台《进一步落实减轻企业负担降低企业成本政策四十条》,全年减轻企业负担36.1亿元,超额完成年度目标6亿元,其中全市1250家企业参与电力直接交易试点工作,全年减少电费支出5215.44万元。专项活动是近年来领导最重视、亲自牵头办理力度最大、企业反映效果最好、企业获得感最强的一次服务企业活动。

(五)抓企业培育,工业发展后劲进一步提升

组织实施“三名”企业培育工程,扎实推动小微企业园区建设,实施小微企业三年成长计划,持续抓好“小升规”,注重培育“隐形冠军”企业,进一步激活大众创业、万众创新。全年新增小微企业园区4个、面积10.79公顷,新增小微企业6111家,新增“小升规”企业80多家。全市新增省级“隐形冠军”企业1家,11家被列入省级“隐形冠军”培育企业,列入市级“三名”培育试点企业和隐形冠军培育企业各20家。281家企业列入省“专精特新”企业库。全市举办经营管理人才培训107期,培训企业6607人次。全市新增股份公司22家,新增新三板挂牌企业4家,青田的起步股份在上交所成功上市,实现丽水市企业上交所主板上市的零突破。

(六)抓改革创新,经信领域体制机制进一步理顺

坚决推进“最多跑一次”改革,完成行政审批相关事项办事指南修订工作,进一步优化审批流程,通过推行网上咨询、网上预审、快递送达等方式,行政审批相关事项“最多跑一次”实行率达到100%。加强“零土地”技改审批方式改革,全市全年实行“零土地”项目立项617个,办理“零土地”承诺备案节能417个,比2016年有较大增长。扎实推进区域能评工作,印发《关于探索开展区域能评改革工作的通知》、《关于加快全面推行“区域能评+区块能耗标准”改革的工作意见》,先后召开了三次部署推进会,松阳、龙泉、缙云、青田、云和、

景宁等6个县(市)完成了区域能评改革工作,其他县(区)、开发区完成区域节能报告的编制和评审工作。成立了市盐改领导小组,印发了盐业体制改革实施方案,市经信委增设盐业管理服务办公室,市本级盐业体制改革基本到位。

三、2018年经信工作面临的形势

总体上,经过多年调整,丽水市工业经济呈现指标平稳、信心回升的发展态势,但产业结构偏重、创新能力不足、内增动力偏弱的矛盾持续,仍然面临着转方式、调结构的重任,主要存在以下几个方面的问题:

(一)产业结构性问题突出

截至2017年丽水市产业结构总体仍然不够合理,一是涉钢行业“一业独大”问题突出,涉钢行业产值占全市规上工业的比重约40%,行业洗牌、行业整治力度持续加大,对全市工业增长形成持续的制约。二是部分龙头企业面临增长瓶颈。各地工业经济过于依赖单个龙头企业增长,“一企独大”风险进一步突显,如纳爱斯对市区、青山钢铁对青田、华宏钢铁对云和、元立集团对遂昌等影响巨大。三是新兴产业占比偏小。截至12月底,全市新兴产业增加值增幅仅实现4.2%,低于规上1.5个百分点,绝对值和增速均居全省末位,新兴产业增加值占规上工业增加值比重仅10.5%,低于全省平均水平16个百分点,居全省最低。

(二)工业投资低迷形势亟待提振

近年来,丽水市工业招商项目不足问题持续,制造业投资占全社会固定资产投资的比重持续下滑,从最高28.2%(2012年)已连续5年下滑到2016年的17.9%,累计下降了10.3个百分点,低于全省近10个百分点。在年初举行的2017浙江省扩大有效投资重大项目集中开工仪式上,丽水市安排工业投资项目仅有3个,投资额仅5.9亿元,各地普遍存在部分重大项目完工后,严重缺乏重大项目支撑的局面。受宏观经济形势影响,制造业项目招商、落地形势不容乐观。近年来,已入园的项目总体表现为建成、在建、未动工(缓建甚至退地)各占三分之一态势,投产达产项目则更少。全市制造业贷款已经连续37个月负增长。

(三)工业发展方式亟待调整

一是新旧动能转换不畅的问题比较突出。工业经济增长模式仍然高度依赖土地、投资等传统资源要素驱动,已呈现出工业增长动力持续减弱、传统比较优势逐步流失、新的竞争优势尚未形成、实体经济吸引力不足等突出矛盾。二是单一要素将难成产业优势。低丘缓坡开发试点解决了土地瓶颈制约,但是土地利用闲置、土地开发资金平衡问题十分突出。截至2017年全市闲置厂房面积达到170多公顷;低丘缓坡开发成本高,丽水开发区1000万元/公顷、莲都区高溪地块1641.79万元/公顷、丽缙园895.52万元/公顷,但工业用地出让价格仅有268.66~417.91万元/公顷,资金平衡问题亟待破解。

(四)能源“双控”压力大

2016年丽水市的单位能耗水平为0.38吨标准煤,远低于全省平均水平,按全省下达丽水市“十三五”单位GDP能耗下降15%以及用能总量年均2.5%的目标,节能潜力不足与稳增长的矛盾持续加大。

四、2018年工作思路

(一)主要目标

2018年全市生态工业经济力争实现“三个高于”,即规上工业增加值增速要高于全省平均水平;新兴产业增加值、装备制造业增加值、高新技术增加值的增幅要高于全市规上工业增加值增速;重点技改投资增速高于固定资产投资增速,加快推进转型升级。其中:

1. 全市完成规模以上工业增加值同比增长7%以上；全市数字经济核心产业增加值增长12%以上。

2. 全市完成工业投资增长10%；工业技改投资增长10%；重点技术改造投资增长15%。

3. 全市新增工业供地面积333.33公顷，新建标准厂房16公顷；确保完成“小升规”企业30家，力争50家。

4. 全市“腾笼换鸟”、能源“双控”完成省下达目标，完成“低小散”企业整治300家以上。

5. 其他指标争取完成省、市确定目标。

（二）重点举措

1. 争创一个试点，即围绕创新区建设，争创省级生态工业试点市

加强与省经信委和省工信院的对接联系，广泛开展调查研究，以《丽水市生态工业发展“31576”五年行动计划方案》为主要蓝本，精心编制申报省生态工业试点创建方案，争取上半年获批，争取省里对丽水市生态工业更大支持。同时，按照创新区的总体部署，扎实推进省生态工业试点创建工作，分解落实生态工业发展“31576”五年行动计划年度重点目标任务。努力通过试点示范，探索更多的生态工业体制机制优势，形成可复制、可推广的生态工业发展模式，争创生态工业发展的丽水样板。

2. 突出两个加快，即加快传统制造业改造提升和加快新经济新动能培育发展

(1)加快传统制造业改造提升。一是狠抓项目推进示范。适时召开全市传统制造业改造提升现场推进会，重点抓松阳县茶叶加工业传统制造业改造提升分行业省级试点，全面抓好市级10个分行业改造提升工作。全年入库1000万元市级重点工业投资项目500个以上，入围省级“四个百项”重点项目40个以上，重点技术改造投资增长15%以上、10个重点传统制造业技改投资增长10%以上。二是狠抓智能化生态化改造。以市本级智能制造、龙泉与缙云两化融合、庆元竹制品行业“机器换人”、松阳不锈钢管行业“机器换人”等5个省级智能化改造试点为契机，争取省补下达资金2500万元，全年完成推广应用工业机器人应用300台以上，10个重点传统制造业全员劳动生产率提高7%以上。全年整治“低小散”企业(作坊)300家以上，入园企业200家以上，淘汰落后产能涉及企业50家以上。三是狠抓创新能力建设。加大科技研发的投入力度，提高技术创新能力，全年新增市级以上企业技术中心等企业研发平台10个以上，累计达到150家。积极推进汽车空调创新服务综合体创建工作。全年全市规模以上工业新产品产值率达到35%以上、10个重点传统制造业主营业务收入利税率达到9%以上。

(2)加快新经济新动能培育发展。一是加快绿谷信息产业园建设。打造绿谷信息产业园、大学生创业园、杭州丽水海创园和绿谷智慧小镇为主平台的“三园一镇”主阵地。绿谷智慧小镇全年投资6亿元以上。信息产业园实际利用市外内资1亿元，入驻企业累计达300家，整体入驻率达80%，累计吸引互联网各类创业、从业人员5000人；园区年营业收入和税收分别达20亿元、6000万元，增长50%左右。加快落实市政府与中国信息化百人会之间战略合作协议，引导信息企业做大做强，推动一批企业向产业链上游发展、一批企业向新零售(电商+)品牌市场纵深拓展、一批共享经济商业模式走向省内外市场。加快西安电子科技大学ISN国家重点实验室丽水成果转化研究中心、西电丽水产学研基地和博士后工作站落地。争取年内引入包括驴妈妈、去哪儿等知名企业分支营运中心5个，实现在线交易额超15亿元。二是加快数字经济发展。认真实施《关于加快发展信息经济的实施意见》，全年实施省级软件和信息服务产业特色基地重点示范项目30个以上，力争实现软件和信息服务业业务收入增长50%以上。深化与中国信息化百人会的战略合作，加快推进丽水数字产业化、产业数字化、公共服务和社会治理智慧化。依托腾讯公司在丽水的“互联网+创新基地”技术和平台优势，建设“丽水公共服务”移动平台，建立完善用户认证、移动支付及平台运维体系，着力实施“掌上

社保”“智能公交”“智慧小区”“掌上市场监管通”“智能体育”“智能交通”等一批应用项目,提高城市管理智慧化水平,力争惠及用户超80万人,让群众真正感受到智慧丽水建设带来的实惠。加强新一代信息技术基础设施建设,全年投资7亿元以上。以加快推进企业深度上云为主抓手,新增上云企业2000家,建设一批上云用云标杆企业,打造一批标准化行业云服务平台,切实推动互联网、大数据及人工智能与实体经济的深度融合,降低企业信息系统构建成本,提高企业信息化应用水平。三是加快培育发展新兴产业。积极落实《浙江省培育发展战略性新兴产业行动计划(2017~2020年)》,对标浙江省八大万亿产业,培育具有丽水特色的生物医药、节能环保、新型材料、绿色能源等环境适宜型新兴产业,加快发展军民融合产业。围绕突破先进基础材料和打造特钢新材产业基地目标,推动建设钛材料研究院、钛产业园区和钛谷小镇,培育新型合金材料、精品不锈钢,打造千亿级新材料产业。深入实施《丽水市高端装备制造业发展规划》,大力发展高效节能环保装备、机器人与智能制造装备、智能电网与新能源装备、轴承等关键基础件。

3. 深化三大行动,即深化经信领域改革行动、深化精准服务企业行动、深化企业梯度培育行动

(1)深化经信领域改革行动。一是深化“最多跑一次”改革。完善经信系统办事指导目录、办事指南,进一步简化流程、审批材料和审批方式。强化事中事后监管,完善“两单一库”,加强“双随机、一公开”监管。加强经信领域信用体系建设,推行失信联合惩戒机制。二是深化“亩均论英雄”改革。稳步实施“事前定标准、事后管达标、亩产论英雄”的企业投资项目“标准地”制度。开展规上工业和规下5亩以上企业综合评价,以企业绩效评价差别化要素配置政策为抓手,加大差别电价、水价、排污、用能、财政补助等政策的实施力度,倒逼落后企业“退低进高”、“低小散”企业“退散进集”。三是全面执行“区域能评+区块能耗标准”改革,全面出台区域能评负面清单制度,实施项目能评分类管理,对负面清单外的项目实行承诺备案管理,对负面清单内的项目实行节能审查管理。加强对项目事中、事后的全过程监管,确保节能措施落实。四是深化盐业体制改革。全面完成市、县两级盐业管理体制改革,建立食盐质量、储备监督管理体系,进一步提高质量安全和供应安全保障水平。五是深化经信领域安全生产改革发展。始终守牢安全生产发展的红线和底线,严格落实民爆行业安全监管责任,严格落实工业领域安全生产管理责任。按照管行业必须管安全的要求,把安全生产要求纳入行业规划、产业政策、法规标准、行政许可、宣传教育等工作之中,全力配合安监部门抓好工矿企业的安全生产和职业健康管理指导工作,积极提升工业行业的本质安全生产水平。

(2)深化“精准服务企业、振兴实体经济”专项行动。遵循需求导向、问题导向和实效导向,深化“精准服务企业、振兴实体经济”专项行动,建立覆盖全市规上企业和重点成长型企业的服务领导和服务联络员“双联双责”制度,实现涉企常态化服务全覆盖。深入开展大走访、大调研、大服务、大督办,做到企业反映问题“件件有着落,事事有回音”。着力浓厚发展氛围,着力优化营商环境。完善涉企服务长效化机制,改造提升丽水市中小企业公共服务平台,推出中小企业创业创新服务券,提高服务企业的广度和深度。

(3)深化企业梯度培育行动。一是培育一批龙头骨干企业。培育好3家省级、40家市级“三名”企业。认真贯彻“凤凰行动”计划,积极推动企业股改上市和并购重组,做优做强做大企业,新增一批产值超亿元企业,超10亿元骨干龙头企业6家以上。二是提升一批中小企业。围绕三大千亿级产业和12个重点产业集群,建立高质量的“小升规”重点企业培育库,确保新上规企业30家以上,力争达到50家。加大小微企业园区建设力度,确保全年新增小微企业园区4家,力争7家,完成新建标准厂房16公顷,推动200家企业进入园区集聚转型发展。三是打造一批“隐形冠军”。加快推进中小企业向“专精特新”发展,推动小企业、小团队、小项目做优做大做强。全市建立30家隐形冠军企业培育库,力争5家以上企业列入省级培育。

4. 强化四个保障,即强化考核机制、强化多方联动、强化政策扶持、强化要素支撑

(1)强化考核机制。完善《生态工业绩效评价考核奖励办法》,坚持量质并举,从注重速度增长向全面高质量发展,更加突出投入产出效率和结构优化,强化绿色发展,努力构建既有利于发挥各地积极性,又有利于速度、质量均衡发展的科学考核机制。

(2)强化多方联动。强化经信部门"大综合、大工业、大融合"理念,充分发挥促进工业和信息化及中小企业发展等综合协调职能,加强上下联动、部门协调,集聚涉工部门合力。强化责任落实,分解落实省生态工业试点市创建、"31576"年度目标任务,建立月通报、季督查、年考评动态管理机制,抓早抓小,抓细抓实抓出成效。

(3)强化政策扶持。研究修订加快生态工业发展、小微企业园区创建、软件业及集成电路行业发展、工业设计、企业减负等相关扶持政策,加大生态工业综合政策扶持力度。切实抓好政策的宣传和指导,让更多企业享受政策红利,充分发挥政策扶持资金的引领推动作用。

(4)强化要素支撑。大力推进旧厂改造、标准厂房建设,努力盘活企业有效资源,全年力争完成闲置土地盘活 3000 亩。着力推进政策性融资担保体系建设,加快融资担保机构行业发展,努力缓解融资难、融资贵问题。认真贯彻落实新修订的中小企业促进法、中央和省市有关弘扬企业家精神的意见,切实加强企业家素质提升工程和企业人才队伍建设,全市全年计划培训各类企业经营管理人员 5000 人次。

传统与新兴产业并进 工业经济发展质量显著提升

——义乌市2017年工业经济运行情况

义乌市经济和信息化委员会

2017年,义乌市以转型发展为目标,以提质增效为中心,大力培育战略性新兴产业和改造提升传统产业,不断深化改革,积极创新驱动,各项结构性指标持续向好,工业经济发展质量显著提升。

一、2017年工业经济主要指标

(一)工业经济平稳增长

全年完成规上产值662亿,增速6.25%;完成规上增加值141亿,增速5.39%。完成新产品产值205.4亿元,同比增长13.1%。

(二)工业投资全省领先

全年完成工业投资167亿元,同比增长29.5%,增速位列全省十七强县市第一;完成技改投资123.3亿元,同比增长33.6%;完成设备工器具投资71亿元,同比增长120%。

(三)工业结构持续向好

引进内资67亿元,金华排名第一。战略性新兴产业增加值增速18.7%,装备制造业增加值增速60%,高新技术产业增加值增速20%。

(四)"两化"融合不断深入

2017年新增企业上云数3800家。信息经济发展指数106.6,全省第10名,县(县级市)第一名,金华各县(市、区)第一名。

二、2017年工业经济工作主要举措及成效

(一)招大引强,新兴产业集聚初显效应

2017年,全市继续围绕四大产业招大引强,项目招引层次更高、领域更广、落地更快、影响更广。新签约20亿元以上制造业项目6个,计划总投资超300亿元。其中,沃尔沃发动机项目总投资105亿元,是义乌市有史以来总投资额最大的制造业项目。实施英伦新能源整车、木林森等总投资亿元以上重点工业项目52项,义利动力总成、华灿光电等22项竣工投产。培育、引进绿色动力小镇、光源科技小镇、森山健康小镇、华统食品小镇、哈工大机器人小镇等5个工业特色小镇项目,其中绿色动力小镇入围省级特色小镇第三批创建名单。汽车、信息光电、食品健康三大新兴产业初具规模,工业经济发展质量得到显著提升。

(二)精准施策,传统制造业改造提升稳步推进

实施实业振兴行动,2017年,义乌市成功入围全省振兴实体经济(传统产业改造)财政专项激励资金分配名单,获得3个亿省级财政专项激励资金;服装制造业入选传统制造业改造提升分行业省级试点。编制全市传统制造业改造提升实施方案,针对饰品、服装、袜业、纺织、拉链、箱包、化妆品、工艺品、日用品、印刷包装

等十大传统制造业,以创新设计、品质提升和智能制造为重点,以小微企业创业园和产业创新服务综合体为载体,建立"聚织云"、朵彩"供应链"、"义数云"等平台,联动推进"互联网 +""机器人 +""标准化 +""大数据 +"在传统制造业领域的融合应用,推动义乌市传统制造业由一般加工制造向中高端制造转变、粗放式经营向集约化经营转变。

(三)"破立结合","低小散"行业整治提升"治标更治本"

制定出台《义乌市人民政府办公室关于深入打好"低小散"行业整治提升系列组合拳的实施意见》《义乌市人民政府关于加强小微企业创业园和产业创新综合体建设管理的实施意见》,全力打好工业领域"治标更治本"系列组合拳,并得到高兴夫副省长批示肯定。以园区、农村、社区为主战场,完成"四无"企业整治 7306 家,基本完成 2116 宗出租型工业用地整治提升,就地提升企业 9485 家,关停搬迁企业 2215 家;分行业推进整治提升,后宅饰品产业园、苏溪丝网印刷集聚点已投入运营,稠江印刷包装产业园已有 150 余家企业集聚入园,佛堂印刷包装产业园一期项目已结顶。按照"1+10+2+1+X"的产业体系,以低效工业用地"退二优二"为主要手段开展第一批 24 个小微企业创业园项目建设,总用地面积 2375 亩,总建筑面积 240.4 公顷。24 个项目中 22 个已明确运营机构,19 个已完成园区规划,16 个已完成空间整理,11 个园区已入驻企业。义乌市小微创业园建设的主要做法在全省小微企业创业园建设工作交流会上得到了上级部门领导的肯定。

(四)"亩均论英雄",低效用地倒逼整治"腾笼换鸟"

继续修订亩产效益综合评价办法,不断提升评价办法公平性和资源要素配置准确性,完成 2016 年亩产效益综合评价工作。106 家 A 类企业、304 家 B1 类企业享受政策倾斜,全年差别化减免城镇土地使用税 1.37 亿元,补贴 A 类企业水、天然气费用 358 万元,落实 A 类、B1 类企业人才子女就学 223 人,为 A 类、B1 类企业实施政策性担保 37 家次,累计担保额 7 亿元;126 家 D 类企业全面整治,全年累计征收差别化电费 1169 万元、水费 35 万元,D 类企业完成整治提升 89 家,整厂关停 37 家,其中 31 家完成用地转让,8 家实施用地收回,7 家建设小微企业创业园,7 家实现小升规,4 家实施旧厂区改造或引进新项目。打破"僵尸企业"10 家,完成金华下达任务数的 200%。探索建立以低效用地收回、工业功能区有机更新、工业资产国资收购为主要手段的工业用地"腾笼换鸟"工作机制,会同国土部门完成金厦商品混凝土、鸿熙工艺品、宇舶服饰、鸿盛拉链、鸿娜纸业等工业用地弹性出让、先租后让等出让试点。全年收回工业用地 126.33 公顷,三改一拆工业旧厂房改造 168.671 公顷。

(五)模式创新,产融合作试点建设为企"添翼"

按照产融合作试点城市建设要求,强化政策供给、机制供给和资本供给,扎实推进企业多层次对接资本市场。全市共有上市公司 7 家,新三板挂牌企业 13 家,区域股权交易市场挂牌 81 家,完成股改企业 91 家,企业新增债券融资 241 亿元。推进特色产业基金运作,浙大科发、浙科汇富、安芙兰、通杰股权投资等四个子基金实际到位资金共 38850 万元。政策性融资担保向小微、三农扩面,完善管理体制,为 200 余家企业提供政策性担保融资咨询服务,为 25 家企业提供了在保余额 36927 万元的政策性担保,累计为企业担保 37 家次,累计担保额 7 亿元。义乌市政策性融资担保工作经验做法在全省推广。解决企业融资难融资贵问题,"转贷通"2015 年 3 月份运行以来,共计为 1514 家企业办理转贷 570.8 亿元,直接为企业节约转贷成本 4.56 亿元。被国家工信部列入产融合作"十大典型"案例之一。"助保贷"项目一年来共发放贷款 9000 余万元,为企业解决融资成本近 200 万元。开展银企对接 70 余场次,建成各类专业产融综合信息服务平台 4 个,产融合作信息覆盖机构 186 个;先后推出了各类新型抵质押融资品种 10 余个,创新融资金融产品余额 158.5 亿元,创新应收账款质押融资业务 22 亿元;积极推进奕君箱包、聚饰云等小微企业创业园供应链金融服务,实施银团贷款项目 6 个,贷款总金额为 81.2 亿元。

(六)技术引领,智能制造增添企业发展新活力

大力推进“机器换人”,2017 年新增工业机器人 214 台,6 个项目入选 2017 年浙江省技术改造重点项目计划,21 个项目入围金华市重点技改项目。义乌华鼎锦纶股份的“全流程锦纶生产智能工厂项目”成功入选工信部智能制造新模式应用示范项目,浙江威特电梯有限公司的“电梯智能工厂与智能服务项目”、浙江英伦汽车有限公司的“新能源汽车轻量化车身智能制造项目”入选 2017 年浙江省重点智能制造项目。会同“机器换人”服务机构对拉链行业进行技术指导,鑫鸿拉链与沈阳自动化研究所义乌中心合作研发的自动加料机和自动收卷机已投入使用,浙工大与华灵拉链合作的拉链一体化自动加工机也已完成。完成省、市两级技术中心培育申报 3 家,培育新产品(新技术)备案验收 98 项。推荐报省级优秀工业新产品 2 个,浙江省首台(套)项目 2 个。积极推进义乌工业设计中心搬迁工作,截至 2017 年已完成装修招标工作并进场装修,将在一楼打造义乌生活设计中心。新光重点设计院截至 2017 年已完成内部装修改造,设备购置合同已签订,逐步入场。2017 年认定了 5 家工业设计机构为义乌市 2017 年第二批企业工业设计中心。

(七)两化融合,信息经济发展持续领先

完成政务数据交换平台、数据资源目录管理、公共数据服务平台建设,共有 40 个单位的 60 多个应用系统迁移至云平台。纳入政务服务网办理的行政许可事项达 230 多项,其他类事项 1500 多项,纳入率 100%,入网事项总数和办件总量在全省各县(市、区)位居第一。2017 年 1 月,义乌市“智慧健康”项目成功入选浙江省智慧健康示范推广项目,获 500 万元项目建设补助资金。实施义乌市 2017 年度政府投资信息化计划项目 31 个,总投资亿元以上。推进省级两化融合试点建设,成功升级为省级两化融合示范区,实施两化融合重点项目 30 个。推进新光饰品、棒杰、曼姿袜业等三家省级个性化定制试点建设,新光被评为 2017 省个性化定制示范企业。推进棒杰、三鼎、华鼎、曼姿、新光等五家企业开展国家两化融合管理体系贯标,三鼎、华鼎、曼姿已通过工信部贯标评定。2017 信息经济发展指数 106.6,全省第 10 名,县(县级市)第一名。推进信息基础设施建设,手机用户数达 250 万户,光宽带用户达 65 万户,免费无线网络建设金华市排名第一。实施两化融合重点项目 30 个,总投资 1 亿多元。推进企业上云工作行动迅速,培育新光、商翔等上云标杆企业,培育聚饰云等工业云平台,超额完成了 3800 家企业上云任务数。入驻京东企业 3600 家。阿里巴巴义乌产业带平台入驻企业 3.6 万家,综合排名持续位居阿里巴巴政府签约产业带领衔第一。

(八)节能降耗,绿色工业展现新成效

全力配合完成环保督察任务,核销 92 台高污染燃煤锅炉,完成 140 台高污染燃料锅炉淘汰改造工作。完成淘汰落后产能验收企业 22 家,清洁生产审核验收企业 30 家。光伏发电项目共 80.86 兆瓦,其中居民光伏项目 3087 个,装机容量 24.359 兆瓦;工商业项目 47 个。制定新能源汽车推广实施方案,明确扶持政策,新能源汽车推广应用 2360 标辆。

(九)改革服务,工业发展环境不断优化

一是推进工业领域最多跑一次改革,实现“零土地”技改项目备案“零跑”,2017 年共开展“零土地”技改项目备案 270 项;全省率先实施全市域区域能评,实现通过“区域能评+区块能耗标准”实施全市域区域能评,获省、市领导批示肯定。改革以来,实施清单内审批项目 23 个、清单外承诺备案项目 62 个,能评时间平均缩减 15 天、费用减少 73%。着重推进工业投资项目审批事项“最多跑一次”改革,会同国土、规划、住建、气象、水务、环保等相关职能部门对工业项目从招商到开工的全过程进行审批流程再造。截至 2017 年已累计优化审批环节 18 个,实现施工图联审和施工图电子化,进一步优化企业投资环境。二是继续深入推进“店小二”服务企业活动。深入推进市领导“九联系”、部门镇街领导走访规上企业活动,通过“早餐会”、企业难题交

办情况督查会等形式跟踪落实企业难题交办。现场解决和交办解决难题200多项。开展企业培训服务，培训企业各层次职工2.7万多人次，用于各类培训资金850余万元。推进企业人才保障服务，为50名企业实用人才发放购房补贴1500万元。围绕供给侧结构性改革降成本行动，采取各项措施，着力帮助企业降低税费负担，降低制度性成本、用工成本、融资成本和资源性成本，2017年为企业降低成本17亿元。

（十）市场繁荣，品牌会展赋能装备工业新营销

2017中国义乌国际装备博览会于2017年11月23~25日在义乌博览中心成功举办，共有来自全国18个省（市、自治区）以及美国、德国、日本、韩国等11个国家和地区的848家企业参展，展位数总计3071个。展会共吸引了49393人次的观众参会，其中企业等专业采购商28912名，境外专业采购商1377名，同比分别增长10.5%和28.1%。展会期间，同期举办2017中国义乌人工智能博览会和2017中国智能智造人才高峰论坛（包括智能制造人才高峰主论坛和智能生活、智能驾驶、智能医疗等三个分论坛）。举办20多场次“央企采购洽谈会”“境外专场采购商洽谈会”“行业龙头企业采购对接会活动，共组织各类采购团135个，现场达成各类意向协议和订单286份。在2017年中国会展行业年度颁奖盛典中，2017装博会获得“2017年度中国十佳品牌展览会”称号。

三、工业经济发展面临的形势

2018年，义乌市工业经济发展面临着新的机遇和挑战，从机遇上看，一批重大招商引资项目的投产，为义乌市工业经济发展增添了新的活力，也为义乌市工业经济的转型升级奠定了坚实的基础；从挑战上看，传统产业将进一步面临充分的市场竞争，人工工资增长、金融资金的压力、国际贸易风险等种种不确定因素对义乌市工业经济发展提出了新的课题。

四、推进工业经济发展的对策

2018年，义乌市将全面贯彻党的十九大精神，以习近平新时代中国特色社会主义思想为指导，认真落实市委十四届三次全会决策部署，以新发展理念统领全市工业和信息化工作，以高质量发展为根本要求，以振兴实体经济为目标，以供给侧结构性改革为主线，以提高供给体系质量和全要素生产率为主攻方向，围绕“增量选优，存量提质”，统筹推进先进制造业培育发展和传统制造业改造提升各项工作，全力打好转型升级系列组合拳，积极推动全市实体经济发展质量变革、效率变革、动力变革。

（一）强调规划引领，谋划推进“中国制造2025”义乌行动计划

制定出台“中国制造2025”义乌行动计划及实施方案，围绕义乌市现有信息光电（LED）、新能源汽车及零部件、生物医药健康等主导新兴产业，进一步界定每一产业的核心业态、关联业态及衍生业态，为先进制造业培育明确发展方向和策略。

（二）狠抓工业投资，大力推进先进制造业培育

围绕新能源汽车及零部件、信息光电（LED）、生物医药健康等特色优势产业持续开展项目招引，着力打造产业制高点，培育先进制造业集群。加快绿色动力小镇、光源科技小镇、森山健康小镇等制造业特色小镇建设，实施爱旭二期、华灿二期等重大项目50项以上，实现英伦新能源整车、木林森一期、极智联合等20项以上重大项目投产运营。工业有效投资增长20%以上。

（三）振兴实体经济，加快推进传统产业改造提升

按照“1+3”模式，围绕衬衫、针织内衣、袜业三大主攻方向，以机器换人、大数据、互联网、智能制造等为重点深入推进服装制造业改造提升省级试点。分行业谋划改造提升实施方案，推动以十大传统制造业为主

的全市层面传统制造业改造提升工作。启动电镀、印染产业园区建设，不断提升电镀、印染等配套产业对传统制造业改造提升的支撑作用。

(四)加强政策引导，全力推进小微企业创业园建设

围绕“1+10+2+1+X”的产业定位，制定市级小微企业创业园认定管理办法，完善分级扶持机制，不断强化低效工业用地“退二优二”建设小微企业创业园的工作力度，全年力争建成投用小微企业创业园15家以上。

(五)巩固整治成果，持续推进“低小散”问题企业整治提升

坚决打破拖累高质量发展的“坛坛罐罐”，明确“低小散”企业与中小微企业的区分界限，全年整治提升“低小散”问题企业2000家。按照“经济指标升上去，安全指标降下来”的工作要求，深化“治标更治本”，巩固完善工业厂房“有序出租”工作机制，加快大数据系统在工业用地及工业厂房管理中的应用。持续推进“低小散”块状行业整合集聚，完成后宅饰品产业园、佛堂仿真花产业园规划建设。

(六)加快“腾笼换鸟”，积极推进工业用地全生命周期管理

深化“亩均论英雄”改革，不断完善亩产效益综合评价办法，强化资源要素市场化配置机制，加快处置“僵尸企业”，全面整治提升D类企业和亩均税收1万元以下的“低效用地”企业。全面开展工业用地“标准地”出让，建立工业用地全生命周期管理机制，对企业在用地期限内的利用状况实施全过程动态评估和监管，大力推进工业用地“腾笼换鸟”，全年力争整治提升低效工业用地666.67公顷以上，收回工业用地133.33公顷以上，旧厂区改造面积40公顷以上。

(七)加强节能降耗，扎实推进绿色制造新模式

加快淘汰落后产能，稳步推进砖瓦、电镀、印染行业整治工作，争取全年完成清洁生产验收15家，淘汰落后产能15家。完成全市集中供热规划调整，推进工业园区集中供热项目开工建设；开展全市工业垃圾分类与摸底工作，建立规上企业垃圾分类工作全过程监管机制；继续开展新能源汽车推广应用工作，争取全年新增新能源标车1000辆。

(八)完善金融服务，统筹推进产融合作试点城市建设

按照试点城市建设三年计划要求，继续深入推进企业股改上市、金融服务、基金引导等工作，力争试点城市建设取得阶段性成效。

(九)两化深度融合，不断推进信息基础设施建设

立足省级信息经济发展示范区和两化深度融合示范区建设，稳步推进“企业上云”，积极推动国家“两化融合管理体系”标准化建设。积极谋划5G移动通信试点，持续提升义乌市信息基础设施水平，争取2018年信息化发展指数、信息经济发展指数继续在全省保持领先。谋划推进一批大数据引领性、应用性、支撑性项目，做大数字经济，助力三大廊道建设。

(十)深化企业服务，全面推进企业发展环境优化

开展“关心关爱企业家、助企强企增活力”为主题的企业服务活动，激发和保护企业家精神。加强政策引导，全面梳理完善工业企业扶持政策体系，做到精准施策、精准服务。加强小微企业集聚入园服务，解决好高税无地企业发展空间，推动科技型成长型企业成果转化，强化对规上企业的金融扶持、设计服务和技改支持，帮助50强企业做好品牌培育、上市培育和产业链整合。继续深入推进“最多跑一次”改革，完成区域能评承诺网上申报平台，实现能评审查零跑；优化工业投资项目审批流程再造，提高项目推进效率。推进企业减负，创新开展企业培训，努力为企业发展打造最优环境。

第五部分　政策篇

浙江省人民政府关于深化制造业与互联网融合发展的实施意见

浙政发〔2017〕9号

各市、县(市、区)人民政府,省政府直属各单位:

制造业是国民经济的主体,是实施"互联网+"行动的主战场。为认真贯彻《国务院关于深化制造业与互联网融合发展的指导意见》(国发〔2016〕28号),深化浙江省制造业与互联网融合发展,全面提升信息化和工业化深度融合国家示范区建设水平,现提出如下实施意见。

一、总体要求

(一)指导思想

深入贯彻党的十八大和十八届历次全会精神,牢固树立创新、协调、绿色、开放、共享的发展理念,全面实施"中国制造2025"浙江行动和"互联网+"行动计划,充分发挥浙江省制造业与互联网双重优势,以激发新常态下制造企业创新活力、发展潜力和转型动力为主线,以互联网、云计算、大数据、物联网和人工智能等新一代信息技术为支撑,打造基于互联网的制造业"双创"平台,推进中小企业互联网融合应用,发展以工业互联网为核心的智能制造,培育基于互联网的制造业新模式,增强制造业与互联网融合发展的支撑能力,切实提升工业信息系统安全水平,形成叠加效应、聚合效应、倍增效应,推动制造业提质增效升级,实现从制造大省向制造强省跨越。

(二)发展目标

到2018年底,面向工业应用的信息基础设施不断完善,制造业数字化、网络化、智能化取得明显进展,基于互联网的新技术、新产品、新模式、新业态快速发展,开放式生产和组织体系逐步建立,制造业新生态基本形成。

——制造业重点行业骨干企业互联网"双创"平台普及率达到80%,工业云企业用户数比2015年翻一番。

——规模以上工业企业劳动生产率提高16%,新产品研发周期缩短15%,库存周转率提高25%,能源利用率提高5%。

——重点制造企业数字化设计工具、企业资源计划、供应链管理、产品全生命周期管理应用率分别达到85%、85%、70%和60%。

——重点制造企业装备数控化率、机器联网率、制造执行系统应用率分别达到50%、35%和50%。

——重点制造企业电子商务采购和销售比例分别达到40%和55%。

——建设一批制造业与互联网融合发展示范区,实施一批工业互联网、工业云和工业大数据应用示范项目,培育一批网络化协同、个性化定制、服务型制造和工业电子商务等试点示范企业。

——制造业与互联网融合发展的支撑服务能力不断增强,自动控制与感知、核心工业软硬件、工业互联网、工业云和智能服务平台等关键技术取得突破,核心技术自主可控,以互联网为核心的软件和信息技术服务业务收入突破5000亿元。

到2025年,新一代网络信息技术深度融入制造业全过程、全产业链和产品全生命周期,制造业与互联网融合发展的产业支撑体系基本健全,融合发展新模式广泛普及,新型制造体系基本形成,制造业与互联网融合发展水平位居全国前列,制造业综合竞争实力达到全国一流水平。

二、主要任务

(一)打造基于互联网的制造业“双创”平台

1. 推动制造企业“双创”平台建设。支持制造业龙头企业建设基于互联网的“双创”平台,整合、集聚企业内外部各类人才、设计、制造、服务和资本等资源。鼓励内部员工、外部创客和中小微企业开发新产品、新服务。鼓励机械制造、纺织服装、家电家居、电子信息等制造业龙头企业发挥“双创”平台集聚的资源优势,为产业链上下游企业提供创业创新环境和专业化服务,构建资源富集、创新活跃、高效协同的产业链“双创”新生态。到2018年,培育100家制造业龙头企业“双创”示范试点。

2. 推动互联网企业“双创”服务体系建设。支持大型互联网企业、基础电信运营企业建设面向制造企业特别是中小企业的“双创”服务平台,开展工业互联网、云计算和大数据服务。依托高新区、科技城、特色小镇等科技创新平台,发展一批基于互联网的创客空间、创新工场、开源社区等新型众创空间,推动互联网人才、技术、资本、服务等高端要素向制造业集聚,打造一批制造业“双创”基地。支持宁波“中国制造2025”试点示范城市和乌镇互联网创新发展试验区建设。

3. 推动制造企业与互联网企业跨界融合。推动互联网资源与制造资源有机整合,合资合作培育新的经营主体,发展智能化、网络化新产品、新服务,探索制订一批融合发展的技术体系、标准规范、商业模式和竞争规则,形成优势互补、合作共赢的发展格局。支持龙头骨干制造企业与互联网企业、金融机构合作,发展供应链金融;支持块状经济和互联网企业合作,深化互联网应用,提升行业运行效率;支持装备制造企业与大数据企业合作,发展服务型制造。建立工业互联网、工业大数据、云制造、工业信息安全等跨行业联盟,开展关键共性技术攻关和公共服务平台建设。大力发展制造业领域的分享经济,促进制造资源配置优化和全要素生产率提升。

(二)推进中小企业互联网融合应用

1. 实施制造企业上云计划。聚焦中小企业云应用,建设一批专业或行业性云平台,打造云计算产业链生态,构建云计算应用服务体系。鼓励中小企业在研发、生产、管理、销售、服务等环节使用云技术,发展个性化定制、网络化协同制造、服务型制造,实现供应链资源共享和产业链协同。

2. 深化中小企业电子商务应用。推进中小制造企业与电子商务企业、物流企业、金融企业的合作,整合线上线下资源,打造高效协同的电子商务体系。推动集信息发布、在线交易、数据分析、跟踪追溯等功能于一体的智能物流平台建设。以电子商务平台应用推广为抓手,推动移动、产业集群、社区、农村、跨境等领域新型电子商务模式发展。

(三)发展以工业互联网为核心的智能制造

1. 推进感知互联的智能新产品新装备研发。突破发展智能传感器、多传感器集成、网络标识等智能感知产品;加快发展穿戴电子、网络终端、智能家居、医疗电子、车联网等网络化、智能化产品;大力发展智能机器人、数控装备、增材制造装备、高性能检测设备、纺织装备、物流装备、电网设备、农业装备、船舶装备、节能环保装备等高端装备。

2. 推进工业互联网应用。选择信息化基础较好的行业领域，加快工业互联网的建设和应用。重点在化工、医药、机械、装备、纺织、服装、电子、家居等行业，推进基于工业互联网的智能制造单元、智能生产线、智能车间、智能工厂建设。支持制造企业应用工业互联网技术和智能物流成套设备，提升仓储、运输、分拣、包装等作业环节智能化水平。到2018年，建设100家工业互联网应用示范企业。

3. 加快工业大数据的开发应用。构建工厂内人与机器、机器与物料、机器与机器之间互联的网络结构，打通数据链，提高企业数据感知、识别、挖掘、分析和管理能力。利用大数据优化业务流程，提升柔性化生产、精细化管控和智能化决策能力。鼓励企业采用专业的大数据分析工具以及第三方大数据服务，推动精准营销、关联营销。探索建立传统产业大数据平台，争创国家工业大数据创新中心，建立基于大数据的企业信用体系。

4. 深入实施企业“两化”融合登高计划。面向全省2000家重点制造企业，运用工业互联网加强信息系统的纵向集成、横向集成和端到端集成，不断推动企业信息化从单向应用向综合集成、协同创新提升，从机器换人、机器联网向智能制造、绿色制造、服务型制造迈进。到2018年，培育“两化”融合综合集成企业800家、协同创新企业200家。

5. 加快企业“两化”融合管理体系贯标。加快标准的推广应用，组织开展培训和经验交流，完成200家以上企业的贯标认定。以“两化”融合管理体系标准为指导，推动企业业务流程再造和组织方式变革，构建开放式、扁平化、平台化的新型组织管理模式。完善贯标服务体系，培育一批具有较强能力的贯标咨询服务机构，提高贯标认证的市场认可度。依托国家“两化”融合服务平台，全面开展企业自评估、自诊断和自对标活动。每年对全省2000家骨干企业和20个主要行业开展“两化”融合发展水平评估。

(四)培育基于互联网的制造业新模式

1. 发展网络协同制造。鼓励制造企业建立制造资源网络化协同平台，加快企业间创新资源、生产能力和服务能力的综合集成，促进基于数据的设计、生产、物流、仓储等环节高效协同，实现跨区域、分布式协同制造，提升全产业链的要素资源配置效率。鼓励省级特色工业设计基地建立协同设计平台，发展网络协同设计、众包设计、虚拟仿真、3D打印等新模式。到2018年，培育100家网络协同制造示范试点企业。

2. 发展个性化定制。加快推进企业设计研发、生产制造、供应链管理等关键环节的柔性化改造，鼓励企业开展基于个性化产品的研发、生产、服务和商业模式创新，促进供给与需求精准匹配，推动传统生产模式由大规模标准化生产向大规模个性化定制转变。重点在服装、家电、家具、厨卫、建材等消费品行业以及汽车、机床、叉车、泵阀、船舶、电梯等装备制造行业，大力发展个性化定制和柔性化生产。到2018年，培育100家个性化定制示范试点企业。

3. 发展服务型制造。推进企业运用互联网开展在线增值服务，鼓励发展面向智能产品和智能装备的产品全生命周期管理和服务，拓展产品价值空间，实现从制造向“制造＋服务”转型升级。支持有条件的企业由提供设备向提供系统集成总承包服务转变，由提供产品向提供整体解决方案转变。重点推动纺织机械、物流装备、食品加工机械、农业机械、泵阀设备、环保机械等传统装备智能化升级，利用互联网开展产品和设备的远程咨询、远程监控、故障诊断、过程优化等在线增值服务。到2018年，培育100家服务型制造示范试点企业。

(五)增强制造业与互联网融合的支撑能力

1. 突破制造业与互联网融合关键技术。坚持产用联动，在制造业与互联网融合发展的基础技术、关键技术和前沿技术上加大投入，强化制造业自动化、数字化、智能化基础技术和产业支撑能力。重点发展以自动控制与感知技术、核心工业软硬件、工业互联网、工业云和智能服务平台“新四基”为核心的技术体系。强化软件支撑和定义制造业的基础性作用。加快设计开发工具、仿真测试工具、制造执行系统、产品全生命周期管理、企业资源计划等工业应用软件的开发和产业化。加快信息物理系统参考模型、机器视觉、人工智能、虚拟现实、远程在线检测等技术的研究和应用。

2. 培育工业信息工程服务体系。实施融合发展系统解决方案能力提升工程，依托大型装备企业、软件和信息服务企业，加快培育一批提供咨询设计、软件开发、工程实施和运营维护等一体化服务的工业信息工程公司，加强工业装备互联互通的标识解析、测量溯源、数据交换、通信协议等技术攻关和标准研制，分行业开发一批可复制可推广的融合发展系统解决方案，并组织开展行业应用试点示范。培育一批云、网、端一体化的专业云工程与云服务企业。到 2018 年，培育工业信息工程、云工程与云服务等省级重点企业研究院 50 家以上。

3. 加快软件和信息服务业发展。以应用需求为导向，集聚创新资源，突破关键核心技术，打造一批软件和信息服务业示范基地、特色基地和创业基地。加快提升杭州中国软件名城建设水平。着力培育一批软件和信息服务业骨干企业，实施一批重大产业化项目，打造软件和信息服务业生态链。到 2018 年，培育服务于制造业的软件和信息服务企业 1000 家以上。

（六）切实提升工业信息系统安全水平

1. 增强工业控制系统安全保障能力。推进制造企业按照 ISO27000 信息安全管理体系标准，健全制造企业信息安全防护机制，建设重要数据资源和信息系统的安全防护和灾难备份系统。在制造企业推广自主可控的工业控制系统、国产密码、可信云服务等安全技术、产品和服务，全面提升安全防护能力。建立工业控制系统安全风险信息采集汇总和分析通报机制，组织开展重点行业工业控制系统信息安全检查和风险评估。

2. 加快工业信息安全核心技术产品产业化。重点支持系统仿真测试、云安全防护、评估验证等关键共性技术平台建设，推进访问控制、追踪溯源、商业信息及隐私保护等核心技术产品产业化。支持面向“云网端”基础类、网络与边界安全类、终端与数据安全类、安全管理类等信息安全产品研发和产业化。培育发展安全咨询及集成、安全运维管理、安全测评和认证、安全培训等信息安全服务业。

三、保障措施

（一）完善融合发展体制机制

加强组织领导，完善工业和信息化部与省政府合作推进“两化”深度融合国家示范区建设工作机制。放宽新产品、新业态的市场准入限制，加强事中事后监管，营造有利于制造业与互联网融合发展环境。发挥中介组织的桥梁纽带作用，鼓励建立跨行业、跨领域的新型产学研用联盟，完善制造业与互联网融合跨界合作机制。围绕新商业模式知识产权保护需求，推动完善相关政策法规。建立完善制造业与互联网融合发展的评价制度和绩效考核机制。

（二）加大财税金融政策支持

鼓励地方和企业争取国家相关专项资金支持。用好省级财政相关专项资金、基金，支持制造业与互联网融合发展示范试点。创新财政资金支持方式，鼓励各地政府采购第三方云服务扶持中小企业产品和服务。用足用好国家软件和集成电路企业所得税和产品增值税优惠政策以及研发费用加计扣除、高新技术企业与孵化器所得税优惠等税收政策。充分发挥各级产业基金的作用，积极与社会资本合作，设立相关子基金，加大对融合发展项目的投入。鼓励金融机构利用“双创”平台提供结算、融资、理财、咨询等一站式系统化金融服务。积极探索多样化的信贷风险分担机制。

（三）加强用地用房保障

支持制造企业在不改变用地主体和规划条件的前提下，利用存量房产、土地资源发展制造业与互联网融合的新业务、新业态，实行5年过渡期内保持土地原用途和权利类型不变的政策。鼓励有条件的地方因地制宜出台政策，积极盘活闲置的工业厂房、企业库房和物流设施等资源，并在办公用房、水电、网络等方面给予政策支持，为致力于制造业与互联网融合发展的创业者提供低成本、高效便捷的专业服务。

（四）健全融合发展人才队伍体系

依托“千人计划”“海鸥计划”、领军型创新创业团队引进培育计划、国内高层次人才特殊支持计划等，引进和培养智能制造与互联网等跨界高端人才，营造有利于融合发展优秀人才脱颖而出的良好环境。鼓励建设互联网专业院校，支持高校设置“互联网＋”等相关专业。在职业院校、技工学校、大型企业和产业园区建设一批产学研用结合的专业人才培训基地。在大型企业、高新技术企业推广首席信息官制度。组织制造业与互联网融合发展专题培训和巡讲系列活动。

（五）推进融合发展国际合作交流

办好世界互联网大会，加强浙江省制造企业与国内外互联网企业、行业组织的交流合作，引进全球知名企业来浙设立分支机构或科研机构，引进全球最新互联网科技成果来浙转化、“双创”团队来浙创新创业。支持有条件的企业收购、兼并重组国外工业互联网优秀企业，利用全球人才、技术、知识产权等创新资源，学习借鉴国际先进经营管理模式，促进浙江省制造业与互联网融合发展。

本意见自2017年4月28日起施行。

浙江省人民政府

2017年3月28日

浙江省人民政府关于印发浙江省推进企业上市和并购重组“凤凰行动”计划的通知

浙政发〔2017〕40号

各市、县(市、区)人民政府,省政府直属各单位:

现将《浙江省推进企业上市和并购重组“凤凰行动”计划》印发给你们,请结合实际,认真贯彻执行。

浙江省人民政府

2017年9月26日

浙江省推进企业上市和并购重组“凤凰行动”计划

为充分发挥资本市场在促进浙江省经济转型升级方面的重要作用,全方位实施以企业上市和并购重组为核心的“凤凰行动”,深入推进供给侧结构性改革,特制定本行动计划。

一、总体要求

(一)指导思想

深入贯彻落实全国金融工作会议和省第十四次党代会精神,以五大发展理念为引领、“八八战略”为总纲、供给侧结构性改革为主线,围绕金融强省建设目标,以上市公司为平台、并购重组为手段,提升上市公司发展水平,做强产业链,做深价值链,提高核心竞争力。把对接多层次资本市场与改造提升传统产业、培育新兴产业有机结合起来,促进制度创新、科技创新、产业创新和管理创新,加快“腾笼换鸟”“凤凰涅槃”,全面振兴实体经济,为加快实现“两个高水平”目标做出更大贡献。

(二)主要目标

经过4年(2017~2020年)努力,进一步巩固提升浙江省在资本市场上的全国领先地位,建设金融强省,企业上市和并购重组工作促进经济转型升级成效显著。

一是数量和质量显著提升。到2020年,争取全省境内外上市公司达到700家、重点拟上市企业达到300家,实现上市公司数量倍增;“新三板”挂牌企业达到1200家,浙江股权交易中心挂牌企业达到5000家;股份公司达到8000家;通过资本市场融资累计达到2万亿元,全省直接融资占比35%以上,股权与债权融资均衡发展,融资结构不断优化;获得资本市场服务的企业占全省规上企业数的12%以上。

二是区域行业布局优化。到2020年,力争实现上市公司县县有、行(按证券市场行业分类)行有。辖区内有5家以上上市公司的县(市、区)达到40个以上,10家以上上市公司的县(市、区)达到20个,20家以上上市公司的县(市、区)达到10个;全省上市公司中八大万亿产业和高新技术产业的企业分别占比50%、60%以上。

三是并购重组深入实施。到2020年,并购重组活跃度持续提升,60%以上的上市公司开展并购重组,年均并购重组金额达到800亿元以上,主要并购标的为高端技术、人才、品牌和营销渠道等。并购金融服务体系日趋完善,培育和引进一批国内外有一定品牌影响力的并购基金和中介服务机构,并购基金和并购贷款等融资保障年均达到400亿元。

四是产业提升带动明显。到2020年,打造若干以上市公司为龙头、产值超千亿元的现代产业集群,上市公司引领和支撑区域经济发展作用明显增强。培育80家市值200亿元以上、20家市值500亿元以上、3~5家市值1000亿元以上的上市公司梯度发展队伍。

(三)实现路径

一是完善机制、政企联动。健全完善省市县三级政府推动工作机制,整合资源、部门联动,发挥优势互补、政策叠加效果。坚持使市场在资源配置中起决定性作用和更好发挥政府作用,强化企业及中介机构主体意识,政府做好引导、服务和保障,实现市场"无形之手"和政府"有形之手"的有机结合,提高市场运行效率。

二是培育为先、市场对接。强化基础培育,将产业发展与上市培育相结合,以股改为切入点,提高企业规范性和现代性。由企业根据不同发展阶段,选择最有利于自身发展的资本市场,有效运用资本市场工具,实现提升发展。

三是规范先行、服务实体。坚持金融服务实体经济的宗旨,严格遵循法治原则,把依法合规作为企业上市立身之本、发展之源,防止利用资本市场脱实向虚,坚决遏制借资本运作之名行违法乱纪之实。

四是示范引领、全面推进。在全省整体推动的同时,选择部分市县重点突破,形成示范,带动面上工作加快推进。突出标准引领,培育一批上市公司成为标准领先、品质卓越的"品字标浙江制造"品牌企业。不断推进"四换三名""专精特新"、跨国公司培育、市场主体升级以及金融科技"双对接"等全省性工作,支持企业积极利用资本市场工具做强做大。

二、主要任务

(一)实施企业股改培育工程

到2020年,全省每年新增股份公司800家,动态管理200家重点拟上市企业。

1. 建立股改清单,形成后备资源库。按照培育一批、股改一批、上市一批的基本思路,以市、县(市、区)政府为主体,结合区域重点产业发展目标,深入开展宣传发动、培训辅导活动。建立股改清单,动态筛选一批符合国家产业政策、主营业务突出、竞争能力较强、盈利水平较高、具有发展潜力的重点股改企业,建立分层次、分行业、分梯队的企业后备资源库。

2. 开辟绿色通道,降低企业改制成本。各级政府要制定股改扶持政策,简化流程、优化服务,落实"最多跑一次"改革要求,开辟绿色通道,采取"一企一策""一事一议"等直通式、定制式办法,帮助企业协调解决项目审批、土地房产变更、资产转让、税费减免以及产权确认等历史遗留问题,降低企业改制成本。

3. 积极引导股权投资机构参与股改。大力培育本土股权投资机构,积极引进境内外知名股权投资机构,鼓励参与浙江省各地企业股改,发挥其战略投资、专业化管理、项目及人才引进等优势,帮助企业提高对接多层次资本市场能力。金融类特色小镇要积极对接企业股改培育工程,为全省企业股改及对接多层次资本市场提供支持。

(二)实施上市公司倍增计划

到2020年,实现全省上市公司数量倍增,力争上市公司和重点拟上市企业总数达到1000家,通过境内外资本市场融资额实现倍增。

1. 拓宽优质企业上市渠道。各地政府要结合本区域实际情况,合理制定区域企业上市目标,不断拓宽优质企业上市渠道。坚持境内和境外上市并重、直接上市和间接上市并重、上市和挂牌并重,实施多层次、多渠道上市公司倍增计划。对主业突出、盈利水平高、市场前景好的龙头企业,争取主板上市;对科技含量高、成长性强的中小型企业,争取中小板、创业板上市;对初创型、科技型中小型企业,争取在"新三板"和浙江股权交易中心挂牌;对外向型或新业态、新商业模式企业,鼓励到境外上市。把上市公司主发起的市场化资产重组作为加快资产证券化、拓宽上市新渠道的重要举措之一。省金融办要加强与沪深交易所、港交所、纽交所等境内外交易所沟通联系,构建全面合作机制。

2. 加强政策激励,优化上市阵容。各地政府要积极落实已有的优惠政策措施,及时完善并出台更具力度、更加精准的上市激励政策。重点推动八大万亿产业企业上市,在推动优势行业企业上市的同时,培育扶持薄弱产业企业走向资本市场,优化拟上市企业结构。省级层面要结合国企混改和全省金融产业发展目标,加大省属企业、重点金融企业的上市推动力度。形成国有与民营、传统与新兴、一产二产与三产、传统模式与新商业模式等相结合,行业、产业广覆盖的全省上市公司阵容。

3. 拓展直接融资功能,推动项目落地。鼓励上市公司充分利用资本市场工具,通过再融资、公司债、绿色债、双创债等募集资金,增强资本实力,做强主业。各地政府要加大募投项目落地服务力度,协调解决募投项目落地过程中的用地、环评等问题,落实好上市、拟上市等企业募投项目本地投资有关政策,按浙商回归或招商引资相关政策就高执行,加速本地产业链的延链、补链、强链和固链。

(三)实施并购重组行动

到2020年,全省上市公司累计并购达到1000起、金额达到4000亿元以上,涌现一批通过境内外并购加快企业发展、技术突破和产业转型升级的典型案例。

1. 着力推动海外并购。把握全球并购浪潮大趋势,推动上市公司开展以高端技术、高端人才和高端品牌为重点的跨境并购,鼓励引入顶尖技术、管理团队、商业模式、营销渠道等资源,形成一批技术含量高、发展质量好、产业带动强的全球行业龙头企业。大力支持上市公司或行业并购基金牵头,开展对浙江省产业升级有重要战略意义的境外项目的并购。防范对外投资风险,引导上市公司服务实体经济,遏制房地产、酒店、影城、娱乐业、体育俱乐部等领域的对外投资倾向。对境外重大并购行为,在依法合规前提下,省发展改革、商务、外汇等部门要按照放松管制、加强监管、优化服务的原则,为上市公司"走出去"提供政策支持和便利服务。

2. 着力支持国内产业并购。支持上市公司开展着眼于国内传统制造业和服务业优质资源的并购重组,提升上市公司服务地方经济转型升级能力。发挥上市公司"以大带小"作用,推动传统产业集聚提升,实现打造一个大企业、带动一个产业链、形成一个产业集群的目标。鼓励各类并购基金、私募股权基金参与企业并购,鼓励银行机构积极开展并购贷款、银团贷款,为上市公司开展并购提供融资支持。

3. 着力推动盘活存量资产的并购。充分发挥上市公司的资源整合能力,兼并重组省内低效和经营困难企业,以资本、产业优势盘活存量有效资产,参与"僵尸企业"出清。各地政府要加强组织协调,建立健全土地处置、股权转让、资产重组等快速处置机制和职工安置等兜底机制,减少社会动荡。

(四)积极发挥上市公司产业引领作用

强化上市公司在区域经济发展中的主力军作用,利用资本优势,拓展产业发展空间,提升产业整体水平,引领区域经济转型升级。

1. 推动上市公司引领产业发展示范区建设。鼓励资本市场发达市、县(市、区)发挥引领示范作用。支持绍兴市开展省级上市公司引领产业发展示范区建设,发挥上市公司多、质量优、并购活跃等优势,结合传统产业改造提升省级试点工作,通过机制、资本、科技、品牌等多方面引领,探索依托上市公司发展引领产业升级的新模式。到2020年,绍兴市上市公司引领产业发展示范区建设取得实质性突破,争取成为全国资本市场诚信规范发展的先行区、服务实体经济和产业转型升级的示范区。

2. 发挥上市公司区域经济转型带动作用。积极打造以上市公司为龙头的产业创新服务综合体。发挥上市公司在区域经济发展中的基石作用,支持上市公司依托资本市场固本强基、提升发展,稳步扩大募投项目有效投入和提质增效。积极引导"上市公司+私募股权投资(PE)"产融发展模式,围绕主业发展和核心竞争力提升开展产业整合。各地政府要强化区域产业配套链、信息技术链和金融服务链等基础配套建设,加快形成上市公司与配套企业联动发展格局,提升产业整体发展水平。

3. 支持上市公司成为区域技术创新中心。引导上市公司持续增加科研投入。鼓励通过股权、期权等制度设计,加大对科研人员的激励。优先支持上市公司设立企业研发机构,在重大关键技术上取得突破,形成浙江省产业发展技术优势。支持上市公司通过许可使用、专利转让、折算入股等方式,拓展其专利或技术在同行业或相关行业的应用,推动行业整体技术水平提升,带动区域技术创新。

(五)深化服务平台建设

到2020年,国内外主要知名投资银行等中介机构在浙江省开展业务或设立专营机构,浙江股权交易中心培育重点拟上市企业100家、上市公司50家以上。

1. 加强上市服务平台建设。推进浙江股权交易中心和宁波股权交易中心以股改规范、融资引智、上市并购为重点,构建多元化、一条龙式服务体系,提高综合服务能力。各地政府要充分发挥区域股权市场平台作用,加强合作,共同推进企业股改和上市工作。推动组建股改上市和并购重组引导母基金,形成以区域股权市场、股权投资母基金、创投基金为核心的市场化上市服务平台体系。

2. 加快建设并购服务平台。支持高标准规划建设集信息、项目、资本、人才、服务和空间等于一体的并购金融集聚区,有效服务全省企业境内外并购重组,打造并购金融制高点。推动组建浙江省并购联合会等市场服务组织,搭建并购项目库、路演中心和融资服务为一体的并购信息库平台,开展并购项目对接和服务。发挥政府产业基金和母基金杠杆作用,引导社会资金新设一批重点产业基金和行业并购基金。

3. 建设中介机构队伍。坚持培育和引进相结合,建设一支以境内外知名券商、会计师事务所、律师事务所为核心的专业化队伍。发挥浙商证券、财通证券等本土证券中介机构的主力军作用,组建股改上市服务专家团队,深入开展对接资本市场服务工作。推动行业协会发挥行业组织作用,提供优质专业化服务,全过程、多维度助推企业对接多层次资本市场。建立中介机构执业业绩档案,采取通报黑名单和正向激励等形式,提升中介机构业务质量和服务水平。

三、保障措施

(一)加强组织领导

省政府建立推进企业上市和并购重组工作协调机制,统筹协调全省企业上市和并购重组工作,具体工作由省金融办负责。省金融办要牵头建立全省企业上市和并购重组数据统计分析、事务协调解决等机制。各地政府要把推进企业上市和并购重组工作作为地方经济社会发展总体工作重点研究部署,根据本地区实际情况制定推进企业上市和并购重组工作总体目标、年度目标和年度重点工作计划;建立健全工作机制,协调解决企业股改、挂牌上市和并购工作中遇到的具体困难和问题;定期向省金融办报送重点拟上市企业清单。

(二)加大政策支持

每年对推进企业上市和并购重组工作力度大、成效明显的市、县(市、区)政府和服务业绩突出的中介机构予以褒扬。各地政府要从有利于推动企业对接多层次资本市场出发,加大政策支持,健全完善覆盖企业股改规范、挂牌上市、再融资和并购重组等方面的扶持政策,进一步增强政策的针对性和精准性。

(三)优化发展环境

加大工作宣传力度,形成良好舆论氛围。加快建立公平、开放、透明的市场规则,消除并购重组体制机制障碍。深入开展降成本专项行动,完善"亩产论英雄"机制,落实资源要素差别化配置政策,依法依规加大正向激励。大力营造诚实守信的社会环境,加大违法违规惩治力度。

浙江省人民政府关于印发
浙江省新一代人工智能发展规划的通知

浙政发〔2017〕47号

各市、县(市、区)人民政府,省政府直属各单位:

《浙江省新一代人工智能发展规划》已经省政府常务会议审议通过,现印发给你们,请结合实际,认真贯彻执行。

浙江省人民政府

2017年12月4日

浙江省新一代人工智能发展规划

为贯彻落实《国务院关于印发新一代人工智能发展规划的通知》(国发〔2017〕35号),加快人工智能技术攻关和深度应用,催生新兴产业,培育经济发展新动能,抢占发展制高点,促进全省经济社会智能化升级,特制定本规划。规划期限为2017~2022年,展望至2030年。

一、总体要求

(一)指导思想

全面贯彻党的十九大和省第十四次党代会、省委十四届二次全会精神,以习近平新时代中国特色社会主义思想为指导,认真落实党中央、国务院决策部署,充分发挥浙江在信息经济、人工智能研发和产业化应用领域的先发优势,紧抓人工智能发展的重大战略机遇,加快浙江人工智能产业的前瞻性布局。坚持人工智能基础研究、研发攻关、产品应用、产业培育和人才集聚"五位一体"推进,围绕新一代人工智能技术发展方向和重点任务,以超常规力度集聚一批高端人才,打造一批创新示范平台,培育壮大一批领军企业,联合开展一批关键技术领域的协同攻关,推动一批相关技术的应用示范,构建基础坚实、技术领先、创新活跃、开放协作的人工智能创新生态体系。同时,强化人工智能对科技、经济和社会发展的全面支撑,努力打造具有全球影响力的人工智能创新高地,为推进"两个高水平"建设提供强有力支撑。

(二)基本原则

政府推动。积极发挥政府在规划引导、环境营造等方面的重要作用,主动谋划重大项目和创新平台,加快优质创新创业资源集聚,推进项目、基地和人才统筹布局。

市场主导。充分发挥市场配置资源的决定性作用,更加突出企业等创新主体的作用,有效拓展领军企业的示范效应和带动能力,加快形成技术和产业的竞争优势。

紧盯前沿。把握人工智能技术的发展趋势,前瞻布局,优化配置创新资源,组织攻关,力争在已有一定基础的人工智能核心技术领域取得突破性进展。

应用引领。突出人工智能技术在经济、社会等各个领域的应用,开源开放,加快人工智能科技成果的转移转化,提升产业进步和社会发展的智能化水平。

优化机制。加快完善人工智能融合标准规范,建立科学有效的市场监管体系,积极营造健康的创新创业生态,加强试点示范,推进人工智能产业健康有序发展。

动态调整。适应人工智能技术快速发展的趋势,根据任务进展、阶段目标完成情况和技术发展新动向等,适时调整规划目标和重点任务,努力让浙江人工智能产业持续处于国内领先水平。

(三)发展目标

力争到2022年,浙江在人工智能基础前沿理论、核心技术、支撑平台、创新应用和产业发展等方面取得重要进展,人工智能总体技术与产业发展水平全国领先,并与国际先进水平同步。

基础研究取得进展。浙江大学、之江实验室等一批高校和科研院所在大数据智能、跨媒体智能、混合增强智能、群体智能、自主智能系统和高级机器学习等基础理论领域取得重要进展,获得一批标志性科研成果。

研发攻关实现突破。建设若干国际一流的人工智能开放创新平台,在数据智能、自主智能、群体智能等领域取得若干重大突破,开发一批标志性战略产品,获得核心发明专利500项以上,主导或参与制定人工智能技术标准规范10项以上,初步建立开放协同的人工智能科技创新体系。

产业体系初步形成。培育20家国内有影响力的人工智能领军企业,形成人工智能核心产业规模500亿元以上,带动相关产业规模5000亿元以上,为浙江人工智能产业领先全国打下基础。

应用推广形成规模。人工智能技术在制造、交通、金融、医疗、教育和政务等领域率先应用和推广,建设一批有影响的基于人工智能即服务平台技术的重大应用项目, 培育100家应用推广服务型企业,10个以上行业应用试点,10个人工智能应用示范县、高新技术园区和特色小镇。

人才集聚成效显著。布局建设5个形式多样、机制灵活、具有较强创新能力的研发平台并推动成为国家级人工智能创新平台,集聚50名人工智能领域全球顶尖科技人才、500名领军型创业人才、1000名高端研发人才、10000名工程技术人才、100000名高技能人才,壮大人工智能高端人才队伍,成为全国重要的人工智能高层次人才创新创业的集聚地。

力争到2030年,形成较为完备的核心技术、产业发展、推广应用的创新创业生态体系,人工智能在生产生活、社会治理等方面应用的广度和深度极大拓展,人工智能产业成为引领浙江经济社会快速发展的主导产业。同时,浙江日益成为全球有影响力的人工智能创新创业高地,在若干领域达到国际领先水平。

二、主要任务

(一)重点突破核心基础理论和技术瓶颈

1. 人工智能基础理论。围绕增加人工智能创新的源头供给,加快启动人工智能重大基础理论研究专项,加强运算智能、感知智能、认知智能关联的大数据智能、跨媒体感知计算、混合增强智能、群体智能、自主协同控制与优化决策等理论研究,力争率先在大数据智能上实现突破。超前布局高级机器学习、类脑智能计算、新型边缘计算、知识计算引擎、跨媒体分析推理、群智感知知识获取、人机协同感知、自主协同控制、复杂动态场景感知和自主无人系统计算构架等基础研究。加强跨学科探索性研究,推动人工智能与神经科学、认知科学交叉融合,探索人脑感知和认知的可计算模型,支撑类脑计算理论的研究。

2. 核心关键共性技术。新一代人工智能核心关键共性技术的研发要以数据、算法、硬件为核心,以提升感知识别、知识计算、认知推理、人机交互能力为重点,形成开放兼容、稳定成熟的技术体系。研究知识计算引擎与知识服务技术,实现对知识持续增量的自动获取;研究跨媒体计算核心技术,实现跨媒体知识表征、分析、挖掘、推理、演化和利用;研究群体智能关键技术,实现基于群智感知的知识获取和开放动态环境下的群智融合与增强;研究混合增强智能新架构与新技术,构建自主适应环境的混合增强智能系统及支撑环境;研究面向复杂环境的自主无人系统共性技术,支撑无人系统应用和产业发展;研究虚拟现实智能建模技术,实现虚拟现实、增强现实等技术与人工智能的有机结合和高效互动;研究突破类脑计算芯片,实现具有多媒体感知信息理解和智能增长、常识推理能力的类脑智能系统;研究自然语言处理技术,推进人类与机器的有效沟通和自由交互,实现多风格多语言多领域的自然语言智能理解和自动生成。

3. 智能软硬件技术。推动人工智能核心算法的硬件化、系统化和平台化,支持人工智能相关的芯片、硬件、超算系统、开源架构和云平台等技术成体系发展,为壮大智能产业夯实基础。大力支持省内企业开展人工智能领域的芯片、传感器、操作系统、存储系统、高端服务器、关键网络设备、网络安全技术设备等基础硬件技术开发,打造高端智能硬件研发生产基地。积极发展光电子和微电子技术,重点突破人工智能专用芯片设计、封装、测试、制造技术,研制神经网络处理器芯片、图像处理芯片、智能传感芯片等,实现高端智能芯片跨越式发展。研制大数据环境下人工智能新范式统一计算框架平台和超算系统,为人工智能研究提供所需的各种工具集组件。优先支持国产智能操作系统的研发和产业化应用,研究面向人工智能优化的操作系统、中间件、开发工具等软件技术。加快发展以自动控制与感知技术、核心工业软硬件、工业互联网、工业云和智能服务平台为核心的工业自主软件技术体系,提升制造业与互联网融合的有效供给能力。加强研究开发新一代人工智能关键材料,努力建成国内重要的人工智能高端材料生产基地。

(二)加快推进人工智能产业化

1. 智能安防。依托浙江智能安防产品优势,加强图像与视频精准识别、生物特征识别、智能感知、深度学习等多项关键技术研究,构建人脸精确识别、图像序列智能分析、目标行为理解和描述等多种复杂安防算法模型。加快研究面向社会治安、工业监控以及自然灾害等多种场景智能安防解决方案应用,加快基于人工智能的公共安防区域示范建设,实现重点公共区域安防设备的智能化改造升级。

2. 智能汽车。充分利用浙江在人工智能技术、汽车制造、新能源领域的先发优势,着力突破新能源汽车整车智能化技术、“车网融合”技术、智能汽车芯片和车载智能操作系统、高精度地图及定位、智能感知、智能决策与控制等重点技术,推动智能辅助驾驶、复杂环境感知、车载智能设备等产品的研发与应用,谋划建设智能网联试验场,加快培育智能汽车产品市场。

3. 智能机器人。推动互联网技术以及智能感知、模式识别、智能分析、智能控制等技术在工业机器人领域的深度应用,提升机器人产品在传感、交互、控制、协作、决策等方面的智能化水平。加快实施高精密减速器、高性能机器人专用伺服电机和驱动器、高速高性能控制器、传感器、末端执行器等五大关键零部件自主研发。支持浙江企业布局服务机器人蓝海市场,重点突破自然语言理解、解析与交互、复杂环境和生物特征识别等关键技术,开发具备视听、交流、判断和行为能力的服务机器人,推动服务机器人在医疗康复、家庭服务、公共服务等场景应用。

4. 智能家居。依托现有家电产业集群优势,整合和利用创新资源,重点突破智能传感、安全通信、人机交互、数据挖掘等关键技术,研发高性能、高感知、灵敏控制的传感设备和控制系统,实现家居产品的人机对话、行为交互、设备互联和协同控制等功能。加快新型可穿戴家居设备的研发和产业化。推进智能家居大数据平台建设,提升家居产品的个性化、智能化服务能力。

5. 智能硬件及产品。大力发展与人工智能关联的核心元器件、智能硬件和智能终端产品,延伸人工智能产业链。加快发展物联网基础器件,重点支持物联网高灵敏度、高可靠性智能传感器件和芯片开发及产业化,攻克射频识别、近距离机器通信等物联网核心技术和低功耗处理器。加快发展智能终端产品,重点支持发展视频智能终端、车载智能终端等移动智能终端产品和设备,开发智能手表、智能耳机、智能眼镜等可穿戴终端产品,拓展产品形态和应用服务。加快发展虚拟现实/增强现实/混合现实(VR/AR/MR)技术,重点支持虚拟显示器件、光学器件、高性能真三维显示器、开发引擎等产品,建立虚拟现实与增强现实的技术、产品、服务标准和评价体系,推动重点行业融合应用。

(三)优化人工智能产业布局

以杭州城西科创大走廊、国家和省级高新技术园区、高新技术特色小镇等为创新载体,加快人工智能专业园区的战略性、全局性布局,形成以杭州、宁波为核心,各地特色化发展的格局,推动人工智能集聚发展,构筑全球人工智能创新创业高地。

杭州市加快建设杭州未来科技城人工智能小镇、青山湖科技城微纳智造小镇、杭州(滨江)高新区人工智能产业基地、钱江世纪城 ABC 产业集聚区等产业平台,重点发展新型通信及网络设备、智能软硬件、智能机器人、无人机等智能终端及基础产品,积极推进智能安防、智能交通、智能环保、智慧医疗等智慧应用行业,努力打造全国人工智能产业集群引领区。

宁波市重点建设宁波高新区智能硬件园区、余姚智能新业港、宁海智能汽车小镇、北仑智能芯片基地、鄞州智能家电基地等产业平台,发展智能机器人、智能可穿戴设备、智能制造装备、智能家电、智能芯片等智能终端及硬件和智能信息基础材料,加快形成以人工智能高端制造为核心的产业体系。

其他各市要立足各自的基础条件和发展优势,制定人工智能行动方案,注重发挥高新技术园区、特色小镇、“双创”基地等作用,围绕人工智能产业链和创新链,完善创业孵化体系,积极谋划引进培育一批重大项目,加强金融、人才、政策等要素优化配置,推进人工智能产业集群发展。鼓励并支持有条件的市县争取国家人工智能创新应用试点示范,支持德清加快推进智能生态城建设,争创国家人工智能创新应用试点示范县。

(四)推动人工智能示范应用

1. 加快推进制造业智能化应用推广。以“中国制造 2025”为方向,面向浙江传统产业、块状经济区域和特定企业群体,启动“智能一代”制造技术应用推广专项,加快工业人工智能即服务平台应用技术、生产装备智能物联技术、生产制造新模式等技术研究和应用,探索基于机器感知和认知的智能制造执行系统,实现生产设备网络化、生产数据可视化、生产过程透明化、生产现场无人化。支持系统解决方案供应商联合装备制造商和软件开发商,推进关键技术装备、工业软件、工业互联网的集成应用,加快智能成套装备(生产线)开发。开展智能制造试点示范,推广离散智能制造、流程智能制造、网络化协同制造、大规模个性化定制、远程运维服务等五种模式,在纺织、服装、印染、皮革、汽车零部件、医药、建材、冶金、食品、包装等传统产业开展试点示范,带动全行业智能制造新模式应用,提升浙江制造业整体智能化水平。

2. 加快推进智能农业示范应用。结合浙江省国家农村信息化示范省建设,加快推进智能技术在精准农业上的推广应用。研制农业智能传感与控制系统、智能化农业装备、农机田间作业自主系统等。建立典型农业大数据智能决策分析系统,开展智能农场、智能化植物工厂、智能牧场、智能渔场、智能果园、农产品加工智能车间、农产品绿色智能供应链等集成应用示范。

3. 开展消费服务领域人工智能应用。围绕市场消费热点，优先在医疗、金融、商务、物流、教育、文创等领域开展人工智能应用试点，全面提升浙江人工智能的集群式创新创业能力，形成万亿级的市场规模。

智能医疗。参与我国智能医疗理论体系与总体技术框架构建，推广应用人工智能治疗新模式新手段，建立快速精准的智能医疗体系。开展智慧医院建设试点，率先在肿瘤疾病等病种建立辅助诊疗、自动诊断、用药推荐、健康预警等服务，实现智能影像识别、病理分型和智能多学科会诊，加快柔性可穿戴生理监测系统的应用。

智能金融。充分发挥浙江金融软件企业相对集聚的优势，利用金融大数据平台，提升金融多媒体数据处理与理解能力。创新更多适合银行、证券、基金、保险、信托等金融类人工智能产品，建立以数据驱动为核心的智能风控、智能投顾、智能客服等分析应用系统，发展金融新业态，提升金融业在业务流程、业务开拓和客户服务等方面的智慧化水平。

智能商务。充分发挥浙江电子商务产业先发优势，紧扣消费需求，鼓励龙头企业运用跨媒体分析与推理、知识计算引擎与知识服务等新技术在商务领域应用，推广基于人工智能的新型商务服务与决策系统。鼓励围绕个人需求、企业管理提供定制化商务智能决策服务。

智能文创。利用浙江游戏娱乐、影视动漫等文创产业的发展优势，鼓励省内互联网企业在文化娱乐和工业设计领域率先开展行业应用，加快三维立体化购物、游戏、影视产品的混合现实发展，推动智能设计与产品创新设计的融合应用。加强智能技术在体育健身领域的应用，开发智能运动器材和智能可穿戴装备产品等，加快智能体育场馆建设，推进智能技术与竞技体育、全民健身的深度融合。

智能物流。完善智能物流分运配信息平台和服务系统，加强智能化装卸搬运、分拣包装、加工配送等智能物流装备研发和推广应用，建设深度感知智能仓储系统，提升仓储运营管理水平和效率。

智能教育。利用智能技术加快推动人才培养模式、教学方法创新，构建包含智能学习、交互式学习的新型教育体系。推进智能校园建设，构建以学习者为中心的智能教育基础环境。推动基于教育大数据的人工智能在教育管理、师资培训、课堂应用、教学评价等全流程应用。开展智能教育试点示范学校建设，开展基于数据的精准教学，推动个性化学习，全面推进智慧教育，促进教育教学转型。鼓励市场主体发展基于大数据智能、立体模拟等的在线教育培训平台。

智能健康和养老。加强群体智能健康管理，研发健康管理可穿戴设备和家庭智能健康检测监测设备，推动健康管理实现从点状监测向连续监测、从短流程管理向长流程管理转变。建设智能养老社区和机构，构建安全便捷的智能化养老基础设施体系。开发视听辅助设备、物理辅助设备等智能家居养老设备，推进老年人产品智能化和智能产品适老化。

4. 实现人工智能在公共服务领域的融合应用。围绕行政管理、司法管理、城市管理、环境保护等社会治理的热点难点问题，加快推进人工智能技术应用，提升社会治理现代化水平。

智能政务。加快开发适于政府服务与决策的人工智能平台，探索人工智能技术在政策评估、风险预警、应急处置等战略决策方面的推广应用。加强政务信息资源整合和公共需求精准预测，畅通政府与公众的交互渠道。

智慧法庭。加强人工智能在证据收集、案例分析、法律文件阅读与分析中的应用，建设智慧法庭数据平台，实现法院审判体系和审判能力智能化。

智能交通。基于以人工智能、云计算和大数据为代表的互联网技术，推进“城市大脑”工程的应用开发，通过汇聚城市公共数据、交通管理数据、运营商数据和互联网数据等，加快部门、区域、行业间的数据开放融合、共建共享,实现智能化交通疏导和综合运行协调指挥,提升城市交通系统智能化协同管控水平。

智能环保。建立水、气、土壤等智能环境监测网络和服务平台,选择重点区域和领域,开展环境保护和突发环境事件智能防控试点。

(五)培育一批人工智能创新型企业

1. 孵化一批人工智能创业企业。各高新技术园区、科技企业孵化器和众创空间要抢抓发展机遇,将人工智能作为优先支持和服务领域,推进人工智能科技成果转移转化,孵化培育人工智能创业企业。支持人工智能创新资源条件相对较好的市县和高新技术园区搭建人工智能领域新型创业服务机构,形成集聚各类资源的良好创业生态,打造开放式人工智能创新创业基地,建设一批低成本、便利化、全要素、开放式的人工智能众创空间,支持人工智能创新创业。鼓励并支持人工智能企业建设开放式人工智能专业化众创空间,孵化派生一批人工智能创业企业,促进人工智能中小企业发展和各领域应用。力争每年新增人工智能创业企业200家以上。

2. 培育一批人工智能领军企业。积极支持有条件的企业建设开放计算平台,提升人工智能的服务能力,打造成为全球有影响力的人工智能基础平台性公司。充分发挥浙江在信息经济领域的产业优势,在语音识别、图像识别、内容识别、智能机器人、智能汽车、可穿戴设备、虚拟现实等新兴领域加快培育一批龙头企业。支持人工智能企业加强专利布局,牵头或参与国际标准制定。

3. 发展一批人工智能服务型企业。支持各类机构和平台面向人工智能企业提供专业化服务,鼓励骨干企业、行业协会、相关研发机构、产业创新联盟等搭建并推广应用人工智能即服务平台,为制造企业在线提供关键工业软件和模型库,开展制造能力外包服务,推动中小企业智能化发展。

(六)培育引进一批人工智能高端人才

1. 加强人工智能相关学科专业建设。支持高校优化学科专业资源配置,调整和新建一批人工智能相关学科专业,加大紧缺师资引进培养力度,合理安排相关学科研究生招生规模,提高人工智能相关学科专业建设水平。支持有条件的高校争取国家支持建立人工智能学院。积极引导相关学科专业紧盯人工智能产业发展前沿,主动更新教学内容,大力推进课程体系建设,加强人工智能与其他学科专业教育的交互融合,形成人工智能复合专业培养新模式,不断提高人才培养质量。

2. 培育高水平人工智能创新人才和团队。鼓励布局早、基础好的高校、科研院所和企业培养具有发展潜力的人工智能领军人才和团队,加强人工智能基础研究、应用研究、运行维护等方面专业技术人才引进培养。重点培养贯通人工智能理论、方法、技术、产品与应用等的纵向复合型人才和团队,建设具有竞争力的研发团队。充分发挥人工智能领军企业的作用,跟踪人工智能技术发展,加强现有人才的培训和转型,培养一批掌握人工智能应用的复合型人才和团队。鼓励企业与高校联合开展人才培养,加强人工智能人才储备,构建不同层次的人才体系。

3. 加大高端人工智能人才引进力度。统筹利用“千人计划”等现有人才政策,加强人工智能领域优秀人才特别是优秀青年人才引进工作。鼓励并支持有条件的机构和企业,加强与全球顶尖人工智能研究机构和企业合作互动,引进神经认知、机器学习、自动驾驶、智能机器人等领域的国际顶尖科学家、高技能人才和高水平创新团队。鼓励采取项目合作、技术咨询等方式柔性引进人工智能人才。

三、要素支持

(一)加大资金支持力度

加大财政资金支持力度,加强对人工智能基础前沿研究、关键共性技术攻关、成果转移转化、基地和开放平台建设、创新应用示范等支持。运用好浙江省与国家自然科学基金联合基金，重点支持人工智能研究，争取设立人工智能基础科学研究中心。发挥政府产业基金的引导作用，吸引社会资本设立人工智能产业相关子基金。推进省级科技成果转化引导基金与试点市县和特色小镇合作，优先设立人工智能天使投资和创业风险投资基金。积极运用政府和社会资本合作等模式，引导社会资本参与人工智能重大项目实施和科技成果转化应用。

（二）加强重大项目组织实施

加强对人工智能的研发支持，增设人工智能重大基础研究专项，加快实施脑认知与脑机交互应用基础研究专项，增加人工智能技术创新的源头供给。跟踪人工智能技术发展趋势和市场应用需求，对接国家顶层设计，根据技术成熟度和产业影响度，主动布局，分步推进，每年安排不少于50项省级重点研发项目，攻克一批关键核心技术，开发一批战略产品。谋划和建设100个重大产业项目，形成千亿级的投资规模。

（三）加强创新平台布局建设

支持之江实验室引进高层次人才聚焦新一代人工智能前沿基础技术研究，建设人工智能研发共享技术平台和大科学装置，打造成为全国人工智能创新创业高地。积极推进并支持国家数据智能技术创新中心建设，争取国家健康大数据中心落户浙江。优先布局建设一批与人工智能相关的重点实验室、工程技术研究中心等创新平台，引导现有与人工智能相关的国家和省级重点实验室、工程技术研究中心等聚焦新一代人工智能的前沿方向开展研究。鼓励市县优先在人工智能领域建设产业创新服务综合体。充分发挥企业作为市场主体优化资源配置的优势，优先在人工智能龙头骨干企业中布局建设一批省级企业研究院。围绕大数据挖掘、深度学习、机器感知、类脑研究等关键共性技术，以智能可穿戴设备、智能机器人、无人自主系统等应用领域为方向，鼓励高校、科研院所与企业合作建设一批人工智能联合研究中心。

（四）健全专业公共服务平台

积极打造人工智能开放创新平台，支持阿里云“城市大脑”首批国家人工智能开放创新平台建设，支持云服务龙头企业建设具备海量数据计算、深度自主学习、云端智能分析处理、类脑神经系统模拟、智能系统安全认证、多种生物特征识别等功能的基础资源与专业化应用开放平台，鼓励有条件的企业搭建开源服务平台。建设人工智能专业技术服务平台。依托人工智能学会、物联网行业协会等第三方机构，为相关企业提供人工智能研发工具、检验评测、技术评估、人员培训、安全、标准、知识产权、创业咨询等专业化服务。创新公共数据服务管理。制订合理数据交易制度，加快运营商、银行和政府关键部门等的人工智能数据应用，提升政府管理、民生服务等领域的智能化管理水平。推进“云网端”一体化设施建设。研究新型感知、处理、执行终端产品，开发标准化智能终端软硬件接口，实现智能终端间“万物互联”和机器对话。积极构建软件定义网络，在开放环境下实现高效、节能、智能和优化的组网能力。加大下一代网络、量子通信等新兴网络领域的开放式创新、试验验证和产业化力度。

四、保障措施

（一）组织领导

由省促进战略性新兴产业发展工作领导小组牵头，建立人工智能产业发展联络机制，强化统筹、协调、指导和服务。各地区、各部门要明确职责分工，落实相关工作，保障新一代人工智能各项工作顺利实施。成立人工智能发展专家委员会，研究人工智能前瞻性、战略性重大问题，对人工智能重大决策提供咨询评估。支持高校、科研机构、龙头企业联合组建浙江省人工智能产业创新联盟，构建人工智能创新网络，促进技术创新和示范应用的协作机制。推进人工智能智库建设,支持各类智库开展人工智能重大问题研究,为人工智能发展提供强大智力支持。

(二)政策支持

建立高新技术企业用地保障机制,对软投资达到一定额度的高新技术企业和企业新设研发机构,设立有别于传统产业的投资分类标准,优先列入省重大产业项目。贯彻落实国家支持高新技术企业、科技型中小企业、软件行业、科技企业孵化器(众创空间)等主体的税收优惠政策,切实提高扶持政策的精准度和有效性。充分利用科技大市场,加大对通过网上技术市场交易实现产业化的人工智能科技成果项目的补助。完善落实数据开放与保护相关政策,开展公共数据开放利用改革试点,支持公众和企业充分挖掘公共数据的商业价值,促进人工智能应用创新。

(三)创新合作

加强人工智能国际科技和产业合作,鼓励国内人工智能企业"走出去",为有实力的人工智能企业开展海外并购、股权投资、创业投资和建立海外研发中心等提供便利和服务;积极引进国际人工智能创新资源。鼓励并支持有条件的龙头企业赴国外人工智能相对发达的区域设立离岸科技企业孵化器,跟踪人工智能创新创业动态,培育孵化并引进高成长人工智能创业企业。依托"一带一路"战略,推动建设人工智能国际科技合作基地、联合研究中心等,加快人工智能技术在"一带一路"沿线国家推广应用。深入贯彻落实军民融合发展战略,积极建设军民融通研发机制、常态化沟通协调机制和通畅的军民技术双向转化机制。

(四)保障支撑

加强人工智能相关法律、伦理、安全和社会问题研究,重点围绕自动驾驶、服务机器人等应用基础较好的细分领域,加快推动制定相关安全管理法规。促进人工智能行业和企业自律,制定人工智能产品研发设计人员的道德规范和行为守则,加强对人工智能潜在危害与收益的评估,构建人工智能复杂场景下突发事件的解决方案。积极参与机器人异化和安全监管等人工智能重大共性问题研究,注重人工智能网络安全技术研发,强化人工智能产品和系统网络安全防护。加强人工智能领域的知识产权保护,健全人工智能领域技术创新、专利保护与标准化互动支撑机制,促进人工智能创新成果的知识产权化。建立人工智能公共专利池,促进人工智能新技术的应用与推广。

浙江省人民政府办公厅关于印发浙江省发挥品牌引领作用推动供需结构升级工作实施方案的通知

浙政办发〔2017〕3号

各市、县(市、区)人民政府,省政府直属各单位:

《浙江省发挥品牌引领作用推动供需结构升级工作实施方案》已经省政府同意,现印发给你们,请认真贯彻执行。

浙江省人民政府办公厅
2017年1月5日

浙江省发挥品牌引领作用推动供需结构升级工作实施方案

为贯彻落实《国务院办公厅关于发挥品牌引领作用推动供需结构升级的意见》(国办发〔2016〕44号),充分发挥标准提档、质量升级和品牌增效对供给升级的组合效用,以增品种、提品质、创品牌为重点,着力打造"浙江制造"品牌,切实发挥品牌在推动供需结构升级中的引领作用,结合浙江省实际,制定本实施方案。

一、总体要求

坚持创新、协调、绿色、开放、共享的发展理念,以"八八战略"为总纲,深入推进供给侧结构性改革,牢固树立质量第一的强烈意识,深入实施标准强省、质量强省、品牌强省战略,着力打造"浙江制造"品牌。深刻把握"互联网+""机器人+""标准化+"等新趋势,以标准作为提升质量的有效标尺,把质量作为构建浙江品牌发展的重要支撑,构建起覆盖经济社会各领域的浙江标准体系和统一的区域品牌标识系统。以更高的标准提质量、创品牌、树信誉、拓市场,推动供给结构和需求结构优化升级,加快实现浙江制造向浙江创造转变、浙江速度向浙江质量转变、浙江产品向浙江品牌转变,推动浙江省率先迈入标准时代、质量时代和品牌时代。

二、主要目标

到2020年,以国家标准化综合改革试点为契机,基本建立广覆盖、高水平、国际化的浙江标准体系;建立起政府、企业、行业协会、公众共同参与的质量多元共治机制,健全全社会统一的质量信用平台,夯实标准、计量、检验检测、认证认可等质量基础,总体质量达到国内先进水平,在“浙江制造”“浙江服务”等领域达到国际先进水平;构建省政府质量奖、“浙江制造”品牌、浙江名牌、著名商标、出口名牌等品牌建设梯度提升体系。培育一批标准领先、品质卓越的“浙江制造”品牌,形成若干具有国际影响力的知名品牌,将“浙江制造”打造成为“中国制造2025”的标杆和浙江经济的金字招牌。具体目标:

——标准方面:培育省级以上技术标准创新基地100个以上,新增主导和参与制(修)订国际标准15项以上,主导制(修)订国家标准和行业标准300项以上,制定“浙江制造”标准500项以上,制(修)订服务业地方标准100项以上。实施“浙江制造”标准的企业达到5000家以上,规模以上工业企业主导产品采标率达到65%以上。农业标准化生产程度达到65%以上。

——质量方面:11个设区市全面达到全国质量强市示范城市创建标准,全省30%的县域城市达到示范城市创建要求。大力推广卓越绩效等先进质量管理方法,推进5000家企业导入卓越绩效管理模式,逐步提高卓越绩效管理模式在工程、服务领域的应用。全省高新技术企业和科技型中小企业分别达到15000家和50000家,万人发明专利拥有量达到17件,规模以上工业新产品产值率达到35%;创建国家产品质量监督检验中心10家以上、国家产业计量测试中心3家以上;服务质量满意度达到85以上。

——品牌方面:力争中国质量奖取得零的突破。培育省政府质量奖企业20家、“浙江制造”品牌培育企业1500家、“浙江制造”认证企业300家、浙江名牌产品500个、出口名牌800个,认定省著名商标1000件,创建省级商标品牌示范企业150家,培育驰名商标50件、全国知名品牌示范区30个,主要食用农产品中无公害农产品、绿色食品、有机农产品认证比例达到55%。

三、重点任务

(一)实施“标准化+”行动,以高水平“浙江标准”引领供给结构升级

1. 实施“浙江制造”标准领跑行动。培育标准创新主体,推动一批科研院所、高校和龙头企业建设国家级、省级技术标准创新基地。加快关键技术标准研制,开展智能制造综合标准化试点,鼓励企业将自主创新技术转化为技术标准,在重点传统产业、八大万亿产业制定实施拥有自主知识产权的高水平“浙江制造”团体标准,发挥团体标准的领跑作用。建立以“浙江制造”标准引领企业实施技术改造、管理提升的有效机制,推动制造业企业提高产品质量和市场竞争力。每年制定“浙江制造”标准100项以上,推进1000家企业实施“浙江制造”标准。(责任单位:省质监局、省经信委、省科技厅)

2. 加大现代农业标准供给。全面推行涵盖管理制度、管理人员、生产记录、质量检测、包装标记以及质量追溯的“五有一追溯”农产品标准化生产管理模式,组织开展特色农产品全产业链安全风险管控“一品一策”行动,提升农产品质量安全水平。推动茶园、果园、蔬菜园、畜禽养殖场标准化建设,培育一批农业标准化生产、管理示范单位,建设一批森林食品标准化示范区,推进健康养殖示范场和渔业标准化示范基地建设,形成一批优质农产品生产基地。大力发展无公害农产品、绿色食品、有机农产品和地理标志农产品,创建农产品品牌,增加优质安全农产品供给。(责任单位:省农业厅、省林业厅、省海洋与渔业局)

3. 扩大高标准服务供给。加快构建高水平“浙江服务”标准体系,通过制定服务标准,提高服务质量,全力打造“浙江服务”品牌。探索建立“浙江服务”认证制度,在旅游、电子商务、物流、金融等领域率先开展“浙江服务”品牌培育试点。鼓励“浙江服务”品牌运作机构发展,推进“浙江服务”品牌培育,加强“浙江服务”品牌保护,增强“浙江服务”品牌的影响力。推进建设一批名校名专业,提升教育服务水平。建立服务企业标准自我声明公开制度,在教育、公共交通、信息、医疗、养老、旅游、金融、物流等服务领域开展服务质量满意度测评。每年制定高水平服务领域的省级地方标准20项以上,培育省级以上服务品牌60个以上。(责任单位:省

发展改革委、省经信委、省教育厅、省卫生计生委、省交通运输厅、省民政厅、省商务厅、省质监局、省旅游局)

4. 增强标准创新服务能力。建设标准化科技创新平台,支持企业将创新成果、管理经验转化为标准。加强全省标准藏馆和标准信息公共服务平台建设,构建标准云平台,推动与国际标准组织、国外标准机构的标准信息资源交换合作。设立金砖国家标准化研究中心,建立与"一带一路"沿线国家和地区、主要贸易国之间的标准互认关系,建立互利共赢的标准化合作机制。组织开展"浙江制造"标准外文版翻译工作,助推"浙江制造"走出去。(责任单位:省科技厅、省商务厅、省质监局)

(二)着力打造"浙江制造"品牌,推动供给结构升级

1. 实施"浙江制造"品牌培育工程。健全"浙江制造"奖励机制,完善区域品牌、先进标准、市场认证、国际认同的"浙江制造"品牌建设制度体系。以行业龙头骨干企业、中小企业"隐形冠军"、行业"单打冠军"、历史经典产业中的老字号为重点,依托"浙江制造"培育试点县和"浙江制造"品牌促进会等品牌运营机构,开展"浙江制造"品牌训练营等培育活动。围绕先进装备、民生消费品领域,开展本土制造与国际品牌质量比对行动,组织实施一批质量提升示范项目,不断提高产品档次和附加值。推进"三名"工程建设,创建一批享誉国内外的知名品牌,培育一批国内外具有较高知名度和影响力的品牌企业和知名企业家。推进"浙江制造"商标保护工作,鼓励有条件的企业开展商标国际注册、收购国际品牌,加强品牌整合,推进品牌国际化,让自主品牌"走出去"。推进产业集群区域品牌建设,加快区域品牌集体商标、证明商标注册工作,争创全国知名品牌创建示范区。每年新增"浙江制造"认证证书60张以上、浙江名牌企业100家以上、省著名商标企业200家以上、省知名商号企业60家以上,创建全国知名品牌示范区6个以上。(责任单位:省质监局、省经信委、省工商局)

2. 提升"浙江制造"自主创新能力。培育创新主体,每年新增高新技术企业1500家和科技型中小企业6000家。引导企业加强技术创新,突破一批引领产业高端发展、市场前景好的核心关键技术,实施一批创新成果产业化项目,培育一批具备知识产权综合实力的优势企业,实现一批重大关键技术和进口产品国产化替代。大力推广运用先进设计技术,推动全球顶级的设计作品、设计人才、设计机构与"浙江制造"对接,促进"浙江制造"更好地满足智能化、个性化、时尚化消费需求。每年新增专利3000件以上,实现全省工业新产品产值率年均增加1个百分点。(责任单位:省科技厅、省经信委)

3. 实施"浙江制造"智能化工程。实施"机器人+制造",推进机器人与智能制造全产业链协同发展,加快制造方式转型升级,提升产品精密度和产品性能,提高供给质量和水平。实施"互联网+制造",加快新一代信息技术与制造装备融合的集成创新和工程应用,开展企业信息化登高计划,推进企业信息化从基础应用、单项应用向集成应用、创新应用、产业链协同应用逐步登高。每年组织实施100项省级"机器换人"示范项目,开展10个区域性行业"机器换人"技术改造试点示范。到2020年,全省75%以上的制造业骨干企业实现装备智能化、设计数字化、生产自动化、管理现代化、营销服务网络化基本覆盖,重点工业企业的企业资源计划(ERP)普及率达到85%、制造执行系统(MES)普及率达到45%、装备数控化率达到50%。(责任单位:省经信委)

4. 推进"浙江制造"走出去。支持有条件的"浙江制造"品牌企业通过海外参股、并购、建立战略联盟等形式,推动研发、品牌、营销、管理的国际化,支持有条件的企业境外上市,提高企业国际化经营水平。积极开展浙货品牌网上营销,每年推动"浙江制造"品牌、浙江名牌等300家以上品牌企业在主流电子商务平台开设官方旗舰店。加快品质浙货在国际市场营销网络布局,打通品质浙货与国际市场对接的渠道。鼓励"浙江制造"品牌企业建立公共海外仓。简化"浙江制造"品牌企业在海外投资建厂自用产品以及在国外设立批发展示中

心、商品市场、专卖店、海外仓产品的检验检疫手续,实施出口食品生产企业内外销同线同标同质帮扶行动,不断提升服务“走出去”战略水平。结合黄酒、丝绸、茶叶、青瓷、宝剑等历史经典产业,推出一批“浙江制造”旅游商品。鼓励国内外高信誉认证机构开展“浙江制造”认证,每年与国际认证机构达成多个产品领域内互认,推动“浙江制造”走出去。(责任单位:省商务厅、省质监局、省食品药品监管局、省旅游局、浙江检验检疫局)

（三）着力夯实质量技术基础,支撑品牌建设

1. 实施企业质量管理升级计划。积极推广卓越绩效管理、精益生产等先进管理方法,推动企业应用先进技术和智能化装备,提升质量水平。鼓励大中型企业按照国际标准建立测量管理体系,提升计量管理水平。每年推进1000家企业导入卓越绩效管理模式,其中工程和服务企业各增加100家,实现10000人次卓越绩效管理模式培训。(责任单位:省质监局、省发展改革委、省经信委、省建设厅)

2. 提升品牌建设公共服务能力。进一步推动检验检测资源整合,全面展开“1+X”检验检测资质联合审批。加快培育一批检验检测、技术评价、质量认证等专业公共服务机构,为企业开展技术和标准创新提供支撑平台。实施制造业计量基础提升工程,完善产业技术创新计量服务体系,建立100项以上重大产业亟须的高端计量标准装置。培育发展质量管理中介服务机构,帮助企业提升质量管理水平。推进绿色产品认证,建立各有关行业主管部门、各级地方政府共同参与、共同推动,认证机构及企业自愿参加的绿色产品体系实施工作机制。(责任单位:省质监局、省农业厅、省林业厅、省食品药品监管局等)

3. 夯实品牌建设人才基础。大力实施“千人计划”、领军型创新创业团队引进培育计划、国家高层次人才特殊支持计划,引进培育一批高层次创新创业人才和团队。实施企业家素质提升工程,培养造就一批具有全球化视野、品牌化思维的高素质企业家。开展寻找浙江制造百业百匠活动,弘扬热爱本职、专心制造、精益求精、创造精良的工匠精神。实施“千企千师”高技能人才培养工程,以技能大师工作室建设为基础,打造1000家企业、1000名技能大师组成的高技能人才领军队伍。依托职业院校、职业培训机构、大中型企业,加快省市县三级高技能人才公共实训基地建设,形成覆盖全省的实训基地网络。(责任单位:省人力社保厅、省经信委、省教育厅、省科技厅、省质监局)

（四）着力构建质量共治体系,推动需求结构升级

1. 完善“信用浙江”体系。做优“信用浙江”平台,建立统一的质量信用信息服务平台,推进企业、机构信用信息在银行、保险、政府采购、工程招投标等领域的共享共用,并逐步对社会开放。完善质量失信黑名单制度,推动建立质监、经信、工商、环保、建设、金融等领域失信联合惩戒机制。积极发展第三方信用中介服务市场,培育壮大一批信用服务机构。强化知识产权保护与管理,营造全社会尊重和保护知识产权的氛围,严厉打击各种侵权行为。完善“五证合一、一照一码、两证整合”各部门的信息传递与交换机制,确保各方信息获取同步共享。(责任单位:省发展改革委、省建设厅、省环保厅、省工商局、省知识产权局、省金融办、省质监局)

2. 完善质量安全可追溯机制。以“品”字标为标识,建立统一的“浙江制造”“浙江服务”“浙江工程”区域品牌标识系统,运用信息码等先进技术,实现标准明示和质量可追溯。探索运用物联网技术,率先在食品药品、农产品、特种设备、重点消费品、建设工程等涉及人身健康安全的领域,建立完善质量可追溯系统,并逐步扩展到其他领域,引导品质消费。推动企业严格落实质量首负责任制、产品“三包”、缺陷产品召回等质量安全责任。建立质量安全风险防控机制,健全食品药品、农产品安全风险监测制度,严守质量安全底线。(责任单位:省发展改革委、省经信委、省建设厅、省农业厅、省林业厅、省工商局、省质监局、省食品药品监管局、省海洋与渔业局等)

3. 构建社会质量监督体系。建立有利于消费者"用脚投票"的机制，开展质量责任首负承诺试点，完善消费者投诉、举报和处理机制。充分发挥行业协(商)会在推进质量共治方面的积极作用，探索将部分政府质量管理职能中的审查权、考核评价权、推荐权、发布权等委托、让渡给行业协(商)会，增强行业协(商)会在质量建设中的组织、协调、服务和自律功能。探索实施质量担保和保险制度。大力推进食品药品、农产品等公共安全领域的质量担保和保险制度。积极探索推进"浙江制造"等领域产品质量保险，探索实施工程质量、成品住房质量担保和保险制度。(责任单位：省建设厅、省农业厅、省工商局、省质监局、省食品药品监管局、省海洋与渔业局等)

四、保障措施

(一)加强组织领导

建立健全品牌强省工作领导机制，统筹协调推进品牌建设，制定年度计划，落实工作责任，强化督促检查。各相关部门根据工作职责和任务分工，各司其职，密切配合，合力推进品牌建设工作。各市、县(市、区)要结合实际研究制订具体实施方案和推进举措，及时解决重点难点问题。

(二)加强政策支持

推动各地、各部门将品牌政策与经信、科技、农业、商贸等产业政策深度融合，形成整体推进品牌工作的政策合力。充分发挥公共财政的导向作用，加强对品牌建设的经费保障。探索建立市场化、多元化的经费投入机制，鼓励、引导企业、社会加大对品牌建设的投入力度，推动品牌建设健康发展。落实各项结构性减税政策，重点加大对结构调整、科技创新、小微企业、环境保护、保障民生以及出口贸易等方面税收政策的落实力度。

(三)加强舆论宣传

加大品牌的舆论引导，宣传品牌在经济社会发展中的重要意义，增强社会各界对品牌建设的参与度和积极性。充分发挥G20杭州峰会效应，加大对"浙江制造"品牌的宣传推广。支持"浙江制造"区域品牌公共宣传纳入公益宣传范畴。深入挖掘和大力宣传"浙江制造"品牌建设取得的好经验和好做法。鼓励"浙江制造"品牌企业结合企业产品宣传"浙江制造"区域公共品牌形象，共同关注、支持"浙江制造"品牌成长，讲好"浙江制造"品牌故事。

浙江省人民政府办公厅关于推进中小微企业“专精特新”发展的实施意见

浙政办发〔2017〕15号

各市、县(市、区)人民政府,省政府直属各单位:

为贯彻党中央、国务院关于扶持中小微企业发展的决策部署,结合实施“小微企业三年成长计划”,推进中小微企业特别是制造业企业“专精特新”发展,培育“隐形冠军”,加快经济转型升级,经省政府同意,现提出如下意见。

一、重要意义

中小微企业是浙江省经济发展的特色和优势,在促进经济增长、推动创新、增加税收、扩大就业、改善民生等方面发挥了重要作用。但总体上,浙江省中小微企业发展水平还有待提升,存在产品品质不高、创新能力不强、同质低价竞争普遍、运行管理粗放、生产经营不精等问题。当前,新一轮科技革命和产业变革孕育兴起,以互联网为核心的信息技术与各行各业深度融合,个性化、多样化消费需求日益增长,中小微企业发展既面临严峻挑战,也有着重大机遇;浙江省经济发展正处于结构优化、质量提升、动力转换的关键期,推进中小微企业特别是制造业企业主动适应和引领经济新常态,借鉴发达国家中小企业发展经验,走“专精特新”发展道路,进一步提升发展质量和效益,对于加快浙江省经济转型升级、高水平全面建成小康社会具有重要意义。

二、总体要求

(一)指导思想

深入贯彻党的十八大和十八届历次全会精神以及习近平总书记系列重要讲话精神,加快实施“中国制造2025”和“互联网+”战略,推进大众创业、万众创新,落实供给侧结构性改革措施,坚持传统产业升级和新兴产业培育并举,规模以下工业企业提质升级和规模以上工业企业做优做强并重,创新服务方式、完善服务体系、促进资源整合、加强政策扶持、优化发展环境,推进中小微企业“专精特新”发展,再造新的发展优势,继续走在全国前列。

(二)发展方向

引导制造业中小微企业专业化、精品化、特色化、创新型发展。专业化,即专注核心业务,增强专业化生产能力,集聚要素资源,选准主攻方向,深耕于产业链中某个环节或某个产品,与大企业、大项目建立稳定的生产、研发等专业化协作配套关系。精品化,即对品质精益求精,增强精品制造能力,弘扬工匠精神,用精良的产品和精准的服务赢得市场;开展精细化管理,严格按标准组织生产,加强全过程质量管控。特色化,即聚焦特色优势,增强以“特”取胜的经营能力,培育自主商标品牌,重视知识产权,采用独特工艺、技术、配方或原材料,生产特色产品,形成人无我有、人有我特的核心竞争力。创新型,即瞄准市场需求持续创新,增强快速响应、快速更新能力,开展技术创新、管理创新和商业模式创新,建立创新机制、培养创新团队、推进创新成果转化。

引导并推动规模以下小微企业和个体工业企业聚焦“专精特新”发展方向，重视技术提升，改善工艺装备，加强基础管理，成为产品质量可靠、附加值高、节能环保、生产安全的先进制造企业。引导并推动规模以上中小企业以打造“隐形冠军”为目标，以质取胜，做国内外细分市场的领导者，成为“浙江制造”的代表。

(三)主要目标

到2020年，在全省规模以下工业企业、个体工业企业中培育5万家“专精特新”入库企业，在规模以上工业企业中培育1000家左右国内细分市场产品占有率居前列的“隐形冠军”，产业结构明显优化，企业素质显著提升，“低散乱危”(产业层次低、生产布局散、内部管理乱、厂房建筑危)、“四无”(无证无照、无安全保障、无合法场所、无环保措施)生产等现象得到根本改变，涌现一批产品、技术、管理等达到国内先进水平，具有核心竞争力的制造业中小微企业，成为引领浙江省经济转型升级的中坚力量。

三、主要任务

(一)建立“专精特新”企业培育库

制定“专精特新”企业入库培育标准，实行省市县分级培育。对“专精特新”培育企业的产品、产值、税收、用地、能耗、安全、环保等信息进行综合管理，定期开展监测分析。制定“隐形冠军”评价标准。各市、县(市、区)根据全省年度目标任务，对照培育标准，确定培育名单，向社会公布，并制定培育计划和措施，建立联系帮扶制度。(责任单位:省经信委)

(二)培育创新型小微企业

大力发展新技术、新服务、新模式、新业态小微企业。鼓励科技人员、海外留学人员带技术成果创办科技型小微企业。鼓励有条件的个人网店向中小电子商务企业转型。扶持高校毕业生自主创业，全面推进高校创业学院建设。支持小微企业面向行业、区域、大型制造企业提供专业化服务。积极发展众创、众包、众扶、众筹等创业新模式，培育一批个性化定制、云制造、虚拟生产、创意设计等新业态小微企业。充分利用各种资源建设大学科技园、大学生创业园。鼓励大型制造企业、互联网企业、高校科研机构与大型制造企业合作搭建制造业创新平台，为小微企业提供高端装备使用、原型设计开发、生产工艺咨询、产业链配套等服务，探索小微企业新型孵化模式。(责任单位:省科技厅、省发展改革委、省经信委、省教育厅、省人力社保厅、省商务厅、省工商局)

(三)加强小微企业园建设管理

提升块状经济中小微企业“专精特新”发展水平，推动创新要素向小微企业园汇集，加快“双创”成果转化和“专精特新”企业集聚发展。提升小微企业园公共服务能力，完善基础设施，优化人才、技术、管理、融资、培训、政策、信息化等公共服务。强化小微企业园规范管理，制定评价条件，严把企业入园关，建立小微企业园备案、统计和绩效评价机制。统筹安排新增计划指标、存量建设用地、增减挂钩节余指标等支持小微企业园建设。到2020年，全省新增小微企业园500家。(责任单位:省经信委、省国土资源厅、省建设厅)

(四)加强公共服务平台建设

建立和完善省市县三级中小企业综合服务平台，重点培育500家中小企业专业化服务机构，发挥示范带动作用。提升省中小企业公共服务平台的服务能力，建立健全服务规范、评价和激励机制，以政府购买服务的方式，调动和优化配置服务资源，完善政策咨询、创业创新、知识产权、投资融资、管理诊断、计量校准、检验检测、人才培训、市场开发、财务指导、权益维护、信息化服务等各类服务功能，为中小微企业提供质优价廉的

普惠服务。(责任单位:省经信委、省财政厅)

(五)促进创新成果转化

充分发挥科技大市场促进创新成果转化的重要作用,为“专精特新”培育企业提供精准的技术信息和技术成果对接服务。分行业制定块状经济技术改造提升路线图,集中力量开展共性技术、关键技术攻关,推广一批重大共性技术创新成果。引导和鼓励各地设立科技成果转化基金,支持中小微企业采用新技术开展工程化研究应用。对中小微企业首次转化使用自主知识产权,项目所在地县(市、区)政府要在资金投入、项目立项、用地保障等方面给予支持。(责任单位:省科技厅、省经信委)

(六)支持企业技术改造

加强技术改造专业化服务指导,加快推动中小微企业应用新技术、新工艺、新装备、新材料。支持中小微企业加快淘汰落后工艺技术,应用国内外先进节能、节水、节材和安全生产的工艺技术。鼓励中小微企业通过加层或翻建改建厂房,开展“零增地”技术改造,提高存量土地的利用率。推进中小微企业“腾笼换鸟”,鼓励和支持企业迁建、改建、扩建的异地技术改造和重组改造。推进“机器换人”,全省每年组织实施 1000 项以上“机器换人”工程技术服务项目。(责任单位:省经信委、省科技厅、省国土资源厅、省建设厅)

(七)提高产品质量标准

引导中小微企业增强质量管理意识,加强标准化、计量、检验检测等质量管理基础工作。深入推行全面质量管理、精细化管理、精益生产等质量管理方法。建立一批产业急需的高能级计量标准和产业计量测试中心,构建产业技术创新计量服务体系。瞄准国际先进标准开展对标活动,实现内外销产品同线、同标、同质。鼓励中小微企业对标“浙江制造”标准,将“隐形冠军”企业纳入“浙江制造”品牌培育名单。到 2020 年,全省“专精特新”培育企业主导产品采标率达到 70%以上,产品质量监督抽查合格率达到 97%以上。(责任单位:省质监局)

(八)加强商标品牌培育

深入实施小微企业商标品牌扶持计划,引导小微企业创建自主品牌,提高商标注册、运用、管理和保护能力。建设商标品牌公共服务平台,加强对中小微企业品牌建设指导。引导中小微企业使用集体商标、证明商标,建设产业集群商标品牌基地。对“专精特新”培育企业争创驰名商标、著名商标、商标品牌示范企业或收购境外商标品牌给予支持。到 2020 年,全省“专精特新”培育企业全部拥有自主商标。(责任单位:省工商局)

(九)提升技工队伍素质

打造具有工匠精神的企业技工队伍,每年组织开展“万企岗位技能练兵比武”活动,涌现一批技能拔尖或掌握传统技艺、绝活的浙江工匠。支持高校、职业院校、技工学校与中小微企业合作培养高技能人才,建设高技能人才公共实训基地、就业创业见习基地。落实引进海外工程师政策意见,支持“专精特新”培育企业聘请海外工程师、产业工匠。(责任单位:省人力社保厅、省教育厅、省总工会)

(十)加强专业化协作配套

研究制定促进中小微企业与大企业协作配套的政策措施,建立双向支持激励机制。支持产业集群建设协作配套示范基地,认定一批示范企业,分行业建立产业联盟。建立信息对接平台,定期举办“专精特新”培育企业与大中型企业配套合作项目洽谈活动,每年引导 500 家中小微企业与龙头骨干企业形成专业化协作配套关系。(责任单位:省经信委、省工商联)

(十一)提升基础管理能力

面向规模以下企业、个体工业企业,组织实施百万小微企业素质提升轮训工程,由企业自主选择培训机构、培训内容,提升财务、质量、安全、用工、风险等基础管理能力,树立现代企业经营管理理念。建立中小微企业管理诊断制度,完善管理诊断专家库,支持管理咨询机构和专业志愿者开展管理诊断、咨询服务。支持“专精特新”培育企业学习借鉴国际先进管理经验,开展管理创新,及时总结经验,加强管理创新实践和创新成果推广。(责任单位:省经信委、省工商局、省质监局)

(十二)提高信息化应用水平

推动工业云和工业大数据平台向中小微企业开放平台入口以及数据信息、计算能力等资源,实现软件与服务、设计与制造、关键技术与标准的开放共享。构建网络化协同的云制造服务平台,整合利用中小微企业分散的空余制造能力,加强企业间的协同生产和对市场的实时响应。开展中小微企业数字化改造服务,分行业、分区域推广中小微企业核心装备、关键工序数字化改造方案。到2020年,全省“专精特新”培育企业装备数控化率达到50%以上。(责任单位:省经信委、省发展改革委、省科技厅)

(十三)推动市场拓展

支持中小微企业创新销售模式,发展以销定产、个性化定制等经营方式。深入实施品质浙货行销天下工程,支持中小微企业参加国内外展览展销和产业对接交流活动。鼓励建设集中采购分销平台,支持中小微企业通过联合采购、集中配送等方式降低采购成本。普及小微企业电子商务应用,鼓励小微企业依托第三方电子商务平台开展网络销售。与省内外大型电子商务平台开展战略合作,实施“浙江好产品”行动,支持“专精特新”培育企业通过网络渠道,销售直接面向终端消费市场的产品。进一步落实政府采购中小微企业产品与服务的政策规定。(责任单位:省商务厅、省经信委、省财政厅)

(十四)加强融资对接

建设中小微企业贷款服务平台,提升贷款透明度和时效性,开展服务综合评价。构建覆盖全省、服务中小微企业的政策性融资担保体系,优先服务“专精特新”培育企业。引导各类创投机构对接中小微企业,支持中小微企业在沪深证券交易所、“新三板”及浙江股权交易中心上市挂牌,鼓励上市公司对中小微企业开展并购重组。对投资“专精特新”培育企业1年以上的风险投资机构,各地可通过设立创业投资风险补偿专项资金的形式,按投资额给予一定比例风险补贴。支持创业组织举办中小微企业创新创业大赛,搭建中小微企业投融资平台,每年推动500家“专精特新”培育企业与股权投资机构成功对接。(责任单位:省金融办、省经信委、人行杭州中心支行、浙江银监局)

(十五)完善企业信用体系

加强对中小微企业信用管理的指导,加强监管和政策引导,促进企业依法经营、诚实守信,自觉履行社会责任。依托“信用浙江”平台,在法律许可的范围内整合人行、工商、税务、用水、用电、环保、质监、海关、法院等方面的公共政务及其他信息,完善中小微企业信用信息数据库。每年对“专精特新”培育企业开展信用评级服务,支持商业银行运用信用评价等级确定信贷额度及利率水平。(责任单位:省发展改革委、省经信委、人行杭州中心支行、浙江银监局)

四、强化工作保障

(一)加强组织领导

浙江省促进中小企业发展工作领导小组统一领导、协调全省中小微企业特别是制造业企业“专精特新”发展工作,强化整体部署和协同推进,加强统筹指导。进一步强化省级层面促进中小微企业发展工作协同机制,形成发展合力。各地要建立推进中小微企业“专精特新”发展的工作协调机制。

（二）加强服务体系建设

加快建设“三位一体”（中小微企业服务中心＋中小微企业公共服务平台＋中小微企业示范服务机构）、“三级联动”（省枢纽服务平台＋市综合服务平台＋县〔市、区〕窗口服务平台）的中小微企业公共服务总体架构，推动政府公共服务资源开放互动，建立全省涉企服务“一张网”。组织一批熟悉政策、精通企业管理、热心为中小企业服务，由在职或退休企业家、专业技术人员、专家学者等组成的专家志愿服务团队，开展针对性服务工作。发挥好行业协会等社会组织服务中小微企业的作用。制定中小微企业服务机构综合评价制度，规范服务机构的服务行为。

（三）加大财政支持力度

进一步整合支持中小微企业发展的各项扶持资金，通过无偿资助、政府购买服务、考核奖励等方式，重点用于改善中小微企业发展环境，促进中小微企业公共服务体系、服务平台建设，引导中小微企业“专精特新”发展，推动中小微企业创业创新和转型升级。充分发挥各级政府产业基金作用，撬动引导社会资本支持中小微企业发展。各地要多渠道统筹安排资金，扶持中小微企业“专精特新”发展。进一步落实降低企业成本的各项政策措施。

（四）加强考核督查

开展全省中小微企业特别是制造业企业“专精特新”发展调查，定期委托第三方机构对各市、县（市、区）中小微企业特别是制造业企业发展情况进行综合评价，并予以公布，培育一批中小微企业发展示范县（市、区）。加大对中小微企业特别是制造业企业“专精特新”发展工作的考核力度，每年组织开展专项督查，对执行政策不力、落实政策不到位的地区和部门进行通报。加强宣传引导，总结和推广先进经验和做法，发布年度“专精特新”企业发展报告。

各地、各有关部门要制定具体实施方案或配套政策，确保各项目标任务落到实处。

浙江省人民政府办公厅

2017 年 2 月 16 日

浙江省人民政府办公厅关于新形势下加快知识产权强省建设的实施意见

浙政办发〔2017〕27 号

各市、县(市、区)人民政府,省政府直属各单位:

为贯彻落实国务院《关于新形势下加快知识产权强国建设的若干意见》(国发〔2015〕71 号)和《"十三五"国家知识产权保护和运用规划》(国发〔2016〕86 号)精神,深入实施知识产权战略,加快知识产权强省建设,进一步发挥知识产权制度在创新驱动发展中的基本保障作用,经省政府同意,现提出如下意见。

一、总体要求

(一)总体思路

深入实施创新驱动发展战略,坚持战略引领、改革创新、市场主导、统筹兼顾的原则,以深化知识产权领域改革为动力,有效促进知识产权创造运用,严格知识产权保护,优化知识产权服务,打造知识产权事业发展生态,努力建设质量效益好、经济贡献大、保护环境优、服务体系强的引领型知识产权强省,为浙江省高水平全面建成小康社会提供有力支撑。

(二)主要目标

改革创新体制机制,有效破除制约知识产权事业发展的障碍,知识产权政策法规日益完善,知识产权制度成为激励创新的基本保障;知识产权行政管理和综合服务能力大幅提升;知识产权维权体系更加完善,知识产权保护能力和社会满意度大幅提升;知识产权运营体系更加完善,知识产权资源高效流动、合理配置,成为提升产业核心竞争力的有力支撑;知识产权区域布局更加合理,建成一批知识产权强市、县(市、区),发展一批创新能力强的知识产权强企,培育和集聚一批国际竞争力强的知识产权密集型产业。

到 2020 年,力争全省每万人发明专利拥有量达到 17 件以上、发明专利申请量占专利申请量的比重达到 30%、专利合作条约(PCT)国际专利年申请量达到 2000 件,国内注册商标总数达到 150 万件、每百家企业的商标拥有量达到 82 件、马德里体系国际注册商标总数达到 6000 件、驰名商标总数达到 600 件,作品著作权登记量达到 1.8 万件,地理标志商标总数达到 200 件,新增主导和参与制(修)订国际标准 15 项、国家标准 300 项,制定"浙江制造"标准 500 个,育成重大农作物新品种 20 个。

二、重点任务

(一)深化知识产权领域改革

1. 深入推进知识产权管理体制改革创新。完善知识产权统筹协调机制。有序推进专利、商标、版权"三合一"知识产权综合管理工作。逐步将专利行政执法纳入综合行政执法领域。推进知识产权执法重心下移,充实基层知识产权执法力量,改善基层知识产权执法工作条件。进一步清理、规范和下放知识产权行政审批事项,向有条件的县(市、区)下放专利行政执法权。

2. 推进高校和科研院所知识产权成果使用、处置和收益权改革。建立完善体制机制，探索高校和科研院所职务发明分割确权改革试点，通过约定股份或出资比例实施知识产权所有权奖励，促进职务发明成果产业化。全面落实高校和科研院所授权专利超过1年未转移转化的，发明人（设计人）可自行实施等激励制度。高校和科研院所等单位许可他人实施、转让其拥有的知识产权或者以知识产权作价投资的，应当从许可、转让、作价投资所取得的净收益中提取不低于70%的比例用于奖励对完成和转化职务科研成果做出重要贡献的人员和团队。鼓励高校和科研院所等单位通过无偿许可专利的方式，支持教师、科研人员和大学生创新创业。

3. 完善重大科技经济活动知识产权评议机制。各市、县（市、区）政府及相关部门要建立知识产权评议机制，对使用财政资金的重大科技项目立项、高层次人才引进以及涉及国家利益或者重大国有资本企业并购、技术进出口等事项进行知识产权评议，避免重复研发、盲目引进、专利侵权和技术泄密，形成制度化、标准化的知识产权评议管理体系。引导和支持企业自主开展知识产权评议工作，规避知识产权风险，提高研发效率。

4. 优化知识产权区域布局。支持宁波市开展国家知识产权区域布局试点。鼓励各地探索深化知识产权工作的新方法、新途径，实现创新资源、产业资源和知识产权资源的合理配置。促进区域知识产权均衡发展，着力建设一批服务链条完整、创新效益显著、保护环境优良的知识产权强市、县（市、区），助力经济发展提质增效升级。到2020年，力争11个设区市均成为国家知识产权试点示范城市，其中示范城市占比达到60%以上，国家知识产权强市2个以上；50%以上的县（市、区）成为省商标品牌示范单位。

（二）严格知识产权保护

1. 加大知识产权侵权行为惩治力度。完善行政保护和司法保护优势互补、有机衔接的知识产权保护模式。构建行政执法与刑事司法信息共享平台，建立健全知识产权侵权判定咨询机制和纠纷行政调解协议的司法确认制度、人民调解员制度，推进知识产权纠纷诉讼调解对接、仲裁调解对接工作。围绕重点地区、重点行业、重点领域，深入开展打击知识产权侵权专项行动，依法严厉打击侵犯知识产权的犯罪行为。强化商业秘密保护，严肃查处侵犯商业秘密的违法行为。加强海关知识产权执法保护。发挥行业组织在知识产权保护中的作用。

2. 优化网络知识产权保护环境。加快推进电子商务法制建设，建立健全网络侵权违法行为的区域协查机制。以大数据、云计算、物联网等信息技术为支撑，加强政企合作，有效遏制互联网领域假冒侵权违法犯罪行为。发挥中国电子商务领域专利执法维权协作调度（浙江）中心作用，探索开展跨境电子商务的知识产权监管。深入开展电子商务领域知识产权保护专项行动，依托网络智慧监管指挥中心，构建网络监管执法联动指挥体系。加强网络版权监管，规范网络作品使用，依法严厉打击网络侵权盗版行为。

3. 实施知识产权“走出去”工程。完善企业海外知识产权风险预警体系，制定发布海外知识产权风险与应对国别指南，定期发布涉外知识产权典型案例。支持企业知识产权海外布局、申请专利和注册商标，积极参与国际标准的制（修）订。搭建知识产权预警、发布、防范和维权平台，及时为企业提供风险防范预警信息。对企业海外知识产权维权实行援助制度。推进知识产权海外侵权责任保险。鼓励企业利用自主知识产权入股进行海外股权投资，逐步提高自主知识产权出口比重。支持涉外知识产权联盟收集和发布浙江省主要贸易国家和地区的知识产权政策制度和动态信息。力争到2020年，“浙江制造”自主品牌产品出口比重达到25%左右，基本实现全省生产型专利示范企业拥有自主商标品牌。

4. 完善知识产权维权援助和信用体系。围绕战略性新兴产业发展和传统产业转型升级需求，建立查处知识产权侵权行为快速反应机制，构建集快速审查、快速确权、快速维权于一体，区域布局合理、具有产业特色的知识产权维权援助网络。探索开展知识产权纠纷专业调解第三方平台建设试点，加大小微企业知识产权保护援助力度,构建公平竞争、公正监管的创新创业和营商环境。建立健全知识产权社会信用监督机制,完善“信用浙江”“企业信用信息公示系统”知识产权征信目录,将故意侵权等行为纳入企业和个人信用记录,实现知识产权信用信息的共享使用。依法依规公开知识产权行政处罚案件信息,提高知识产权侵权成本。

(三)提高知识产权质量效益

1. 大力培育知识产权密集型产业。依托高新区、产业集聚区和特色小镇,培育知识产权密集型产业。制订产业目录与相关政策,重点发展信息、高端装备、智能制造、生物医药、新材料、环保等特色优势知识产权密集型产业。加速推进工业设计与相关产业融合发展。实行知识产权集群管理,加强公共服务平台建设。引进和培育知识产权密集型企业,推动知识产权密集型产品开发应用,依靠知识产权实现产业创新发展。引导社会资本投资知识产权密集型产业。健全技术创新、专利与标准化互动支撑机制,制定一批国内一流、国际先进的“浙江制造”标准,推动科技创新、标准研制和产业发展深度融合。

2. 推进知识产权强企建设。培育一批知识产权管理体系完善、质量与效益突出、运用水平高、市场竞争力强的知识产权强企。强化企业知识产权资产意识,推动企业在并购重组、股权流转、对外投资等活动中加强知识产权管理,支持企业开展形式多样的知识产权资本化运作。实施工业企业知识产权运用能力提升工程,开展知识产权运用示范活动。健全企业知识产权管理标准政策引导体系,推动省商标品牌示范企业知识产权管理标准化,促进企业知识产权管理规范化。落实研发费用税前加计扣除政策。引导企业发布知识产权经营报告书。到 2020 年,全省实施“浙江制造”标准企业达到 5000 家,培育拥有省著名商标的小微企业 100 家,新增知识产权贯标企业 1000 家、“浙江制造”品牌培育企业 1500 家。

3. 提高专利质量和运用效益。实施专利质量提升工程,加强产业核心专利研发与布局,优化专利结构,杜绝非正常专利申请。完善浙江专利奖评选体系,加大对高质量专利的奖励力度。实施专利战略推进工程,开展重点优势产业专利战略分析和预警。支持高新区、特色产业基地等建设专利导航产业发展实验区,建立新一代信息技术、新能源、高端装备制造等产业专利导航发展工作机制。推进物联网知识产权运营基金试点,引导社会资本参与重点产业知识产权运营。推进知识产权联盟建设,培育和运营高价值专利,深化产业专利协同运用。到 2020 年,新增专利导航产业发展实验区 2~3 家,建设产业知识产权联盟 10 个以上。

4. 加强商标品牌建设。推进国家商标战略实施示范城市(区)创建工作,深化省商标品牌示范县(市、区)建设。加大对重点产业商标品牌的培育力度,发挥省专业商标品牌基地和品牌指导站作用,推进产业集群商标品牌建设,打造知名品牌、区域品牌。扶持小微企业品牌发展,支持商标品牌“走出去”。提升商标品牌创新和运用水平,支持企业开展品牌收购并购,拓展品牌推广渠道,不断提高浙江品牌的市场占有率。推进省商标品牌示范企业评价工作。到 2020 年,省著名商标总量达到 4000 件,省商标品牌基地达到 150 家。

5. 打造精品版权。加快发展文化、时尚、软件、影视、版权服务等核心版权产业,鼓励商业模式创新,推进版权交易平台建设。发展各具特色的版权文化产业集聚区,加强特色产业和专业市场的花样设计版权保护。开展版权贸易,培育国家级文化出口重点企业,打造文化产业的版权精品。推进政府机关和企事业单位软件正版化工作。优化版权公共服务,进一步加强版权保护与服务网建设,促进版权市场规范发展。

6. 加强地理标志、植物新品种等领域知识产权工作。完善统一高效的地理标志和植物新品种管理机制,进一步发挥地理标志商标管理机构的监管作用。加强对地理标志商标的扶持、管理和保护。强化农业标准化对地理标志保护的技术支撑和基础保障作用。加大种质资源保护和开发利用力度,推进省级种质资源保护研究中心建设,实施 40 个重点树种新品种选育和技术创新,加快珍贵彩色树种母树林建设和苗木培育。加强对省知名商号的管理和保护。完善非物质文化遗产、老字号认定机制,挖掘传承技艺和文化,加强非物质文化遗产、老字号、中医药等领域知识产权保护和开发利用。到2020年,地理标志商标总数达到200件,有效植物新品种达到150件。

(四)优化知识产权服务环境

1. 大力发展知识产权服务业。促进知识产权服务标准体系运用,加快知识产权代理、法律、信息、商用化、咨询和培训等服务业优质高效发展。加强知识产权公共服务平台建设,推动专利、商标、版权等各类知识产权基础信息共享。创建一批省级知识产权服务业集聚区,建成1~2个具有全国影响力的国家知识产权服务业集聚发展示范区。加强行业监管,支持知识产权服务机构兼并重组,培育一批具有自主知识产权和服务市场占有率居全国同行业领先地位的品牌服务机构。引导新兴服务业企业注册商标,强化知识产权意识,拓展知识产权服务链条,打造服务品牌。推进知识产权服务模式创新,促进"互联网+知识产权"融合发展。到2020年,全省知识产权服务业企业达到2000家,省级以上服务业品牌300个,知识产权服务业营业收入年均增长不低于15%,年营业收入超千万元的知识产权服务机构达到20家。

2. 强化知识产权金融服务。深入推进专利权和商标权质押融资工作,开展商标质押百亿融资行动,加大知识产权金融扶持力度,推动知识产权金融产品创新。推进知识产权价值评估体系建设,培育若干家特色鲜明、专业权威的知识产权评估机构,优化知识产权融资环境。建立知识产权质押融资风险防控机制,促进知识产权与资本对接。创新知识产权保险工作模式,加快培育和规范知识产权保险市场。到2020年,初步实现知识产权金融服务规模化、常态化、便利化,知识产权质押融资金额达到150亿元以上。

3. 促进知识产权交易转化。加快知识产权交易机制与产品创新,促进知识产权成果转化与产业化,推进国家科技成果转移转化示范区建设。每年推动1000个授权发明专利产业化。依托浙江科技大市场,加快建设集专利预警、技术诊断、专家咨询、知识产权质押融资、"投贷担"联动于一体的浙江知识产权交易中心。支持市场化、多元化知识产权交易平台发展,培育发展知识产权专业化运营机构,促进知识产权资产的市场化配置与交易。探索知识产权创造与运营的众筹、众包模式。力争到2020年,全省技术市场成交额达到500亿元,知识产权交易数量大幅提升。

4. 加快知识产权开放发展步伐。深入实施"一带一路"和长江经济带国家战略,加强与"一带一路"沿线国家和全国其他省(区、市)的知识产权交流。推动服务机构、产业联盟、知识产权密集型企业等与国外相关组织的合作交流,参与国际和区域性知识产权规则制(修)订。推动完善长三角地区知识产权合作机制,深化知识产权保护、运营、培训、服务等合作。围绕杭州城西科创大走廊、义甬舟开放大通道、钱塘江金融港湾等重大战略平台建设,提升区域知识产权战略协同水平。

5. 强化知识产权人才支撑。打造人才生态,促进知识产权人才合理有序流动。依托国家和省"千人计划",加大知识产权高端人才引进力度,培养一批懂技术、通法律、善运营、精管理的国际化知识产权高层次紧缺人才。借助国内外知识产权咨询与研究力量,构建浙江省多层次、高水平的知识产权智库。高水平建设国家知识产权培训(浙江)基地和国家中小微企业知识产权培训(温州)基地,大力开展系统化、规范化的知识产权实务人才培训。探索建立面向重点行业、企业的专利特派员制度。选拔培训一批知识产权创业导师,加强青年创新创业指导。实施中小学知识产权教育试点示范工程。到2020年,全省知识产权人才总量达到10000人,各类知识产权高层次人才规模达到500人,省级以上中小学知识产权教育试点示范学校达到50所。

三、保障措施

(一)加强组织领导

加强知识产权强省建设统筹协调,争取建立国家知识产权局与浙江省的合作会商机制,推进国家知识产权重大事项落地。科技(知识产权)、发展改革、教育、经信、国资、公安、财政、商务、工商、新闻出版广电、文化、质监、食品药品监管、统计等部门要明确职责,会同各级法院通力协作,形成合力。各市、县(市、区)政府要进一步加强对知识产权工作的领导,健全工作机制,协调解决知识产权工作的相关问题。各级知识产权行政主管部门要进一步完善部门沟通协调和工作联动机制。

(二)加大财政支持力度

完善专利资助政策,提高财政资金使用效益,大力扶持中小微企业,有效提高专利质量。建立知识产权财政经费支出稳定增长机制,县级以上政府应当根据需要安排知识产权经费。制定和完善促进知识产权发展的政策,加强各部门间的政策配套协调。加大知识产权公共服务的政府采购力度。

(三)加强宣传引导

完善知识产权宣传教育协调机制和工作体系,全面提升全民法治观念和知识产权保护意识。加大领导干部、企业家和各类创新人才的知识产权培训普及力度,将知识产权知识纳入领导干部培训内容。拓展知识产权信息发布渠道,健全知识产权新闻发布制度。开展知识产权战略宣讲和各类主题活动,更好地发挥新兴媒体宣传普及知识产权的作用,形成尊重创新、崇尚创新、保护创新的社会氛围。

(四)加强激励与督查考核

加强对知识产权创造、保护、运用、服务等方面的激励与考核。建立科学有效的知识产权工作评价体系,适时发布全省年度知识产权发展状况报告。逐步将知识产权指标纳入各地国民经济和社会发展规划,加大知识产权工作在市县领导干部科技和人才进步目标责任制考核中的权重,将知识产权保护工作纳入平安浙江考评体系。按照有关规定设置知识产权奖励项目,加大各类奖励制度的知识产权评价权重。加大对中国专利奖、中国商标金奖、驰名商标、省专利奖等知识产权项目的奖励力度。探索建立经营业绩、知识产权和创新并重的国有企业考评制度。

浙江省人民政府办公厅

2017 年 3 月 21 日

浙江省人民政府办公厅关于实施促进实体经济更好更快发展若干财政政策的通知

浙政办发〔2017〕52号

各市、县(市、区)人民政府,省政府直属各单位:

经省政府同意,现就实施促进实体经济更好更快发展若干财政政策有关事项通知如下:

一、继续加强财政政策引导

1. 实行增值税(地方部分)当年增收额财政奖励政策。2017~2018年,省政府给予市、县(市)政府地方部分增值税当年增收额5%的财政奖励。

2. 实行地方财政税收收入奖励政策。对丽水等29个加快发展市、县(市)和海岛市、县,省政府实施与其第三产业地方税收挂钩的收入激励奖补政策。除加快发展市、县(市)和海岛市、县外,省政府对杭州等30个市、县(市)政府按地方财政税收收入当年增收额的10%给予奖励。

3. 实施高新技术产业地方税收收入增量返还奖励政策。经国家认定的高新技术企业的企业所得税(地方部分)增收上交省当年增量部分,全额返还所在市、县(市)。

二、有效发挥财政专项资金作用

1. 优化产业类财政专项资金使用方向。充分发挥市场在资源配置中的决定性作用,产业类财政专项资金逐步退出竞争机制能有效发挥作用的领域,主要用于公平竞争环境营造、公共服务(产业链)平台建设、产业转型发展试点示范以及企业科技研发等。

2. 实行振兴实体经济财政专项激励政策。整合省工业与信息化发展财政专项资金和新增财力,设立省振兴实体经济(传统产业改造)财政专项资金。2017~2019年,省政府每年安排18亿元,3年统筹安排54亿元财政资金,在2015年规上工业总产值超过500亿元的36个工业大县(市、区)(宁波除外)中,以企业和产业"亩产效益"综合评价指标为重要依据,通过竞争性分配程序,选择18个工业大县(市、区)开展振兴实体经济(传统产业改造)试点,连续3年时间每年分别给予1亿元财政专项资金奖励。3年财政专项激励政策实施结束后,对未完成考核目标的县(市、区),相应扣回财政资金。

三、更好发挥政府产业基金作用

1. 加快推进政府产业基金投资运作。根据企业不同发展阶段,按照创新链不同环节需求,加大政府产业基金对实体经济发展项目以及重大科技基础研究、重大科技攻关、重大科技示范应用的支持力度。进一步发挥产业基金的放大效应和导向作用,引导投资机构和社会资本投资浙江省实体经济,加大对浙江省基础设施和公共服务领域的投入力度。2018年上半年,全省政府产业基金规模力争达到1000亿元以上,通过与金融资本的结合,力争撬动10000亿元左右社会资本投入实体经济。

2. 加快推进省级科技成果转化引导基金实质性运作。引导和促进创业投资、天使投资、股权投资、产业投资和并购重组等各类基金集聚发展,加大对实体经济企业股权投资力度,激发实体经济发展新动能。

四、切实降低企业税费负担

1. 落实增值税、企业所得税等税收优惠政策,简化优惠办理手续,全面落实国家支持企业技术创新的研发费用加计扣除、高新技术企业所得税优惠、固定资产加速折旧、股权激励和分红、技术服务和转让税收优惠等激励政策。

2. 严格贯彻国家清费减负政策。落实好国家政府性基金减负政策,取消城市公用事业附加和新型墙体材料专项基金,扩大残疾人就业保障金免征范围,设置残疾人就业保障金征收标准上限。落实好国家行政事业性收费减负政策,取消或停征41项中央设立的行政事业性收费。国家和省明确取消或停止征收的涉企收费项目,任何地方、任何部门不得以任何理由拖延或拒绝执行,不得转为经营性收费,不得以其他名目变相继续收取。

五、支持企业增强创新发展能力

1. 积极推广应用创新券,鼓励和推动各类创新平台与载体为有创新需求的企业和创业者提供服务,推进省市县科技资源开放共享。各市、县(市、区)政府在创新券省奖补政策支持范围内的服务支出,省政府将结合科技成果转化实绩给予奖励。同时,根据开放、共享、实效的原则,省政府对省级创新载体在政策支持范围内不超过2016年度实际兑付总额的30%部分给予补助。

2. 提升首台套产品财政扶持力度。省政府给予获得年度国内首台套产品认定的单位100万元~300万元奖励,给予获得年度省内首台套产品认定的单位50万元~100万元奖励,并对重大成套设备生产企业的首台套设备保险费用支出给予补贴。2017年起,对列入《浙江省首台套产品推广应用指导目录》的产品在购买首台套产品保险时,保险费用的80%由省财政承担。

3. 强化政府采购示范作用。按照政府采购有关规定,通过公开招标或者其他公平竞争的方式,择优将新能源汽车以及浙江制造、浙江品牌的汽车列入全省公务用车协议供货范围,鼓励机关事业单位、执法执勤单位、高校等采购公务用车时积极选用。

4. 实施"浙江制造精品"首购制度。对经省经信委等省级有关部门认定的暂不具有市场竞争力,但符合国民经济发展要求、代表先进技术发展方向的首次投向市场的"浙江制造精品",实行首购制度。

宁波市要结合自身特点和财力状况,自行制定和优化促进实体经济更好更快发展的财政政策。

浙江省人民政府办公厅

2017年6月21日

浙江省人民政府办公厅关于全面推行“区域能评+区块能耗标准”改革的指导意见

浙政办发〔2017〕61号

各市、县(市、区)人民政府,省政府直属各单位:

为落实“最多跑一次”改革要求,推广区域能评改革试点经验,推进节能领域行政审批制度改革,全面提升固定资产投资项目节能审查效率,经省政府同意,现就全面推行“区域能评+区块能耗标准”改革提出如下指导意见:

一、总体要求

(一)改革内容

在能源消耗总量和强度“双控”目标任务可落实的区域内,全面分析区域用能现状,提出一个时期本区域能源消费强度、用能总量和煤炭消费总量等控制目标,明确与本区域产业规划相适应的节能措施和能效标准,编制区域节能报告,制定区域节能审查负面清单,实行分类管理,依法开展全过程监管。

(二)基本原则

严守“双控”目标。节能审查是从源头严控高耗能项目增长、完成能源“双控”目标任务的重要抓手。通过开展区域能评改革,建立本区域负面清单,形成“能源‘双控’+分类管理+能效标准”的工作机制。

提高能评效率。通过简化审批环节、优化审批流程,对负面清单内的项目实行能评管理,对负面清单外的项目实行承诺备案管理,以承诺备案表替代项目节能审查意见,全面提高节能审查效率,不断优化发展环境,实现企业“零跑腿”。

强化全过程监管。严格节能执法监察,全面执行投资项目唯一代码制,加强对项目全过程监管,确保节能措施落实,对不履行承诺备案的失信企业进行公开曝光并予以惩戒。

(三)改革目标

通过全面推行区域能评改革,实现固定资产投资项目节能审查环节进一步简化、节能审查流程进一步优化,节能审查“最多跑一次”的要求全面落实,探索出既完成能源“双控”目标任务、又实现节能审查高效审批的新途径。

(四)改革范围

地理空间确定、产业定位明晰、能源“双控”目标落实、监管能力保证的高新区、产业集聚区、工业园区、开发区、杭州城西科创大走廊和省级特色小镇等区域,全面推行“区域能评+区块能耗标准”改革。

二、工作重点

(一)编制区域节能报告

根据区域产业发展规划,编制区域节能报告,推进区域经济可持续发展与节能降耗的良性互动。区域节能报告主要包括一个时期内本区域能源消费强度、用能总量和煤炭消费总量等控制目标,区域项目分类管理原则、能效标准依据和提高能源利用效率、降低能源消费等对策措施,节能技术产品和新能源推广应用、用能承诺和责任追究、节能奖励和能效"领跑者"等工作机制,以及新增用能等量或减量替代方案。

(二)制定区域负面清单

将国家审批的政府投资项目、国家核准的企业投资项目和重大产能过剩行业、重大高耗能项目等,作为省级节能审查负面清单。各区域结合地方产业发展规划,以省级节能审查负面清单为基础,自主建立区域固定资产投资项目节能审查负面清单。

(三)实行分类管理

通过节能审查的区域,对负面清单外的项目实行承诺备案管理。承诺备案项目的投资主体应向本区域节能审查机关或由节能审查机关委托的行政管理机构作出具有法律效力的书面承诺。承诺内容作为有关部门后续监管的依据。

对负面清单内的项目实行节能审查管理,按照《固定资产投资项目节能审查办法》(国家发展改革委第44号令)等有关规定,开展项目节能审查工作。省级负面清单内的项目由省级节能审查机关负责审查或委托设区市节能审查机关负责审查。其他项目节能审查权限由设区市节能审查机关设定。

(四)建立全过程监管模式

负面清单外的项目建成投产前,区域管理机构对照项目承诺备案内容组织节能竣工验收,竣工验收通过后方可投产运行;未通过节能竣工验收的,责令企业整改,完成整改并通过验收后,方可投产运行;投产稳定运行后,区域管理机构、能源监察机构不定期对项目实际能耗水平等承诺备案内容进行专项监察。

负面清单内的项目在投入生产、使用前,由出具项目节能审查意见的机关组织对节能审查意见落实情况进行验收。

三、保障措施

(一)加强组织领导

各地要高度重视"区域能评+区块能耗标准"改革,切实负起改革的主体责任,加强组织领导,制定实施方案,确保实现改革目标。各级节能主管部门要衔接做好区域能评改革落地工作,编制区域能评工作指南,组织业务培训,对区域能评改革中出现的困难和问题,及时协调解决。各级发展改革(能源)、经信、科技、商务等部门要在高新区、产业集聚区、工业园区、开发区、杭州城西科创大走廊和省级特色小镇等区域积极推进区域能评改革。

(二)落实工作职责

区域管理机构作为区域能评的实施主体,要认真组织开展区域能评工作,根据相关法律、法规和标准,编制区域节能报告,并根据区域节能报告审查意见组织实施区域用能管理。区域上级节能主管部门作为区域能评的审查主体,要认真分解下达区域节能目标任务,对区域能评进行节能审查,出具审查意见,开展区域用能管理的监督指导。

(三)强化政策保障

推行用能预算化管理制度,落实新上高耗能项目用能等量或减量替代方案,推动用能管理精细化、科学化,实现用能高效配置;推行用能权有偿使用和交易改革,对新建、改建、扩建项目的新增用能指标,鼓励通过有偿配置或市场交易等方式取得,形成存量用能分类核定、新增用能有偿使用、节约用能上市交易体制机制。

(四)严格责任追究

各地、各有关部门要将“区域能评+区块能耗标准”改革纳入年度目标考核重要内容,对目标任务进行逐项分解,制定工作措施,强化监督检查和考核评估;建立企业失信行为记录和认定办法,对企业不履行承诺备案内容或节能审查意见的,要督促企业限期整改,拒不整改或整改不到位的,要依法严肃查处,直至停产停业,并在“信用浙江”平台向社会公开;对区域能评工作不落实或年度能源“双控”目标任务未完成的区域,要及时撤销区域能评审查意见,并严肃追责相关责任人。

浙江省人民政府办公厅

2017 年 6 月 26 日

浙江省人民政府办公厅关于加快推进医药产业创新发展的实施意见

浙政办发〔2017〕64号

各市、县(市、区)人民政府,省政府直属各单位:

近年来,浙江省医药产业发展态势良好,质量效益持续改善、结构调整深入推进、绿色发展水平快速提升,但仍面临总量规模偏小、自主创新能力不足等问题。为贯彻落实《国务院办公厅关于促进医药产业健康发展的指导意见》(国办发〔2016〕11号),加快推进医药产业创新发展,经省政府同意,现提出如下意见。

一、总体要求

(一)指导思想

以"八八战略"为总纲,牢固树立创新、协调、绿色、开放、共享的发展理念,以市场需求为导向,以改革创新为动力,紧紧围绕健康浙江和医药强省建设目标,优化产业结构,激发创新活力,保障质量安全,深化体制机制改革,增强产业核心竞争力和可持续发展能力,不断满足人民群众多层次、多样化的健康需求,实现医药产业中高速发展和向中高端转型。

(二)主要目标

到2020年,浙江省医药产业核心竞争力和整体素质明显提升,医药强省建设取得重要进展。

创新能力。规模以上医药企业年均研发投入强度高于5%,新产品产值率达到45%以上,90%以上重大专利到期药物实现仿制上市。

规模效益。医药工业增加值增速位居各工业行业前列,主营业务收入年均增速高于10%,占全国医药产业比重明显提高。主营业务收入和利润总额处于全国前列。

产业结构。实现以原料药为主向以制剂为主的产业结构转变,生物技术药物、中药、医疗器械产业发展水平和比重明显提升。出口产品结构显著改善,制剂和医疗设备出口稳步增长。

质量安全。药品、医疗器械质量标准提高,产品质量安全保障加强,基本完成基本药物口服固体制剂仿制药质量和疗效一致性评价。培育形成一批具有较高知名度的浙产医药品牌,销售额超亿元的单个品种达到100个以上。

绿色发展。医药产业能耗居全国同行业领先水平,化学原料药绿色发展水平明显提升。规模以上单位工业增加值能耗较"十二五"末年均下降20%以上。医药生产过程自动化、智能化水平显著提高,建成一批国家级、省级智能制造示范车间。

到2025年,建成国内领先、国际有影响力的医药强省,自主创新、质量效益、融合发展和绿色发展水平进一步提升。建成国际知名的医药制剂出口基地。

二、加强技术创新，提高核心竞争力

(一)推进创新平台建设

依托高校、科研院所和医疗机构，重点在杭州未来科技城、余杭生物医药高新园区、绍兴现代医药高新园区、杭州东部医药港小镇、滨江智慧医疗园区等建设一批集创业孵化、技术研发、成果转化、检验检测、临床评价和其他生产性服务于一体的公共服务平台，为企业提供专业化配套服务。(责任单位:省经信委、省科技厅牵头，省发展改革委、省教育厅、省卫生计生委、省食品药品监管局、省金融办参与)

(二)提升企业创新能力

发挥企业技术创新主体作用，支持企业建立技术中心、工程(技术)研究中心、重点实验室等创新载体，鼓励企业设立博士后工作站、院士工作站，推进科技成果产业化。面向生物药、化学药、中成药、高性能医疗器械等领域，加强政产学研用结合，深入推进现代医药产业技术创新，力争到2020年，建成20家以上省级重点企业研究院、10家以上国家级企业技术中心、60家以上省级企业技术中心。(责任单位:省科技厅、省发展改革委、省经信委)

(三)推进重点领域取得突破

在生物制药领域，加快抗体偶联药物、双功能抗体等品种的研发，大力发展具有自主知识产权、市场紧缺的重组蛋白质药物、新型疫苗、生物芯片、诊断试剂等产品，加强基因产业、细胞产业、精准医药等新兴领域的技术创新。在化学药物领域，针对常见病、多发病和重大疾病，鼓励发展脂质体、脂微球、纳米制剂等新型注射给药系统，以及速释、缓释、微囊制剂，纳米制剂和多颗粒系统等口服调释给药系统;针对儿童用药需求，开发符合儿童生理特征的新品种、剂型和规格。在医疗器械领域，大力发展高端医学影像设备、医用机器人、心脏瓣膜、人工器官和消融类、电刺激类、新能源类、新材料类等高性能诊疗设备和高价值医用耗材，可穿戴远程诊疗、基因诊断、智慧识别、手术导航、精准给药系统等智慧医疗技术和产品。在中药领域，加大疗效确切、临床价值高的中药创新药的研发和传统优势品种的二次开发，推动经典名方的开发应用，发展中医药相关保健产品和服务。(责任单位:省经信委、省发展改革委、省科技厅、省财政厅、省人力社保厅、省卫生计生委、省食品药品监管局)

三、实施“三品”行动，大力开拓市场

(一)培育浙产医药品牌

以实施增品种、提品质、创品牌“三品”专项行动为抓手，加快提升医药产品影响力。积极发展通用名药大品种，鼓励发展非处方药(OTC)和医疗器械知名品牌，培育形成一批区域品牌、品牌示范企业和销售额10亿元以上的品牌产品。创新发展老字号药店、著名商标、知名商号。(责任单位:省经信委牵头，省发展改革委、省科技厅、省商务厅、省卫生计生委、省工商局、省质监局、省食品药品监管局参与)

(二)加快质量标准升级

着力推动“标准化+”，全面实施新版药品医疗器械生产质量管理规范，完善全生命周期和全产业链质量管理体系，实行全员、全过程、全方位质量管理，健全药品、高风险医疗器械安全追溯体系。完善质量标准体系，实施“浙江制造”标准引领工程和药品、医疗器械标准提升行动计划，鼓励企业牵头参与医药产品标准制(修)订，推动重点领域质量标准升级。鼓励建立国家和省级标准化技术委员会。(责任单位:省食品药品监管局牵头，省发展改革委、省经信委、省科技厅、省卫生计生委、省质监局参与)

(三)推进营销模式创新

支持企业创新营销模式,完善现代药品销售网络,切实增强市场推广能力,加快拓展国内外市场。鼓励发展电子商务、连锁经营、物流配送等现代流通业态,支持建立药品、医疗器械、保健用品等健康服务产品的电子交易平台,推动中小流通企业专业化、特色化发展,规范连锁零售药店互联网零售服务,满足多层次市场需求。引导企业加快“产品+服务”的商业模式创新,推动医疗卫生服务系统、健康管理机构、互联网企业、网络运营商等开展合作,发展健康信息服务新型业态。深化智慧城市示范试点,加大智慧医疗建设力度,推动智慧医疗服务水平走在全国前列。(责任单位:省经信委、省商务厅、省卫生计生委、省食品药品监管局)

(四)加强医药产需对接

支持符合条件的单位举办健康产业博览会、“浙江制造”精品推介会等活动,满足社会多样化健康保障和医药产品需求。编制创新和优秀药品、医疗器械目录,开展“浙江制造”精品认定、首台套重大技术装备保险补偿试点、创新医疗器械产品示范应用,支持符合条件的医疗装备、医疗器械参与政府采购和公共资源交易,不断提高“浙江制造”精品的应用比重。鼓励医药企业与大型医院合作建设创新药品、医疗器械示范应用基地、培训中心。(责任单位:省发展改革委、省经信委、省科技厅、省卫生计生委)

(五)抢占国际市场份额

大力实施药物制剂国际化战略,增加国际主流医药市场的仿制药和已获得专利保护的国产原研药的注册数量和市场占有率。推进精品原料药、高性能医疗器械、卫生材料等的出口,不断提高出口产品附加值。加强中医药外向发展,积极开拓中药、天然药物制剂品种的国际市场。参与“一带一路”国际合作,着眼全球配置资源,引导企业加快“走出去”和“引进来”步伐,提升技术创新、精益管理、市场开拓等水平。(责任单位:省商务厅牵头,省发展改革委、省经信委、省科技厅、省卫生计生委参与)

四、推进产业集聚发展,加快制造模式升级

(一)做强优势产业基地

切实抓好浙商回归工作,深入推进与央企、国企、世界500强企业的对接合作,加强重大项目谋划,加快引进一批大企业、大项目。推进杭州生物产业国家高新技术产业基地、台州国家级浙东南化学原料药基地建设。提升发展以化学新药、生物技术药物为重点的绍兴现代医药高新园区,以生物制品、高端医疗器械为重点的余杭生物医药高新园区,以中成药、植物提取物为重点的金华天然药产业基地,以新型制剂、生物技术药物为重点的湖州生物医药基地等产业平台。着力打造磐安“江南药镇”、杭州东部医药港小镇、“富阳药谷”、瓯海生命健康小镇等一批特色小镇。在中药材优势产区深入推进中药材生产质量管理规范(GAP)基地建设,重点推进“浙八味”和铁皮石斛、灵芝、西红花、银杏等药材的规模化、规范化种植(养殖)和加工基地建设。到2020年,建成一批年产值500亿元以上的产业集聚区和百亿级产业基地。(责任单位:省经信委、省发展改革委、省科技厅)

(二)培育龙头骨干企业

加大医药产业“三名”企业培育力度,引导优秀企业通过兼并重组、跨国并购,提升企业核心竞争力。到2020年,培育一批年销售额超50亿元的医药龙头骨干企业和“隐形冠军”,力争心血管药、抗生素、抗肿瘤药、生物诊断试剂、医用内窥镜、电子计算机断层扫描仪(CT)等细分领域发展走在全国前列。推动基本药物生产向优势企业集中,保障产品质量和稳定供应。支持行业龙头骨干企业联合创新型企业、科研院所等单位,采取资金注入、技术入股等合作形式,组建产业联盟或联合体。加快推进化学原料药生产企业改造提升,完

善产品注册、质量、节能、环保、安全生产等标准,严格市场准入,形成市场倒逼机制,加快落后产能退出。(责任单位:省经信委)

(三)抓好绿色安全生产

严格强制性清洁生产审核,鼓励自愿性清洁生产审核,引导企业采用循环型生产方式,利用现代生物技术改进传统生产工艺,推广应用无毒无害原材料和低碳技术,提高企业装备配置和密闭化、连续化、自动化、管道化水平,推动环境污染源头治理,提升清洁生产水平。深入推进临海市医药石化行业"腾笼换鸟"和现代医药制造模式转型示范试点,建设一批绿色工厂和循环经济园区,推动原料互供、资源共享,加强副产物循环利用、废弃物无害化处理和污染物综合治理。探索建立绿色制造评价体系,引导企业在医药生产中推广应用质量控制、自动化和在线监测等技术,力争到2020年,全省规模以上医药企业完成绿色改造升级的达到80%以上。(责任单位:省经信委牵头,省发展改革委、省科技厅、省环保厅参与)

(四)提升智能制造水平

加快实施"机器人+",鼓励企业应用大数据、云计算、物联网、增材制造等技术,构建医药产品消费需求动态感知、众包设计、个性化定制等新型产业组织模式。建立生产质量信息实时监控系统,实现质量数据的自动采集、管理和可追溯,确保数据的真实性、完整性。加快医药生产工控系统、智能感知元器件等核心技术装备研发和产业化。推进智能车间示范建设,加快人机智能交互、工业机器人等技术装备的应用。推动服务型制造发展,支持建设若干从事合同生产为主的生物技术药物和化药制剂等药品高标准生产基地,鼓励医疗器械、制药设备企业开展产品延伸服务。(责任单位:省经信委牵头,省发展改革委、省科技厅参与)

五、深化"三医"联动改革,营造发展环境优势

(一)完善价格、采购和医保政策

建立以市场为主导的药品价格形成机制,加强价格、医保、采购、用药等政策的衔接。落实公立医院药品分类采购措施,加快网上药品耗材采购交易平台规范化建设。对部分专利药品、独家生产药品,建立公开透明、多方参与的价格谈判机制,将符合条件的谈判药品纳入医保合规费用范围。推进和规范高值医用耗材阳光采购,健全大型医疗设备配置政策,完善医疗服务价格项目管理,促进新医疗器械及时进入临床使用。推动公立医疗机构和其他医疗机构药品采购逐步推行"两票制"。科学合理制定调整基本医疗保险药品支付标准,推动医保支付方式改革,促进合理用药。根据医保基金承受能力,完善省级医保目录管理,及时将符合条件的药品、医疗器械和诊疗项目按规定程序纳入医保支付范围。大力发展健康商业保险。(责任单位:省人力社保厅、省卫生计生委牵头,省商务厅、省物价局、浙江保监局参与)

(二)落实审评审批改革措施

争取国家药品审评审批改革试点省,推动药品监管机制改革在浙江省先行先试。推进药品、医疗器械审评审批制度改革,加快临床急需新药和短缺药品的审评审批,引导申请人有序研发、科学申报。加强生物等效性试验备案制管理,支持和促进具备条件的医疗机构、高校、科研院所和其他检验检测机构依法开展药物一致性评价研究,鼓励具备条件的医疗机构申请药物临床试验资质,积极推动医疗器械检验机构市场化改革,充分发挥检验检测技术服务平台的支撑作用。健全仿制药质量和疗效一致性评价方法、技术规范,通过包装标识、医院采购、医保支付、技术改造等方面的支持政策,鼓励和引导企业开展一致性评价工作。对通过质量和疗效一致性评价的仿制药品种,各地要给予政策支持。鼓励开展药品委托研发、生产,加快科研成果转化。加快实施药品上市许可持有人制度试点。落实国家有关国内药品生产企业已在欧盟、美国和日本获准

上市的仿制药,可以国外注册申报的相关资料为基础,按照化学药品新注册分类申报药品上市,批准上市后视同通过一致性评价等政策。(责任单位:省食品药品监管局牵头,省经信委、省科技厅、省人力社保厅、省卫生计生委、省物价局参与)

(三)加强产业协同监管

强化医药产品注册、生产、流通、使用和广告等全流程监管,全面实施药品统一编码,加大对侵权行为的打击力度。加强企业信用与商品质量保险体系建设,公示一批"守合同重信用"医药企业,及时公开失信企业黑名单。完善政府部门、行业协会、医药企业沟通机制,充分发挥行业组织桥梁纽带作用,在服务行业发展、维护企业权益、加强行业自律、推动诚信体系建设和加快人才培养等方面更好发挥作用。引导企业建立省级现代医药产业发展促进联盟。(责任单位:省卫生计生委、省食品药品监管局、省物价局牵头,省经信委、省商务厅参与)

六、完善政策措施

(一)强化政策支持

积极争取国家产业基金、重大新药创制等项目计划,支持医药产业创新发展。落实研发费用加计扣除和高新技术企业所得税优惠等鼓励创新的税收政策。通过省重点研发计划项目等,加大对国家一、二类新药和第三类大型医疗设备研发的支持力度。探索试点药品风险救济资金制度,对申请药品上市许可持有人和受托生产企业,提供风险救济保障,并为企业购买商业责任险提供保费补贴。推进中药配方颗粒科研专项工作,鼓励企业研发中药配方颗粒,并按中药饮片政策执行,逐步在医疗机构开展临床及科研使用。拓宽企业融资渠道,降低融资成本,鼓励发展医药创业投资和股权投资基金,探索拓宽信贷抵押担保物范围,落实和完善出口信贷及出口信用保险政策,支持符合条件的企业境内外上市融资和发行各类债务融资工具。(责任单位:省经信委、省发展改革委、省科技厅、省财政厅、省商务厅、省地税局、省金融办)

(二)加快人才队伍建设

强化对医药产业发展急需的科技创新、质量管理、医药国际化等方面高层次人才的培养和引进。依托重大项目、重点实验室和国家工程(技术)研究中心等平台,以省"千人计划"及领军型创新团队、领军型创业团队、科技创新人才培养项目等方式,引进国内外优秀人才来浙创业创新。加强高校医药相关学科建设,引导企业与高校、科研院所合作,联合培养高层次专门人才。鼓励社会力量开展多种形式的医药专业化培训,培养面向生产一线的专业技术人才和优秀工程师。实施企业家素质提升工程,培养造就一批具有全球化视野的高素质企业家。积极引进高层次经营管理人才,创新激励机制,加快提升企业经营管理水平。(责任单位:省人才办、省经信委、省教育厅、省科技厅、省人力社保厅)

(三)健全工作机制

进一步落实促进现代医药产业创新发展省级协调联动机制。省经信委要统筹协调,会同省级有关部门研究制订相关政策,加强指导服务,开展督促检查。各市、县(市、区)政府要结合本地实际,加强组织领导,建立工作机制,确保各项目标任务落到实处。(责任单位:省经信委牵头,省级有关部门,各市、县〔市、区〕政府参与)

浙江省人民政府办公厅

2017年6月30日

浙江省人民政府办公厅
关于加快通用航空业发展的实施意见

浙政办发〔2017〕66 号

各市、县(市、区)人民政府,省政府直属各单位:

为贯彻落实《国务院办公厅关于促进通用航空业发展的指导意见》(国办发〔2016〕38 号)精神,加快促进浙江省通用航空业发展,打造全省空中 1 小时交通圈,经省政府同意,提出如下实施意见。

一、总体要求

(一)指导思想

全面贯彻落实党的十八大和十八届三中、四中、五中、六中全会精神,坚持以“八八战略”为总纲,按照习近平总书记对浙江提出的“秉持浙江精神,干在实处、走在前列、勇立潮头”的新要求,紧紧围绕“高水平全面建成小康社会、高水平推进社会主义现代化建设”目标任务,紧扣供给侧结构性改革和省委、省政府转型升级组合拳要求,紧抓国家促进通用航空业发展的机遇,坚持市场主导、政府引导,安全第一、创新驱动,军民融合、协调发展,加快完善通用机场网络,着力培育通用航空市场,发展壮大通用航空产业,切实营造良好发展环境,加快打造全国通用航空业发展示范省。

(二)主要目标

到 2020 年,建成 A 类通用机场 20 个,实现每个设区市至少拥有 1 个 A 类通用机场,覆盖通用航空研发制造集聚区、农产品主产区、主要林区、50%以上的 5A 级旅游景区、国家级旅游度假区。力争通用航空器达到 200 架以上、年飞行量 8 万小时以上,培育 5 家以上具有通用航空器研发制造能力的通用航空企业和 10 个左右各具特色的通用航空小镇,打造 2 个国家级通用航空产业综合示范区,通用航空业经济规模达到 500 亿元。

二、构建通用机场网络

(一)优化规划布局

认真组织实施《浙江省通用机场发展规划》,根据规划实施情况和民航部门通用机场最新分类标准,适时调整优化规划布局体系。完善支线运输机场通用航空设施,加强湖州、绍兴等无运输机场地区的通用机场建设,鼓励发展水上通用机场,加强偏远山区、海岛地区、地面交通不便地区以及通用航空研发制造产业集聚区、农产品主产区、主要林区、5A 级旅游景区、国家级旅游度假区的通用机场建设,统筹布局满足抢险救灾、应急救援等需求的直升机临时起降点,加快形成全省互联互通的通用机场网络。对列入省级规划的通用机场,所在地政府应做好机场净空、电磁环境保护、噪声控制和机场周边土地利用及建设的规划控制,注重与各类交通运输方式的衔接。(责任单位:省发展改革委、省交通运输厅)

(二)完善审核程序

新建通用机场由省政府按照批准的规划审批(核准)。列入规划的新建通用机场项目要按照相关规定取得军方、民航部门场址审核意见,未列入规划项目不得报批场址。向军方申请审批场址时,须由项目所在地政府报省发展改革委,省发展改革委牵头会同省交通运输厅提出审核意见后报省政府,由省政府转报东部战区空军审批场址。向民航部门申请场址审核意见时,可由通用机场建设项目投资人报民航华东地区管理局审核。通用机场改扩建项目由属地县级以上政府审批(备案),含增建跑道、延长跑道内容的改扩建项目须先征求军方、民航部门意见。各级发展改革部门要进一步简化和规范通用机场项目可行性研究报告(项目申请报告)等审批(核准、备案)程序。国家发展改革委、中国民航局和空军等部门关于通用机场建设项目审核有最新规定的,从其规定。(责任单位:省发展改革委,相关市县政府)

(三)统筹协调发展

各地要加强统筹谋划,因地制宜、积极有序推进通用机场建设。按照国家通用机场建设规范的相关规定,合理确定通用机场建设规模和标准,在确保运行安全的前提下,节约用地、节约投资和降低运行成本。加强通用机场资源整合,引导相邻地区打破行政区划限制,共建共用通用机场。支持杭州、宁波、温州、金华—义乌四大都市区和湖州、绍兴、舟山建设综合型通用机场,打造通用航空网络重要节点。(责任单位:相关市县政府,省发展改革委、省交通运输厅)

三、培育通用航空市场

(一)发展短途运输和公务航空

统筹通用航空与公共运输航空协调发展,发挥通用航空小机型、小航线、小航程的特点,构建全省 1 小时通用航空交通圈。支持舟山、台州等海岛地区和温州、衢州、丽水等偏远地区、地面交通不便地区,以及其他需求强烈、市场前景好的地区,积极发展短途运输,提供水上飞机、直升机等多样化机型服务。支持有实力的企业整合相关运输资源,发展常态化的短途运输。鼓励有条件的地区发展公务航空,满足个性化、高效率的出行需求,推动杭州、宁波、温州、金华等地发展高端公务机业务,支持嘉兴机场通航功能区和湖州、绍兴等地的通用机场成为上海、杭州高端商务旅客公务机飞行的首选停放地和托管服务区。(责任单位:相关市县政府,省发展改革委、省交通运输厅)

(二)扩大公共服务和生产应用

加强通用航空在抢险救灾、医疗救护等领域的应用,支持交通运输部东海第一救助飞行队在浙江省建立永久基地,支持建设国家海上紧急医学救援基地、省森林航空消防基地,支持各级政府通过直接建设通航应急救援基地或购买服务的方式,开展航空应急救援等公共飞行业务,完善航空应急救援与抢险救灾体系,力争实现通用航空服务范围覆盖主要高速公路沿线、沿海主要岛屿、主要江河(湖泊)沿线、主要地质灾害威胁地带的应急救援,主要林区的森林航空消防和三甲医院的医疗救护。探索通过商业保险等模式,使普通百姓获得"空中 120"服务。扩大通用航空农林作业面积,推广通用航空在工业与能源建设、国土及地质资源勘查、环境监测、警务巡逻、森林航空消防等领域应用,促进通航产业与地理信息产业的大融合和大运用。(责任单位:相关市县政府,省经信委、省公安厅、省国土资源厅、省环保厅、省交通运输厅、省农业厅、省林业厅、省卫生计生委、省测绘与地理信息局)

(三)鼓励发展"通用航空+"消费

推动通用航空与旅游、体育、互联网、创意经济相融合,拓展通用航空新业态。促进"通用航空+旅游"发展,推动全省 50%以上的 5A 级旅游景区开展低空旅游服务,规划一批空中旅游精品线路,加快杭州千岛湖、新昌天姥山等通用航空旅游示范工程建设,支持杭州、温州、绍兴等地建设全域低空旅游观光圈。促进"通用航空+体育"发展,加快建德、奉化等国家级航空飞行营地建设,支持有条件的地方创建航空飞行营地和航空运动体验基地，积极争取国家级航空体育赛事落户浙江，支持开展国际无人飞行器创新大奖赛(安吉)等赛事活动，鼓励开展航空体育休闲、青少年航空运动、航空会展、航空文化交流等活动。鼓励发展飞行培训，提高飞行驾驶执照持有比例，支持丽水等地创建通用航空职业培训基地。(责任单位：省旅游局、省体育局，相关市县政府)

四、壮大通用航空产业

(一)提升通用航空制造业水平

积极对接和吸纳国内外通用航空业优质资源，引进、消化和吸收先进技术，加快提升国产化水平，支持绍兴、台州等地建立通用航空业创新平台，支持德清省级通用航空高技术产业基地建设。重点推进活塞、涡轮发动机飞机整机制造，加快发展2座轻型运动飞机、4~8座载人飞机、小型公务机、水陆两栖飞机、新能源飞机、民用直升机等制造。重点研制大中型无人机、智能无人机和高端航模等系列产品，加快实施航天科技台州彩虹无人机生产基地等项目。提高关键技术开发应用和关键部件、航空新材料的自主研发生产能力，重点突破发动机、关键航空机载设备、航空部件研发制造和集成供应，推广应用北斗导航、广播式自动监视等新技术。(责任单位：省经信委、省科技厅、省发展改革委，相关市县政府)

(二)培育具有核心竞争力的骨干企业

坚持政府引导、企业主体、市场化运作的原则，支持有实力、有基础的企业，通过收购、控股、合作等多种方式，兼并国内外行业领先的通用航空企业，加快提升企业研发制造水平。各地和省级有关部门要集聚资金、土地和政策等各种要素资源，加大培育和扶持力度，通过树立示范性企业，逐步形成一批具有国际先进水平和核心竞争力的通用航空制造龙头企业和通用航空服务骨干企业。支持引进国内外通用航空龙头企业，鼓励和支持有条件的企业和个人兴办通用航空企业。(责任单位：省经信委、省科技厅、省发展改革委、省财政厅、省国土资源厅，相关市县政府)

(三)发展通用航空小镇和产业示范区

统筹优化通用航空业布局，避免一哄而上、无序建设，促进产业集中资源、集聚发展、集群建设。支持建德、德清、宁海、新昌、安吉等地，依托通用航空制造、低空旅游、森林航空消防、飞行体验、飞行培训、航空赛事等，打造各具特色的通用航空小镇。加快宁波、绍兴首批国家级通用航空产业综合示范区建设，支持杭州、温州、湖州、金华、台州等条件具备的地区，发展与各地经济联系紧密的通用航空优势产业，打造通用航空产业示范区和省级航空飞行营地示范工程，发挥通用航空产业对区域经济发展的带动作用。(责任单位：相关市县政府，省发展改革委、省经信委、省体育局)

五、加大要素保障力度

(一)加强空域保障

深入推进低空空域管理改革试点，科学规划全省低空空域，扩大报告空域、监视空域范围。贯通全省低空空域，实现真高3000米以下监视空域和报告空域无缝衔接，划设低空目视飞行航线，推动实现通航空域形成片、连成线。加快建立军民融合低空飞行服务保障体系，支持有条件的通用航空企业牵头建设飞行服务中心(站)，制定并发布目视飞行航空图，实时发布飞行动态、天气条件情况，提升低空空域航空情报、航空气象、飞行情报与告警服务能力，努力保障低空飞行看得见、叫得到、管得住。加强军地沟通协调，优化飞行审批服务。(责任单位：省发展改革委、民航浙江安全监管局，相关市县政府)

(二)拓宽投融资渠道

按照分类融资、分级负责的原则,合理划分事权和支出责任,区分项目属性,建立健全投融资机制。对通用机场建设等准公益性交通基础设施领域,各地政府应积极推广政府和社会资本合作(PPP)模式,吸引社会资本参与;在经营性领域,发挥市场的主导作用和各类投资主体作用,鼓励企业和个人投资通用航空业。各级政府要统筹整合各类资金扶持政策,加大对通用机场建设、通用航空公益性飞行服务作业和通用航空企业的支持力度。争取国家民航发展基金等专项资金补助。加强金融支持,积极协调金融机构加大对通用航空业的扶持力度。(责任单位:省财政厅、省金融办、省发展改革委、省交通运输厅、浙江机场集团,相关市县政府)

(三)加强人才、土地等要素保障

加强与国内外航空院校合作,在浙江省设立服务通用航空的分院、分校,支持省内高校开设通用航空类相关专业,培养飞行、适航、空管、航空器和发动机制造维修以及航空应急救援、抢险救灾、医疗救护等专业技术和管理人才。探索建立军地联动的航空人才教育、培训体系,建设军民结合的航空人才培养基地。推动通用航空人才社会化培养,鼓励社会资本投资通用航空培训机构,多层次、多渠道提升高层次人才的联合培养能力。支持解决通用机场、通用航空制造基地等项目的发展用地指标,优先将其列入省重点项目和重大产业项目名单,并给予重点保障。(责任单位:省教育厅、省人力社保厅、省发展改革委、省交通运输厅、省国土资源厅,相关市县政府)

六、营造良好发展环境

(一)建立完善工作协调机制

建立促进通用航空业发展工作机制。省发展改革委会同省交通运输厅等部门,建立完善军地协调推进机制,统筹通用航空业发展;省财政厅负责研究制定扶持通用航空业发展的相关政策;民航浙江安全监管局等部门加强与军方等的合作,建立有效的军民航空域管理指挥协调机制,负责协调办理飞行计划申请事宜;省经信委、省科技厅、省旅游局、省体育局等部门和各市县政府要各司其职,合力推动全省通用航空业发展。(责任单位:省发展改革委、省交通运输厅、省财政厅、民航浙江安全监管局、省经信委、省科技厅、省旅游局、省体育局,各市县政府)

(二)建立省级通用航空业发展平台

深化省级交通投融资体制机制改革,支持浙江机场集团等骨干企业组建省级平台参与通用机场建设和运营,助推全省通用航空业发展。支持省通用航空产业协会(联盟)发展,强化行业自律,凝聚民间智慧,逐步形成统一规范、竞争有序的通用航空市场。(责任单位:省国资委、省工商局、省财政厅、省发展改革委、省交通运输厅、浙江机场集团)

(三)强化安全监管

坚持安全第一原则,建立跨部门、跨领域的通用航空联合监管机制,形成全过程、可追溯的安全监管体系。民航浙江安全监管局等部门要依托中国民航局通用航空安全监管平台,加强通用航空器分类管理,充分运用卫星、移动互联网、大数据等现代信息技术,提升通用航空器地面和空中活动的监控与追踪能力,实现飞行动态实时监控。无线电管理部门依据法定职责,做好通用航空无线电管理相关工作。公安部门负责"落地查人",配合军方和民航等部门严厉查处"黑飞"等违法违规行为,确保低空飞行安全有序。(责任单位:民航浙江安全监管局、省经信委、省公安厅,各市县政府)

浙江省人民政府办公厅

2017年7月4日

浙江省人民政府办公厅关于进一步提升工业设计发展水平的意见

浙政办发〔2017〕105 号

各市、县(市、区)人民政府,省政府直属各单位:

为进一步提升工业设计发展水平,发挥其在提升企业自主创新能力和国际竞争力、改造提升传统产业和培育发展新兴产业中的支撑引领作用,经省政府同意,现提出如下意见。

一、总体要求

(一)指导思想

以"八八战略"为总纲,牢固树立创新、协调、绿色、开放、共享的发展理念,围绕制造强省建设目标,以供给侧结构性改革为主线,发挥企业的市场主体作用,增强工业设计创新能力,提升发展水平,优化发展环境,促进工业设计与制造业深度融合,为制造业高端化、智能化、绿色化、服务化、国际化发展提供有力支撑。

(二)基本原则

坚持工业设计与传统产业相结合。发挥工业设计在做强产业链、提升价值链中的引领作用,推动传统产业提质增效升级,实现从规模、速度增长到技术、质量、品牌领先转变,从商品出口向服务输出转变。

坚持工业设计与新材料、新技术等相结合。利用设计与材料、技术的耦合关联,掌握并熟练运用新材料、新技术,提升设计的集成创新能力,推动产品加快更新换代。

坚持工业设计与互联网相结合。运用互联网、物联网、大数据、云计算、虚拟仿真、智能控制等网络信息技术,发展网络设计和智能设计,提高设计协同创新能力和制造效率。

坚持工业设计与服务型制造相结合。推动工业设计与企业战略、品牌运营、商业模式深度融合,使工业设计不仅体现在产品上,更体现在研发、生产、营销、售后服务全流程上,实现制造业向服务型制造转型发展。

坚持工业设计与文化相结合。依托丰富的文化资源,凝练文化精髓,挖掘文化价值,将其不断融入工业设计,创造具有文化内涵的现代产品与服务,促进实用价值和文化价值的有机统一。

(三)发展目标

到 2020 年,力争全省工业设计服务收入超过 150 亿元,设计成果转化产值超过 1 万亿元,新增设计授权专利 4 万件以上。引进和培养一批具有全国影响力的工业设计领军人才,新增专职工业设计人才 1 万名以上;争创国家工业设计研究院,创建 3 个以上工业设计特色小镇,培育 50 家知名工业设计公司和 20 个左右省级特色工业设计基地,建设 10 家国家级工业设计中心、50 家省级重点企业设计院和 250 家以上省级工业设计中心,建立集信息、展示、交易等为一体的工业设计网络平台。工业设计影响力进一步扩大,发展水平和服务能力继续位居全国前列,对产业转型升级推动作用显著增强。

二、重点服务领域

(一)推动传统产业升级增效

在轻工、纺织服装、家电、消费电子、机械设备、交通运输设备、工艺美术等传统产业领域,以增品种、提品质、创品牌为重点,围绕外观造型、功能创新、结构优化、节能节材、新材料应用等重点环节,推进零件标准化、部件模块化和产品个性化,实现产品由通用向专用、单机向连线、机械化向自动化的持续升级。支持传统制造业企业工业设计向专业化、产业化、集约化、信息化发展和应用,加快由提供单项设计向提供集成设计、系统设计、并行设计、创新设计的综合解决方案转变,发挥工业设计对提高品牌附加值、提升品牌形象、增强产品竞争力的引领作用。

(二)推动新兴产业孕育兴起

重点在新一代信息技术、高端装备、新材料、生物、新能源汽车、新能源、节能环保、数字创意等新兴产业领域,运用设计工具,开发数字化、网络化、智能化装备和产品,更好满足移动化、微型化、巨型化和超常环境工作的要求。突出绿色设计导向,在满足产品功能的前提下,采用组合设计、循环设计、产品与服务的非物质化设计等手段,推进产品的生态化设计与可持续性设计。充分运用仿真设计,通过物料供应和生产流程再造,实现个性化定制的生产模式,满足个性化、小批量、多品种的市场需求。

(三)推动服务型制造发展

聚焦软件、集成电路、互联网、物联网等行业技术,建设贯穿产业链的研发设计服务体系。推广智能服务设计,突出柔性化生产和社会化协同导向,突破研发设计、生产制造、销售服务的资源边界,发展“制造即服务”业务,推动生产与消费、制造与服务、产业链企业之间的全面融合。推广定制化服务设计,增强定制设计与柔性制造能力,实现生产制造与市场需求高度协调,强化用户体验,提升产品价值。推广网络化协同制造服务设计,增强信息化方案设计、系统开发和综合集成能力,提供面向细分行业的研发设计、系统优化、设备管理、质量监控等云制造服务。

三、主要任务

(一)增强工业设计创新能力

鼓励企业构建“设计+研发+用户体验”的创新设计体系,建立产学研用相结合的创新模式。引导有条件的制造企业设立独立核算的工业设计中心或设计院,在制造业龙头骨干企业和知名工业设计公司中规划建设一批省级重点企业设计院,支持申报国家工业设计中心。整合行业力量和资源,争创国家工业设计研究院。发挥省转型升级产业基金的引导作用,吸引社会资本投向工业设计产业化项目和重大设计共性平台,建设产业工业设计数据库,提供在线设计工具,推进网络众创设计。支持制造企业、设计机构、科研院所、高校建立工业设计产业联盟,提升工业设计创新能力。组织企业参与各类工业设计产品行业标准、国家标准、国际标准的制订工作,促进自主创新与技术标准融合。

(二)提升工业设计集聚水平

完善产业空间布局,依托设计类高校、高新园区、开发区(工业园区)规划建设一批辐射带动效应明显的工业设计基地。在设计资源丰富或设计需求量大的中心城市、产业集聚区和工业强县(市、区)中开展省级特色工业设计示范基地建设,并推动其专业化发展,围绕当地块状经济转型升级,进一步明确定位,创新服务方式,实现精准对接。进一步争取工业和信息化部的支持,加强与中国工业设计协会等的合作,推动浙江大学、中国美术学院等的设计资源集聚,加快良渚中国工业设计小镇建设,打造成世界工业设计高地和全球设计资源聚合平台,成为全国设计产业发展的标杆。培育建设一批工业设计特色小镇,进一步推动工业设计元素和功能融入省级制造业特色小镇,提升工业设计对当地产业发展的引领和带动作用。

(三)提升工业设计产业层次

推动工业设计从零件、散件设计向组件、模块件、总集成设计发展,从注重产品外观功能设计向包含研发设计、工艺流程设计、服务模式设计的产品全生命周期设计发展,从以产品升级为主向整体系统优化发展。支持制造企业由大规模批量化生产向个性化定制设计、智能设计、绿色设计转变。加强互联网新业态设计,鼓励制造企业利用物联网、大数据、移动互联网等技术,推动基于信息服务的设计应用研究,促进工业设计向高端信息化设计服务转变。

(四)提升工业设计服务质量

鼓励制造企业加大对工业设计的投入,支持工业设计企业以订单、契约、股权等多种形式为制造企业提供设计服务。支持设计企业与制造企业开展形式多样、内容广泛的对接合作,大力推广“设计+科技”“设计+资本”等工业设计共享经济新模式。积极推广“互联网+工业设计”,探索建设线上线下开放性共享平台,发展众创设计、众包设计、定制化设计、用户参与设计、云设计、网络协同设计等新型服务模式,促进工业新产品产值率明显提升。

(五)提升工业设计国际化水平

支持中国美术学院将中国设计智造大奖打造成为具有国际影响力的工业设计大奖和产业交流合作平台。办好世界工业设计大会,加强与国际设计组织,知名设计机构和设计院校的联系、交流与合作,在更宽领域、更大范围内配置全球设计资源。鼓励跨国公司和国际知名设计机构来浙江省设立设计研发总部、分支机构或共建设计研究机构。支持制造企业通过收购国际设计团队、设立海外分支机构,汲取国外先进设计理念、技术和管理经验。鼓励工业设计公司承接国际设计外包业务,推动工业设计服务出口。支持有条件的企业承接“一带一路”沿线国家工业设计业务,推进中国设计文化的对外输出,提升浙江省工业设计的国际竞争力。

(六)提升工业设计成果转化效率

创新产学研合作模式,加速设计成果转化和设计方案产业化。依托省级特色工业设计示范基地、工业设计特色小镇、开发区(工业园区)、重点企业设计院等载体,建设一批示范性、开放式工业设计公共服务平台,提供设计工具、快速成型、虚拟制造、资本创投、品牌孵化、成果交流、人才培训等专业服务。依托浙江网上技术市场,建设工业设计成果交易平台,提供工业设计的信息发布、成果展示、在线路演、专家咨询、竞价交易等在线服务。举办“设计师走进企业”活动,组织工业设计观摩、诊断、对接,支持企业参加国际国内工业设计专业展会。鼓励各地积极引入设计资源,与本地特色产业展开合作,促进设计成果落地生根。

(七)提升工业设计人才队伍素质

加强与国内外著名设计院校合作,引进先进设计教育办学理念,建设国际一流的工业设计特色学院。强化专业设计人才培养,加快建设校内外设计实验和实训基地,组织开展大学生工业设计竞赛,着力培养具有创新视野的设计人才。加强实用人才培养,积极推广产学研合作人才培养模式,支持院士、知名专家在企业设立工作站,鼓励优秀工业设计师到高校兼职授课,加大复合型设计人才的培养。开展系列化、多形式的设计培训和国际交流,引进并培育一批具有国际知名度和重大影响力的多学科创新设计专家,重点培养具有国际视野的设计领军人才。完善工业设计职业资格试点,进一步拓宽工业设计从业人员评价范围,完善评价条件,创新评价方式,加快工业设计人才职业化。鼓励国内外优秀设计人才来浙江省自主创业,支持符合条件的工业设计基地、工业设计企业设立博士后科研工作站。

四、保障措施

(一)加强组织领导

在省经信委牵头的推进工业设计发展工作联席会议制度框架内，加强对全省推进工业设计发展工作的指导与协调。省经信委要加强宏观指导、规划引导、工作协调。各成员单位要按照职责分工，各司其职，密切配合，加强政策支持，共同推动工业设计发展。各级政府要进一步加强对工业设计工作的组织领导，健全协调机制，加快形成省市县三级联动推进工业设计发展的工作格局。

(二)加大资金扶持力度

省财政继续安排资金支持工业设计发展，重点用于省级特色工业设计示范基地绩效考核奖励、新认定的省级特色工业设计示范基地建设、省级重点企业设计院建设、中国设计智造大奖等设计活动、全省性重大设计对接活动、高端设计人才培训以及工业设计成果展览展示和宣传等活动。对通过浙江网上技术市场竞价交易并成功实现产业化的工业设计成果，可按有关规定申请事后补助。各市、县(市、区)政府也要根据财力安排相应的扶持资金或产业基金，支持工业设计发展，并对工业设计成果产业化项目，按照相关政策规定给予支持。

(三)落实税收优惠政策

企业用于工业设计的研发费用，可按有关规定享受企业所得税税前加计扣除政策。支持工业设计企业参加高新技术企业认定和申报科技型中小企业，并按规定享受税收优惠政策。工业设计企业提供技术转让、技术开发业务和相关技术咨询、技术服务收入，可按国家税法规定享受相关税收优惠政策。

(四)拓宽融资渠道

鼓励银行业金融机构支持工业设计企业发展，增加适合工业设计企业的融资品种，拓展贷款抵(质)押物的范围，开展无形资产质押和收益权抵(质)押贷款等业务。鼓励国内外风险投资、创业投资、股权投资、天使基金等机构投资工业设计企业。支持符合条件的工业设计企业上市。鼓励信用担保机构为拥有专利、商标、版权等知识产权的工业设计企业提供贷款担保。

(五)强化知识产权保护和服务

鼓励企业和个人申报工业设计专利、商标和著作权，鼓励在产品或包装上标注设计机构或设计者名称，加大对侵权行为的打击力度，建立维权机制，畅通维权渠道，提高维权效率。健全工业设计知识产权交易服务体系。

(六)完善统计和评价考核

明确工业设计产业统计分类，完善统计调查方法和指标体系。开展工业设计产业发展的监测、分析和评估，建立完善省级特色工业设计示范基地和省级重点企业设计院的跟踪监测、评价考核和激励机制，对达不到目标要求的基地和设计院，实行动态调整。

(七)营造良好社会氛围

支持社会各方按规定组织开展多种形式的工业设计赛事，举办国内外有较大影响力的大型工业设计专业活动，宣传设计经典案例，传播工业设计价值，弘扬创新设计文化，扩大工业设计的公众认知度和社会影响力。发挥省工业设计协会等社会组织的作用，健全行业标准、规范行业秩序、完善公共服务、促进行业发展。

浙江省人民政府办公厅

2017 年 9 月 26 日

浙江省人民政府办公厅关于印发浙江省产业创新服务综合体建设行动计划的通知

浙政办发〔2017〕107号

各市、县(市、区)人民政府,省政府直属各单位:

《浙江省产业创新服务综合体建设行动计划》已经省政府同意,现印发给你们,请结合实际认真贯彻实施。

浙江省人民政府办公厅

2017年9月28日

浙江省产业创新服务综合体建设行动计划

产业创新服务综合体是以产业创新公共服务平台为基础,坚持政府引导、企业主体,高校、科研院所、行业协会以及专业机构参与,聚焦新动能培育和传统动能修复,集聚各类创新资源,为广大中小企业创新发展提供全链条服务的新型载体。为加快布局建设一批产业创新服务综合体,打造更具活力的产业创新生态系统,特制定本行动计划。

一、总体思路

(一)指导思想

全面贯彻落实党的十八大、十八届历次全会和省第十四次党代会精神,坚定不移沿着"八八战略"指引的路子走下去,深化供给侧结构性改革,深入实施创新驱动发展战略,坚持产业高端化与高端产业化并举,以产业转型升级重大需求为导向,以增加产业创新有效供给为核心,以提高产业公共服务能力为目标,在统一谋划、整合提升行业和区域产业创新公共服务平台基础上,加快布局建设一批产业创新服务综合体,更多集聚创新资源、更强激活创新要素、更快转化创新成果、更好补齐产业短板,为推进产业高新化、智能化、绿色化、服务化发展提供有力支撑。

(二)主要目标

支持各地建设一批以产业创新公共服务平台为主体,与技术研发中心、成果交易平台、知识产权机构、创业孵化载体等有效互动，集创意设计、研究开发、检验检测、标准信息、成果推广、创业孵化、国际合作、展览展示、教育培训等功能于一体的产业创新服务综合体。2018~2020 年，每年择优选定 10 个左右市、县(市、区)开展产业创新服务综合体建设，建设期限为 3 年；到 2022 年，全省建成 50 个以上产业创新服务综合体。

二、重点任务

(一)打造“三个一批”产业创新服务综合体

1. 聚焦创新平台整合提升，提升一批产业创新服务综合体。完善现有产业创新服务平台功能，打破原平台服务内容相对单一、服务能力欠强的局限，结合行业特点，引入创意设计、技术研发、技术评价、技术交易、人才培训、标准咨询等专业化服务，打造一批创新资源配置优、协同创新能力强、开放服务水平高的产业创新服务综合体。(责任单位：省科技厅、省委人才办、省发展改革委、省经信委、省教育厅、省财政厅、省质监局，排第一位的为牵头单位，下同)

2. 聚焦传统产业改造提升，主动布局一批产业创新服务综合体。在纺织、服装、皮革、化工、化纤、造纸、橡胶塑料、建材、有色金属加工、农副食品加工和批发零售等“10+1”传统产业改造提升中，支持组建集科技创新、机制创新、业态创新、管理创新、服务创新等全产业链公共服务于一体的产业创新服务综合体，推动传统主导产业全产业链重构升级，实现传统块状经济向现代产业集群转型升级。(责任单位：省科技厅、省委人才办、省发展改革委、省经信委、省教育厅、省财政厅、省质监局)

3. 聚焦新兴产业培育发展，超前谋划一批产业创新服务综合体。聚焦信息技术、物联网、人工智能、高端装备制造、新材料、生物、新能源汽车、新能源、节能环保、数字创意等十大战略性新兴产业，瞄准新兴产业的关键共性技术研发攻关需求，依托高新区、特色小镇、新型孵化器、专业化众创空间等，支持以创新型大企业为依托的产业创新服务综合体，完善新兴产业生态系统，建设具有领先优势的新兴产业集群。(责任单位：省科技厅、省委人才办、省发展改革委、省经信委、省教育厅、省财政厅、省质监局)

(二)以“1+X”模式开展建设

“1”是指各市、县(市、区)政府建立产业创新服务综合体建设工作机制，统筹产业创新服务综合体建设的组织领导、顶层设计、统一规划、政策整合；“X”是指立足各地产业发展实际和资源禀赋，探索建立若干不同特色、不同模式的产业创新服务综合体。省科技体制改革和创新体系建设领导小组办公室根据市、县(市、区)政府申报情况，组织有关单位进行审查，提出产业创新服务综合体建设名单，经省政府审定后组织实施。(责任单位：省科技体制改革和创新体系建设领导小组办公室)

(三)创新运行管理机制

1. 探索建设运行新机制。坚持市场化服务和政策性扶持相结合，探索股份制、理事会制、会员制等多种运作模式，建立符合创新规律、激发创新活力的运行机制。鼓励产业创新服务综合体积极承担政府或企业委托的产业创新项目，提供检验检测、技术开发、成果转化、创业孵化等有偿服务，实现自我造血、良性发展。(责任单位：省科技厅、省发展改革委、省经信委、省财政厅)

2. 实行目标导向的绩效考核机制。对产业创新服务综合体实行动态管理，形成有进有出、优胜劣汰的动态管理机制。3 年建设期结束后，省科技体制改革和创新体系建设领导小组办公室组织开展 3 年综合考核和绩效评价工作；对未完成产业创新服务综合体建设预期目标的市、县(市、区)政府，省财政分 3 年扣回激励资金。综合考核和绩效评价办法另行制定。(责任单位：省科技厅、省发展改革委、省经信委、省财政厅)

3. 完善创新资源配置机制。结合产业创新服务综合体建设定位，规划布局建设省级重点企业研究院、科技企业孵化器、众创空间、工业设计基地、云工程和云服务、中小企业服务体系等,谋划建设专业网上技术市场或分市场。拓宽建设资金投入渠道,积极推广运用政府和社会资本合作(PPP)模式,支持多元主体加大对产业创新服务综合体建设的投入力度。(责任单位:省财政厅、省科技厅、省经信委)

4. 强化用地保障机制。各地统筹新增用地计划指标、存量建设用地、增减挂钩指标,做好对产业创新服务综合体建设用地保障工作。对利用原有工业用地建设标准厂房用于产业创新服务综合体的,在符合规划的前提下,其载体房屋可以幢或层等有固定界限的部分为基本单元进行产权登记并出租或转让;如涉及土地用途改变的,按有关规定办理用地手续,补缴土地出让金。(责任单位:省国土资源厅)

(四)健全协同创新体系

1. 构筑产学研用协同创新网络。聚焦特定产业领域,布局建设国家和省级重点实验室,支持产业导向的前沿性原创研究;围绕关键共性技术研发攻关,支持工程技术研究中心、制造业创新中心、协同创新中心等创新载体协同创新、协调发展;支持高校、科研院所、创投机构与各类创新研发机构建立紧密型产学研合作机制;围绕科技成果转移转化,强化行业协会服务功能,支持各类成果转移转化平台与各类公共服务载体协同互动,完善科技服务平台体系。(责任单位:省科技厅、省发展改革委、省经信委、省教育厅、省财政厅)

2. 加强重大科技资源开放共享。加大科技创新云服务平台建设,运用“互联网＋政务服务”和大数据,实现省市县三级科技数据、系统、资源的互联互通、共享共用。完善科技创新服务平台开放共享管理系统,将公共财政支持的原值50万元以上重大科研仪器设施纳入对外开放共享范围。全面推广创新券制度,支持各类科技创新服务平台提供检验检测、标准信息、合作研发、委托开发、研发设计等创新服务,降低中小微企业创新创业成本。(责任单位:省科技厅、省发展改革委、省经信委、省教育厅、省财政厅、省质监局、省食品药品监管局)

(五)引进培育专业人才

1. 加强创新人才引进培养。以产业创新服务综合体为纽带,柔性引进领军人才、创新团队,服务传统产业升级和战略性新兴产业培育。以产业创新服务综合体为依托,加强青年科研人才、质量管理创新人才和科研后备力量建设,培养一批贯通产学研合作链条的技术开发和成果转化的本土人才。引导创业投资、天使投资、股权投资等参与产业创新服务综合体建设,开拓集智创新、融资创业的有效途径。(责任单位:省委人才办、省发展改革委、省经信委、省科技厅、省教育厅、省人力社保厅)

2. 加强创新人才激励。落实国家和省有关人才评价和激励的政策,高校、科研院所人员服务产业、服务企业获得的劳动报酬和科技成果转化收益,不纳入事业单位绩效工资总额。对从事应用技术研发的科研人员加大科技成果转化收益的分配力度,对从事科技服务的专业技术人员引入市场化评价的分配方式,对高层次人才探索建立协议工资制、项目工资制等多种收入分配形式。(责任单位:省委人才办、省教育厅、省科技厅、省财政厅、省人力社保厅)

3. 加强中介服务人才队伍建设。坚持产业链与服务链融合,大力发展研究开发、技术转移、检验检测认证、创业孵化、科技金融、知识产权等中介机构,一站式提供政策解读、品牌培育、形象策划、业务培训、法律咨询、标准信息咨询、质量管理咨询、信息数据、工程建设、节能降耗等服务。加强专业化实验支撑和科研辅助人才队伍建设,壮大科技成果推广和转移转化人才队伍,培育一批懂技术、善经营的技术经纪人。(责任单位:省科技厅、省委人才办、省改革发展委、省经信委、省教育厅、省人力社保厅、省质监局)

三、保障措施

（一）加强组织领导

省科技体制改革和创新体系建设领导小组负责产业创新服务综合体建设工作的组织领导。领导小组办公室加强对列入建设名单的市、县(市、区)的指导和监督，组织有关部门实施考核评价。省科技厅会同省发展改革委、省经信委、省财政厅制定产业创新服务综合体建设导则、产业创新服务综合体的建成指标体系、竞争性分配方案和考核评价办法；省财政厅负责制定产业创新服务综合体建设财政专项激励政策方案；其他领导小组成员单位根据各自职责，研究制定支持产业创新服务综合体建设的举措，形成工作合力。各实施建设的市、县(市、区)政府要高度重视产业创新服务综合体建设工作，加强统筹协调，采取有效措施，推进产业创新服务综合体建设。

（二）加大资金引导

发挥财政资金的杠杆作用和导向作用，撬动社会资本加大对产业创新服务综合体建设的投入。2018—2022年，通过整合科技专项、工业和信息化专项资金等财政专项资金，统筹有效扩大投资、“腾笼换鸟”、浙商回归、小微企业三年成长计划、工业技改投资奖励等财政专项激励资金和新增安排一定资金额度等渠道，设立产业创新服务综合体建设专项激励资金。通过竞争性分配，支持市、县(市、区)产业创新服务综合体建设。

（三）加快先行先试

深入推进“最多跑一次”改革，优化审批服务流程，减少办事环节，聚焦重点、精准施策，分批推进产业创新服务综合体建设，支持主导产业优势明显、措施扎实、工作基础好、推进力度大的市、县(市、区)先行开展试点示范建设，形成一批可复制、可推广的经验做法。

浙江省人民政府办公厅关于切实打好工业和信息化发展组合拳的若干意见

浙政办发〔2017〕117号

各市、县(市、区)人民政府,省政府直属各单位:

为落实党中央、国务院和省委、省政府关于振兴实体经济的决策部署,打好工业和信息化发展组合拳,再创发展新优势,经省政府同意,现提出如下意见。

一、总体要求

深入贯彻党的十九大和省第十四次党代会精神,全面落实"秉持浙江精神,干在实处、走在前列、勇立潮头"新要求,坚持新发展理念,以"八八战略"为总纲,以创新驱动发展为核心,精准发力、综合用力、持续加力、政企合力,推动"有为政府"和"有效市场"相统一,实施政府引导搭台、企业主体运作、全球精准合作、内外并购重组、推进股改上市、资源政策保障等组合拳,推动工业和信息化发展提质增效升级,建设工业强省、制造强省和信息经济强省,加快"两个高水平"建设,为全国决胜全面建成小康社会,夺取新时代中国特色社会主义伟大胜利作出浙江贡献。

二、主要目标

到2022年,全省工业经济实现质量变革、效率变革、动力变革,传统产业改造提升取得明显成效,战略性新兴产业布局基本形成,"浙江制造"在国际产业分工和价值链中地位显著提升,建设具有全球影响力和竞争力的智能制造基地。全省工业和信息化发展力争实现"79126"目标:工业增加值年均增长7%以上,生产性服务业增加值年均增长9%以上,信息化发展指数保持全国各省(区)第1位,企业技术创新能力达到全国第2位,培育形成信息经济核心制造业、高端装备制造业、时尚产业、环保制造业、新材料产业、软件及信息服务业6个万亿级产业。

三、工作举措

(一)政府引导搭台

充分发挥发展规划的引导作用、试点示范的引领作用和政府在建设科技创新、产业创新、服务创新等大平台方面的主导作用,加快工业和信息化发展步伐。

1. 充分发挥发展规划的战略导向作用。围绕"中国制造2025"浙江行动纲要、全面改造提升传统制造业行动计划、培育发展战略性新兴产业行动计划、"十三五"经信领域产业发展规划等明确的目标任务,实施一批重大工程、重大项目和重大平台。抓好工业和信息化部与省政府战略合作协议实施方案的落实。重点培育信息经济核心制造业、高端装备制造业、时尚产业、环保制造业、新材料产业、软件及信息服务业等万亿级产业,以及人工智能、柔性电子、量子通信、数字创意、增材制造等引领未来的重量级产业。到2022年,规模以上制造业增加值年均增长7%以上,重点传统制造业技术改造投资、研发投入年均增长10%以上,全员劳动生产率年均提高7%左右,形成10个以上具有国际竞争力的千亿级产业集群。(责任单位:省经信委、省发展改革委、省科技厅,各市、县〔市、区〕政府。以下各项工作均需各市、县〔市、区〕政府负责落实,不再列出)

2. 充分发挥试点示范的引领作用。深入推进信息化和工业化深度融合国家示范区、国家信息经济示范区、乌镇互联网创新发展试验区建设,开展"两化"深度融合专项行动,实施信息经济"双百工程",打造"云上浙江"、数据强省。支持杭州市、宁波市、湖州市等有条件的地区争创"中国制造2025"国家示范区,分批创建"中国制造2025"浙江行动试点示范县。聚力推进传统产业改造提升绍兴综合试点,在10个传统制造业开展省级试点。每年组织实施百项产品升级和工业强基示范项目、百项新兴产业示范项目、百项绿色制造示范项目、百项"机器换人"智能化改造示范项目,分区域、分行业开展"机器换人"智能化改造试点示范。到2022年,建成一批国内领先、具有国际竞争力的高端特色产业基地和智能制造试点示范区,试点示范、全省推广、引领全国的长效机制基本确立。(责任单位:省经信委、省发展改革委、省科技厅、省财政厅、省商务厅)

3. 高层次建设科技创新大平台。加快实施推进"一转四创"建设"互联网+"世界科技创新高地行动计划,全力推进杭州城西科创大走廊、国家自主创新示范区等科创平台建设。强化战略合作,加快引进建设一批国内顶尖、世界一流的国家重点实验室、科研院所、研发机构和重大科学装置,推动之江实验室建设,争创网络信息国家实验室。以前沿技术和共性关键技术的研发供给、转移扩散和首次商业化为重点,规划建设一批在全国有竞争力的省制造业创新中心,争创国家制造业创新中心。发挥浙江省国家"双一流"建设高校和省重点建设高校学科优势,形成科技成果转移转化和产业化的策源地。集聚全球创客资源,高水平打造一批海外创客的平台。到2022年,力争创建国家制造业创新中心2家以上、省制造业创新中心10家左右。(责任单位:省科技厅、省发展改革委、省经信委、省商务厅、省教育厅)

4. 高标准建设产业创新大平台。系统谋划大湾区、大通道建设中的产业布局,形成若干万亩级大平台、千亿级大产业。重点培育环杭州湾高新技术产业带,支持台州湾区经济发展试验区等平台建设,加强重点湾区的互联互通。推动产业集聚区、高新区、开发区、工业园区提升发展,成为培育发展高新技术产业的核心载体。加大产业园区整合提升力度,着力创建一批世界级、国家级新型工业化产业示范基地。围绕传统产业改造提升和未来产业培育发展面临的共性难题,集中创新资源,省市县联动,政产学研用合作,因地制宜打造一批集研发设计、检验检测、成果转化、教育培训等功能于一体的产业创新服务综合体。进一步集聚项目、资本、人才等高端要素,建设一批各具特色的高新技术特色小镇。深化工业强县(市、区)、强镇示范建设,推动由大变强。坚持合理布局、量质并重,进一步加强小微企业园建设。到2022年,工业年产值超千亿元的县(市、区)达到30个以上,培育建设产业创新服务综合体50个左右,创建经信领域产业特色小镇50个左右,新增小微企业园500家。(责任单位:省发展改革委、省经信委、省科技厅、省商务厅)

5. 全方位建设产业服务大平台。搭建全省招商服务大平台,逐步实现精准招商全球化布局,同步建设省级招商引资综合管理信息系统。充分借助世界互联网大会、世界工业设计大会等平台,组织开展招商引资引智活动。创新财政支持经济发展方式,加快设立各级政府产业基金,进一步优化基金运作方式。搭建产业协作平台,引导组建产业链联盟、技术标准联盟、市场合作联盟等各类产业联盟。到2022年,全省政府产业基金规模达到1000亿元以上,撬动1万亿元以上社会资本投入实体经济,产业联盟在主导产业中实现全覆盖,行业服务和资源整合能力大幅提升。(责任单位:省经信委、省财政厅、省科技厅、省商务厅、省国资委)

(二)企业主体运作

充分发挥企业主体作用,以"智能化+"为方向,推动企业综合运用"互联网+""大数据+""机器人+""标

准化 +”“设计 +”等手段,改造传统商业模式、管理模式、生产模式、营销模式,优化企业组织结构、市场结构、产品结构,加快形成一批具有国际核心竞争力的大企业大集团、高新技术企业、科技型中小企业、专精特新企业和细分领域“隐形冠军”。

1. 引导和支持企业推进“互联网 +”。深化制造业与互联网融合发展,推进移动互联网、云计算、大数据、物联网、人工智能等新一代信息技术在制造业领域的应用。支持企业建设基于互联网的制造业“双创”平台,推动传统生产模式向大规模个性化定制和“制造 + 服务”转型。攻关突破制造业与互联网融合关键技术。到 2022 年,形成制造业与互联网深度融合示范试点企业 200 家、制造业“双创”示范平台 20 家左右、服务型制造示范试点企业 200 家以上、个性化定制示范试点企业 100 家以上。(责任单位:省经信委、省委网信办、省发展改革委、省科技厅)

2. 引导和支持企业推进“大数据 +”。着力提升“企业上云”的质量,在重点行业打造一批上云用云典型标杆企业。推动大数据、云工程和云服务省级重点企业研究院提高云计算、大数据产品和服务供给能力。探索建立大数据开放共享与安全保护机制,形成一批大数据服务企业,构建应用服务体系。到 2022 年,累计上云企业力争达到 50 万家以上,培育形成具有全国影响力的行业性云服务平台 15 家、云计算服务商 150 家、大数据应用示范企业 100 家、各类数据服务企业 150 家以上。(责任单位:省经信委、省委网信办)

3. 引导和支持企业推进“机器人 +”。引导企业开展新一轮智能化技术改造,实施“机联网”“厂联网”。支持各类“机器换人”系统集成商、工业信息工程公司延伸业务链,发展成为“软硬”兼备的“机器换人”工程服务商。分行业推动工业机器人应用。到 2022 年,在役工业机器人达到 15 万台以上,省级“机器换人”工程服务商达到 100 家左右,培育 100 家左右示范性、引领性的智能工厂、智能车间。(责任单位:省经信委、省科技厅)

4. 引导和支持企业推进“标准化 +”。推动企业主导制定一批先进的国际、国家和行业标准。鼓励社会团体和企业制定拥有产业优势并具有自主知识产权的高水平“浙江制造”标准。鼓励企业开展质量对标活动,推动产品标准升级、质量提升和品牌建设。完善产品质量检验检测服务机制,建设一批国家级质量检测中心和省级授权产品质量监督检验机构。到 2022 年,建立国家技术标准创新基地 2 个以上,制造业企业为主或参与制(修)订国际标准 5 项以上、国家标准 300 项以上,制订“浙江制造”标准 500 个以上,新增国家级质量检测中心 10 个左右,培育“浙江制造”品牌企业 1500 家、“浙江制造”认证企业 300 家以上。(责任单位:省质监局、省发展改革委、省经信委)

5. 引导和支持企业推进“设计 +”。支持传统制造业企业重视工业设计及应用,提升设计层次与内涵。发展智能设计,加快数字化、网络化、智能化产品设计开发。支持企业适应和引领消费升级趋势,在产品开发、外观设计、产品包装等方面加强创新,开展个性化定制、柔性化生产,不断提升产品附加值。依托浙江网上技术市场,建立集信息、展示、交易等为一体的工业设计网络平台,助推工业设计成果的交易和转化。到 2022 年,创建 3 个以上工业设计特色小镇,培育 20 个左右省级特色工业设计基地,建设 10 家左右国家级工业设计中心,争创国家工业设计研究院,力争全省工业设计服务收入超过 150 亿元,设计成果转化产值超过 1 万亿元,新增设计授权专利超过 4 万件。(责任单位:省经信委、省科技厅)

6. 引导和支持企业提升管理水平。鼓励企业与国内外领先企业全面对标,对传统经营管理理念、生产方式、组织形式、营销服务等进行系统变革,实现管理增效和创新增效。适应经济发展形势对企业提出的新要求,提高企业战略柔性和适应性,加快推动战略管理转型。鼓励企业建立贯穿研发设计、原料供应、生产制造、营销服务等产品全生命周期的信息集成平台,实现全方位实时精准控制和智能化感知、预测、分析、决策,推动信息技术在企业生产经营管理中的深度融合和创新应用。到 2022 年,力争在重点产业领域建设 500 家左右省级管理创新示范企业,全省企业管理创新水平位居国内前列。(责任单位:省经信委、省人力社保厅)

（三）全球精准合作

根据产业结构现状和转型升级需求，发挥开放强省建设新优势，坚持“走出去”与“请进来”相结合，突出合作重点，梳理合作需求，搭建合作载体，抓好项目落地，加快制定并实施全球精准合作三年行动计划。

1. 加快推动利用外资。搭建重大项目全球推介平台，聚焦万亿级产业和引领未来发展的重量级产业，主动设计和谋划一批重大项目，组织常态化、系列化的精准合作活动，围绕储备、签约、落地、服务全过程，组织专业队伍，分产业、分国别赴境外开展精准招商对接，争取引进一批产业层次高、带动性强的外资项目。以开发区等平台为依托，重点推进一批主体功能突出、外资来源相对集中的国际产业合作园建设。支持各地以实现资源全球化配置和产业链、价值链全球化布局为目标，合作建设一批国际创新园和孵化器。到2022年，实际利用外资累计达6500亿元左右。（责任单位：省商务厅、省发展改革委、省经信委、省科技厅、省贸促会）

2. 有序推动境外投资。结合浙江省产业结构调整和产业转移需要，围绕轻工、纺织服装、医药等传统优势产业，电力设备、光伏、安防、通讯、汽车等装备制造业和水泥、钢铁、氧化铝等产能富余行业，有序推进有资本实力、有投资意愿的企业走出去，全面参与国际分工合作和资源全球化配置，参与东盟、中亚、西亚及俄罗斯等地的油气资源合作开发，扩大与东南亚、非洲等地的矿产资源合作开发，形成一批经济效益好、示范作用大的境外重点项目，进一步提高浙江省工业基础资源保障能力和产业国际市场份额。到2022年，对外直接投资额累计达到3000亿美元左右，“一带一路”沿线国家能带动浙江省装备出口的工程承包营业额提高到50亿美元以上。（责任单位：省商务厅、省发展改革委、省经信委、省贸促会）

3. 着力推动国内合作。完善回归经济感召机制，加快引进一批技术含量高、发展潜力大、产业带动性强的重大回归项目，不断提升项目质量。拓展浙商回归领域，推动形成产业、资本、总部、人才科技、商贸市场、社会公益事业“六位一体”的大回归格局。进一步加强与央企对接合作，吸引央企来浙布局重大业务板块，开展资本、技术、市场等方面合作。推动建立省级政府层面的长三角区域合作交流机制，构建区域合作产业园，促进产业合理布局和集群发展。到2022年，浙商回归项目总量增速年均增长保持在10%以上，实现产业项目回归资金累计达到2万亿元以上。（责任单位：省发展改革委、省经信委、省科技厅、省商务厅、省工商联）

4. 有效推动人才技术合作。实施开放有效的引智政策，构建引智平台，以“千人计划”、海外工程师计划、高校海外精英集聚计划、院士智力集聚工程等为载体，柔性汇聚各类人才资源。紧扣产业技术需求，充分利用全球创新资源，加强以企业为主体的国内国际技术合作。推进与西欧、东欧、美国、以色列等国家和地区的联合研究计划，推动国内外一流科研院所及拥有原主体核心技术和重大发明专利的企业来浙转化科研成果。鼓励企业通过境外直接投资设立、参股收购各类科研机构（中心）等方式获得关键技术、核心工艺。到2022年，每年新建5个左右国际科技合作基地，引进能够支撑浙江省创新驱动、转型升级和重点产业发展的国外“高精尖缺”创新型人才达到5万人次，打造具有全球影响力、吸引力、配置力、竞争力的高层次人才集聚区。（责任单位：省委人才办、省经信委、省科技厅、省人力社保厅、省商务厅）

5. 积极推动境内外市场合作。高水准建设中国（浙江）自由贸易试验区，加快投资便利化、贸易自由化发展，提升国际服务能级。深化义乌国际贸易综合改革试点，构建与商品进口、出口、转口相适应的便利化贸易机制，切实降低通关成本、制度性交易成本，提升各类专业市场内外贸一体化水平。开展“品质浙货、行销天下”推广活动，推动优势企业走出去，利用浙商、海外华侨及当地商业资源，采取合作经营、特许经营等方式拓展合作空间，建立产品展示中心、品牌推广中心等，不断提高浙江省产品全球市场占有率和话语权。到2022年，外贸出口占全国比重增加，服务贸易年进出口总额达到6000亿元以上。（责任单位：省商务厅、省经信委、省质监局）

6. 全力推动军民融合产业发展。落实军民融合发展国家战略,建立完善精准对接和服务机制,定期组织军民融合产业项目对接活动。加强与军工集团、军事院所、国防特色高校和科研机构的合作,在浙共建军民融合技术转化中心、成果产业化中心。培育一批"军转民""民参军"重点骨干企业,实施一批军民融合产业化重大项目。到2022年,培育建成5家左右军民融合产业协同创新共享平台、10个左右军民融合产业特色小镇、50家左右省级军民融合产业(示范)基地,实施军民融合产业重大项目50个以上,培育军民融合产业示范企业100家以上,"民参军"取证企业新增150家左右,打造国家级军民融合创新示范区。(责任单位:省经信委、省发展改革委)

(四)内外并购重组

发挥资本市场大省优势,更加突出为实体经济服务,梳理完善政策,推动企业并购重组,着力提升产业集中度和核心竞争力。

1. 着力推动海外并购重组。实施加快培育本土民营跨国公司三年行动计划,围绕重点产业领域,推动以高端技术、高端人才、高端品牌、商业模式、营销渠道为重点的跨境并购,参股、控股、全资收购境外企业,强化企业总部全球统筹能力,加快形成一批技术含量高、发展质量好、产业带动强的国际行业龙头企业。鼓励金融机构开展并购贷款和银团贷款,支持工业企业实施并购重组。到2022年,实现年均境外并购重组金额600亿元以上。(责任单位:省金融办、省发展改革委、省经信委、省商务厅、人行杭州中心支行、浙江银监局)

2. 鼓励开展国内并购。鼓励龙头骨干企业围绕完善生产、研发、资源和服务体系,并购重组传统制造业优质资源和新兴产业成长型企业。支持龙头骨干企业发挥资本和产业优势,参与"低小散"企业整治和"僵尸企业"处置,进一步提高产业集中度。鼓励中小微企业开展联合重组,做大企业规模,壮大自身实力,加快推进"个转企""小升规"。鼓励以政府引导基金方式,设立产业并购基金,支持各类投资基金、私募基金和中介机构参与企业并购重组。到2022年,累计实施国内兼并重组700起以上,兼并重组金额3000亿元以上。(责任单位:省经信委、省发展改革委、省商务厅、省金融办、人行杭州中心支行、浙江银监局)

3. 完善并购重组政策服务体系。按照放松管制、加强监管、优化服务的原则,为企业实施并购重组提供政策支持和便利服务。鼓励各地出台专项政策,建立土地置换、股权转让、资产重组等快速处置机制。进一步完善地方性企业兼并重组公共信息服务平台,及时发布信息、加强对接。培育和引进一批熟悉企业兼并重组政策和业务流程的中介机构,提供专业化服务。(责任单位:省金融办、省发展改革委、省经信委、省财政厅、省商务厅、人民银行杭州中心支行、浙江银监局)

(五)推进股改上市

根据推进企业上市和并购重组"凤凰行动"计划的总体部署,加大对工业和信息化领域企业股改和上市的培育支持力度,建立省市县三级联动推动企业股改上市服务清单,打造全流程服务体系,合力破除企业股改上市障碍,不断激发企业要股改、想上市的驱动力。

1. 加快推进企业股改。实施工业和信息化领域企业股改培育工程,以股改为切入点,完善企业法人治理结构,不断提高规范性。建立股改企业清单,动态筛选一批符合产业政策、主营业务能力突出、市场竞争优势明显、盈利水平较高、具有发展潜力的重点企业,形成分行业、分梯队的培育资源库。支持政府引导基金参与企业股份制改造,鼓励国有企业开展混合所有制改革,支持引入社会资本进行战略投资和股份制改造。到2022年,每年新增股份公司800家。(责任单位:省金融办、省经信委、省财政厅)

2. 加快推进企业上市。重点支持万亿级产业和引领未来的重量级产业、占据价值链优势地位的传统产业和战略性新兴产业领域优质企业多层次、多渠道上市。加大省属国有及下属企业的上市推动力度,不断优化拟上市企业结构,形成国有资本与民营资本、传统产业与新兴产业、一二三产、传统模式与新商业模式相结合、行业覆盖面广的上市公司阵容。鼓励各地制订出台推动企业上市的政策措施,把上市公司主发起的市场化资产重组作为加快地方资产证券化、拓宽上市新渠道的重要举措。到2022年,工业和信息化领域力争新增上市公司达到500家、重点上市培育企业达到300家,工业强县(市、区)上市公司数量力争翻番。(责任单位:省金融办、省发展改革委、省经信委、省财政厅、省国资委、浙江证监局)

3. 加强企业股改上市服务。充分发挥券商、律师事务所、会计师事务所、资产评估事务所等中介机构作用,组建专家服务团队,做好企业股改上市的辅导和规范工作。按照“最多跑一次”改革要求,开通企业股改上市绿色通道,加强跟踪指导和精准服务,降低企业改制成本,解决企业发展历史遗留问题和其他上市障碍,调动企业股改上市积极性。(责任单位:省金融办、省发展改革委、省经信委、省财政厅、省国土资源厅、省环保厅、省工商局、浙江证监局等)

4. 发挥上市公司引领带动作用。加强对工业和信息化领域上市公司募投项目的指导和服务工作。鼓励上市公司利用资本市场工具,通过再融资、发行公司债、绿色债、“双创”债等募集资金,增强资本实力,做强主业。鼓励上市公司整合区域产业和上下游优质企业,做大做强。支持上市公司牵头建立产业联盟、技术联盟等行业组织。支持绍兴等地开展上市公司引领产业发展示范区建设。到2022年,市值超200亿元、500亿元、1000亿元的上市公司分别达到100家、25家和5家以上,加快形成一批以上市公司为龙头、产值超千亿元的现代产业集群。(责任单位:省金融办、省发展改革委、省经信委、浙江证监局)

(六)资源政策保障

加快政府自身改革创新,综合发挥政策引导、财政扶持、金融支撑、市场推广、要素保障、改革推动的联动效应,进一步营造工业和信息化领域发展的良好环境。

1. 加大减轻企业负担力度。全面落实国家和省简政减税降费政策。建立完善举报查处制度,进一步健全企业减负担降成本的长效机制,确保浙江省企业减负工作走在全国前列。(责任单位:省经信委、省发展改革委、省财政厅、省人力社保厅、省国土资源厅、省环保厅、省建设厅、省交通运输厅、省商务厅、省地税局、省工商局、省金融办、省国税局、人行杭州中心支行、浙江银监局)

2. 加大财政扶持力度。加大政府产业基金、科技成果转化基金对实体经济项目以及重大科技基础研究、重大科技攻关、重大科技应用示范项目的支持力度。落实奖补机制,实行增值税(地方部分)当年增收额5%的财政奖励政策(2017~2018年),主要用于支持新兴产业培育发展和传统产业改造提升。实行地方财政税收收入奖励政策,经国家认定的高新技术企业的企业所得税(地方部分)增收上交省当年增量部分,全额返还所在市、县(市)。(责任单位:省财政厅、省经信委、省科技厅)

3. 加大金融支持力度。鼓励金融机构进一步优化信贷结构,支持实体经济转型升级,保持高新技术产业、装备制造业和战略性新兴产业贷款增速高于全部制造业贷款增速3~5个百分点,力争到2022年末,制造业贷款占全部贷款余额比重达到25%左右。建立专项信贷支持的年度统计评价制度并向社会公布,引导金融机构实施差别化的信贷政策,对有市场、有技术、有效益的优质企业在信用评级、贷款审批、利率定价等方面予以重点支持。鼓励各地采取政银企合作风险池、融资担保等多种方式,建立健全风险补偿机制,引导金融机构信贷资金投放。支持湖州、衢州等地以开展绿色金融试点为契机,加大对工业经济的金融支持力度。(责任单位:省金融办、省经信委、省财政厅、人民银行杭州中心支行、浙江银监局)

4. 加大用地保障力度。支持重大工业和信息化项目优先列入省重大产业项目库,按规定享受省重大产业项目用地计划“事后奖励”政策。支持各地推进“空间换地”,加快存量建设用地挖潜增效。统筹新增计划、增减挂钩、异地盘活等建设用地指标,重点保障重大工业和信息化项目用地,支持小微企业园和标准厂房建设。(责任单位:省国土资源厅、省发展改革委、省经信委)

5. 加大人才支撑力度。围绕产业需求,定期发布重点引才目录,加强产业、行业人才发展统筹规划和分类指导,建立完善开放共享的高层次人才信息云平台。以“三名”培育工程为载体,持续实施企业经营管理人才素质提升计划,加大优秀企业家和职业经理人培养力度。做好“浙江工匠”选树培育工作,加强职业院校与企业合作,探索实施产教深度融合模式,组织开展职工岗位创业创新、练兵比武、技能培训等活动,加快培养新时期高技能人才和产业工人队伍。开展高度专业化的手工业职业教育和实施学徒制度,加快培育技术精湛的能工巧匠,造就一批优秀的传统手工艺人。(责任单位:省人力社保厅、省委人才办、省经信委、省教育厅、省总工会)

6. 加大改革推动力度。进一步落实“最多跑一次”各项改革,完善改革事项清单,优化办事流程,充分利用信息化手段,打通信息孤岛,实现数据共享。全面深化“亩均论英雄”改革,推进综合评价由企业向行业、区域评价拓展,由工业领域向服务业领域延伸,由存量企业评价向项目准入标准升级,落实基于评价结果的资源要素差别化配置、精准服务和政策优化等机制。纵深推进“零土地”技术改造项目审批方式改革,全面实行部门联动的项目承诺验收制。(责任单位:省编办、省发展改革委、省经信委、省地税局、省财政厅、省环保厅、省国税局)

7. 开展营商环境评价。研究制订全省区域营商环境评价指标体系,委托第三方专业机构,开展各市、县(市、区)区域营商环境评价工作,并纳入对各级政府工作绩效考核体系。(责任单位:省经信委、省发展改革委、省环保厅、省商务厅、省统计局)

8. 加强组织领导。省工业转型升级领导小组、省信息化工作领导小组要充分发挥综合协调作用,加强对全省工业和信息化发展工作统筹规划和政策协调。各市、县(市、区)要建立联动机制,组织实施组合拳。认真制定年度计划,分解落实工作任务,建立督促检查、示范试点、典型宣传、考核通报工作机制,确保落到实处。

浙江省人民政府办公厅

2017 年 11 月 2 日

浙江省人民政府办公厅关于机械工业调结构促转型增效益的实施意见

浙政办发〔2017〕127 号

各市、县(市、区)人民政府,省政府直属各单位:

机械工业是国民经济的基础产业,也是浙江省的传统优势产业。近年来,浙江省机械工业综合实力明显提升,但也存在结构不优、转型不快、效益不高、大而不强等问题。为加快推进供给侧结构性改革和新旧动能转换,进一步推动浙江省机械工业转型升级、提质增效,实现由大到强的转变,经省政府同意,现提出如下实施意见。

一、总体思路

(一)指导思想

认真贯彻落实党的十九大精神和国务院关于机械工业调结构促转型增效益的决策部署,坚持新发展理念,顺应全球机械工业绿色、智能、超常、融合、服务的发展趋势,坚持创新驱动、融合发展、强基固本、企业主体的原则,做强特色优势领域,建立梯次培育企业机制,调整优化产业结构;完善创新网络,培育新模式新业态,实现转型发展;优化行业管理,加强质量品牌建设,提高发展质量和效益;建设核心载体,进一步优化发展环境;做大做强产业链,聚力开发标志性产品,提升技术和品牌影响力、市场竞争力和规模实力,努力实现从机械工业大省向机械工业强省转变。

(二)主要目标

到 2020 年,规模以上工业增加值突破 6000 亿元;重点企业研发经费支出占主营业务收入比重达到 3%以上;培育省制造业创新中心 3 家左右;形成一批能填补国内空白、具有自主知识产权的“浙江制造”精品和知名品牌;培育全球行业龙头企业 2 家、具有国际竞争力的机械工业知名企业 50 家和一批细分领域的“隐形冠军”。

二、主要任务

(一)调整优化产业结构

1. 改造提升传统优势产业。依托重大技术改造升级工程和振兴实体经济(传统产业改造)财政专项,在自动化生产线、在线检测控制、国产数控系统更新改造老旧机床以及清洁生产、安全生产、节能降耗、污染治理等领域,实施一批重点技术改造项目,通过技术升级等途径,进一步提升工业汽轮机、大型空分设备、电除尘器设备等标志性产品的市场地位。推动电工电器、流体机械、包装机械、农用机械、轻纺机械等优势领域产品实现智能化发展。(责任单位:省经信委)

2. 积极培育新兴产业。推进基于宽带移动互联网的智能汽车、智慧交通应用示范,深入实施新能源汽车产业培育三年行动计划,加快 5G 车联网试验区和智能网联汽车测试中心建设。推进舟山波音 737 飞机完工和交付中心及航空产业园建设,加快发展通用航空基地,打造全国领先的航空高端研发制造基地。推动高端船舶和海工装备发展。建成一批节能环保装备特色产业基地。(责任单位:省发展改革委、省经信委)

3. 实施工业强基工程。依托国家工业强基工程,大力提高关键基础材料的稳定性和应用面,基础零部件的质量、寿命和可靠性,先进基础工艺的应用水平。实施高能级计量标准装置建设工程,在精密测量等领域建立一批急需的高准确度、高稳定性的计量标准。在高档轴承、液压件、紧固件、高参数齿轮及传动装置、高端模具等领域,每年公布基础零部件行业 50 强企业。开展"十行百场"新技术新产品(新装备)推介对接活动,开展高速精密轴承、高端液压件与密封件、高参数齿轮及传动装置、先进铸造工艺等关键技术的应用示范。(责任单位:省经信委、省科技厅、省质监局)

(二)增强企业竞争实力

1. 培育一批行业龙头企业。推动汽车、船舶等行业龙头企业开展兼并重组、跨国经营,力争成为全球行业龙头。支持各地以产业链为纽带,对接全球 500 强企业和央企,引进一批国内外龙头企业。加大机械工业"三名"企业培育力度。(责任单位:省经信委、省商务厅、省国资委)

2. 培育一批"专精特新"企业。实施制造业"隐形冠军"企业培育提升专项行动,支持国家单项冠军示范(培育)企业发展。进一步做大做强工业链条、船舶推进系统、塑料注射成型机、汽车万向节总成等领域的示范企业。推动橡胶输送带、低温泵、空气分离设备、换热器、热敏直接制版设备、传动轴、汽车轮毂轴承单元等领域"隐形冠军"培育企业向示范企业转变。深入实施小微企业三年成长计划,推进"小升规"和中小企业向"专精特新"发展,重点培育 300 家机械工业"隐形冠军"。(责任单位:省经信委)

3. 推进军民融合产业发展。依托浙江省在光伏、船舶、电子信息等领域的基础优势,加强与央企和军工单位的合作,加快推进"民参军"和"军转民"。引导企业瞄准军工配套需求,取得军工资质,提供特异产品。加强追踪研究,对接军工单位,促进新材料、新技术在浙江省产业化及应用,规范推进一批国家级、省级军民融合产业示范基地建设。(责任单位:省经信委、省发展改革委、省科技厅)

(三)推进产业发展载体建设

1. 建设装备制造业特色小镇。突出高端装备制造类省级特色小镇的产业特色,推动数控机床、智能装备、云制造等领域特色小镇建设工作。支持特色小镇集聚各类要素资源,培育大企业大集团,建设创新载体,完善产业生态。(责任单位:省发展改革委、省经信委)

2. 加快现代装备高新园区建设。推进新能源汽车、系统流程装备、光伏发电与用能装备、船舶装备、智能纺织印染装备、现代物流装备、现代农业装备、现代环保装备、新能源装备等省级高新园区建设与提升,进一步引导和支持工业强县(市、区)布局建设各具特色的现代装备高新园区。(责任单位:省科技厅、省发展改革委、省经信委)

3. 培育国家新型工业化产业示范基地。实施国家新型工业化产业示范基地卓越提升计划,支持各地争取"中国制造 2025"卓越提升试点示范。发挥物联网、高档轴承、电工电气、高端船舶与海洋工程装备、新能源汽车等领域新型工业化产业示范基地的引领作用,带动机械工业转型升级。在高端机械和基础零部件领域,培育一批国家新型工业化产业示范基地。(责任单位:省经信委)

(四)完善技术创新平台

1. 建设高水平的省级制造业创新中心。实施省级制造业创新中心建设工程,进一步提升燃气涡轮机械、数字化诊疗设备省级制造业创新中心的水平,谋划新建若干家省级制造业创新中心,争创国家级制造业创新中心。推动省级制造业创新中心加快突破制约行业发展的关键共性技术;促进行业新型通用技术的转移扩

散和首次商业化应用;开展行业前沿基础性技术的研发与储备。(责任单位:省经信委、省发展改革委、省科技厅、省财政厅)

2. 推进产业创新服务综合体建设。支持各地建设以产业创新公共服务平台为主体,与技术研发中心、成果交易平台、知识产权机构、创业孵化载体等有效互动,发展一批集创意设计、研究开发、检验检测、标准信息、成果推广、创业孵化、国际合作、展览展示、教育培训等功能于一体的产业创新服务综合体。更多集聚创新资源、更强激活创新要素、更快转化创新成果、更好补齐产业短板,为推进机械工业高新化、智能化、绿色化、服务化发展提供有力支撑。(责任单位:省科技厅、省发展改革委、省经信委)

3. 加快推进“双创”空间建设。总结推广国家级和省级“双创”示范基地建设的成功经验,聚焦机械工业细分领域,鼓励龙头企业建设“双创”基地,打造专业化众创空间。加快国家小型微型企业创业创新示范基地建设,重点推进机械工业小微企业发展。(责任单位:省发展改革委、省科技厅、省经信委)

(五)推动发展模式创新

1. 建设数字化车间和智能工厂。全面实施“机器人 +”行动计划,扩大工业机器人应用。依托国家智能制造专项和省级智能制造试点,推进计算机模拟仿真、智能控制、大数据、云平台技术在机械工业中的深度应用,遴选 50 个试点示范项目,培育 50 个知名智能制造系统解决方案提供商,建设 50 个示范智能工厂(数字化车间)。在具备条件的县(市、区)规划建设智能制造示范区。在农业机械、物流装备、大型特种装备、机床加工装备、汽车、电梯等领域培育一批省级个性化定制示范试点企业。(责任单位:省经信委)

2. 推动协同制造。围绕汽车、船舶、航空、轨道交通等重点产业,建立完善以现代装备高新园区和龙头骨干企业为主体、工业设计与集成制造基地以及机联网为支撑、产学研密切合作、总装与配套深度结合的产业协同制造体系。支持企业应用网络信息系统与零配件、材料供应商以及其他合作伙伴开展协同研发,提升快速研发能力。鼓励互联网企业构建网络化协同制造平台,面向机械工业细分领域提供云制造服务。(责任单位:省经信委、省科技厅)

3. 发展服务型制造。探索发展众包设计、用户参与设计、云设计、协同设计等新型模式,增强创新设计能力。在行业龙头骨干企业和块状经济集聚区中规划建设一批省级重点企业设计院和特色工业设计基地,推动创新设计在产品、系统、工艺流程和服务等领域的应用。实施服务型制造工程,鼓励企业加大在供应链管理、产品全生命周期管理、总集成总承包、信息增值服务、网络营销、在线监测和诊断服务等环节投入,实现以加工组装为主向“制造 + 服务”转型,从出售产品向出售“产品 + 服务”转变。(责任单位:省经信委、省科技厅)

(六)提升产品质量品牌

1. 实施“标准化 +”行动。鼓励机械行业组织和企业主导或参与制(修)订国际标准、国家标准和行业标准。引导企业建立健全标准化体系,培育 100 家标准化示范企业,规模以上企业主导产品采用国际先进标准的比例达到 65%以上。深入开展标准宣贯和对标活动,不断提高产品质量整体水平。鼓励行业协会等社会团体根据机械工业发展需要和技术创新成果转化需求,制定和推广具有市场活力的团体标准,增加标准的有效供给。(责任单位:省质监局、省经信委)

2. 加强质量体系建设。推广卓越绩效管理、精益制造等质量管理先进方法,积极导入国际先进的测量管理体系。围绕主导产业和产业集群,实施一批质量提升示范项目,机械产品质量合格率达到 95%以上,争创中国质量奖。加强机械工业龙头企业质量标杆建设,争取 3—5 家企业成为全国质量标杆。培育建设一批国家产品质量监督检验中心,积极开展国际检验合作。(责任单位:省质监局、省经信委、省工商局)

3. 提升产品品牌和区域品牌。落实品牌强省战略,大力实施“浙江制造”品牌工程,制定一批国际先进、国内一流的“浙江制造”标准,培育一批高端装备“浙江制造”品牌和企业。推动高端装备“浙江制造”标准在“一带一路”沿线国家应用,通过国际合作认证,助力机械工业企业“走出去”。鼓励有条件的企业注册国际商标、收购国际品牌,加强品牌整合,促进品牌国际化。(责任单位:省质监局、省经信委、省工商局、省商务厅)

三、保障措施

(一)优化企业发展环境

1. 落实行业规范条件。贯彻实施铸造、内燃机、紧固件、电镀、农业机械等行业规范条件,依法处置“僵尸企业”,加大落后产能淘汰力度,推进“低小散”块状行业整治,全面消除机械工业企业违法经营及安全生产隐患等问题。推行企业综合评价制度和资源要素差别化配置措施,推动企业兼并重组。强化以“换”促“腾”,加快机械工业园区改造提升,努力构建机械工业绿色制造体系。(责任单位:省经信委、省环保厅)

2. 切实降低企业成本。落实国家和省降低企业成本、优化发展环境的相关政策,建立省市县三级联动的政策体系。落实企业普惠性减税降费措施,降低企业融资、物流和制度性交易成本。加快完善覆盖行政许可、行政处罚、行政征收、行政裁决、行政服务等领域的一次办结机制,形成部门联合、随机抽查、按标监管的一次到位机制。(责任单位:省经信委,省减轻企业负担领导小组成员单位)

3. 充分发挥协会作用。支持行业协会、产业联盟工作,发挥行业组织贴近企业、根植企业的优势。加强政策引导,及时反映企业诉求,反馈政策落实情况,帮助企业用足用好相关政策。加强宣传引导,强化行业自律,防止恶性竞争,推广先进技术、产品、模式和经验。加强合作交流,鼓励龙头企业建立产业联盟,整合产业链优势。为企业“走出去”提供专业化服务。增强服务意识,加强数据和经验积累,提升业务能力和自身素质。(责任单位:省经信委)

(二)落实产业促进政策

1. 深化产融结合。制定支持机械工业实施产业和金融结合的专项政策。引导银行、保险等金融机构开展融资、融物、融服务一体化的金融创新服务,推动机械工业企业与金融机构的深度合作。推动企业股改上市,通过发行股票、债券等拓展融资渠道。引导产业投资基金、股权投资基金等投向机械工业重大项目。利用政府产业基金的撬动作用,加大对船舶等阶段性困难行业和智能网联汽车等新兴行业的金融支持。(责任单位:省金融办、浙江银监局、省财政厅)

2. 优化扶持政策。落实国家重大技术装备税收政策,企业实际购置并自身实际投入使用的环境保护、节能节水、安全生产等专用设备按规定享受所得税税额抵免政策,首台(套)、首批次装备保险补偿政策,企业研发经费加计扣除和高新技术企业所得税优惠政策。完善农机购置补贴政策,大力推广应用农业生产所需农业设施装备;推进农机报废更新,适时调整优化报废补偿范围,加快淘汰老旧机械。组织企业申报重大短板装备智能制造等国家专项和省级试点。(责任单位:省经信委、省科技厅、省财政厅、省地税局)

3. 引进培养专业人才。依托国家及省“千人计划”、领军型创新创业团队引进培育计划、国内高层次人才特殊支持计划等人才发展工程,引进一批机械工业高层次创新创业团队和人才。发挥企业、科研院所、高校、职业院校和其他培训机构的平台作用,创新人才培养模式,加强技能人才队伍建设。加快浙江工程师学院建设,培育一批科技领军人才、综合类工程师、专业型工程师和一线应用型工程科技人才。弘扬工匠精神,认定一批“浙江工匠”。(责任单位:省教育厅、省科技厅、省人力社保厅)

浙江省人民政府办公厅

2017 年 11 月 22 日

浙江省人民政府办公厅关于加快处置“僵尸企业”的若干意见

浙政办发〔2017〕136号

各市、县(市、区)人民政府,省政府直属各单位:

为全面贯彻党的十九大精神,认真落实党中央、国务院和省委、省政府关于深化供给侧结构性改革的决策部署,运用法制思维和法治方式,加快推进处置“僵尸企业”,实现市场出清,盘活存量资产,优化资源配置,推动经济转型升级,经省政府同意,现提出如下意见。

一、强化倒逼机制

1. 加强环保执法。加强对“僵尸企业”污染源日常环境监管,增加执法检查频次和抽查比例。对超过污染物排放标准或者超过重点排放总量控制指标排放污染物,情节严重的,依法责令停业、关闭。

2. 加强安全执法。依据有关规定及时公布企业安全生产不良记录黑名单信息,对经停产停业整顿仍不具备法律、行政法规、国家标准或者行业标准规定的安全生产条件的“僵尸企业”,依法予以关闭。

3. 加强信贷管理。各金融机构债权人委员会对 “僵尸企业”授信、用信应有效管控。

4. 加强企业综合评价。依法公正开展企业综合评价工作,对评价结果为最后一档的企业,停止各类财政补贴,并依法依规加大资源要素差别化政策实施和整治淘汰力度。

二、减轻税费负担

5. 实行担保代偿损失税前扣除。担保企业为“僵尸企业”代偿款项,符合税法规定条件的,代偿损失在税前扣除。

6. 规范司法拍卖交易双方纳税义务。买受人缴纳契税和印花税,出卖人缴纳增值税、城市维护建设税、教育费附加、地方教育附加、土地增值税、印花税等,在拍卖款中预留或扣除出卖人需要承担的相关税费。

7. 完善不动产过户手续。对在司法处置不动产过程中,债务人无法联系或拒不配合,导致无法开具增值税发票的,在司法拍卖成交后,根据法院向不动产所在地主管地税机关出具的意见,及《国家税务总局关于契税纳税申报有关问题的公告》(税务总局公告2015年第67号)有关规定,办理不动产过户手续。法院受理破产申请后处置破产财产的,税务部门不预征企业所得税。

三、加大财政支持

8. 设立应急转贷资金。有条件的市、县(市、区)政府要设立企业应急转贷资金,降低企业转贷成本和风险。

9 .保障司法工作经费。各级司法机关在处置“僵尸企业”过程中发生的合理工作经费,财政部门应给予保障。

四、实施分类处置

10. 鼓励兼并重组。对产品有市场,但经营不善的企业,积极引导上市公司、行业龙头企业或担保企业,实施企业兼并重组。

11. 引导重整和解。对生产经营良好但受担保牵累的企业,引导其主动向法院申请破产重整或和解,提高债务清偿率,切断担保链风险。

12. 依法破产清算。对无法重新恢复生产的“僵尸企业”,依法破产清算,推进资源要素重新流动。

13. 妥善安置职工。根据“僵尸企业”不同处置方式,依法分类妥善处理职工劳动关系。将“僵尸企业”退出需安置人员依法依规纳入社会保障体系,做好就业培训和再就业工作。

14. 降低资产处置难度。对符合相关要求、具备独立分宗条件的“僵尸企业”工业用地,经“僵尸企业”处置工作协调机构审核,报当地政府备案后,允许分割转让。项目实际投资未达出让合同约定开发投资总额25%的土地,区别不同情形通过政府收储或法院拍卖方式处置,拍卖后待开发投资总额达到法定要求时,依法办理不动产登记。

五、支持法院提高审判效率

15. 完善执行案件移送破产审查及执行和破产衔接机制。落实《最高人民法院关于执行案件移送破产审查若干问题的指导意见》(法发〔2017〕2 号),规范执行和破产衔接工作模式和流程,促成案件通过破产程序,强制“僵尸企业”退出市场,盘活存量资产,实现“腾笼换鸟”。企业登记主管部门根据法院出具的终结破产程序的裁定等相关法律文书,对破产企业予以注销。

16. 简化破产案件审理模式。支持法院对“僵尸企业”破产案件缩短审理期限的工作:一般案件在 6 个月内审结,简单案件在 3 个月内审结;对于无任何财产或仅有少量财产且符合条件的破产案件,一般在裁定受理后 2 个月内审结。债务承担意愿好、讲诚信的担保企业,因涉诉厂房被查封、账户被冻结,如因转贷需要,经法院和债权人同意临时启封。

17. 探索预重整机制。探索在诉讼调解对接工作框架内开展预重整工作,对担保链复杂、社会影响大、符合实施破产重整的企业,可由有关地方政府会同相关债权人和破产案件管理人,对企业破产重整、和解方案进行预审和完善,缩短审理期限。

18. 依法依规办理不动产过户。对破产财产中的不动产处置后需要办理过户手续的,凭经债权人会议通过的或法院裁定的破产财产中不动产变价方案等资料,由破产案件管理人与受让人共同提出申请,国土资源部门按照相关规定办理不动产过户。

19. 加强破产案件管理人队伍建设。推动成立破产案件管理人协会,支持在破产案件较多的法院成立破产案件管理人工作办公室,推动将具有相应能力的中介机构编入破产案件管理人名册。

六、合力整治逃废债

20. 彻查资金流向。人民银行协调相关金融机构,依法配合法院、公安机关对“僵尸企业”有关资金流向进行调查,追回赃款和已被转移资产,堵查漏洞,保护金融债权,维护金融秩序稳定。

21. 建立惩戒制度。加强失信人名单库建设,根据法院和金融机构提供的名单,把失信情节严重或有履行能力拒不履行生效法律文书确定义务的企业和个人,纳入失信人名单库,适时在媒体上公布。

22. 坚决打击恶意逃废债行为。对逃废债的企业予以重点打击,对非法吸收公众存款、骗取贷款、违法实施票据承兑和挪用资金等犯罪行为,依法及时予以处理,震慑不法分子。

七、完善工作机制

(一)加强组织领导。“僵尸企业”处置工作由省经信委牵头负责。各市、县(市、区)要建立由政府牵头,经信、公安、财政、国土资源、建设、税务、金融工作、人民银行、银监等部门和单位参加,与法院密切联动的机制。“僵尸企业”处置任务繁重的市、县(市、区)要集中人员、集中精力,限期完成目标任务。

(二)明确责任分工。省级有关部门和单位要认真研究“僵尸企业”处置工作中的新情况、新问题,及时制订实施支持“僵尸企业”处置工作的政策措施,切实指导和推动各地加快“僵尸企业”处置工作。各市、县(市、区)政府和法院联动机制成员单位要在职责分工范围内结合实际采取管用的措施,并做好经验推广等工作。

(三)强化信息共享。“僵尸企业”处置工作牵头部门要会同各成员单位共同探索建立“僵尸企业”档案数据库,并将列入处置工作计划和法院受理企业破产申请的“僵尸企业”名单,及时通报各成员单位,进一步完善处置工作信息共享机制。

(四)加强考核督查。将“僵尸企业”处置工作纳入年度相关考核内容,定期开展督促检查,对没有完成年度处置工作目标任务的予以通报,并限期整改。

浙江省人民政府办公厅

2017年12月6日

浙江省人民政府办公厅关于加快集成电路产业发展的实施意见

浙政办发〔2017〕147号

各市、县(市、区)人民政府,省政府直属各单位:

集成电路产业是信息产业的基础和核心,是国民经济和社会发展的战略性、基础性和先导性产业。为深入贯彻党的十九大和省第十四次党代会精神,落实国家有关集成电路产业发展的部署,抓住市场需求爆发式增长的机遇,抢占集成电路产业发展制高点,经省政府同意,现提出如下意见。

一、总体要求

(一)发展思路

坚持市场主导、企业主体、政府有为,谋求国家战略规划布局,顺应行业发展趋势,紧贴市场应用需求,发挥特色优势,扬长补短、内生外引,组织实施集成电路"强芯"三年行动计划,强化协同创新、推进行业应用、完善产业生态,聚力发展集成电路设计业,做强特种工艺集成电路产业,做精特色集成电路材料产业,做大集成电路制造业及封装测试和配套业,实现产业规模快速扩张、创新能力不断提升、集聚效应加快形成、支撑作用显著增强,努力构建较为完善的芯片—软件—整机—系统—信息服务产业链,力争到2020年,全省集成电路及相关产业业务收入突破1000亿元,成为引领未来的重量级产业,努力打造国内领先的集成电路设计强省和国家重要的集成电路产业基地。

(二)基本原则

1. 积极有为。坚持有效市场与有为政府相结合,省市县三级联动、以市为主,营造适宜集成电路产业发展的政策环境和产业生态,集聚创新资源、强化要素保障、优化政府服务,优先推进集成电路产业做大做强。

2. 扬长补短。充分发挥和巩固集成电路设计、硅材料及特殊工艺芯片设计与制造一体化(IDM)、非硅基半导体等特色比较优势,做专做精做优做强,努力保持国内领先地位。围绕补链强链和完善产业生态,支持12英寸集成电路生产线建设取得突破,不断健全产业链条,打造全国有影响力的专用集成电路产业基地,形成产业链整体竞争优势。

3. 内培外引。进一步激发集成电路企业发展活力,加快实施与设计业紧密结合、满足行业应用旺盛需求、具备先发优势的一批重大项目,形成产业发展综合竞争力。瞄准国内外一流企业,加大招商引资力度,着力引进一批顺应趋势、技术先进、前景广阔的重大项目,建设高水平的集成电路生产线,以及相关的研发中心、生产中心和运营中心,成为国家集成电路产业生产力布局的重点区域。发挥龙头企业的带动和产业基地的集聚效应,通过以商引商、产业链招商等方式,引进浙江省紧缺急需的配套产业、项目和高端人才,不断完善产业生态。

4. 融合提升。围绕人工智能、移动通信、物联网、汽车电子、智能硬件、智能控制、柔性电子等重点领域,强化芯片设计与系统整机等产业链上下游企业的对接与合作,推进拥有自主知识产权的集成电路技术攻关、产品研发及行业应用;推进军民融合,巩固微波毫米波射频集成电路等产品在军用领域率先应用的优势,加快推进在第五代移动通信(5G)、海洋电子、智能网联汽车等民用领域的产业化及行业应用。

二、发展重点

(一)实施高端芯片突破工程

瞄准人工智能、量子通信、柔性电子、信息安全等产业,鼓励龙头企业、高校和科研机构开展关键核心芯片、安全自主芯片等研究。鼓励集成电路企业创建国家、省级技术研发中心、工程研究中心、工程实验室和重点实验室,培育一批集成电路省级企业研究院,加强企业技术创新平台建设。鼓励优势领域龙头企业牵头成立集成电路产业联盟,打造集成电路制造业创新中心,集中突破关键工艺技术、重点产品和行业应用等产业发展瓶颈制约,促进产业链上下游协同创新,全面提升行业核心竞争力。力争到 2020 年,新争取国家科技重大专项 10 项以上,完成集成电路重大科研成果和产品 50 项。

(二)实施集成电路设计"芯火"双创工程

依托国家集成电路设计杭州产业化基地、宁波微电子创新产业园等,打造国家"芯火"双创基地(平台),提升集成电路设计公共服务能力。引导芯片企业在新产品开发中,应用核心电子器件、高端通用芯片及基础软件产品(核高基)等专项形成的电子设计自动化(EDA)工具及自主知识产权(IP)等成果,与视频监控、仪器仪表、工业控制、电源管理、汽车电子及物联网等领域整机企业,合作开发和应用各类芯片,实现自主芯片规模化应用。力争到 2020 年,孵化芯片设计企业 100 家以上、开发重大整机定制芯片产品 20 个以上、行业应用自主芯片超过 10 亿颗;集成电路设计业销售额突破 150 亿元,带动相关产业实现销售收入 1500 亿元以上,努力打造国家集成电路设计创新之都。

(三)实施射频集成电路军民融合工程

以打造全国高性能射频芯片整体解决方案领军品牌为目标,高水平建设"杭州镓谷""芯港小镇"等射频产业园,吸引射频集成电路设计公司和产业链下游企业集聚发展,加快推进国家级射频产业军民深度融合示范基地建设。到 2020 年,引进培育企业 20 家以上,构建射频芯片设计公司群、晶圆流片制造群、产业支撑平台以及产业孵化和投资基金平台,形成百亿元以上产业规模。

(四)实施集成电路制造跃升工程

支持集成电路优势企业根据自身发展需求,建设特色集成电路生产线,推进芯片设计与制造一体化发展;加快布局氮化镓、砷化镓、三维异构集成等非硅基集成电路产业,提升生产制造技术水平、扩大企业规模、壮大企业实力,着力提升在细分特色领域的先发优势与综合竞争力。推进宁波集成电路产业基地与国内集成电路制造龙头企业的战略合作,发挥杭州现有集成电路龙头企业的竞争优势,支持有条件的地方规划布局和建设 8 英寸/12 英寸集成电路生产线,融入国家集成电路制造产业发展布局。瞄准国内外集成电路龙头企业,引进 16 纳米/14 纳米以下的先进工艺生产线。力争到 2020 年,实现 12 英寸先进工艺集成电路生产线零的突破。

(五)实施集成电路配套产业补链工程

以龙头企业集成电路生产线为引领,集聚一批封装、测试企业,加快推进芯片测试、封装等生产线建设,不断完善产业生态。加强集成电路专用装备、8 英寸/12 英寸硅片、高端靶材、引线框架、合金键合线、专用抛光液、专用清洗液、中高端电子化学品等集成电路配套产品的研发与产业化,增强产业配套能力,着力打造若干国内领先的集成电路配套材料产业基地。

(六)实施集成电路产业集聚工程

优化集成电路产业结构和布局,形成“两极多点”的发展格局。推动杭州、宁波引领发展和战略突破,成为全国集成电路产业发展重要基地。鼓励其他地区结合自身产业基础和特色,加快集成电路相关产品的研发与产业化,推进行业应用。推动衢州以8英寸/12英寸硅片生产及电子化学品研发与产业化为突破口,大力发展集成电路专有材料,努力建设国内领先的集成电路材料及电子化学品产业基地;推动嘉兴抓住全面接轨上海示范区建设的机遇,引进集成电路等领域的产业项目及创新人才等,打造集成电路专业设备及半导体器件产业基地。

三、政策支持

(一)加大政府基金引导

由省经信委牵头,会同省级有关部门,推动省、市政府产业基金与社会资本合作,共同组建集成电路产业投资基金,通过政府基金投资收益让渡等方式,重点支持集成电路产业链重大投资项目,推动重点企业产能水平提升和兼并重组。参与国家集成电路产业投资基金(二期)募集,投向浙江省集成电路重大产业项目。

(二)加大财政支持力度

2018—2020年,省工业和信息化发展财政专项资金每年统筹安排1亿元,重点支持“芯火”双创基地(平台)等公共技术服务平台、省级集成电路创新产业基地及集成电路重大项目建设。推动有关地方出台扶持政策,落实扶持资金,加大对集成电路领域产品流片及行业规模应用首批次补助、企业上规模及高端人才引进资助、重大项目建设补助及贷款担保等的支持力度。落实国家有关鼓励软件产业和集成电路产业发展的财税政策。

(三)完善招商引资政策

对引进符合条件的集成电路领域优势企业和重大项目,实行一企一策和一项目一策,省市县联动、以市为主,加大支持力度;优先纳入省重大产业项目库,在完成供地后,按规定及时给予新增建设用地指标计划奖励。对本地企业新上集成电路项目,享受招商引资同等优惠政策。

四、保障措施

(一)加强组织保障

建立由省经信委牵头,发展改革、科技、财政、人力社保、金融工作等相关部门和单位参与的省推进集成电路产业发展协调工作机制。根据工作需要,建立省集成电路产业发展专家库,对产业发展的重大问题和政策措施组织论证评估,提供咨询建议。

(二)完善投融资机制

支持符合条件的集成电路企业通过多层次股票市场、债券市场等筹集资金,拓展直接融资渠道。鼓励企业通过并购重组、融资租赁等方式发展壮大。鼓励金融机构加强面向集成电路产业设计专项产品,加大对集成电路企业信贷支持和政策倾斜。

(三)加强人才培养引进

建立健全集成电路人才培养体系,加强高校集成电路相关学科专业建设,加强集成电路职业培训。鼓励和支持龙头企业与高校共建集成电路学生实践教学基地。有针对性地开展公派出国(境)留学或培训项目,重点培养国际化、高层次、复合型集成电路人才。制定鼓励集成电路人才创新创业的奖励政策和分配激励机制。强化人才引进机制，瞄准全球高端领军人才和管理团队，更大力度实施“千人计划”、领军型创新创业团队引进培育计划等重大人才工程，多渠道、多途径引才。根据人才对企业贡献等实际情况，创新集成电路领域优秀人才的评价办法与认定标准，建立相应的激励机制。落实高水平建设人才强省行动纲要相关政策，创造有利于人才发展的环境。

（四）优化政府服务

鼓励各地政府出台支持集成电路产业发展的政策。完善集成电路产业基地（园区）基础设施，并在产业用地和公共租赁住房等方面给予支持。进一步优化政府服务，在集成电路项目规划、建设、环评等方面提供针对性服务，对新上集成电路重大项目，由市级政府牵头成立专门工作组，协调解决规划和建设过程中遇到的困难和问题。

本意见自公布之日起施行。《浙江省人民政府关于鼓励软件产业和集成电路产业发展若干政策的通知》（浙政发〔2001〕2号）同时废止。

浙江省人民政府办公厅

2017年12月21日

浙江省人民政府办公厅关于进一步加快软件和信息服务业发展的实施意见

浙政办发〔2017〕153号

各市、县(市、区)人民政府,省政府直属各单位:

为牢牢把握新一轮科技革命和产业变革孕育兴起的历史机遇,把软件和信息服务业培育发展成为新的引领性万亿产业,更好地发挥软件赋值、赋能、赋智作用,加快新旧动能转换,经省政府同意,现提出如下实施意见。

一、总体要求

(一)发展思路

1. 指导思想。以习近平新时代中国特色社会主义思想为指导,认真贯彻落实党的十九大和省第十四次党代会精神,坚持创新驱动、协同推进、融合发展、安全可控、开放共赢的原则,着力突破核心技术,持续深化融合应用,突出高端人才引领,优化产业发展布局,培育新业态新模式,构建具有国际竞争力的产业生态体系。

2. 主要目标。力争到2022年,实现"14321"目标,即软件和信息服务收入突破1万亿元,产业规模居全国前4,综合发展指数居全国前3,创新指数居全国前2,效益居全国第1。其中,软件和信息技术服务收入达到8300亿元;规模以上软件企业超过3000家,营业收入100亿元以上软件企业8家、1000亿元以上企业1家;国家规划布局内重点软件企业超过55家,上市企业超过75家,高新技术企业达到1500家;软件著作权累计20万件以上,重点企业研发投入持续提高,研发费用占软件业务收入的比重超过8%;建成国际级软件名城1个,特色型中国软件名城1个,省级软件和信息服务产业示范基地(特色小镇)12个、特色基地16个、创业基地20个。

二、重点任务

(一)加强关键技术攻关与软件产品研发。瞄准产业发展制高点,支持操作系统、数据库、中间件、工具软件等基础软件技术和产品研发。推动自然语言理解、计算机视听觉、新型人机交互、智能控制与决策等人工智能技术与产品研发。加快云计算、大数据、量子通信、无人驾驶、虚拟现实、区块链等前沿领域技术研究和产品创新。

(二)提升嵌入式软件和工业软件开发集成水平。加快嵌入式软件开发平台、操作系统和应用软件发展。实施工业技术软件化行动计划,加强自动控制与感知系统、工业云和智能服务平台、工业互联网、工业核心软硬件等制造新基础建设。推进信息物理系统、制造领域知识库及新型工业应用程序(APP)的研发和应用。

(三)推动信息服务创新发展。创新服务模式,形成平台、数据、应用、服务、安全协同发展的产业生态。加快发展移动支付、位置、社交网络、数字内容等服务,以及大数据、智能应用、虚拟现实、移动应用程序等新型在线运营服务。加快发展基于第五代移动通信(5G)、互联网协议第六版(IPv6)、多制式融合通信网络和新一代广播电视网络等的信息服务。

(四)构建产业协同创新体系。加快建设专业化产业创新服务综合体。鼓励软件和信息服务骨干企业向各类创业创新主体开放创新平台和资源。鼓励企业与高校、科研机构共建联合实验室、研发中心。实施软件研发能力提升行动计划,构建灵活、开放、协同的云端工具平台及研发生态。支持开源社区发展,构建有利于创新的开放式、协作式、国际化开源生态。

(五)支持企业做大做强。对符合国家规划布局内重点软件企业条件的企业和行业应用领军企业,优先支持其承担省重大科技项目及工业和信息化产业重大项目。鼓励各地制定软件和信息服务龙头企业培育和招商引资政策,打造一批国际影响力大、竞争力和带动性强的龙头骨干企业和品牌企业,一批技术先进、商业模式成熟、市场前景广阔的企业,一批专业化程度高、创新能力突出、发展潜力大的细分领域优势企业。推动企业在"一带一路"建设沿线国家(地区)加速战略布局。支持软件和信息服务企业申请认定高新技术企业。每年总结推广软件和信息服务业十大优秀典型案例。

(六)深化"互联网+"融合应用。面向制造、金融、安防、医疗、卫生、交通运输、物流、能源、环保、教育、文化等重点领域,推进"互联网+"融合应用,培育新业态新模式。鼓励制造企业采用云服务、云制造,推广协同制造、服务型制造、智能制造等新模式。围绕农业生产经营、市场流通等环节,支持相关应用软件、大数据及电子商务发展。

(七)完善产业发展布局。突出发展特色,以杭州为核心区,打造国际级软件名城;以宁波为产业增长极,争创特色型中国软件名城;以嘉兴、绍兴、金华为轴线,建设软件和信息服务产业带;以温州-台州、衢州-丽水、湖州、舟山为四大软件产业创新区,形成"一核一极一带四区"发展格局。建设一批省级软件和信息服务产业示范基地、特色基地和创业基地。

(八)优化信息安全保障环境。落实工业控制系统信息安全防护要求,推进新型专业化信息安全服务发展。支持面向"云、网、端"的信息安全产品研发和产业化。加快可信云服务及可靠电子签名应用推广。加强个人数据和可信身份标识保护、身份管理和验证系统的研发和应用推广。

三、政策保障

(一)加大财政支持力度。2018~2020年,省工业和信息化发展财政专项资金每年统筹安排1亿元用于鼓励推动软件和信息服务业发展。各类示范基地、创业基地所在地政府应安排资金扶持产业发展。落实国家软件产业税收优惠政策。企业用于购买软件和信息服务的投入,可纳入技术改造成本,享受相关技术改造奖励政策。

(二)支持企业加大技术研发投入。在软件和信息服务领域每年安排并实施不少于50项省重大科技项目。鼓励软件和信息服务企业设立省级企业研究院。对获得国家重大软件和信息服务业专项支持的企业,以及自主开发全球领先技术、形成核心知识产权,并向国外龙头企业授权使用或主导制订国际及国内相关技术标准的企业,给予重点资助。对软件研发投入占销售收入比重超过10%且年研发投入超过1000万元的企业,当地政府要重点培育,加大扶持力度。落实"企业上云"的相关政策。申请发明专利或商标、软件著作权,开展软件能力成熟度模型集成(CMMI)、信息技术服务标准(ITSS)等认证的企业,有关地方政府和部门对申请费或维护费可给予一定补助。

(三)加强知识产权应用与保护。探索开展首版次软件产品应用及其保险补偿机制建设试点。探索新技术、新模式知识产权保护新机制,落实软件知识产权保护制度,推进软件正版化。

(四)培育市场需求。鼓励各地、各部门和国有企业购买第三方云服务,支持向公共云平台或政务云平台迁移和部署信息化应用,将信息化建设和数据处理的一般性业务,外包给专业软件和信息技术服务企业。鼓励各地在保障信息安全的前提下,向社会开放数据资源,为创业创新提供数据服务。

(五)培养引进人才。依托国家、省“千人计划”“万人计划”等人才项目,加快高端人才培育引进;实施中长期专项专业人才国际化培养项目,鼓励企业、科研院所及各应用领域与国(境)外有关机构开展人才交流合作。推动企业与高校、科研院所联合培养产研融合型人才。推进信息技术专业职称评审制度改革。支持社会组织举办软件和信息服务业大赛及国际化专题活动,为优秀软件人才脱颖而出创造条件。

(六)加大金融支持。鼓励金融机构、社会资本和各类投资基金,建立支持软件和信息服务业发展的风险投资机制,提高风险容忍度。健全融资担保体系,支持创新型、成长型软件和信息服务企业上市(挂牌)。开展知识产权融资试点。

(七)落实用地政策。经省级有关部门认定的软件和信息服务企业用地享受战略性新兴产业用地政策。支持制造企业在不改变用地主体和规划条件的前提下,利用存量房产、土地资源发展软件和信息服务业,按规定实行 5 年过渡期内保持土地原用途和权利类型不变的政策。对符合招商引资条件的软件和信息服务领域优势企业和重大项目,支持优先纳入省重大产业项目库,在完成供地后,按规定给予新增建设用地计划指标奖励。鼓励有条件的地方对利用闲置工业厂房、企业库房和物流设施等资源发展软件和信息服务项目的,给予办公用房、水电、网络等方面的政策支持。

(八)强化统筹协调。将软件和信息服务业发展情况纳入有关考核内容。省经信委要会同省级有关部门发挥统筹协调和谋划推进作用,加强政策宣传、指导和服务,完善产业统计制度。各市、县(市、区)政府要建立工作协调机制,形成合力。

浙江省人民政府办公厅

2017 年 12 月 27 日

附　录

2018年中国企业500强浙江企业入围名单

名 次	企 业 名 称	营业收入（万元）
62	浙江吉利控股集团有限公司	27826459
64	物产中大集团股份有限公司	27621748
69	阿里巴巴集团控股有限公司	25026600
109	海亮集团有限公司	16259643
110	青山控股集团有限公司	16158784
133	万向集团公司	12662384
143	天能电池集团有限公司	11277583
149	浙江省交通投资集团有限公司	11081387
154	浙江荣盛控股股份有限公司	10663705
158	浙江恒逸集团有限公司	10470453
161	杭州汽轮动力集团有限公司	10293092
163	超威电源有限公司	10268301
167	远大物产集团有限公司	10152254
171	浙江省兴合集团有限责任公司	10045944
179	杭州钢铁集团有限公司	9361757
193	杭州锦江集团有限公司	8553673
203	浙江省能源集团有限公司	8134373
206	广厦控股集团有限公司	8048522
215	银亿集团有限公司	7830148
220	中天控股集团有限公司	7612358
238	宁波金田投资控股有限公司	7059927
253	雅戈尔集团股份有限公司	6654041
257	奥克斯集团有限公司	6493012
260	传化集团有限公司	6317160
265	浙江省建设投资集团股份有限公司	6236450
268	杭州滨江房产集团股份有限公司	6150000

续表

名 次	企 业 名 称	营业收入(万元)
275	正泰集团股份有限公司	6017696
304	德力西集团有限公司	5258941
318	浙江桐昆控股集团有限公司	5058084
336	杭州娃哈哈集团有限公司	4643785
371	杉杉控股有限公司	4203413
382	浙江中成控股集团有限公司	4070972
387	人民电器集团有限公司	4034049
417	浙江省国际贸易集团有限公司	3844124
421	杭州市实业投资集团有限公司	3817570
422	中基宁波集团股份有限公司	3798145
439	杭州华东医药集团有限公司	3653071
454	华仪集团有限公司	3510126
457	卧龙控股集团有限公司	3475874
460	富通集团有限公司	3453862
462	浙江宝业建设集团有限公司	3423621
466	浙江前程投资股份有限公司	3407529
468	浙江富冶集团有限公司	3396477
471	宁波富邦控股集团有限公司	3380633
477	红狮控股集团有限公司	3330775
480	浙江昆仑控股集团有限公司	3301926
488	精功集团有限公司	3241386
491	华峰集团有限公司	3226386

2018年中国民营企业500强浙江企业入围名单

名次	企业名称	营业收入(万元)
11	浙江吉利控股集团有限公司	27826459
22	海亮集团有限公司	16259643
23	青山控股集团有限公司	16158784
32	天能集团	11277583
36	浙江荣盛控股集团有限公司	10663705
40	浙江恒逸集团有限公司	10478217
41	超威集团	10368301
51	杭州锦江集团有限公司	8553673
57	广厦控股集团有限公司	8048522
61	银亿集团有限公司	7830148
64	中天控股集团有限公司	7642768
76	宁波金田投资控股有限公司	7059927
85	雅戈尔集团股份有限公司	6654041
88	奥克斯集团有限公司	6493012
90	传化集团有限公司	6317160
93	杭州滨江房产集团股份有限公司	6150000
95	正泰集团股份有限公司	6017696
119	德力西集团有限公司	5258941
129	浙江桐昆控股集团有限公司	5058084
141	杭州娃哈哈集团有限公司	4643785
154	和润集团有限公司	4306026
165	浙江中成控股集团有限公司	4070972
167	人民电器集团有限公司	4034049
177	中新产业集团有限公司	3922000
189	中基宁波集团股份有限公司	3798145
202	华仪集团有限公司	3510126

续表

名 次	企 业 名 称	营业收入(万元)
204	卧龙控股集团有限公司	3475874
207	富通集团有限公司	3453862
209	浙江宝业建设集团有限公司	3423621
210	浙江前程投资股份有限公司	3407529
212	浙江富冶集团有限公司	3396477
216	宁波富邦控股集团有限公司	3380633
219	红狮控股集团有限公司	3330775
220	龙元建设集团股份有限公司	3306624
221	浙江昆仑控股集团有限公司	3301926
229	精功集团有限公司	3241386
231	华峰集团有限公司	3226386
242	浙江明日控股集团股份有限公司	3075711
248	浙江新湖集团股份有限公司	3011917
256	浙江龙盛控股有限公司	2829564
260	万丰奥特控股集团有限公司	2800605
262	华东医药股份有限公司	2783182
274	宁波均胜电子股份有限公司	2660560
276	利时集团股份有限公司	2653455
283	森马集团有限公司	2612789
288	太平鸟集团有限公司	2582437
290	海外海集团有限公司	2565857
294	升华集团控股有限公司	2559191
299	浙江中南建设集团有限公司	2520921
301	东力控股集团有限公司	2497705
320	花园集团有限公司	2345925
326	得力集团	2308832
328	浙江元立金属制品集团有限公司	2296534
329	新凤鸣集团股份有限公司	2296328
333	舜宇集团有限公司	2243958

续表

名 次	企 业 名 称	营业收入(万元)
334	华立集团股份有限公司	2234794
336	巨星控股集团有限公司	2205600
338	三花控股集团有限公司	2201641
341	伟星集团有限公司	2182481
357	曙光控股集团有限公司	2104735
367	三鼎控股集团有限公司	2046637
388	浙江宝利德股份有限公司	1964035
389	奥康集团有限公司	1953018
390	万马联合控股集团有限公司	1950751
395	祥生实业集团有限公司	1929157
399	兴惠化纤集团有限公司	1898885
404	浙江大华技术股份有限公司	1884446
406	浙江东南网架集团有限公司	1876376
408	德华集团控股股份有限公司	1872677
415	宁波元積国际物流有限公司	1833476
416	西子联合控股有限公司	1832934
419	万事利集团有限公司	1824193
424	浙江方远控股集团有限公司	1816977
429	维科控股集团股份有限公司	1801934
436	农夫山泉股份有限公司	1779067
444	海天建设集团有限公司	1733230
447	开元旅业集团有限公司	1721092
449	浙江兴日钢控股集团有限公司	1714260
456	群升集团有限公司	1697276
459	杭州东恒石油有限公司	1682542
460	天颂建设集团有限公司	1675834
467	泰地控股集团有限公司	1659134
468	浙江建华集团有限公司	1655357
469	大自然钢业集团有限公司	1646177

续表

名 次	企 业 名 称	营业收入(万元)
470	亚厦控股有限公司	1645961
477	华太建设集团有限公司	1615868
480	人本集团有限公司	1604002
481	浙江协和集团有限公司	1600725
484	浙江富春江通信集团有限公司	1594316
490	胜达集团有限公司	1580468
492	广博集团	1577296
494	浙江国泰建设集团有限公司	1574393
500	中厦建设集团有限公司	1568415

2017年浙江省综合百强企业名单

名次	企业名称	地区	名次	企业名称	地区
1	浙江吉利控股集团有限公司	杭州	26	雅戈尔集团股份有限公司	宁波
2	物产中大集团股份有限公司	杭州	27	盾安控股集团有限公司	杭州
3	海亮集团有限公司	绍兴	28	正泰集团股份有限公司	温州
4	绿城中国控股有限公司	杭州	29	德力西集团有限公司	温州
5	万向集团公司	杭州	30	杭州娃哈哈集团有限公司	杭州
6	青山控股集团有限公司	温州	31	宁波金田投资控股有限公司	宁波
7	超威电源有限公司	湖州	32	浙江中成控股集团有限公司	绍兴
8	天能电池集团有限公司	湖州	33	浙江桐昆控股集团有限公司	嘉兴
9	浙江省交通投资集团有限公司	杭州	34	杉杉控股有限公司	宁波
10	浙江荣盛控股集团有限公司	杭州	35	人民电器集团有限公司	温州
11	中国石化销售有限公司浙江石油分公司	杭州	36	浙江前程投资股份有限公司	宁波
12	浙江省兴合集团有限责任公司	杭州	37	浙江省国际贸易集团有限公司	杭州
13	中国石油化工股份有限公司镇海炼化分公司	宁波	38	传化集团有限公司	杭州
14	广厦控股集团有限公司	杭州	39	杭州华东医药集团有限公司	杭州
15	浙江中烟工业有限责任公司	杭州	40	中航国际钢铁贸易有限公司	宁波
16	远大物产集团有限公司	宁波	41	浙江昆仑控股集团有限公司	杭州
17	浙江恒逸集团有限公司	杭州	42	浙江宝业建设集团有限公司	绍兴
18	杭州汽轮动力集团有限公司	杭州	43	精功集团有限公司	绍兴
19	杭州钢铁集团公司	杭州	44	宁波富邦控股集团有限公司	宁波
20	中天控股集团有限公司	杭州	45	中基宁波集团股份有限公司	宁波
21	浙江省能源集团有限公司	杭州	46	华仪集团有限公司	温州
22	银亿集团有限公司	宁波	47	卧龙控股集团有限公司	绍兴
23	奥克斯集团有限公司	宁波	48	富通集团有限公司	杭州
24	杭州锦江集团有限公司	杭州	49	万丰奥特控股集团有限公司	绍兴
25	浙江省建设投资集团股份有限公司	杭州	50	红狮控股集团有限公司	金华

续表

名 次	企业名称	地区	名 次	企业名称	地区
51	巨化集团公司	衢州	76	浙江英特药业有限责任公司	杭州
52	浙江富冶集团有限公司	杭州	77	兴惠化纤集团有限公司	杭州
53	浙江中南控股集团有限公司	杭州	78	浙江东南网架集团有限公司	杭州
54	森马集团有限公司	温州	79	浙江宝利德股份有限公司	杭州
55	华峰集团有限公司	温州	80	宁波君安控股有限公司	宁波
56	纳爱斯集团有限公司	丽水	81	利时集团股份有限公司	宁波
57	升华集团控股有限公司	湖州	82	宁波华东物资城市场建设开发有限公司	宁波
58	浙江龙盛控股有限公司	绍兴	83	祥生实业集团有限公司	绍兴
59	浙江逸盛石化有限公司	宁波	84	浙江富春江通信集团有限公司	杭州
60	浙江省海港投资运营集团有限公司	舟山	85	宁波申洲针织有限公司	宁波
61	维科控股集团股份有限公司	宁波	86	中厦建设集团有限公司	绍兴
62	浙江省商业集团有限公司	杭州	87	广博控股集团有限公司	宁波
63	中策橡胶集团有限公司	杭州	88	浙江协和集团有限公司	杭州
64	太平鸟集团有限公司	宁波	89	宁波博洋控股集团有限公司	宁波
65	三花控股集团有限公司	绍兴	90	浙江建华集团有限公司	杭州
66	海天建设集团有限公司	金华	91	浙江元立金属制品集团有限公司	丽水
67	宁波均胜电子股份有限公司	宁波	92	人本集团有限公司	温州
68	银泰商业(集团)有限公司	杭州	93	舜宇集团有限公司	宁波
69	得力集团有限公司	宁波	94	龙元建设集团股份有限公司	宁波
70	奥康集团有限公司	温州	95	杭州东恒石油有限公司	杭州
71	花园集团有限公司	金华	96	天洁集团有限公司	绍兴
72	三鼎控股集团有限公司	金华	97	农夫山泉股份有限公司	杭州
73	华立集团股份有限公司	杭州	98	宁波建工股份有限公司	宁波
74	巨星控股集团有限公司	杭州	99	中设建工集团有限公司	绍兴
75	新凤鸣集团股份有限公司	嘉兴	100	歌山建设集团有限公司	杭州

2017年浙江省制造业百强企业名单

名次	企业名称	地区	名次	企业名称	地区
1	浙江吉利控股集团有限公司	杭州	26	精功集团有限公司	绍兴
2	海亮集团有限公司	绍兴	27	宁波富邦控股集团有限公司	宁波
3	万向集团公司	杭州	28	华仪集团有限公司	温州
4	青山控股集团有限公司	温州	29	卧龙控股集团有限公司	绍兴
5	超威电源有限公司	湖州	30	富通集团有限公司	杭州
6	天能电池集团有限公司	湖州	31	万丰奥特控股集团有限公司	绍兴
7	浙江荣盛控股集团有限公司	杭州	32	红狮控股集团有限公司	金华
8	中国石油化工股份有限公司镇海炼化分公司	宁波	33	巨化集团公司	衢州
9	浙江中烟工业有限责任公司	杭州	34	浙江富冶集团有限公司	杭州
10	浙江恒逸集团有限公司	杭州	35	森马集团有限公司	温州
11	杭州汽轮动力集团有限公司	杭州	36	华峰集团有限公司	温州
12	杭州钢铁集团公司	杭州	37	纳爱斯集团有限公司	丽水
13	奥克斯集团有限公司	宁波	38	升华集团控股有限公司	湖州
14	杭州锦江集团有限公司	杭州	39	浙江龙盛控股有限公司	绍兴
15	雅戈尔集团股份有限公司	宁波	40	浙江逸盛石化有限公司	宁波
16	盾安控股集团有限公司	杭州	41	维科控股集团股份有限公司	宁波
17	正泰集团股份有限公司	温州	42	中策橡胶集团有限公司	杭州
18	德力西集团有限公司	温州	43	三花控股集团有限公司	绍兴
19	杭州娃哈哈集团有限公司	杭州	44	宁波均胜电子股份有限公司	宁波
20	宁波金田投资控股有限公司	宁波	45	得力集团有限公司	宁波
21	浙江桐昆控股集团有限公司	嘉兴	46	奥康集团有限公司	温州
22	杉杉控股有限公司	宁波	47	花园集团有限公司	金华
23	人民电器集团有限公司	温州	48	三鼎控股集团有限公司	金华
24	传化集团有限公司	杭州	49	华立集团股份有限公司	杭州
25	杭州华东医药集团有限公司	杭州	50	巨星控股集团有限公司	杭州

续表

名次	企业名称	地区	名次	企业名称	地区
51	新凤鸣集团股份有限公司	嘉兴	76	浙江海正药业股份有限公司	台州
52	兴惠化纤集团有限公司	杭州	77	杭州金鱼电器集团有限公司	杭州
53	浙江东南网架集团有限公司	杭州	78	浙江古纤道新材料股份有限公司	绍兴
54	利时集团股份有限公司	宁波	79	浙江富陵控股集团有限公司	绍兴
55	浙江富春江通信集团有限公司	杭州	80	浙江栋梁新材股份有限公司	湖州
56	宁波申洲针织有限公司	宁波	81	金海重工股份有限公司	舟山
57	广博控股集团有限公司	宁波	82	宁波乐金甬兴化工有限公司	宁波
58	浙江协和集团有限公司	杭州	83	杭州东华链条集团有限公司	杭州
59	宁波博洋控股集团有限公司	宁波	84	罗蒙集团股份有限公司	宁波
60	浙江元立金属制品集团有限公司	丽水	85	宁波方太厨具有限公司	宁波
61	人本集团有限公司	温州	86	新和成控股集团有限公司	绍兴
62	舜宇集团有限公司	宁波	87	浙江航民实业集团有限公司	杭州
63	天洁集团有限公司	绍兴	88	开氏集团有限公司	杭州
64	农夫山泉股份有限公司	杭州	89	浙江中财管道科技股份有限公司	绍兴
65	浙江大华技术股份有限公司	杭州	90	宏胜饮料集团有限公司	杭州
66	胜达集团有限公司	杭州	91	恒威集团有限公司	宁波
67	万华化学(宁波)有限公司	宁波	92	东方日升新能源股份有限公司	宁波
68	杭州诺贝尔集团有限公司	杭州	93	博威集团有限公司	宁波
69	海天塑机集团有限公司	宁波	94	浙江新安化工集团股份有限公司	杭州
70	振石控股集团有限公司	嘉兴	95	宁波宝新不锈钢有限公司	宁波
71	浙江天圣控股集团有限公司	绍兴	96	浙江国华浙能发电有限公司	宁波
72	富丽达集团控股有限公司	杭州	97	宁波圣龙(集团)有限公司	宁波
73	星星集团有限公司	台州	98	横店集团东磁有限公司	金华
74	浙江永利实业集团有限公司	绍兴	99	浙江奥鑫控股集团有限公司	杭州
75	精工控股集团有限公司	绍兴	100	富润控股集团有限公司	绍兴

2017年浙江省服务业百强企业名单

名次	企业名称	地区	名次	企业名称	地区
1	物产中大集团股份有限公司	杭州	26	开元旅业集团有限公司	杭州
2	绿城中国控股有限公司	杭州	27	浙江省农村发展集团有限公司	杭州
3	浙江省交通投资集团有限公司	杭州	28	浙江海越股份有限公司	绍兴
4	中国石化销售有限公司浙江石油分公司	杭州	29	浙江蓝天实业集团有限公司	绍兴
5	浙江省兴合集团有限责任公司	杭州	30	浙江凯喜雅国际股份有限公司	杭州
6	远大物产集团有限公司	宁波	31	宁波滕头集团有限公司	宁波
7	浙江省能源集团有限公司	杭州	32	银江科技集团有限公司	杭州
8	银亿集团有限公司	宁波	33	浙江华瑞集团有限公司	杭州
9	浙江前程投资股份有限公司	宁波	34	浙江中外运有限公司	宁波
10	浙江省国际贸易集团有限公司	杭州	35	华茂集团股份有限公司	宁波
11	中航国际钢铁贸易有限公司	宁波	36	宁波轿辰集团股份有限公司	宁波
12	中基宁波集团股份有限公司	宁波	37	华数数字电视传媒集团有限公司	杭州
13	浙江省海港投资运营集团有限公司	舟山	38	浙江国大集团有限责任公司	杭州
14	浙江省商业集团有限公司	杭州	39	万事利集团有限公司	杭州
15	太平鸟集团有限公司	宁波	40	浙江万丰企业集团公司	杭州
16	银泰商业(集团)有限公司	杭州	41	宁波海田控股集团有限公司	宁波
17	浙江英特药业有限责任公司	杭州	42	日出实业集团有限公司	宁波
18	浙江宝利德股份有限公司	杭州	43	杭州解百集团股份有限公司	杭州
19	宁波君安控股有限公司	宁波	44	雄风集团有限公司	绍兴
20	宁波华东物资城市场建设开发有限公司	宁波	45	浙江省医药工业有限公司	杭州
21	祥生实业集团有限公司	绍兴	46	万向三农集团有限公司	杭州
22	浙江建华集团有限公司	杭州	47	宁波市绿顺集团股份有限公司	宁波
23	杭州东恒石油有限公司	杭州	48	宁波鄞州农村商业银行股份有限公司	宁波
24	杭州联华华商集团有限公司	杭州	49	宁波医药股份有限公司	宁波
25	浙江出版联合集团有限公司	杭州	50	国宏电气集团股份有限公司	宁波

续表

名 次	企业名称	地区	名 次	企业名称	地区
51	宁波联合集团股份有限公司	宁波	76	杭州市轻工工艺纺织品进出口有限公司	杭州
52	宁波宁兴控股股份有限公司	宁波	77	浙江黄岩洲锽实业有限公司	台州
53	浙大网新科技股份有限公司	杭州	78	柏年康成健康管理集团有限公司	宁波
54	嘉兴良友进出口集团股份有限公司	嘉兴	79	浙江供销超市有限公司	绍兴
55	东冠集团有限公司	杭州	80	浙江中通通信有限公司	杭州
56	绿城物业服务集团有限公司	杭州	81	浙江珍诚医药在线股份有限公司	杭州
57	浙北大厦集团有限公司	湖州	82	浙江凯虹集团有限公司	舟山
58	国药控股温州有限公司	温州	83	镇海石化物流有限责任公司	宁波
59	杭州市燃气集团有限公司	杭州	84	宁波市江北浙东轻纺城投资有限公司	宁波
60	话机世界通信集团股份有限公司	杭州	85	浙江恩泽医药有限公司	台州
61	中宁化集团有限公司	宁波	86	宁波太平洋恒业控股有限公司	宁波
62	宁波宁兴房地产开发集团有限公司	宁波	87	丝绸之路控股集团有限公司	湖州
63	绍兴咸亨集团股份有限公司	绍兴	88	浙江华媒控股股份有限公司	杭州
64	宁波晶圆贸易有限公司	宁波	89	宁波白金汉爵酒店投资有限公司	宁波
65	宁波宁电进出口有限公司	宁波	90	浙江上百贸易有限公司	绍兴
66	浙江华联商厦有限公司	宁波	91	诸暨一百集团有限公司	绍兴
67	宁波萌恒工贸有限公司	宁波	92	杭州五丰联合肉类有限公司	杭州
68	宁波慈溪农村商业银行股份有限公司	宁波	93	浙江东源控股集团有限公司	宁波
69	浙江省经协集团有限公司	杭州	94	中国能源建设集团浙江省电力设计院有限公司	杭州
70	加贝物流股份有限公司	宁波	95	杭州长运运输集团有限公司	杭州
71	浙江省旅游集团有限责任公司	杭州	96	浙江汇德隆实业集团有限公司	杭州
72	温州市亚泰进出口有限公司	温州	97	浙江沧海市政园林建设有限公司	宁波
73	浙江震元股份有限公司	绍兴	98	宁波港东南物流集团有限公司	宁波
74	宁波镇海炼化利安德化工销售有限公司	宁波	99	好易购家庭购物有限公司	杭州
75	宁波明港液化气有限公司	宁波	100	浙江温岭农村商业银行股份有限公司	台州

2017年浙江省成长性最快百强企业

名次	企业名称	地区	名次	企业名称	地区
1	宁波均胜电子股份有限公司	宁波	26	富丽达集团控股有限公司	杭州
2	双林集团股份有限公司	宁波	27	宁波申洲针织有限公司	宁波
3	得力集团有限公司	宁波	28	新凤鸣集团股份有限公司	嘉兴
4	华仪集团有限公司	温州	29	杭州锦江集团有限公司	杭州
5	浙江鼎力机械股份有限公司	湖州	30	纳爱斯集团有限公司	丽水
6	传化集团有限公司	杭州	31	富通集团有限公司	杭州
7	维科控股集团股份有限公司	宁波	32	汇信进出口集团股份有限公司	嘉兴
8	舜宇集团有限公司	宁波	33	浙江华媒控股股份有限公司	杭州
9	东方日升新能源股份有限公司	宁波	34	青山控股集团有限公司	温州
10	浙江大华技术股份有限公司	杭州	35	花园集团有限公司	金华
11	农夫山泉股份有限公司	杭州	36	宁波狮丹努集团有限公司	宁波
12	浙江雅迪机车有限公司	宁波	37	江山欧派门业股份有限公司	衢州
13	天能电池集团有限公司	湖州	38	红狮控股集团有限公司	金华
14	宁波兴业盛泰集团有限公司	宁波	39	精功集团有限公司	绍兴
15	华峰集团有限公司	温州	40	杭州华东医药集团有限公司	杭州
16	超威电源有限公司	湖州	41	中国能源建设集团浙江省电力设计院有限公司	杭州
17	浙江吉利控股集团有限公司	杭州	42	兴惠化纤集团有限公司	杭州
18	杭州汽轮动力集团有限公司	杭州	43	浙江富冶集团有限公司	杭州
19	正泰集团股份有限公司	温州	44	浙江天圣控股集团有限公司	绍兴
20	公牛集团有限公司	宁波	45	星星集团有限公司	台州
21	杭州诺贝尔集团有限公司	杭州	46	物产中大集团股份有限公司	杭州
22	升华集团控股有限公司	湖州	47	浙江永太科技股份有限公司	台州
23	宁波方太厨具有限公司	宁波	48	顿力集团有限公司	杭州
24	浙江东南网架集团有限公司	杭州	49	浙江奥鑫控股集团有限公司	杭州
25	振石控股集团有限公司	嘉兴	50	浙江震元股份有限公司	绍兴

续表

名 次	企业名称	地区	名 次	企业名称	地区
51	天洁集团有限公司	绍兴	76	富润控股集团有限公司	绍兴
52	巨星控股集团有限公司	杭州	77	海亮集团有限公司	绍兴
53	浙江天皇药业有限公司	杭州	78	宁波金田投资控股有限公司	宁波
54	横店集团东磁有限公司	金华	79	浙江富春江通信集团有限公司	杭州
55	万丰奥特控股集团有限公司	绍兴	80	三花控股集团有限公司	绍兴
56	浙江海正药业股份有限公司	台州	81	宁波博洋控股集团有限公司	宁波
57	银亿集团有限公司	宁波	82	利时集团股份有限公司	宁波
58	华立集团股份有限公司	杭州	83	人本集团有限公司	温州
59	卧龙控股集团有限公司	绍兴	84	杭州长运运输集团有限公司	杭州
60	浙江兴发化纤集团有限公司	绍兴	85	浙江阳光照明电器集团股份有限公司	绍兴
61	三鼎控股集团有限公司	金华	86	博威集团有限公司	宁波
62	万事利集团有限公司	杭州	87	杉杉控股有限公司	宁波
63	浙江建华集团有限公司	杭州	88	中策橡胶集团有限公司	杭州
64	浙江逸盛石化有限公司	宁波	89	宁波滕头集团有限公司	宁波
65	人民电器集团有限公司	温州	90	奥康集团有限公司	温州
66	百隆东方股份有限公司	宁波	91	胜达集团有限公司	杭州
67	宁波圣龙(集团)有限公司	宁波	92	银江科技集团有限公司	杭州
68	浙江协和集团有限公司	杭州	93	宁波萌恒工贸有限公司	宁波
69	华数数字电视传媒集团有限公司	杭州	94	万华化学(宁波)有限公司	宁波
70	浙江荣盛控股集团有限公司	杭州	95	新和成控股集团有限公司	绍兴
71	宁波一舟投资集团有限公司	宁波	96	宏胜饮料集团有限公司	杭州
72	海天塑机集团有限公司	宁波	97	巨化集团公司	衢州
73	浙江七色彩虹控股集团有限公司	绍兴	98	东冠集团有限公司	杭州
74	德力西集团有限公司	温州	99	宁波富邦控股集团有限公司	宁波
75	森马集团有限公司	温州	100	浙江桐昆控股集团有限公司	嘉兴

2018年浙江省装备制造业重点领域首台(套)产品名单

序号	产品名称及型号、规格	企业名称	地区
国内首台套			
1	十万等级煤化工特大型空分设备	杭州杭氧股份有限公司	临安区
2	130t/h 高温超高压带再热系统全燃生物质锅炉	杭州锅炉集团股份有限公司	杭州市
省内首台套			
1	世界首台模块化大型潮流能发电机组	杭州林东新能源科技股份有限公司	杭州市
2	生物质发电用高温超高压再热汽轮机 N35-13.24/535/535	杭州中能汽轮动力有限公司	杭州市
3	1000MW 火电机组数字化一体化控制系统	杭州和利时自动化有限公司	杭州市
4	电感耦合等离子体质谱仪 EXPEC 7000	聚光科技(杭州)股份有限公司	杭州市
5	双核心超声气体流量计	浙江威星智能仪表股份有限公司	杭州市
6	滚动体外观缺陷光学自动检测装备 Choyo-R41	杭州乔戈里科技有限公司	杭州市
7	汽车高速电磁控制阀智能装配检测系统 TH-DC1-2ZA-4	杭州沃镭智能科技股份有限公司	杭州市
8	非制冷 1280×1024 凝视红外焦平面组件	浙江大立科技股份有限公司	杭州市
9	基于云编程的动环监控智能终端及系统	杭州义益钛迪信息技术有限公司	杭州市
10	血栓弹力图仪 TCA6000 及配套诊断试剂	浙江盛域医疗技术有限公司	杭州市
11	新一代城市轨道交通综合监控系统	浙江浙大中控信息技术有限公司	杭州市
12	基于网络技术的管控一体化智能缫丝机	杭州纺织机械集团有限公司	杭州市
13	DIP-XDC 蓄电池智能包装生产线	杭州永创智能设备股份有限公司	杭州市
14	2000 系列远洋渔业船用齿轮箱	杭州前进齿轮箱集团股份有限公司	萧山区
15	高温超高压中间再热煤气发电用 70MW 汽轮发电	杭州杭发发电设备有限公司	萧山区
16	SHIR-3000 变电站智能巡检机器人	杭州申昊科技股份有限公司	余杭区
17	激光导引式柔性堆垛机器人	浙江厚达智能科技股份有限公司	余杭区
18	一种用于异种金属自动化钎焊的高强度药芯银焊环	杭州华光焊接新材料股份有限公司	余杭区
19	28CrMoNiV 高强度等级工业汽轮机转子锻件	杭州汽轮铸锻有限公司	余杭区
20	GKT 型智能化盘圆天然气加热保护气氛退火炉	杭州金舟科技股份有限公司	余杭区
21	直驱齿轮传动扶梯主机(FYD-06)	浙江西子富沃德电机有限公司	临安区

续表

序号	产品名称及型号、规格	企业名称	地区
22	AGV 前移式三向属具堆垛车	杭叉集团股份有限公司	临安区
23	HZQH4000 机电液一体智能强夯机	杭州杭重工程机械有限公司	临安区
24	光伏储能一体机系统 SOLAXBOX(SK-TL5000E+SK-BMU5000)	浙江艾罗网络能源技术有限公司	桐庐县
25	大型污泥低温热解及老成的转鼓设备(FL3430)	杭州中水科技股份有限公司	桐庐县
26	LNG 用卧式对置平衡型 BOG 压缩机	浙江强盛压缩机制造有限公司	温州市
27	8kw 高速激光切割机	奔腾激光(温州)有限公司	温州市
28	YWC-114 薄壁弯头管件冲压成型机	浙江嘉达机械制造有限公司	温州市
29	零启动调频调矩液压振动桩锤	浙江永安工程机械有限公司	瑞安市
30	环境友好型透明微晶玻璃	温州市康尔微晶器皿有限公司	苍南县
31	配 550MW 等级重型燃气－蒸汽联合循环机组的亚临界余热锅炉	东方菱日锅炉有限公司	嘉兴市
32	船舶液化天然气(LNG)发动机燃料储存及供给系统	亚达管道系统股份有限公司	嘉兴市
33	双胞胎精密数控车削自动化成套设备	亿缙机械(嘉兴)有限公司	嘉兴市
34	光伏微动力农村生活污水智慧处理装备(定制)	浙江嘉科新能源科技有限公司	嘉兴市
35	M 系列模块化高效节能纺织后整理(起、剪、磨、烫)成套设备	海宁纺织机械有限公司	海宁市
36	燃高危化工废气余热回收利用锅炉	浙江特富锅炉有限公司	海宁市
37	LMT5318TFCW 大型公路沥青纤维碎石同步封层车	浙江美通筑路机械股份有限公司	海宁市
38	超长横梁高速重载桁架智能机械手系统	浙江治丞智能机械科技有限公司	平湖市
39	新型抗溢出性纸容器全自动复合成型生产流水线	浙江新发现机械制造有限公司	平湖市
40	TL-6000KG PET 瓶回收系统成套设备	浙江宝绿特环保技术工程有限公司	平湖市
41	3.0MW 全功率液冷风机变流器	浙江海得新能源有限公司	桐乡市
42	HZ AC4120 电气交流传动系统	浙江华章科技有限公司	桐乡市
43	MK180 型全自动口罩生产智能成套设备	浙江田中精机股份有限公司	嘉善县
44	电力变压器用宽幅非晶态软磁超薄合金带制备技术及成套设备	浙江正耀环保科技有限公司	海盐县
45	一次拉削成型 7 级精度内齿圈加工用精密特大拉刀	恒锋工具股份有限公司	海盐县
46	基于 RFID 地面导引的智能搬运车系统	浙江德马科技股份有限公司	湖州市
47	1DZ-1 型多用途履带自走式耕作机	湖州思达机械制造有限公司	湖州市
48	油泥热解无害化处理成套装备 /ECOTWY	浙江宜可欧环保科技有限公司	湖州市
49	MQCZ 节能环保型快速换色喷涂设备(生产线)	浙江明泉工业涂装有限公司	德清县
50	超高强度钢板落料自动化生产线	浙江恒立数控科技股份有限公司	德清县

续表

序号	产品名称及型号、规格	企业名称	地区
51	零排放涂装废水专用高效净化回用一体装置	浙江华立智能装备股份有限公司	德清县
52	永磁驱动电动搬运车 PTE15X	诺力机械股份有限公司	长兴县
53	全自动六枪双面喷金机组	浙江七星电容器有限公司	长兴县
54	中大密多工位自动烧焊机	浙江海悦自动化机械股份有限公司	长兴县
55	正电子发射及 X 射线计算机断层成像装置	明峰医疗系统股份有限公司	绍兴市
56	核电专用 42CrNiMoV 螺栓类核级紧固件	浙江高强度紧固件有限公司	柯桥区
57	JJL1200 多晶硅铸锭炉	浙江精功科技股份有限公司	柯桥区
58	非能动核电站安全壳循环冷却机组	浙江金盾风机股份有限公司	上虞区
59	CAM 核级离心风机	浙江上风高科专风实业有限公司	上虞区
60	CB58 大全张多色胶印机	浙江通得数字印刷设备制造有限公司	诸暨市
61	相变凝聚除尘及余热回收利用集成装置	浙江菲达环保科技股份有限公司	诸暨市
62	WL-LGB50 包胶双螺杆泵	浙江威隆机械科技有限公司	嵊州市
63	CNC-1225 自动弯丝卷弹簧丝	浙江万能弹簧机械有限公司	嵊州市
64	DLM 系列高性能多工位冷墩成型机	浙江东雄重工有限公司	嵊州市
65	一种越野四轮驱动传动系统装置	浙江中柴机器有限公司	新昌县
66	扁形名优茶自动化连续加工成套设备	浙江恒峰科技开发有限公司	新昌县
67	新型非导热油热风拉幅定型机	远信工业股份远信公司	新昌县
68	印染智能化高精度低功耗水洗机	浙江宏涛印染机械有限公司	新昌县
69	可调式大功率车用重载液压绞盘(NHBF210S/NH)	浙江诺和机电股份有限公司	金华市
70	6 英寸以上 Led 衬底用 200kg 蓝宝石泡生法晶体生长设备 /ISS20010	浙江昀丰新材料科技股份有限公司	金华市
71	WLY5T45L 轻型商用车 AMT 自动变速器总成	浙江万里扬变速器股份有限公司	金华市
72	TCK680 卧式高效车磨复合加工精密车床	浙江汤溪齿轮机床有限公司	金华市
73	基于磁分离效应的高效絮凝浓缩一体式污泥脱水机	浙江立丰环保设备有限公司	金华市
74	畜牧养殖业废弃物资源化热解炭化炉 AWPF-5	浙江金锅锅炉有限公司	金华市
75	精密超薄不锈钢板带生产线冷轧机组 YJ-1350	浙江甬金金属科技股份有限公司	兰溪市
76	航空用高强度高塑性大规格铝合金板	浙江顺虎铝业有限公司	永康市
77	纯电动汽车用带电控 P 档减速器 JS18CPe-05Q	浙江尤奈特电机有限公司	永康市
78	圣力科装全自动锁具装配机 zpsl15A-1 型	浙江浦江圣力工贸有限公司	浦江县
79	全方位智能型茶叶包装自动化生产线 DBZ-100	浙江武义浩伟机械有限公司	武义县

续表

序号	产品名称及型号、规格	企业名称	地区
80	YLD1100 七轴五联动精密数控立式车床	浙江永力达数控科技股份有限公司	衢州市
81	半干法（CFB）脱硫 - 高温烟气深度除尘治理湿式 静电除尘器	浙江中泰环保股份有限公司	衢州市
82	J21 轮式单臂掘进钻机	浙江志高机械股份有限公司	衢州市
83	ZGS-Z.G / 35 光伏发电用组合式变压器	浙江江山变压器股份有限公司	江山市
84	高铁牵引电机用 N332Q/P5 YA 绝缘轴承	中浙高铁轴承有限公司	龙游县
85	Q967X-900LB-48 全焊接球阀	克里特集团有限公司	龙游县
86	小模数蜗杆专用全自动精密旋风铣机床、N40-A	浙江亿洋智能装备科技股份有限公司	龙游县
87	12 吨蓄电池平衡重式叉车	浙江吉鑫祥叉车制造有限公司	台州市
88	万米级深潜器科考母船	浙江天时造船有限公司	温岭市
89	数控转盘式十二工位接线柱自动加工机床	浙江盛业科技有限公司	临海市
90	大型往复压缩机气量无级调节装置	台州环天机械有限公司	玉环县
91	中压单螺杆空气压缩机	浙江杰能压缩设备有限公司	三门县
92	箱体式自动检测线(机器视觉）	浙江银轮智能装备有限公司	天台县
93	可操控式高性能的麻醉视频软性喉镜	浙江优亿医疗器械有限公司	仙居县
94	ZNSL 新型复转式污泥干化装置	浙江三联环保机械设备有限公司	丽水市
95	大径厚比不锈钢导管塑性弯曲成形装备 KM-A75CNC	浙江金马逊机械有限公司	缙云县
96	节能型变频温控磁悬浮冷水机组 QLC	浙江青风环境股份有限公司	景宁畲族自治县

2017年浙江省优秀工业新产品(新技术)名单

序号	企业名称	新产品(新技术)名称	行业	地区
合计:136项				
一等奖12项				
1	传化智联股份有限公司	纺织品用新型低温练漂剂的制备及其产业化	轻工纺织	萧山区
2	杭州新坐标科技股份有限公司	柱状液压挺柱	机械	余杭区
3	杭州诺贝尔陶瓷有限公司	通体质感数码喷墨渗透瓷质砖及其制造技术	轻工纺织	余杭区
4	浙江图讯科技股份有限公司	面向安全生产的事故自动监测与预警关键技术研究与应用	电子信息	余杭区
5	浙江三星新材股份有限公司	自动定位结构门体	轻工纺织	德清县
6	嘉兴启晟碳材料有限公司	碳/碳板材预制体	医药石化	嘉善县
7	浙江易锋机械有限公司	汽车空调压缩机118459活塞	机械	桐乡市
8	浙江恒石纤维基业有限公司	风电叶片用多层复合裁剪玻纤织物E-BIAX936	轻工纺织	桐乡市
9	巨石集团有限公司	热塑性复合玻璃纤维	建冶煤	桐乡市
10	浙江晶盛机电股份有限公司	单晶硅棒切磨复合加工一体机	机械	上虞区
11	浙江万丰科技开发股份有限公司	小型铝合金铸件重力铸造自动化生产单元	机械	新昌县
12	横店集团得邦照明股份有限公司	应用光热融合设计技术实现防眩光的LED定向灯	电子信息	东阳市
二等奖23项				
1	创业软件股份有限公司	基于电子健康档案的区域医疗卫生综合管理信息系统升级与产业化	电子信息	杭州市
2	杭州百合科莱恩颜料有限公司	基于颜料黄83固体色浆的开发	医药石化	杭州市
3	杭州捷尔思阻燃化工有限公司	非多聚磷酸铵体系无卤膨胀阻燃剂PNA-220	医药石化	杭州市
4	杭州新坐标科技股份有限公司	滚轮摇臂	机械	余杭区
5	建德市朝美日化有限公司	2002型折叠式立体防护性口罩	轻工纺织	建德市
6	杭州新安江工业泵有限公司	高效环保罗茨真空泵	机械	建德市
7	浙江正泰电器股份有限公司	NB310L(K曲线)剩余电流动作断路器	机械	乐清市
8	浙江金洲管道科技股份有限公司	多工位中频感应加热内衬PE复合钢管	建冶煤	湖州市
9	浙江东尼电子股份有限公司	超硬脆材料切割用极细金刚石线	电子信息	湖州市

续表

序号	企业名称	新产品(新技术)名称	行业	地区
10	中电科技德清华莹电子有限公司	北斗接收射频前端模块 NDM9001	电子信息	德清县
11	长兴明天炉料有限公司	再生防爆型快干式浇注料	建冶煤	长兴县
12	浙江西子重工机械有限公司	高效节能新型积木式电梯	机械	海宁市
13	浙江梅盛实业股份有限公司	生态型超纤麂皮面料的联合研发	轻工纺织	柯桥区
14	浙江上风高科专风实业有限公司	CAV 核级变频离心风机	机械	上虞区
15	浙江华益精密机械股份有限公司	一种带免拆洗过滤网装置的阀门	机械	诸暨市
16	浙江万丰奥威汽轮股份有限公司	干湿混合全自动抛光车轮	机械	新昌县
17	浙江中柴机器有限公司	GYQX30S1 动力换挡变速箱	机械	新昌县
18	浙江新柴股份有限公司	4D32G31 柴油机	机械	新昌县
19	浙江华丰电动工具有限公司	J0G-ZP/ZP2/ZP3/ZP4/ZP8 集成型高压锂电包驱动的台式电动工具	机械	金华市
20	浙江大维高新技术股份有限公司	Coroboth 型脉冲电源	电子信息	金华市
21	浙江贝尔通信集团有限责任公司	翼轨焊接式合金钢组合辙叉	机械	龙游县
22	浙江凯丰新材料股份有限公司	高保真环保型纯纸壁纸	轻工纺织	龙游县
23	浙江伟星实业发展股份有限公司	高强力 U 型链牙金属拉链	轻工纺织	临海市
三等奖 91 项				
1	杭州鸿雁电器有限公司	集成环境检测功能的家居智能控制平台及其在智能灯具的应用	电子信息	杭州市
2	杭州市化工研究院有限公司	抗干扰型再生纸专用增强剂	医药石化	杭州市
3	杭州安恒信息技术有限公司	基于分布式计算的高性能网站云安全系统	电子信息	杭州市
4	浙江远望信息股份有限公司	支持 IPV6 的高吞吐量远望综合审计系统	电子信息	杭州市
5	泰瑞机器股份有限公司	DH2000J1370 塑料注射成型机	机械	杭州市
6	浙江亚通焊材有限公司	低成本高效率水气联合雾化生产高品质合金粉末	建冶煤	杭州市
7	浙江亚太机电股份有限公司	AF1.3T 离合器主缸总成	机械	萧山区
8	杭州钱江压缩机集团有限公司	WV 系列制冷压缩机	机械	余杭区
9	杭州勇电照明有限公司	采用浇铸工艺的 1W 大功率光源	电子信息	余杭区
10	浙江共同电子科技有限公司	国网 II 型集中器	电子信息	余杭区
11	浙江华江科技股份有限公司	高性能汽车底护用轻质聚丙烯玻纤复合材料	轻工纺织	余杭区
12	浙江艾罗网络能源技术有限公司	X-HYBRID 智能光伏储能并网逆变器(单相 3.0~5.0kW)	电子信息	桐庐县
13	杭州新湖电子有限公司	特定波长 LED 显示及其云控制关键技术的研发与产业化	电子信息	桐庐县

续表

序号	企业名称	新产品(新技术)名称	行业	地区
14	杭州沈氏节能科技股份有限公司	节能高效 CO_2 换热器	机械	建德市
15	浙江万马高分子材料有限公司	耐油型辐照交联低烟无卤阻燃聚烯烃电缆料	轻工纺织	临安市
16	浙江天正电气股份有限公司	TGC1 系列交流接触器	机械	乐清市
17	浙江华峰新材料股份有限公司	再生海绵鞋垫用单组份粘合剂	医药石化	瑞安市
18	浙江红蜻蜓鞋业股份有限公司	自适应内底抗疲劳鞋	轻工纺织	永嘉县
19	浙江一鸣食品股份有限公司	常温长效 ESL 活菌型酸奶	轻工纺织	平阳县
20	浙江久立特材科技股份有限公司	内覆式中大口径厚壁双金属焊接复合钢管	建冶煤	湖州市
21	怡达快速电梯有限公司	基于移动通讯管理系统的智能电梯	机械	湖州市
22	浙江长城电工科技股份有限公司	新能源汽车驱动电机用异形线材	机械	湖州市
23	浙江世友木业有限公司	低等级木材复合地热地板	建冶煤	湖州市
24	永兴特种不锈钢股份有限公司	S31254 超级奥氏体不锈钢管坯	建冶煤	湖州市
25	浙江明贺钢管有限公司	螺杆钻具用热轧厚壁管	建冶煤	德清县
26	浙江华立智能装备股份有限公司	零排放涂装废水专用高效净化回用一体装置	机械	德清县
27	浙江立泰复合材料股份有限公司	抗凹陷新型防弹板	建冶煤	德清县
28	浙江天能电源材料有限公司	一种采用新型除铜剂的再生铅精炼技术	建冶煤	长兴县
29	桐昆集团浙江恒腾差别化纤维有限公司	细旦衬布专用纤维	轻工纺织	长兴县
30	莱美科技股份有限公司	生态环保婴儿车面料的开发及产业化	轻工纺织	长兴县
31	浙江盛发纺织印染有限公司	超高日晒分散热转移印花面料	轻工纺织	长兴县
32	浙江中山化工集团股份有限公司	55%硝磺·莠去津悬浮剂	医药石化	长兴县
33	浙江丰虹新材料股份有限公司	反应性有机粘土	建冶煤	安吉县
34	浙江纳美新材料股份有限公司	符合 EN71-3 要求的安全环保型乳胶着色色浆研究	轻工纺织	安吉县
35	浙江振申绝热科技股份有限公司	ZES500 型泡沫玻璃	建冶煤	嘉兴市
36	加西贝拉压缩机有限公司	MINI 系列超小型冰箱压缩机	机械	嘉兴市
37	嘉善华瑞赛晶电气设备科技有限公司	阳极饱和电抗器 EET-4-5000	机械	嘉善县
38	浙江田中精机股份有限公司	CX5612TPF 自动包胶绕线机	机械	嘉善县
39	浙江恒丰包装有限公司	一种烟用接装纸用水溶性涂层电化铝烫印箔	轻工纺织	嘉善县
40	浙江泛亚生物医药股份有限公司	药用虫生真菌的产业化推广	轻工纺织	平湖市
41	宜兰汽车配件制造(平湖)有限公司	基于 LIN 总线的车内智能变色发光条	电子信息	平湖市

续表

序号	企业名称	新产品(新技术)名称	行业	地区
42	浙江德福精密驱动制造有限公司	X12DX12F1.6LCVT 短轴叉 G13-20	机械	平湖市
43	火星人厨具股份有限公司	侧吸式笼烟型集成灶 JCZY(T/R/D)C-X7B.X	建冶煤	海宁市
44	浙江皮意纺织有限公司	耐磨型仿皮科技布	轻工纺织	海宁市
45	浙江宇立新材料有限公司	超厚型防霉保暖篷房材料	轻工纺织	海宁市
46	浙江晶科能源有限公司	低衰减多晶电池和组件	电子信息	海宁市
47	天通控股股份有限公司	宽温高频高磁导率 MnZn 铁氧体 TSR10 材料	电子信息	海宁市
48	京马电机有限公司	小型化、低噪声油烟机用塑封电机	机械	桐乡市
49	浙江绿宇环保股份有限公司	废旧聚酯 BHET 化学法再生与熔体直纺长丝技术	轻工纺织	绍兴市
50	浙江德创环保科技股份有限公司	管式湿式电除尘器	机械	绍兴市
51	浙江古纤道股份有限公司	深黑超细复合长丝	轻工纺织	柯桥区
52	延锋伟世通怡东汽车仪表有限公司	E32 汽车组合仪表	电子信息	柯桥区
53	浙江塔牌绍兴酒有限公司	塔牌本酒	轻工纺织	柯桥区
54	浙江金盾风机股份有限公司	安全壳再循环冷却机组	机械	上虞区
55	浙江盾安智控科技股份有限公司	多功能防盗燃气球阀	机械	诸暨市
56	浙江富润印染有限公司	新型立体朦胧印花针织牛仔布	轻工纺织	诸暨市
57	浙江盾安人工环境股份有限公司	MEMS 智能流体阀控制器	机械	诸暨市
58	浙江圣翔航空科技有限公司	全铝多层直升机停机坪系统	机械	诸暨市
59	浙江富润印染有限公司	炫彩雕印丝光棉	轻工纺织	诸暨市
60	浙江铜加工研究院有限公司	高精密环保型铜管件智能化制造技术的研究及应用技术	建冶煤	诸暨市
61	浙江东雄重工有限公司	多工位冷镦成型机	机械	嵊州市
62	嵊州市南丰机械有限公司	全自动倒线机	机械	嵊州市
63	浙江陀曼智造科技有限公司	轴承套圈车削自动线及 TMES 系统集成	机械	新昌县
64	浙江省新昌新轴实业有限公司	汽车水泵轴连轴承 WIR163070E	机械	新昌县
65	新昌县开源汽车轴承有限公司	KY3960ABS 三代轿车轮毂轴承单元	机械	新昌县
66	浙江新和成股份有限公司	d- 生物素	医药石化	新昌县
67	浙江佳环电子有限公司	JHGP 电除尘器大功率高频高压供电装置	电子信息	金华市
68	浙江科惠医疗器械股份有限公司	椎体成形器械包	医药石化	金华市
69	横店集团东磁股份有限公司	DMR48 材料	电子信息	东阳市
70	浙江联宜电机有限公司	油墨泵用一体化无刷电机	机械	东阳市

续表

序号	企业名称	新产品(新技术)名称	行业	地区
71	浙江朋诚科技有限公司	高速线材轧机用高强耐磨辊轴	机械	东阳市
72	浙江普洛康裕制药有限公司	盐酸左氧氟沙星原料药	医药石化	东阳市
73	浙江真爱毯业科技有限公司	咖啡碳纤维拉舍尔毛毯	轻工纺织	义乌市
74	义乌华鼎锦纶股份有限公司	锦纶亮丽丝	轻工纺织	义乌市
75	正阳实业投资有限公司	多功能节能电钻	机械	永康市
76	浙江安德电器有限公司	TFT 控制自动翻门吸油烟机	机械	永康市
77	浙江衢州硅宝化工有限公司	甲基三丁酮肟基硅烷	医药石化	衢州市
78	浙江龙游新西帝电子有限公司	低成本高性能 LTE 电视接收天线	电子信息	龙游县
79	常山皮尔轴承有限公司	适用于工程机械传动桥高载荷圆锥滚子轴承	机械	常山县
80	浙江华康药业股份有限公司	山梨糖醇新产品研究与开发	医药石化	开化县
81	舟山中远船务工程有限公司	11.1 万吨原油 / 成品油轮设计研发	机械	舟山市
82	浙江欧华造船股份有限公司	满足液货双标准的 80500 吨 CABU 船型研发	机械	舟山市
83	舟山晨光电器有限公司	17 版欧标 ERP 高效吸尘器电机研发	机械	岱山县
84	浙江水晶光电科技股份有限公司	蓝宝石摄像头保护镜片	电子信息	台州市
85	中联重机浙江有限公司	4LZT-4.0ZA 型履带式全喂入谷物联合收割机	机械	临海市
86	浙江先锋科技股份有限公司	胞嘧啶合成新技术	医药石化	临海市
87	浙江万胜智能科技股份有限公司	采用国网新标准的 DDZY6 防窃电单相费控智能电能表	电子信息	天台县
88	浙江永贵电器股份有限公司	中国标准动车组跨接连接器	机械	天台县
89	浙江爱力浦科技股份有限公司	JCM 型电磁隔膜计量泵	机械	三门县
90	浙江世泰实业有限公司	东风 Q05 汽车底盘纵向摆臂衬套	机械	三门县
91	浙江尔格科技股份有限公司	基于互联网 + 的机车变压器油泵故障监测系统	机械	三门县

2018年中国软件和信息服务综合竞争力百强企业浙江企业入围名单

名次	企业名称
11	网易(杭州)网络有限公司
16	杭州海康威视数字技术股份有限公司
17	阿里云计算有限公司
30	浙江大华技术股份有限公司
52	恒生电子股份有限公司
56	银江股份有限公司
80	浙大网新科技股份有限公司

2018 年(第 30 届)中国电子元件百强企业浙江企业入围名单

名次	企业名称	2017 年主营业务收入(亿元)
6	富通集团有限公司	322.70
15	横店集团东磁有限公司	72.56
16	浙江富春江通信集团有限公司	159.13
22	浙江长城电工科技股份有限公司	45.84
32	杭州富生电器有限公司	26.42
38	浙江永贵电器股份有限公司	12.59
44	天通控股股份有限公司	21.79
47	温州意华接插件股份有限公司	12.15
49	杭州日月电器股份有限公司	12.76
53	三友联众集团股份有限公司	10.18
56	合兴集团汽车电子有限公司	10.74
60	金龙控股集团有限公司	8.53
64	宁波科宁达工业有限公司	8.20
66	浙江万马天屹通信线缆有限公司	8.69
76	杭州微光电子股份有限公司	5.56
80	宁波碧彩实业有限公司	6.02
82	宁波福特继电器有限公司	4.59
88	嘉兴佳利电子有限公司	4.59
94	杭州航天电子技术有限公司	3.69
95	中电科技德清华莹电子有限公司	3.49
96	宁波天波港联电子有限公司	3.01

2018 年中国电子信息百强企业浙江企业入围名单

名次	企业名称
14	杭州海康威视数字技术股份有限公司
26	富通集团有限公司
30	宁波均胜电子股份有限公司
39	舜宇集团有限公司
45	浙江大华技术股份有限公司
46	万马联合控股集团有限公司
52	浙江富春江通信集团有限公司
55	闻泰通讯股份有限公司
59	浙江晶科能源有限公司
61	东方日升新能源股份有限公司
77	浙江南都电源动力股份有限公司
84	横店集团东磁有限公司
91	中新科技集团股份有限公司

2017年浙江省"小升规"企业"创业之星"公示名单

序号	地级市	县(市、区)	企业名称
1	杭州市	萧山区	杭州杰途传动部件有限公司
2	杭州市	余杭区	杭州天铂红外光电技术有限公司
3	杭州市	余杭区	杭州之山智控技术有限公司
4	杭州市	余杭区	杭州明特科技有限公司
5	杭州市	余杭区	杭州流控机器制造有限公司
6	杭州市	富阳区	杭州富阳坚盾门窗科技有限公司
7	杭州市	桐庐县	杭州桐阁堂中药饮片有限公司
8	杭州市	桐庐县	桐庐雷泰生物科技有限公司
9	杭州市	桐庐县	杭州智见科技有限公司
10	杭州市	桐庐县	桐庐科祥磁性材料有限公司
11	宁波市	海曙区	浙江斯普泳池有限公司
12	宁波市	海曙区	宁波法涵诗服装有限公司
13	宁波市	海曙区	宁波市海曙希利汽车配件有限公司
14	宁波市	海曙区	宁波品恩泰克新能源有限公司
15	宁波市	海曙区	宁波市海曙固唯机械有限公司
16	宁波市	江北区	宁波摩科机器人科技有限公司
17	宁波市	镇海区	宁波达尔机械科技有限公司
18	宁波市	镇海区	宁波惠宁电器有限公司
19	宁波市	镇海区	宁波市镇海汉成机械工程有限公司
20	宁波市	镇海区	宁波渤川废液处置有限公司
21	宁波市	北仑区	宁波钜德精工机械有限公司
22	宁波市	北仑区	宁波迈士金属制品有限公司
23	宁波市	北仑区	宁波市北仑区海润宸业机械制造有限公司
24	宁波市	北仑区	宁波蓝圣智能科技有限公司
25	宁波市	鄞州区	宁波汇峰嘉福科技有限公司
26	宁波市	鄞州区	宁波美康盛德生物科技有限公司

续表

序号	地级市	县(市、区)	企业名称
27	宁波市	鄞州区	宁波力维机械科技有限公司
28	宁波市	奉化区	宁波朗辉工具有限公司
29	宁波市	奉化区	宁波市狮山管业有限公司
30	宁波市	奉化区	宁波晨光威腾自动化机械有限公司
31	宁波市	奉化区	宁波天祥新华液压有限公司
32	宁波市	奉化区	宁波三泰儿童用品有限公司
33	宁波市	余姚市	余姚市恒光塑料配件有限公司
34	宁波市	余姚市	宁波日安精工机械有限公司
35	宁波市	余姚市	宁波丽星照明科技有限公司
36	宁波市	余姚市	余姚市纽吉尔汽车排放系统技术有限公司
37	宁波市	余姚市	宁波木易电气有限公司
38	宁波市	慈溪市	宁波意卡德电器科技有限公司
39	宁波市	慈溪市	宁波爱去欧净水科技股份有限公司
40	宁波市	慈溪市	慈溪市久驰电器科技有限公司
41	宁波市	宁海县	宁波澳立模塑有限公司
42	宁波市	宁海县	宁波斗士油压有限公司
43	宁波市	宁海县	宁海建新胶管有限公司
44	宁波市	宁海县	宁海捷卡汽车部件有限公司
45	宁波市	宁海县	宁海县深兰精工机械有限公司
46	宁波市	象山县	宁波耐森电气科技有限公司
47	宁波市	象山县	宁波高盛模具制造有限公司
48	宁波市	象山县	宁波斯洛曼智能科技有限公司
49	宁波市	象山县	宁波科镭汽车零部件有限公司
50	宁波市	杭州湾新区	浙江金来奥光电科技有限公司
51	宁波市	杭州湾新区	宁波水艺膜科技发展有限公司
52	宁波市	大榭开发区	宁波三治机械制造有限公司
53	温州市	鹿城区	温州语妍鞋业有限公司
54	温州市	鹿城区	温州实丽派鞋业有限公司
55	温州市	龙湾区	浙江通明电器股份有限公司
56	温州市	龙湾区	浙江百坚电器有限公司

续表

序号	地级市	县(市、区)	企业名称
57	温州市	龙湾区	唐工阀门集团有限公司
58	温州市	龙湾区	浙江逸达科技有限公司
59	温州市	龙湾区	温州宝翔科技有限公司
60	温州市	瓯海区	温州市双峰制冷设备制造有限公司
61	温州市	瓯海区	温州市沃力机车部件有限公司
62	温州市	瓯海区	温州市豪盛五金有限公司
63	温州市	瓯海区	温州市聚溢电子科技有限公司
64	温州市	乐清市	龙和电气有限公司
65	温州市	乐清市	浙江超吉好电气有限公司
66	温州市	乐清市	温州瑞睿电气有限公司
67	温州市	乐清市	瓯越电力科技有限公司
68	温州市	乐清市	乐清市瓯兴纸业有限公司
69	温州市	乐清市	温州一诚包装有限公司
70	温州市	瑞安市	瑞安市繁荣混凝土有限公司
71	温州市	永嘉县	浙江伯替克阀门有限公司
72	温州市	永嘉县	浙江朗格阀门科技有限公司
73	温州市	永嘉县	利幼实业有限公司
74	温州市	永嘉县	温州高尔达钮扣饰品有限公司
75	温州市	平阳县	温州广亚机械有限公司
76	温州市	平阳县	温州同岸机电配件股份有限公司
77	温州市	平阳县	温州旭漠箱包有限公司
78	温州市	苍南县	温州焕然包装有限公司
79	温州市	苍南县	温州中祥光电科技发展有限公司
80	温州市	浙南产业集聚区	浙江安构阀业有限公司
81	温州市	浙南产业集聚区	温州市天源实业有限公司
82	湖州市	吴兴区	浙江宜可欧环保科技有限公司
83	湖州市	吴兴区	浙江日创机电科技有限公司
84	湖州市	吴兴区	浙江斯科能科技股份有限公司
85	湖州市	吴兴区	浙江迈雷科技有限公司
86	湖州市	吴兴区	湖州织里创塑塑料科技有限公司

续表

序号	地级市	县(市、区)	企业名称
87	湖州市	南浔区	湖州木蕴木业有限公司
88	湖州市	南浔区	浙江三欣重工传动有限公司
89	湖州市	南浔区	浙江关亨木业有限公司
90	湖州市	南浔区	湖州百成新型电池有限公司
91	湖州市	南浔区	湖州明朔光电科技有限公司
92	湖州市	湖州开发区	浙江欧锐杰照明科技有限公司
93	湖州市	湖州开发区	浙江日新精密滚动体有限公司
94	湖州市	德清县	浙江中天建筑产业化有限公司
95	湖州市	德清县	浙江德清盛宏电器有限公司
96	湖州市	德清县	浙江本凡机械有限公司
97	湖州市	德清县	浙江世杰节能门窗有限公司
98	湖州市	德清县	浙江华普电缆有限公司
99	湖州市	德清县	浙江德清进成照明有限公司
100	湖州市	长兴县	浙江德凌电器有限公司
101	湖州市	长兴县	长兴索菲特电子股份有限公司
102	湖州市	长兴县	浙江明境环保科技有限公司
103	湖州市	长兴县	浙江金诺纺织科技有限公司
104	湖州市	长兴县	长兴鹏盛纺织品有限公司
105	湖州市	安吉县	安吉周盛家具有限公司
106	湖州市	安吉县	安吉吉满盛地板有限公司
107	湖州市	安吉县	安吉润大柯泓家具有限公司
108	湖州市	安吉县	安吉轩龙家具有限公司
109	嘉兴市	南湖区	嘉兴市创杰电子科技有限公司
110	嘉兴市	南湖区	浙江鼎元电器有限公司
111	嘉兴市	南湖区	嘉兴凯希电子有限公司
112	嘉兴市	秀洲区	嘉兴格鲁博机械有限公司
113	嘉兴市	秀洲区	中节能浙江太阳能科技有限公司
114	嘉兴市	嘉善县	嘉兴维恩机械有限公司
115	嘉兴市	平湖市	平湖市美旅旅游用品有限公司
116	嘉兴市	海盐县	嘉兴市正丰商标织造有限公司

续表

序号	地级市	县(市、区)	企业名称
117	嘉兴市	海盐县	浙江长瑞精密零部件制造有限公司
118	嘉兴市	海盐县	浙江优选电器有限公司
119	嘉兴市	海盐县	浙江丽尚建材科技有限公司
120	嘉兴市	海宁市	海宁市金色彩龙纺织有限公司
121	嘉兴市	海宁市	海宁铁三角科技有限公司
122	嘉兴市	桐乡市	浙江华力管业有限公司
123	嘉兴市	桐乡市	嘉兴秦越家纺有限公司
124	嘉兴市	桐乡市	桐乡市鼎越亚麻纺织科技有限公司
125	嘉兴市	桐乡市	浙江铭凯集成房屋有限公司
126	绍兴市	柯桥区	浙江恒胜消防设备有限公司
127	绍兴市	柯桥区	绍兴开源机电科技有限公司
128	绍兴市	柯桥区	绍兴杰沃电线有限公司
129	绍兴市	柯桥区	绍兴光辉制版有限公司
130	绍兴市	柯桥区	精功(绍兴)复合材料有限公司
131	绍兴市	上虞区	浙江家乐蜜园艺科技有限公司
132	绍兴市	上虞区	风帆紧固件(绍兴)有限公司
133	绍兴市	上虞区	晨辉婴宝儿童用品有限公司
134	绍兴市	诸暨市	诸暨市蓝湾针纺织有限公司
135	绍兴市	诸暨市	浙江叶晓机械科技有限公司
136	绍兴市	嵊州市	浙江拓力环境科技有限公司
137	绍兴市	嵊州市	浙江来福谐波传动股份有限公司
138	绍兴市	嵊州市	浙江久纯环保科技股份有限公司
139	绍兴市	嵊州市	浙江杰森厨具股份有限公司
140	绍兴市	新昌县	新昌县旭辉精密机械有限公司
141	绍兴市	新昌县	新昌县永利通印染机械有限公司
142	绍兴市	新昌县	新昌县润达机械有限公司
143	绍兴市	新昌县	新昌县普利轴承有限公司
144	绍兴市	新昌县	新昌县开铭制冷配件有限公司
145	绍兴市	新昌县	新昌县鸿立制冷有限公司
146	金华市	婺城区	金华市科维思日化有限公司

续表

序号	地级市	县(市、区)	企业名称
147	金华市	金东区	浙江雷森门业有限公司
148	金华市	永康市	永康市麦诺工贸有限公司
149	金华市	永康市	永康市双裕工贸有限公司
150	金华市	永康市	永康市宇邦工贸有限公司
151	金华市	永康市	浙江飞捷工贸有限公司
152	金华市	永康市	浙江中首新能源科技有限公司
153	金华市	浦江县	浙江奥美伽实业有限公司
154	金华市	浦江县	浦江正宝水晶饰品有限公司
155	金华市	武义县	浙江金凯德安防科技有限公司
156	金华市	武义县	金华市神雕雕塑工艺有限公司
157	金华市	武义县	浙江圣松热交换器有限公司
158	金华市	磐安县	浙江磐安中最电器有限公司
159	衢州市	集聚区	杉杉新材料(衢州)有限公司
160	衢州市	集聚区	浙江凯斯特新材料有限公司
161	衢州市	集聚区	衢州市展飞包装材料有限公司
162	衢州市	集聚区	浙江金维克家庭用品科技有限公司
163	衢州市	集聚区	浙江广兴包装新材料有限公司
164	衢州市	集聚区	浙江红五环精密制造有限公司
165	衢州市	柯城区	浙江明一化工机械有限公司
166	衢州市	衢江区	浙江爱吉仁科技股份有限公司
167	衢州市	衢江区	浙江勇辉电器有限公司
168	衢州市	衢江区	浙江神霸矿山机械有限公司
169	衢州市	龙游县	浙江元美铝业科技有限公司
170	衢州市	江山市	江山市红叶塑胶有限公司
171	衢州市	江山市	浙江名德塑胶科技有限公司
172	衢州市	江山市	江山市山海木业有限公司
173	衢州市	江山市	浙江三晟化工有限公司
174	衢州市	江山市	申达电气集团浙江特种变压器有限公司
175	衢州市	江山市	江山市永安消防材料有限公司
176	衢州市	开化县	开化莲联新能源科技有限公司

续表

序号	地级市	县(市、区)	企业名称
177	衢州市	开化县	开化祥盛磁业有限公司
178	衢州市	开化县	衢州君昊五金制品有限公司
179	舟山市	普陀区	舟山市慧达水产制品有限公司
180	台州市	黄岩区	浙江贝莱氏婴童用品有限公司
181	台州市	温岭市	浙江沈工机床有限公司
182	台州市	温岭市	浙江神农泵业股份有限公司
183	台州市	温岭市	浙江华谱新创科技有限公司
184	台州市	温岭市	温岭市科锐数控设备有限公司
185	台州市	温岭市	温岭市恒动机械有限公司
186	台州市	玉环市	浙江三通塑业有限公司
187	台州市	玉环市	浙江祥辉新材料有限公司
188	台州市	天台县	浙江银轮智能装备有限公司
189	台州市	天台县	天台朗歌建材科技有限公司
190	台州市	天台县	浙江欧菲克斯交通科技有限公司
191	台州市	仙居县	浙江远邦台技汽车电器有限公司
192	丽水市	莲都区	浙江上工阀门有限公司
193	丽水市	莲都区	丽水中驰轴承制造有限公司
194	丽水市	龙泉市	浙江鼎尚机械制造有限公司
195	丽水市	龙泉市	龙泉市燃达机械制造有限公司
196	丽水市	龙泉市	龙泉市五鑫混凝土科技有限公司
197	丽水市	青田县	欧通集团青田万鑫阀门科技有限公司
198	丽水市	青田县	浙江飞越新材料有限公司
199	丽水市	青田县	浙江森雕电器有限公司
200	丽水市	云和县	浙江广华玩具有限公司
201	丽水市	云和县	云和县贝尔工艺品有限公司
202	丽水市	庆元县	浙江凯晨工贸有限公司
203	丽水市	庆元县	浙江艾米家居用品有限公司
204	丽水市	缙云县	丽水市广源电器制造有限公司
205	丽水市	缙云县	缙云县和晟塑胶制品有限公司
206	丽水市	缙云县	缙云县恒博户外用品有限公司

续表

序号	地级市	县(市、区)	企业名称
207	丽水市	缙云县	浙江世菱电力电子有限公司
208	丽水市	遂昌县	浙江大东鼎新材料科技有限公司
209	丽水市	遂昌县	浙江宝莱新型材料有限公司
210	丽水市	遂昌县	遂昌恒泰石业有限公司
211	丽水市	景宁县	浙江景宁华寅工艺品有限公司

2017年浙江省创新型示范中小企业

杭州市：

杭州奥蒂电控股份有限公司
杭州晟元数据安全技术股份有限公司
杭州金通公共自行车科技股份有限公司
浙江正大空分设备有限公司
杭州天创环境科技股份有限公司
杭州广安汽车电器有限公司
杭州德创能源设备有限公司
浙江中杭电子有限公司
杭州美创科技有限公司
杭州惠恒科技有限公司
杭州奥能电源设备有限公司
杭州品联科技有限公司
杭州速博雷尔传动有限公司
杭州蓝然环境技术有限公司
杭州迈杰教育科技有限公司

宁波市：

宁波永信汽车部件制造有限公司
宁波精益飞达轴业有限公司
宁波永久磁业有限公司
宁波赛耐比光电科技股份有限公司
宁波格兰家居用品有限公司
宁波路润冷却器制造有限公司
宁波瑞源生物科技有限公司
宁波贝隆精密模塑有限公司
宁波慈北医疗器械有限公司
宁波江丰生物信息技术有限公司
宁波美乐雅荧光科技股份有限公司
宁波法里奥光学科技发展有限公司
宁波中科远东催化工程技术有限公司
宁波荣大昌办公设备有限公司
宁波隆源精密机械有限公司

温州市：

浙江美硕电气科技股份有限公司
新驰电气有限公司
浙江世博新材料股份有限公司
浙江熊猫乳业集团股份有限公司
浙江万联电器有限公司
温州易正科技有限公司
浙江嘉隆机械设备有限公司
温州市森脉电力设备有限公司
贝普医疗科技有限公司
海特克液压有限公司
温州欧利特机械设备有限公司

湖州市：

湖州睿高新材料有限公司
怡达快速电梯有限公司
浙江美生橱柜有限公司
浙江浦森新材料科技有限公司
浙江畅通科技有限公司
浙江金汇华特种耐火材料有限公司
浙江长兴金太阳电源有限公司
浙江百之佳家具有限公司

嘉兴市：

嘉兴凯实生物科技有限公司
浙江鼎美智装股份有限公司
浙江奥华电气有限公司
浙江久易电子科技有限公司
嘉兴市光泰照明有限公司
浙江爱迪曼环保科技股份有限公司
浙江德福精密驱动制造有限公司
浙江康普瑞汽车零部件有限公司

绍兴市：

绍兴国周纺织新材料有限公司
绍兴中新电器有限公司
浙江悦昇新能源科技有限公司
浙江奇彩环境科技股份有限公司
浙江格洛博机械科技股份有限公司
浙江晶盛机电股份有限公司
浙江自力机械有限公司
浙江亿田电器有限公司
浙江帅丰电气有限公司
嵊州市宏达时装有限公司
浙江二马环境科技有限公司

金华市：

浙江佳环电子有限公司
浙江博大实业有限公司
金凯德集团有限公司
浙江易力车业有限公司
浙江昀丰新材料科技股份有限公司
浙江宏电环保科技有限公司
浙江德世电器有限公司
浙江宏伟供应链集团股份有限公司
义乌市派对服饰有限公司
浙江荣亚工贸有限公司

衢州市：

浙江辉博电力设备制造有限公司
衢州恒业汽车部件有限公司
浙江森拉特暖通设备有限公司
浙江龙游公任电子有限公司
常山县双明轴承有限公司
浙江宏电环保设备制造有限公司
科润电力科技股份有限公司

舟山市：

浙江金鹰食品机械有限公司
浙江澳尔法机械制造有限公司
浙江虹达特种橡胶制品有限公司

台州市：

浙江华基环保科技有限公司
浙江德斯泰新材料股份有限公司
台州市黄岩星泰塑料模具有限公司
台州西马洁具有限公司
浙江鑫辉机械有限公司
台州北平机床有限公司
浙江志强涂料有限公司
飞利富科技股份有限公司
浙江百纳橡塑设备有限公司
三门通顺铆钉有限公司
浙江凯欧传动带股份有限公司

丽水市：

浙江三田汽车空调压缩机有限公司
浙江基力思汽车空调有限公司
浙江易之星空调科技有限公司
浙江鸿星文具有限公司
浙江九川竹木股份有限公司

2017 年浙江省(第 24 批)省级企业技术中心名单

序号	企业技术中心名称	序号	企业技术中心名称
1	新华三技术有限公司企业技术中心	26	火星人厨具股份有限公司企业技术中心
2	浙江恒石纤维基业有限公司企业技术中心	27	浙江华章科技有限公司企业技术中心
3	杭州华普永明光电股份有限公司企业技术中心	28	浙江大维高新技术股份有限公司企业技术中心
4	浙江省交通规划设计研究院企业技术中心	29	浙江信胜缝制设备有限公司企业技术中心
5	浙江得恩德制药股份有限公司企业技术中心	30	浙江奇彩环境科技股份有限公司企业技术中心
6	浙江兆龙线缆有限公司企业技术中心	31	凯喜姆阀门有限公司企业技术中心
7	浙江寿仙谷医药股份有限公司企业技术中心	32	金华市宏昌电器有限公司企业技术中心
8	杭州新松机器人自动化有限公司企业技术中心	33	浙江晶通塑胶有限公司企业技术中心
9	杭州顺网科技股份有限公司企业技术中心	34	浙江贝盛光伏股份有限公司企业技术中心
10	杭州宇中高虹照明电器有限公司企业技术中心	35	浙江大洋生物科技集团股份有限公司企业技术中心
11	浙江嘉利(丽水)工业股份有限公司企业技术中心	36	富士特有限公司企业技术中心
12	浙江陆特能源科技股份有限公司企业技术中心	37	台州西马洁具有限公司企业技术中心
13	杭州桑尼能源科技股份有限公司企业技术中心	38	浙江龙柏光伏科技有限公司企业技术中心
14	嘉兴斯达半导体股份有限公司企业技术中心	39	台州市黄岩星泰塑料模具有限公司企业技术中心
15	浙江天能电源材料有限公司企业技术中心	40	浙江金澳兰机床有限公司企业技术中心
16	正阳实业投资有限公司企业技术中心	41	浙江中泰环保股份有限公司企业技术中心
17	嘉兴威凯检测技术有限公司企业技术中心	42	申达电气集团有限公司企业技术中心
18	浙江星星便洁宝有限公司企业技术中心	43	浙江德斯泰新材料股份有限公司企业技术中心
19	浙江创力电子股份有限公司企业技术中心	44	浙江科宁电机有限公司企业技术中心
20	浙江和也健康科技有限公司企业技术中心	45	浙江正理生能科技有限公司企业技术中心
21	拓卡奔马机电科技有限公司企业技术中心	46	漂莱特(中国)有限公司企业技术中心
22	华纬科技股份有限公司企业技术中心	47	浙江新力新材料股份有限公司企业技术中心
23	杭州申昊科技股份有限公司企业技术中心	48	科都电气有限公司企业技术中心
24	温州立可达印业股份有限公司企业技术中心	49	浙江万盛股份有限公司企业技术中心
25	浙江泰福泵业股份有限公司企业技术中心	50	杭州爱科科技有限公司企业技术中心

续表

序号	企业技术中心名称	序号	企业技术中心名称
51	浙江超威创元实业有限公司企业技术中心	63	宁波远景汽车零部件有限公司企业技术中心
52	精工工业建筑系统有限公司企业技术中心	64	奇精机械股份有限公司企业技术中心
53	喜临门家具股份有限公司企业技术中心	65	宁波锦浪新能源科技股份有限公司企业技术中心
54	梦天木门集团有限公司企业技术中心	66	浙江启鑫新能源科技股份有限公司企业技术中心
55	浙江元创橡胶履带有限公司企业技术中心	67	宁波旭升汽车技术股份有限公司企业技术中心
56	浙江特富锅炉有限公司企业技术中心	68	宁波长阳科技股份有限公司企业技术中心
57	浙江七星电容器有限公司企业技术中心	69	宁波博禄德电子有限公司企业技术中心
58	温州聚星电接触科技有限公司企业技术中心	70	宁波宏协股份有限公司企业技术中心
59	华联机械集团有限公司企业技术中心	71	宁波金鼎紧固件有限公司企业技术中心
60	浙江永德信铜业有限公司企业技术中心	72	宁波爱佳电器有限公司企业技术中心
61	亚达管道系统股份有限公司企业技术中心	73	万华化学(宁波)容威聚氨酯有限公司企业技术中心
62	宁波江丰电子材料股份有限公司企业技术中心	74	博格华纳汽车零部件(宁波)有限公司企业技术中心

后 记

本报告作为浙江省内唯一反映全省工业经济情况的权威性年度报告,以其全面性、系统性、及时性、准确性和前瞻性的特点,深刻分析当前宏观经济环境、产业发展趋势以及经济热点问题,为政府宏观经济决策、行业发展引导、企业经营管理、学者理论实证研究提供有益参考,进一步扩大经信系统工作的社会影响力,得到社会各界的一致好评。在进一步延续和深化往年编辑出版经验的基础上,为及时客观反映全省工业经济年度运行状况,全面科学总结浙江省工业经济发展经验,我们继续组织编撰了《2018 浙江工业发展报告》(以下简称《报告》)。

《报告》分为综合篇、产业篇、专题篇、地市篇和政策篇五个部分。综合篇反映浙江省工业经济总体运行情况及工业强省建设战略思想;产业篇反映各大产业的年度运行情况及发展态势;专题篇研究当前工业经济领域焦点性、前瞻性的热点问题;地市篇反映 11 个地市及义乌市的年度工业经济运行、重大活动及经济部署;政策篇为浙江省工业领域相关的本年度最新重要政策汇编。

《报告》编辑工作开展以来,得到了全省各级政府机关、高等院校以及广大企业的大力支持和帮助,在此由衷感谢以下单位:浙江省人民政府办公厅、浙江省质量技术监督局、国家统计局浙江调查总队、浙江安全生产监督管理局,以及浙江省经济和信息化委员会各处室、各委属单位和 11 个地市及义乌市经济和信息化委员会等。

2018 年 10 月,因浙江省机构改革,原浙江省经济和信息化委员会撤销,同时组建浙江省经济和信息化厅。鉴于《报告》中文章采编仍主要反映 2017 年度工业发展情况,故名称仍沿用浙江省经济和信息化委员会。

由于数据资料收集整理工作量较大,组织编纂时间有限,难免有不足和疏漏之处,敬请指正。

编 者

2018 年 11 月 28 日